誰も必要としていないかもしれない、映画の可能性のために——制作・教育・批評

諏訪敦彦

フィルムアート社

吉武美知子さんと、映画のこどもたちに捧ぐ

目次

第4章　映画を見たあとに

第5章　撮影の現場で

序章　いままでとこれから

私の物語と別れるための回想　少年期から『風の電話』まで

映画は我らのもの

2019年の6月、フランス、パリのシネマテーク・フランセーズに世界の子供たちが集まってくる。フランス、スペイン、ポルトガル、リトアニア、チリ、ブラジル……さまざまな国の小学生、中学生、高校生たちは「映画を我らに！（A nous le cinéma !）」と題された上映会のために、自分たちの作った映画を携えてここにやってきたのだ。もう25年も繰り返されてきたこの光景は、シネマテーク・フランセーズが主催する子供たちのための映画教育プログラム「映画、100歳の青春（Le Cinéma, cent ans de jeunesse）」（以下ＣＣＡＪ）（＊1）のクライマックスである。ＣＣＡＪでは、毎年共通のテーマが設定され、子供たちはそのテーマに基づいて映画を鑑賞しながら、最後に10分の短編映画を制作する。今年のテーマは「シチュエーション」。過去には「場所と物語」、「フィクションの中の現実」「演技（遊び）」といった興味深いテーマが選ばれてきた。私も日本から九人の中学生を連れてパリを訪れた。これから3日間、シネマテークの巨大なスクリーンに子供たちの映画が映し出され、各上映後には質疑応答が行われる。

16日間のワークショップで日本チームが作った映画『扉の向こう側』は、学校の中のいじめの構造を題材にした物語で、クラスを牛耳るいじめっ子の男の子と、いじめられ役を抜け出せない男の子、そしてその関係にくみしない転校生の男の子という三人のシチュエーションとその変化を描いている。上映を終えると、皆はスクリーンの前に並び、場内からの質問を受ける。最初の上映。大人であろうと子供であろうと、映画を作った者にとって最も緊張する場面である。会場の雰囲気から、彼らの作品が観客である子供たちに強いインパクトを与えたことがわかった。ゲストとして客席にいた女優のジャンヌ・バリバールが「とても感動的で、重要な作品。みんなが扱ったシチュエーションは、乗り越えることの難しい問題ですが、いろいろなことを考えさせる作品でした。ブラボー」と評し、サンドリーヌ・ボネールが「俳優の演技が素晴らしい。誰が演技指導をしたの？　誰が監督？」と子供たちの中に監督を探した。「私たちは、みんなが監督というルールでやりました」とひとりの女の子が答える。「それに、誰かが演技指導をしてしまうと堅苦しい演技になってしまうから、状況と感情だけ伝えて、俳優が無限大に自分を表現することに頼りました」と続けた。別の男の子が言う「俳優の人も脚本作業に入ってきて、みんなで脚本を作っていました」。おそらく「監督がいない」「みんなが監督」という答えはサンドリーヌのみならず、会場にいた者に小さな驚きを与えた。特にヨーロッパにおいて、監督こそが映画の作者であるという神話は根強い。私は、中学生たちの堂々とした応答を誇らしげに聞きながら、彼らの混沌とした、しかし創造的な制作現場を思い返した。本当に皆が寄ってたかって、あれこれ議論しながら全員で監督をしていたのだ。もしかすると、あれは私が長い間理想とし、いまだに実現できていない映画制作の現場だったのかもしれないと思った。

２０１０年頃、私は金沢でスタートした映画ワークショップ「こども映画教室」（＊2）に講師として招かれたことを機に、子供の映画教育に関わるようになった。私のワークショップでは、監督とか撮影といった役割分担をしない。脚本は書かないで即興で演技する。このふたつをルールとして決めた。それ以外は自由で、大人は手出し口出しをしない。全てを子供に任せることが「こども映画教室」の鉄則だった。多くの映画教育では、まず役割分担を教える。しかし、役割を決めてしまった途端、子供たちのコミュニケーションは変わる。「監督がどうするのか決めて」と、決断は監督役に委ねられる。「それはそっちの仕事よ」と、監督とカメラマンとか、俳優と脚本家とかそれぞれの役割の中に閉じこもってしまう。私は、「私」と「あなた」という人間同士の関係の中で映画を作ってほしかった。役割を外すと、意思決定のシステムはなくなり、制作現場は混沌となる。皆の意見はバラバラで、簡単にまとまりはしない。しかしその果てしない議論の中で、皆の中にはしっかりと自分たちの映画のイメージが出来上がってゆくのだった。誰かの映画ではなく、私たちの映画だ。シナリオは書かれていないが、皆の頭の中でシナリオが共有されてゆく。脚本を書いてしまうと、俳優は誰かが書いたその人物を一所懸命に演じようとする。しかし、なぜその台詞を言わなくてはいけないのかを考えることはない。監督に指示され、言われたように動く。一方ここでは俳優は皆自分で動く。誰に指示されることもなく、自らの表現として考え、演じながら映画を作ってゆく。彼らの演技が素晴らしいのは、サンドリーヌ・ボネールが想像したように、素晴らしい監督がひとりいたからではない。参画したひとりひとりが皆自分自身の主となって表現したからだと思う。

2002年、恩師であり、孤高の映画研究者であり、映画作家であった中川邦彦氏（＊3）から「一緒によりよい社会をつくりましょう」とまっすぐな殺し文句で口説かれて、私は母校東京造形大学に助教授（現、准教授）として着任し、映画教育に関わることとなった。映画を「教える」立場に立つことを想像したことはなかった。映画を教えるとは何か？　東京造形大学において、私たちは、映画を「教える」という立場を否定した。自分の現場での経験を伝授する職能教育も否定した。ユニークな作品を作り出すことを最上の価値とする作家主義の立場も取らなかった。芸術家という特別な存在が、素晴らしい作品を生み出すという、クラシックな芸術の神話から映画を解き放ち、映画を作ること、見ることをさまざまな出会いの契機として、よりよい社会づくりのために機能させようと本気で考えていた。私たちは学生の傍らでともに映画について考えたが、プロになるために必要なことは何も教えなかった。

あるとき（2009年）、学生たちが『アマチュア人生×映画』というタイトルで自分たちの作品の上映会を開いた。奇妙なタイトルだ。アマチュア映画、あるいは学生映画とか子供映画と呼ばれる映画は、映画ではないもの、それよりも劣るもの、という差別的ニュアンスをまとっている。人は、「学生にしては面白い」とか、「子供にしてはよくできている」と言い、「しかし、それは本物の映画ではない」と思っている。学生音楽とか、子供音楽とは言わないのに、なぜ映画だけが？

学生たちは、上映会のパンフレットにこう書いた。「僕たちにとって『アマチュア』という言葉は、ひとつの態度であり、映画を映画で完結させないための決意なのだ」と。確かに映画作品としての完成度よりも、作る過程を大切にした作品たちだった。友達と作ること、家族を映画作りに参加させること、つまり仲間内と非難されるかもしれない関係をポジティブに捉え、むしろ誇らしげに自分たちは「アマチュアである」と宣言したいようだった。

そのパンフレットに私は次の言葉を送った。

「映画は我らのもの」

映画を作ろうと思い立った時、誰もが『それは自己満足である』と非難されることを恐れ、映画に何かを付け加えようとする。

どこかで見たようなテクニック、人を欺く予想外の展開、非日常的な悪意や暴力、奇抜なアイディアや映画的な趣味を駆使し、飾り立て、映画を撮ろうと思い立った自分の貧しさを覆い隠そうとする。

しかし、そのようにして作られるたくさんの映画は、誰のために何をしようとしているのだろう?

ここに集められた映画は、徹底的に貧しさに留まろうとする。

日常の些細な感情のささくれ、目的も動機も定まらない行動を支える微弱な感情、ことさら暴力に訴えかける必要のない無自覚な孤独や世界との断絶。

そんなちっぽけなものさえあれば映画は可能なのだ、と宣言するように。

『映画を作るとは、自分のやり方で自分の人生を救うことなんだ』というゴダールの言葉が、彼らの作品の底に響いている。

だから、人生を共に生きる仲間や、家族と映画を作る必要がある。

監督の仕事、カメラマンの仕事、俳優の仕事などと役割で分業されたプロフェッショナルなシステムが必要なわけではない。

必要なのは「私」と「あなた」で映画を作ること。

映画を作ることで「私」と「あなた」の関係を「世界」へと折り返し、生きることをリサーチすること。

その必要性において、映画が作られる時、映画は自己の世界を超えて、豊かで、強靭なイメージを獲得するだろう。

彼らの映像が決してナイーブで独りよがりなものではなく、クリスタルのような強さをたたえる一瞬があるのはそのためである。

映画はか弱きものの側にある。映画は我らのものである。（＊4）

おそらく私は、「彼らの映画」を「私の映画」に置き換えたかったのだろう。彼らのように映画を撮るべきだと、自分に言いたかったのかもしれない。

1997年の『2／デュオ』から始まって、『M/OTHER』『H Story』『不完全なふたり』『ユキとニナ』『ライオンは今夜死ぬ』そして2020年の『風の電話』と、私は七本の長編映画を監督した。半日もあれば、私の全ての作品を見ることが可能だし、撮影日数を合わせてもおそらく半年にも満たないが、それらの映画を作り出すのに20年以上の時間が必要だった。その間の膨大な時間、私はどのように生きていたのだろう？　単に怠惰だったのかもしれない。しかし教育に関わること、映画について考えること、映画について話すこと、言葉を書くこと、人と出会うこと、それらの時間もまた私は映画を作っている、と言えるような気もする。長い時間をかけて一本の映画を作っているのかもしれない。そしてそれはまだ完成していない。おそらく完成する日はこないであろう。

ひとつ作品を作るごとに、監督はさまざまな問いに晒される。「どうして長回しで撮影するのですか?」「俳優に即興演技をさせるのはどうして?」「なぜこの俳優を選んだのか?」「どんな意図があって?」「どういう意味?」と問われる。私は答えを探す。「映画は作品そのものが語ればよいのであって、監督が語るべきではない」と言う人もいる。「諏訪さんは、自分の作品について喋りすぎ」と言われたこともある。そうかもしれない。しかし私は喋ることを選んだ。本当は答えようのないそれらの質問に、なんとか答えを探してきた。私は間違っているのかもしれない。しかしそれは、いくら私が喋ろうとも、本当の作者は私ではないからであり、私が話したとしても作品の謎は消えはしないという確信があるからだと思う。私が黙ってしまえば逆に、作品の謎は全て私の中にあるのだという監督の特権的なイメージを補強してしまうことになる気がするのだ。私はむしろ私の考えうることを全て語ろうとした。それをオープンにすることで、観客である人と作り手は対等に対話することができると思うのだ。監督である私が作品について発言することが、観客や作品にどのような意味を与えるのか私にはわからない。自分の作品をこんなふうに見てほしいという解説を述べる気などは毛頭ない。しかし、私には話す必要があった。私の作品は私にとっても謎であったから。

ある「ふるさと」

中学生の頃だっただろうか。よく真夜中にテレビで放送される映画を見ていた。ゴールデンタイムには放送できないようなB級映画などがズタズタに編集されて放送されていた。どんな映画を見たかもうタイトルも覚えていないけれど、一本だけ鮮烈な印象を残した映画があった。真っ暗な部屋で、家族に見つからないように、そっとテレビのスイッチを入れると、モノクロのブラウン管に不機嫌そうなブリジット・バルドーの顔が映し出された。作家と自称する夫との何かよくわからない諍いが奇妙なカメラワークで捉えられていく。映画のプロデューサーと名乗るエキセントリックなアメリカ人の男がバルドーを誘惑しているようだが、何が起きているのか、登場人物たちが何を考えているのかは、皆目わからない。バルドーのセクシーな肉体とともに、わけがわからないことに惹きつけられて私は映画から目が離せなくなる。すると映画の終盤で、バルドーは突然そのアメリカ人の男と交通事故で死んでしまう。ペンキのように嘘みたいな血を流して。それは全く唐突で、なんの意味もない死に思えて、「え、これで終わり？」と、私は映画に突き放されて呆然とする。

坂口安吾がシャルル・ペローの童話『赤ずきん』についてこんなことを書いている。「愛くるしくて、心が優しくて、全て美徳ばかりで悪さというものが何もない可憐な少女が、森の婆さんの病気を見舞いに行って、お婆さんに化けている狼にムシャムシャ食べられてしまう。私たちはいきなりそこで突き放されて、何か約束が違ったような感じで戸惑いしながら、然し、思わず目を打たれて、プツンとちょん切られた空しい余白に、非常に静かな、しかも透明な、ひとつの切ない『ふるさと』を見ないでしょうか」(＊5)と。

その深夜の映画を見て、私に引き起こされたのはまさにそのような感覚だった。むごたらしく、救いのない、この宝石のような冷たさを、安吾は「生存それ自体が孕んでいる絶対の孤独」と言い、それを「文学のふるさと」と呼んだ。そしてその「ふるさと」は、突き放した側の者ではなくて、突き放されてしまった者の側に生まれるのだ。

私を残酷に突き放したその映画。それが『軽蔑』というタイトルで、ジャン＝リュック・ゴダールという人物が監督したことを知るのはずっと後のことだが、呆然と行き場のない「ふるさと」を抱え込んだ私に、「作者」という謎が出現する。私を突き放したのは誰か？　一体誰がこのような映画を作ったのだ？　私が見たいと思うものを提示してくれる心地よい映画を楽しんでいるときには、このような疑問は生まれない。子供の頃のヒーローだったスティーブ・マックイーンの映画を見ているときにこのような疑問はなかったはずだ。しかし、今こうして私の視線が何者かに切断され、突き放され、裏切られたとき、私は「この映画を作っているのは誰だ？」と問わざるを得なくなる。こんなふうに残酷な物語を語るのは誰か？　こんな異様な撮影の仕方をするのは誰か？　私をこんなふうに突き放してしまう圧倒的な他者。「作者」とはそのように、作品から想像され、仮構されるものである。そしてそれこそが「作者」なのである。つまり、それはフィクションであって、実在するわけではない。実際のゴダールがどんな人であるか、という事実はどうでもよい。作品から否応なく作り上げられるのが作者なのだから、そのイメージはときとともに作り変えられて、新たに見出される可能性だってある。変化し続けることで作者であり続けるとも言える。そんなふうに考えるようになったのは、ずっと後のこと。そのときバルドーの死を呆然と見つめる私は、自分が映画を作ることになるとは思ってもみなかった。

『メカスの映画日記』

高校生の頃、原爆ドームの近くの大きな書店で一冊の本を手に取った。真っ黒な装丁の表紙に写真がレイアウトされていて、そこにはボレックスの16ミリカメラを愛おしそうに両手で抱えた、異国の青年が立っていた。孤独なようにも見え、幸福な表情にも見えた。『メカスの映画日記(ニュー・アメリカン・シネマの起源　1959―1971)』(＊6)と題されたその本は、高校生の私には高価だったが、その写真に惹かれて買った。私の住む広島で、写真の主であるジョナス・メカスの映画が見られるような環境はなく、彼の名前も、知らなかった。スタン・ブラッケージ、ジャック・スミス、ケネス・アンガー……。その本に書かれているたくさんの作家たちの名前も聞いたことのないものばかりだった。どうやら私が見たこともない類の映画があるらしい。それは実験映画、拡張映画、個人映画などと呼ばれ、物語もなく、俳優もいない。大勢のスタッフもいない。ときには光が明滅するだけでイメージすらもないような映画。頁をめくるとこんな言葉が目に飛び込んでくる。「現代音楽の作曲家、前衛的な彫刻家、画家などをけじめがないとか技術不足だと言って非難するのと同じ見方で、新しい映画作家を、ブレたカメラワークだとか技術不足だとか言って避難する文化人、気取った人種には私はもううんざりだ。そういう批評家のなんとあわれなことだろう。彼らの生きているのは過去の時代だ」(＊7)とメカスの言葉はときに激烈だった。彼には破壊しなければならない何かがあるようだった。新しい映画とは何か？「失敗、ピンボケ、ぶれ、あいまいな構え、はっきりしない動き、露出過多や露出不足などでさえ、ヴォキャブラリーの一部である。ドアは偶然性に向かって開いている。古くさい、横柄なプロ意識の腐れきった空気は、どんどん外へ流れ出ている」（＊8）と彼は言うが、それはどんな映画なのか？

中沢新一氏が「幸福の無数の断片」（＊9）と呼ぶメカスの映像たち。彼の代表作である『リトアニアへの旅の追憶』を見たのは、上京した後、東京の大学の教室だっただろうか。ナチスの占領によってアメリカに亡命せざるを得なかったリトアニアの詩人メカスは、慣れない英語で詩を書くよりもカメラを選んだ。ぼくとつなメカスの英語によるナレーションとともに、映画はニューヨークの生活から始まり、そして27年ぶりにリトアニアの故郷に帰り、母や親戚たちと再会する旅が撮影されていく。ホームムービーのように私的な出来事のさまざまな瞬間が、短いイメージの断片として次々に映し出される。私の知らない異国の農村の風景、黙々と家事に勤しむ年老いた母の身振り、道端の草花、日の光、鳥、ダンス……。それらはメカスにとって大切なモメントであっても、私とはなんのつながりもない光景であるはずなのに、懐かしい自分の記憶のようであった。映画の向こうからメカスが語りかける。「この真夜中に、こんな考えが浮かんだ。（笑い）他の人に関わりのない映像など存在しない、と。つまり、わたしたちが日々身近に目にする映像、私が撮影する映像はそうしたものだが、それらはあなたがたが目にし、体験した映像とさほどの違いはないということだ。わたしたちの暮らしは、みな実によく似ている。ブレイクの言うとおり、一滴の水にすぎぬ。わたしたちはみなそのなかにあり、きみとわたしの間に大きな違い、本質的な違いなどありはしない」(＊10)と。

ある日、メカスが夜道を歩いていると、真っ暗闇な道端にひとりの女性がうずくまっていて、思わず踏みつけそうになって彼はよろめく。よく見ると彼女は真っ黒の地面に座って、16ミリカメラを構えて撮影に没頭しているのだった。たったひとりで。「コネチカットの夜の深い暗闇の中で仕事中の一人の映画作家。語られようが語られまいが、本があろうがなかろうが、映画が生まれるのはここからなのだ。創造の過程というものは、それぞれの独自の夜の中で継続している」(＊11)。そんなふうに孤独に作られるものもまた映画なのか? 私は、なんの技術も知識もない自分でも、カメラがあればたったひとりで映画が作れるのだということを知ったのだった。その言葉に背中を押されるように、私はひとりで8ミリカメラを回し始めた。

初めて撮影した8ミリフィルムを町の写真屋に持ってゆく。現像が仕上がってくるまでに1週間くらい待たなくてはならない。一本のフィルムは、私には高価だったし、そのうえ撮影できるのは約3分。何を撮影したのかはほとんど覚えていない。現像の上がったフィルムを受け取ると(現像にもお金がかかる)、私は学校の映写機を引っ張り出して、そのフィルムを映写し始めた。本当に写っているのかどうかさえ不確かでドキドキしていた。暗くした教室に、映写機のモーターの音、カタカタと送り出されるフィルムの乾いた間欠運動の音が響く。スクリーンには私が撮影した風景が映し出される。私の通う高校のグランドだった。「あ、写ってる!」。写っているというだけで私はリュミエール兄弟の初めての映画の観客のように感動する。すると突然、異様な音がして、映し出されたグラウンドの上空に昼間だというのに茶色い惑星が出現し、空を焼くようにー気に巨大化し始める。私は息を飲む。惑星はみるみる空を焼き尽くし、風景にぽっかりと穴が穿たれ、強烈な光でスクリーンが輝いた。その眩い映像に私は呆然とし、恐ろしい美しさだと思った。私が映写機の操作に慣れていなかったせいで、フィルムが引っかかって止まり、映写ランプの高熱が静止してしまったフィルムの一コマを焼き溶かしたのだった。

映画はカメラという装置によって、世界をイメージとしてありありと再現する。しかし、それは同時にフィルムという物質でもある。そのせめぎ合いを体感させた焼けた空の映像は鮮烈に私の網膜に刻み付けられた。

『はなされるGANG』

1979年。高校を卒業した私は、東京の美術大学に入学した。映像を専攻したが大学よりも映画館に通った。メカスの影響で、実験映画、アンダーグラウンド映画、アヴァンギャルド映画に飢えていた。四谷の古びたビルの一室にあったイメージフォーラムに駆けつけた。狭い空間にパイプ椅子が置かれているだけの上映会場だったが、数々の実験映画を上映してきたその空間が、私には聖地に思えた。新宿には佐藤重臣氏が組織するシネクラブがあり、歴史的な実験映画を上映していた。スタン・ブラッケージの『DOG STAR MAN』に圧倒された。メカスやブラッケージを追いかける日本の作家たちの新作も見た。しかし私の実験映画への熱狂は次第に冷めていった。全ては終わっている、という感覚に襲われた。

撮影所に象徴される特権的で商業主義的な工場で作られる映画に対して、メカスのように私的に作られる映画たちは「これもまた映画である」と映画の概念を拡張し、「映画は我らのもの」

と、個人の自由な表現としての映画の場所を作り上げた。それは、ベトナム戦争や学生運動といった世界的な動きと連動した芸術運動の流れと無関係ではない。その実験映画は60年代から70年代のある時代において社会的なインパクトを持ったのだが、1980年代を迎えようとする日本の社会において、すでにその衝撃は過去のものとなっていた。学生運動はとっくに過ぎ去り、騒乱の舞台だった新宿には、いつも家電量販店の音楽が大音量で鳴り響いていた。抵抗すべき敵もなく、人々のエネルギーは快楽的なものへと向かっているように見えた。あるいは、「全て終わった。新しいものなど何もない」というニヒリズムが進行していた。日本の実験映画の作家たちは物語映画を嫌悪したが、その嫌悪を共有する作家と観客とのネットワークは小さなサロンに閉塞しているように感じた。大学で先輩が作る映画を手伝ったが、こちらでは、嬉々として商業映画の再生産へ向かう姿を見て失望した。ここにいては駄目だと思ったが、どこにいればよいかわからなかった。

ある日、寺山修司が主催する劇団であった天井桟敷のアトリエで映画の上映会があるという張り紙を見かけた。もしかしたら寺山修司に会えるかもしれないという淡い期待を抱いて、その上映会に駆けつけると、寺山修司とはなんの関係もない8ミリ自主映画の上映会だった。『若人を撲殺しよう』とか『看守殺しの序曲』という危ない題名の作品が流されていて、上映が終わると監督のひとりである革ジャンの男が観客に強い方言で話しかけた。それが山本政志監督との出会いであった。

気がつくと私は山本政志監督の『聖テロリズム』という8ミリ映画のスタッフとなっていた。渡されたシナリオは膨大な長さで（完成作品の最初のバージョンは2時間半を超えていた）、来る日も来る日も撮影が続いた。日常が狂い始める動物園の飼育係、銀行強盗を画策するチンピラ、毒物をばらまいて大量殺戮を夢見る少女、ストリッパーのダンサー……そういうアウトサイダーたちの人間図鑑のような群像劇だった。俳優と呼ばれる人たちもいたが、演じている登場人物のほとんどは役がそのまま現実というような人たちだった。フィクションでありながら、映画が現実に開かれているように思えた。当初カメラを担当させられた私は、演じる人間を撮影することの面白さに気づき始めていた。そして、ファインダーを覗くと、私は美しく画面を構成するために、「もう少し、右に行ってください」と俳優の立つ位置を指示しようとした。するとと、山本監督は「バカ、お前が動けよ!」と怒鳴った。私はその言葉にハッとした。「ああ、その通りだ」、画面構成のためにカメラが俳優を従わせるのではなく、生きている俳優が尊重されるべきなのだ。私が世界をどのように切り取りたいかなど、小さな美意識にすぎない。私はその怒鳴り声に深く共感した。しかし、私はすぐにカメラマンをクビになり、その後は監督自身がカメラを回し、私は助監督として演出に関わった。毎日怒鳴られていたように思うが、撮影が終わると、「スワ、次は長崎のとこに行け」と私を長崎俊一監督の現場に紹介してくれた。『九月の冗談クラブバンド』というATG(日本アート・シアター・ギルド)の作品だった。以来『闇打つ心臓』(長崎俊一監督)、『豚鶏心中』(松井良彦監督)、『闇のカーニバル』(山本政志監督)、『シナリオ・山口百恵の背信』(長崎俊一監督)、『パン屋襲撃』(山川直人監督)といった作品や、福岡芳穂監督、水谷俊之監督、磯村一路監督らのピンク映画の助監督を続けることになった。大学に行く暇はほとんどなかった。私は使える助監督ではなかったが、それでも制作現場というものを体に染み込ませていった。それが8ミリ映画であれ、ピンク映画であれ、監督たちは皆本気で「映画」を作っていたし、その本気の人たちに出会ったことが、知らぬ間に私を本気の場所に連れていった。

気がつくと、私もそれなりに経験がある助監督になっていた。その経験を活かせば自分でも映画が作れるはずだという確信とともに、大学の同級生たちと一本の習作を16ミリ（＊12）で製作した。同時録音用のアリフレックスBLにズームレンズと400フィートマガジンを装着したカメラは巨大だった。メカスのボレックスのように手持ちで扱えるようなカメラではなかった。カメラマンや撮影アシスタント、照明、録音、助監督やメイクもいたかもしれない。大学の実習の撮影にしてはたくさんのスタッフを配した。大勢のスタッフに振りわけられた仕事が結集して映画は作られるものだと、そのことを疑わない私がいた。脚本は友人が書いたが、自由に演出した。なぜだかわからないが、ふたりの俳優の即興による、長回しのショットを撮影した記憶がある。なぜそうしたかったのかは思い出せない。

完成した作品の評判は芳しくなかった。大学の友人のひとりが「駄目だと思う」とはっきりと言った。同級のその友人は、制作現場の実務は何も知らなかったと思うが、いつも映画館にいるシネフィルだった。当時、1年間に千本の映画を見ていた。レンタルビデオなどない時代である。彼は著名な評論家や他人の評価など信用せず、全てを自分の目で確かめようとし、ありとあらゆる映画を見ていた。その彼が「駄目だ」と言った私の映画の何が駄目なのかが、私にはよくはわからなかった。それが知りたかった。あちこちのシネクラブに頻繁に出入りしていた彼は、フランスの文化施設からコネで16ミリフィルムを無料で借り出して、大学内でシネクラブを組織していた。毎週のように開かれる上映会に私も顔を出すようになった。『頭の中の指』（ジャック・ドワイヨン監督）、『大運河』（ロジェ・ヴァディム監督）、『壁戸棚の子供たち』（ブノワ・ジャコー監督）、『黄金の馬車』（ジャン・ルノワール監督）をそこで見たと思う。『獅子座』（エリック・ロメール監督）や『天使の入江』（ジャック・ドゥミ監督）もそうだったかもしれない。日本語の字幕はなかった。ジャック・リヴェット監督の『狂気の愛』を、返却するまで毎日上映していたような気もする。ゴダール、（フランソワ・）トリュフォーだけでなくヌーヴェルヴァーグ前後のフランス映画の息吹のようなものが体に染み込んだ。『男性・女性』（ジャン＝リュック・ゴダール監督）のジャン＝ピエール・レオーがヒョイとタバコを加える仕草を真似た。私は助監督業を廃業し、映画館に通うようになった。単純なこと。私は現場を知ったが、映画を知らなかったのだ。

大学の教室に戻ると中川邦彦教授がアラン・ロブ＝グリエの全作品を学生に見せ、記号学的な解析を行っていた。フランスの映画理論家であるクリスチャン・メッツの研究室にいた彼は、メッツの「大連辞」の概念を使って、ジャック・ロジエの『アデュー・フィリピーヌ』の物語を分析した。もうひとりの恩師である波多野哲朗氏の授業ではロラン・バルトや、（モーリス・）メルロ＝ポンティを精読していた。例えば、たった一枚のスパゲティの広告写真を詳細に分析するだけで、ひとつの論文に仕立ててゆくバルトの情け容赦のない手捌きに衝撃を受けた（＊13）。ポストモダンという言葉が日本で流行する以前のことである。

現場の人間にとって、理論や哲学はまったく役に立たないもの、軽蔑の対象である。彼らにとっては経験したことに価値があり、ややこしい理屈は必要ない。体で覚えたプロフェッショナルな仕事に皆敬意を表す。さらに日本の現場では芸術という言葉も軽蔑の対象だ。「そんな高尚なことやってるわけじゃないから、俺たち」と、淡々と仕事をこなしてゆくプロたち。東映の大泉撮影所（東映東京撮影所）で、『仮面ライダースーパー1』の装飾部のアルバイトだった私に、家族のように仕事を教えてくれた親方のような人たちのことが私は好きだ。ただ「現場では、一番過激な意見が、一番正しい」(＊14)と言い放った相米慎二監督のように、創造の現場において経験は打ち破られていかなくてはならない。大学の教室で探求される科学的な思考は、なるほど社会では役に立たぬものかもしれない。しかし哲学、科学は私たちが経験的に知っていること、当然だと思っていることを疑い、世界を再構築せよと迫るのである。何のために？　自由であるために。

経験したことは、私を成長させると同時に経験した世界に私を閉じ込める。知的な営みや、芸術に出会うことで、私たちはすでに知っていたはずの世界から自由になれるのだ。大学の劣等生だった私が、30年後にその母校の学長になったとき、学生に「経験という牢屋」(＊15)として語りかけたことはそのことだった。大学においては、そういう「牢屋」に囚われることなく、自由が探求されなくてはならない。産学連携が促され、すぐに役に立つ実学が優先されてゆく今の大学において失われてゆくのは、この自由であると私は思う。

私に駄目を出したその友に向けて、私はもう一度映画を撮ろうと思った。現場で経験したことは全て捨てて、もう一度ゼロから映画を撮ってみようと思った。しかし、まず何をすればいいのだろう？　シナリオを書く？　でも、どうやって？　ストーリーを考える？しかし、自分に物語りたい何かがあるわけではない。どうすればよいかわからぬまま、悶々としたときを過ごした。気がつくと私は何日も外に出ないで、オンボロのアパートにいた。このままここで自分が何もしなくても誰も困らないし、きっと世界は何も変わらないのだと、わけのわからないことを考え始めて、意地になって引きこもり、私は外に出なかった。何日かが過ぎ、私はたまりかねてある友人に電話をした。「映画を撮るんだけど手伝ってほしい」と。それから会う約束をして、私は急いでどうでもいいような物語をノートに書きなぐって、その友に会いに行った。その友と彼の彼女が出演してくれることになった。スタッフはいなくていい。自分でカメラを回した。「ああ、映画を作るとは、友に電話をすることなんだな」と思った。書きなぐった物語は「耳の聞こえないギャングが、偶然に大金を手に入れ、出会った女とともに逃走する」といういい加減な内容だった。それは明らかに、その頃再映されたゴダールの『気狂いピエロ』の衝撃によって生まれたアイデアだった。あのフェルディナンとマリアンヌの逃走劇が、薄っぺらく信じがたい劇であったように、物語はいい加減なものでなくてはならなかった。物語がいい加減で信じられないことで、私たちは別の何かを信じなくてはならなくなる。一体何を？　私の友はギャングを演じる。ギャングは女と恋に落ちて逃走する。ギャングというクリシェなど映画の中にしか存在しないし、私たちはそれを真面目に信じることはできない。映画の物語は進行してゆくが、進行しながら解体されてゆく。やがて私が信じるのはギャングではなく、カメラの前に立つ私の友という現実の存在であるとわかり始める。撮影を進めながら、これは私と友の日記映画なのだと思った。撮影の進行とともに、私のカメラの前に立つふたりはフィクションを経験し、現実において変化してゆく。カメラを覗く私も、彼らを撮影しながら、変化してゆく。その三人のさまをカメラが記録してゆくことが喜びに変わった。私は各シーンの冒頭に、それが撮影された現実の日付を記した。「全てのフィクション映画は、映画を作るということのドキュメンタリーでもある」と誰かが言ったが、私は『風の電話』に至るまで、このときと同じことを繰り返しているのかもしれない。

『はなされるGANG』と名づけられたこの映画の編集を終え、私は完成した1200フィートの8ミリフィルムを持って、あの駄目出しをした友の下宿に向かった。彼の部屋はまるで崩壊した図書館のように映画の本で埋め尽くされていて、足の踏み場もなかった（きっと、今でもそうだ）。彼は、フィルムを映写機にかけるのももどかしいというように、リールからフィルムを引っ張り出して光にかざしながら、私が編集した箇所を見つめて「すげぇ」とつぶやき、作品の誕生を讃えてくれた。彼、筒井武文もその後映画監督となった。現在は東京藝術大学の教授として映画編集の指導をしている同僚である。

『2／デュオ』

『ライオンは今夜死ぬ』で子供たちが、屋敷で倒れている主人公のジャンを発見する場面を撮影しているときだった。ジャン＝ピエール・レオーはそのショットの最後に突然「世界を救うのは、子供と、兵士と、狂人だ……」と独り言のように呟いた。そんな台詞は予定にはなかった。レオーとの撮影では、本番中よくそんなことが起きた。どこかで聞いた台詞だと思った。ふと思い出す。それはジャン・ユスターシュの『ママと娼婦』の中でレオーが演じたアレクサンドルの台詞だった。『ママと娼婦』は1973年の映画だが、日本で封切られたのは1996年だったから、私はそのときに初めて見たはずだ。モノクロで、ふたりの女の間をレオーが行ったり来たりするだけの3時間40分の映画。痛々しく、美しい時間だった。35歳になるその年、私は初めての長編の商業映画を監督することになって、脚本を書かなければならなかった。しかし、作業はうまく進まず苦しんでいた。なぜかお守りのように『ママと娼婦』のパンフレットを持ち歩き、掲載された再録シナリオを何度も読み返していたのを覚えている。レオーが「とてつもなく美しいテクスト」と呼んだユスターシュのダイアローグは過剰で、切実で、リアルで、詩的で、文学的だが生々しい。彼は1日15分の執筆で、1カ月でこの長い脚本を仕上げたと、パンフレットには書いてあった（＊16）。私はといえば、何カ月も悶々としながら、執筆は遅々として進まなかった。私の映画はまだ『2／デュオ』というタイトルではなく『鏡の女』とか『鏡に映った私の目の色は？』などという仮のタイトルで進んでいた。ふたりの男の存在によって、ひとりの女の精神が分裂してゆくという三角関係の物語だった。それまで私は長編の脚本をしっかりと書いたことがなく、単純にどのように映画の脚本を書けばよいのかがわからなかった。特にダイアローグを書くことに違和感があった。作者である私が、なんらかの意図を込めながら、ふたりの男女が自然に会話しているように装うことに何か言いようのない恥ずかしさを感じて、それを消せないのだった。

その企画は現在東京藝術大学の教授でもある美術監督の磯見俊裕の発案で始まった。彼とは山本政志監督の1990年の作品『てなもんやコネクション』で知り合った。ある日、彼は「そろそろ諏訪も一本撮ってみたら」と唐突に私に提案すると、ある実業家を口説いてすぐに製作資金を調達してしまった。撮影監督としてたむらまさき（当時の表記は田村正毅）さんも説得してきた。製作の実務を当時「J・MOVIE・WARS」（＊17）というシリーズ企画で注目を集めていた仙頭武則プロデューサーに預け、私は前年に演出したテレビ番組『ハリウッドを駆けた怪優　異端の人・上山草人』で出会った柳愛里を主演とすることを決めた。映画を作るお膳立ては整っていた。たむらさんはすでに河瀬直美の『萌の朱雀』を撮影することが決まっていたので、私たちの映画はその前にロケを終えなくてはならなかった。書くことに違和感を抱えながらも、なんとか脚本を形にして、私は仙頭、磯見両プロデューサーに見せにゆく。仙頭氏は、「もう少しこの場面をふくらませたほうがいい」とかあれこれと指摘をし、私は「わかりました」とその課題を持ち帰り、また脚本を改稿する。そんな作業を何ヵ月も繰り返した。脚本は書き込まれ、次第にぶ厚くなっていったが、そんなふうにフィクション世界が出来上がってゆくにつれ、私の違和感はより大きくなっていった。自分の映画からかけ離れてゆくように思えた。その違和感はなんなのか？

私は、決定稿を出さなければならないタイミングで、それまで書いた脚本を破棄し、十ページ程度の骨組みしかない構成案に戻したものを持って仙頭氏に会いに行った。「撮影を延期し、もう一度ここから脚本を書き直させてほしい」と言うつもりだったのだ。しかし、その構成案を読んだ仙頭氏は暫し考えて「うん。今まで読んだ中でこれが一番わかりやすい。これで撮れば」と言い放った。たむらさんは「混乱してるならその混乱を撮ればいいんだよ」と軽やかだった。撮影は予定通り開始されることになった。構成案にはダイアローグはほとんど書かれていない。演技は全て即興で行うことになる。まさかこんなことになるとは。

撮影初日のことをよく覚えている。映画の冒頭、出勤の支度をする柳演じるユウと、西島秀俊扮するケイが会話する場面。現場に明確な台本はない。ケイが夢の話をするという設定があり、夢の内容について、私のほうから西島にいくつかの提案をメモして渡そうとしたが、「オレ、自分で話します」とメモは見ないで彼は自分の言葉で話し始めた。せわしなく部屋を動き回るユウの動きも、私から特に指示することなく彼女に任せた。たむらさんは始めに移動車にカメラを乗せたが、予測がつかない俳優の動きを見て、移動車を片付けて、「これ機材屋に返していいよ」と言った。さらにたむらさんは撮影レンズも標準レンズ一本を残して他のレンズを全て機材屋に返却してしまった（一般的な撮影では、広角レンズ、標準レンズ、望遠レンズ、ズームレンズなど焦点距離の違う複数のレンズを使用する）。即興で繰り広げられる柳と西島の演技は、当然現実のように脈略もなく進んでゆく。私はその演技を見て、ＯＫかＮＧかを決めなくてはならないが、一体何がＯＫで何がＮＧなのかわからないまま、何度もテイクが重ねられた。たむらさんとカメラポジションについて話した記憶はない。気がつくとたむらさんのポジションからは、俳優が隠れてしまう瞬間がある。動き回る柳がふと座る位置は、柱の陰になって見えなかったり、西島の位置に重なって彼を隠してしまっていたりする。ショットの中で肝心なときに俳優が見えなくなる瞬間がいくつもある。通常の劇映画の現場であればＮＧだ。それはカメラマンの指示で、すぐに修正されるだろう。「柳さん、座る位置をもう少し前にしてください。西島君とダブってるから」と彼女の芝居の位置は修正され、テープでマーキングされて、人物がフレームにうまく収まるように構成される。それが映画の基本的な演出（ミザンセーヌ）であり、俳優はその演出に従って動くのだ。しかしファインダーを覗いているたむらさんは平然としている。何も言わない。心配になって「どうですか？」と私が聞くと「うん。ＯＫ」と、何も問題などないというように答えたのだった。たむらさんはそれ以上何も言わなかったが、そのきっぱりとした言い方から「なぜ全てが見えていなければならないのか？」というメッセージをスタッフがはっきりと受け取った。以降、現場は大変シンプルなものになった。俳優が自由に動く。カメラはそれをひとつのアングルから撮る。一本のレンズ。ひとつのショット（おまけにマイクも一本。ワイヤレスなしだった）。見えない部分があっても、それを別のショットで補う必要など全く感じなかった。続く喫茶店でのふたりの会話の場面では、カメラは西島の背後のアングルに入り、彼の表情は全く見えない映像になった。通常の劇映画のようにユウの顔のショット、ケイの顔のショットと切り返して彼の表情を捉えるには、カメラポジションを変えてもう一度同じ芝居をしなければならない。つまり撮影に倍時間がかかる。さらに状況を示すためのふたりの引きのショットを撮ろうと思えば、より時間がかかる。そんなふうにカメラは何度もポジションを変え、その都度映画の俳優は何度も同じ芝居をすることが求められる。しかし、完全に即興で行われるこのふたりの演技は、同じことを二度繰り返すことがそもそもできない。私たちは短時間で終了できる撮り方を選んだ。時は金なりだ。撮影はいつも夕方には終わった。『2／デュオ』の撮影スタイルはそんなふうに決定されていった。カメラマンがたむらさんではなく「編集のとき困るから、別のアングルも撮っておきましょう」という人であったら、映画は全く違うスタイルになっていただろうと思う。たむらまさきは過激であった。その過激さはスタッフにも伝染し、私が「一応、アパートの外景も撮影しておこうか」と言うと「いりません。これはそういう映画ではありません！」と助監督だった大崎章（現在は監督）にキッパリとたしなめられたりした。そういう単純なスタイルが可能になったのは、何より俳優たちのパフォーマンスが優れていたからだ。たとえ西島の表情が見えなくても、彼の演技はわれわれを説得する力があり、私たちはその表情を想像して見ることができる。映画とは見えるものと、見えないから想像することのせめぎ合いなのだ。

柳と西島は共演者として決して馴れ合いにならずに緊張感を保ち続け、素晴らしい創造力で火花を散らして対決した。その演技が作り出すシーンに何かを付け加える必要がなかった。「手伝ってやるよ」とベランダの洗濯物を取り込み始めるケイが、突発的にユウに洗濯物を投げつけ始める恐ろしい場面は、シナリオでは次のように書かれていただけだった。

ユウの部屋　夜

　ケイは役者をやめることをユウに打ち明ける。

　ユウはケイの言葉、気持ちを必死で理解しようとするが、二人の気持ちは次第にずれて噛み合わないものになってゆく。

　ユウはケイが求めているものが何なのか理解できずに、逆にケイを落ち込ませる。

　二人の会話は途絶えがちになる。

明日は休みだ、どこかに行こうかとケイがいうが、結局二人の予定は折り合わない。(＊18)

　実際の撮影ではケイの言葉、気持ちを理解しようとして「なぜ結婚なの？」と尋ねるユウが、ケイをますます苛立たせる。洗濯物を投げつけるというケイの無言の暴力は沸点を迎え「わかんねえよ！」と怒鳴り散らしてアパートを出ていってしまう。俳優の素晴らしいテンションによって、シーンはシナリオが想定した物語を乗り越えていってしまう。「ケイは部屋を出て行っちゃったけど、次はどうする？」と撮影が終わるとスタッフと俳優は車座になって話し始める。皆がアイデアを出し合う。たむらさんは横で寝たふりをしながらその会話を楽しそうに聞いている。明日のシナリオが今日の撮影を受けて変更される。物語が日々変化してゆくので、時折スタッフにはスクリプターによってまとめられた「今日までの物語」というレジュメが配られた。この予測がつかない撮影現場をスタッフは楽しんでいるように見えた。そのことに私は勇気づけられた。予定された撮影日数は2週間。その日程でこの映画が撮影を終えられるのかどうか誰もわからなかったが、「2週間経って、もし撮影が終わらなかったら、どうしてこの映画が完成しなかったのかについて皆で話し合う様子を撮影して終了しよう」と私はそう覚悟していた。

ふたりの演技を前にして、私はなぜダイアローグを書くことに違和感を覚えたのかが少しわかるような気がしていた。例えば私が「結婚しようか?」というケイの台詞を書く。私はそのときケイがなぜそう言うのかを知っている。さて、ユウはどう答えるだろう?と私は考える。ユウの性格を想定してあれこれと台詞を考えてみる。しかし、そのときにユウが私の想像もつかないような言葉を発するという事態は起きないだろう。ケイがどういう行動をするか、何を言うかを私が想像する。そしてユウがそれにどう答え、どう行動するかを同じ私が想像する。ユウとケイは別の人間=他者のはずであるが、こんなふうに私が書いている以上、ふたりとも私の想像の範囲を超えることがない。しかし現実の世界では、それが恋人であっても他者は私の想像を超えている。相手が何を考えているのかは、本当はわからない。他者は見えない領域を持っている。そこにダイアローグ=対話があり得るのだが、私が書く台詞はダイアローグに見えて、実のところ私のモノローグでしかないではないか? それが私の違和感だったのだと思う。ユウとケイは互いに他者である。相手だけではなく自分自身も他者である。ケイは自分がなぜ「結婚しよう」と言ったのか、なぜ洗濯物を投げつけるのか、自分でも理解できない。つまり自分もまた他者なのだ。

『2／デュオ』を通して私に浮かび上がってきたのは、この「他者」という主題であった。そう簡単に見通すことができないもの。それが「他者」であり、それは「世界」であると言ってもいい。あるいは、それが安吾の言う「ふるさと」なのかもしれない。私はそこにたどり着きたかったのだ。

『ママと娼婦』では一切の即興は許されていない。「コンマの位置ひとつでも変えることを許しませんでした」とユスターシュは言う。レオーはよく『ママと娼婦』の話をしてくれた。予算がなくフィルムが限られていて、各テイク一回しか撮影できないので、「この美しい台詞をしくじってはいけない」と、大変な責任と緊張だったそうだ。全ては書かれていたわけだが、『ママと娼婦』の人物には現実のモデルが存在し、ユスターシュは録音したその肉声を俳優に聞かせて、同じような口調で演じることを求めたという（＊19）。彼らが実生活で話した言葉が、そのまま台詞として採用されていることもあるらしい（＊20）。つまり、この完璧なテキストにも「他者」がおり、他者＝世界が侵入するユスターシュの計り知れない「開かれ」があるのではないだろうか？　あるいは、私はどこかで「幸せですか？」と街ゆく人々に語りかけるジャン・ルーシュ／エドガール・モランの『ある夏の記録』のようなシネマ・ヴェリテ（映画、真実）のことを考えていたのかもしれない。『ある夏の記録』では映画の最後に、その映画に参画した出演者や制作者たちが自分たちの映画を見て「この映画をどう思うのか？」互いに意見を交換する場面までもが収められていた。フィクションという世界を作り上げることではなく、現実の世界にカメラを向けること。ゴダールが「現実の反映ではなく、反映の現実を」（＊21）と言ったように。

私は脚本を否定したいわけではない。「他者」を書くことができる優れた作家は存在する。しかし、私にはそのことを書く能力や欲望がなかったのだ。

今にして思うと、私がデジタル世代ではなく、フィルム時代に映画を撮り始めたことが、私の映画のフォルムの成立に決定的に作用していると感じる。デジタル以上にフィルムには撮影時間の限界がある。400フィートの長尺フィルムを装填してもせいぜい10分少々の持続時間しかないことを、俳優もスタッフも知っている。いったんカメラが回り始めれば、現場にはフィルムが終了してしまうまでのカウントダウンの意識が生まれる。俳優たちはどこかで、この時間の制約に急き立てられてゆく。即興演技では、その芝居がどのように終わるのかが決定されていないため、時間経過とともにそれがどう変化するかも予測できない。いつ終わるのかもわからない。しかし、フィルムの終わりは必ず訪れる。その緊張の中で、撮影が進行してゆく。フィルムが回っている間、製作資金をどんどん消費しているという現実も、皆の意識に大きく作用している。レオーが『ママと娼婦』で極度の緊張に追い込まれたように。

現実に終わりはないが、映画には終わりがある。始まって終わる。それは映画の制度である。俳優たちの終わりの見えない演技の闘争は、やがて迫り来る終わり＝映画の制度との闘争となる。「さあ、掃除、掃除ぃ」と部屋を崩壊させてゆく西島の演技が闘争の火蓋を切り、攻撃と謝罪をめまぐるしく交錯させながら、ふたりの闘争が進行してゆく。それは「終わり」という映画の制度をも崩壊させるかもしれない。しかし、フィルムという存在を意識している西島が「俺、出てくわ」と捨て台詞を吐き、「金くれよ」と金を巻き上げて部屋を飛び出してゆくとき、この闘争は「終わり」を迎える。そのことでかろうじて映画に留まる。もしこれが、デジタル撮影であったら、『2／デュオ』は映画にはならなかっただろうと思う。

デジタル撮影の現場と違い、フィルム撮影には基本的にモニターがないので、カメラマン以外は実際のフレームを現場では知らない。撮影中、私は一度もファインダーを覗かなかった。それが、たむらさんを現場に迎えた私の信頼の証であったのだと思う。私たちは、ラッシュ試写で初めて撮影された映像を見ることになる。たむらさんの撮影した映像は、どれひとつとして、私が思い描いたようなものではなかった。フレームは、うまく構成された構図を巧妙にズラされ、フレームの外側との緊張を保ち続ける。俳優が画面の外に逃げてしまっても、動じることなく映像は自分の時間を保ち続ける。レンズ一本で撮影されたというのに、豊かな映像のバリエーションが現れている。それが自分の映画であるとは到底思えない、独自の映像空間が展開されていた。他者の画面だった。しかし、私はそのことで、ある呪縛から解放された気がした。自分が撮りたい画面を撮る、自分で世界を構成したい、私の好きなあの映画のような画面にしたい、という欲望の呪縛から。しかし、ほぼワンシーン＝ワンショットで延々と続いてゆくラッシュを見ながら、私は途方に暮れてもいた。実は『2／デュオ』だけでなく、他の全ての作品において、最初にラッシュを見たときに私は同じように思うのだ。「一体これはなんだ？　どうやって編集すればいい？　これは映画になるのだろうか？」と。現像所まで長時間にわたる編集ラッシュ試写を見に来てくれた筒井武文に、私は恐る恐る「どうだった？」と訊いた。彼は「感動した」とひと言述べて帰って行った。その言葉にまた励まされた。「なんとかなるかもしれない」と思えた。

『2／デュオ』においては、多くのことが無意識の中で起きていった。特別なスタイルを目指したわけでもなかったし、完成作品について明確なイメージを抱いていたわけでもなかった。制作における全ての判断はスポーツのように私と俳優とスタッフの相互的なやり取りの中で身体的に、瞬間的に行われていったのだった。考えて行動したのではなく、ただ行動した。そして後から考える。なぜ私はこんなことをしでかしてしまったのだろう？と。

ヌーヴォー・ロマン（新しい小説）の旗手と呼ばれたフランスの小説家で映画作家のアラン・ロブ＝グリエは、来日したときの講演で「なぜ人は、小説を書くのだろう？」と自らに問いかけ「恐らく二つのエンジンと言いますか、原動力があって、それが人を書くことに駆り立てるのではないかと思います」（＊22）と述べる。作家にはふたつの種類があると言う。例えば（オノレ・ド・）バルザック。バルザックの小説『ルイ・ランベール』の書き出しはこうだ。「ルイ・ランベールは一七九七年ヴァンドモワ州のモントワールという小さな町に生まれた。父親がそこでまずは中ぐらいの皮なめし業をいとなんでいたのである」（＊23）ここでは主人公の名前、出生地、親の職業といったIDカードに登録するようなものがはっきりと書かれている。このときの作家は登場人物の内も外も、誕生から死まで、全てを知っているという立場で書かれている。バルザックは「完全にこの世界がどういうふうに動いているのか、社会がどういうふうにできているのかを完璧に知り尽くしているという前提で書いている（中略）読者よりも作家の方がよく知っている。だから読者に向かってそれを説明しますというのがバルザックの姿勢でした」（＊24）とロブ＝グリエは指摘する。一方で、例えば（アルベール・）カミュの『異邦人』の書き出しはこうだ。「きょう、ママンが死んだ。もしかすると、昨日かも知れないが、私にはわからない。養老院から電報をもらった。――ハハウエノシヲイタム、マイソウアス――これでは何も分からない。おそらく昨日だったのだろう」（＊25）。ここでの作家の立場は、明らかにバルザックとは違っている。自分の母親が死んだという主人公にとって重要な出来事が、今日である。いや、昨日かもしれない。私にはわからない。と、その日時さえ確定できなくなっている。「つまりここでは、ナレーターの権限がなくなっているのです。バルザックの場合、ナレーターはすべてを語る。世界には意味があるから、その意味を語り尽くし得るんだという見解に立っているのに対して、カミュのナレーターは『僕にはわからない』と言う。これを突き詰めて言えば、知らないから彼は語っているんだということになります。理解できない、わからない、だから語りだすんだと」（＊26）。このふたつの作家の視点を、映画のカメラに置き換えることも可能だ。バルザック的視点は、世界の全てを見渡している。カミュ的視点は世界の全てを見通すことができない。わからない、見えない部分がある。古典的な映画のカメラは、世界の全てを見ることができる。カメラがひとりの男の顔を映し出す。彼は何かを見つめている。何を見つめているのだろう？　するとカメラは瞬間に切り替わり、彼が見ているひとりの女を映し出す。女が部屋を出てゆくと、カメラはまた瞬時に先回りして、女が部屋を出てくるところを捉える。カメラはどこへでも一瞬で移動する。天使のように偏在し、見えないところはない。しかし、『2／デュオ』で、結果的に私たちが選びとってしまったのは、見えないところがあるというカミュの視点なのだった。世界はわからない、見えない部分があり、謎であり、私たちはその一部しか知らないのだ。そして知らないからこそ、カメラを向けて世界を見る必要があるのだと感じる。だから切り返し（構図、逆構図）は禁じられるのだ。これは、映画を作る者としての私の立場の決定的な選択だったことに気づく。

「世界がわからない誰かにとって、この世界を探索してゆくこと、そしてその目的は世界に対して意味を与えることではなく、どのような道のりが可能なのかを見るのです。このような欠落を持った意味を通してどのような道が可能なのかを見るのです。これこそが、書くことの強い原動力になるでしょう」（＊27）

ロブ＝グリエの言葉が、私の無意識の選択にひとつのコンセプトを与えてくれた。

ロバート・クレイマー

『2／デュオ』の初めての上映は厳寒のオランダ、ロッテルダム国際映画祭だった。日本で完成試写を終えたとき、私に達成感があったわけではなかった。とにかく完成にこぎ着けたことが奇跡のようにも感じたが、しかし「果たして、こんな映画を見たいと思う人がいるのだろうか？」とも思った。その頃の多くの日本の観客は、日本映画を嫌っていた。日本映画はなぜつまらないか？　それは内容が暗く、貧しく、なんだかドロドロした人間関係が描かれるから。そんな定説が囁かれてもいた。『2／デュオ』は、その三拍子が全て揃ったような映画だ。そんな映画が、国際映画祭などというものに拾われるとは思ってもいなかった。

私が参加した1997年のロッテルダムでは、ダルデンヌ兄弟（ジャン＝ピエール＆リュック・ダルデンヌ）の『イゴールの約束』、ホン・サンス監督の『豚が井戸に落ちた日』などが新進作家の作品として紹介された。その後カンヌでカメラ・ドール（新人賞）を受賞することになる河瀬直美の『萌の朱雀』もコンペ作品としてラインナップされていた。深夜のバーで河瀬監督と議論を重ねた記憶もある。

そんな中『2／デュオ』の初めての上映が始まる。

私は、客席の後方で上映の様子を緊張して見守っていた。しばらくすると、席を立って会場を出てゆく人がいる。その後、何人もの人が席を立ち、私の脇を通り過ぎて会場を出て行った。ヨーロッパの観客が日本の観客のように辛抱強く映画の最後まで残ってはくれないことを知らなかった私は、動揺した。しかしよく見ると、西島の演じる駄目男ぶりに怒り、その一挙手一投足に舌打ちしながら、しかし最後までスクリーンを見つめる人がいる。また、崩壊する女の精神に同調したのか涙している人もいる。あるいは緊張し、微動だにしないでスクリーンを見つめる人もいる。客席にはモザイクのようにさまざまなリアクションが生まれていた。映画を監督した者はどこかで、全ての観客が自分の映画に没入して、心動かされることを望むであろう。百人の観客がいれば、百人の観客が同じように感動することを望むかもしれない。「こんな映画見たくない」と席を立つ人がいることは悲しい。しかし、それでいいのではないか、と思った。映画を作り出すのは、観客なのである。だから実は見ている観客の数だけ『2／デュオ』という映画は存在するのではないか？

観客が皆同じひとつの感動、ひとつの映画を作り出す映画もある。巨大な資金を投下された映画はそうでなくてはならないだろう。そういう映画は観客をみんな同じ人間にしてしまう。しかし、ひとりひとりが全く違う感情を掻き立てられて、違う映画を作り出してしまう映画もまたあり得る。前者は慰安である。私たちを同じようにどこかに連れて行ってくれる映画。スクリーンを見ている間だけ我を忘れてしまうことができる映画。しかし、あなたは他の人とは違う、あなたがあなたであることを忘れてはならない、と感じさせる映画もまた存在する。それは、人が同じではなく多様であることを肯定するのではないのか？

それならば自分はそういう映画のほうへ進んでゆこう。会場を去ってゆく観客の背中を見ながら、そんな決意をしたような気がする。

その後『2／デュオ』はカナダ、香港、ドイツとさまざまな国の映画祭に呼ばれ、世界を旅することになった。フィクション映画にもかかわらず、その年（1997年）の山形国際ドキュメンタリー映画祭においても上映された。

山形では上映開始10分で日本の著名な評論家が会場を出て行った。またしばらくすると、私の目の前でひとりの女性がガタンと大きな音を立てて席を立ったかと思うと、すさまじい勢いで出て行った。我慢ならないという感じの、日本ではあまり見かけない激しいリアクションだった。上映が終わり、会場を出ると、その女性はロビーに座っていた。おそらく私を待っていたのだ。彼女は、つかつかと私の前に歩み寄り「私はあなたの映画を見ていられなかった。でも、どうして見ていられなかったのかがわからない。だからこれから家に帰って考えます」と告げると、くるりと踵を返して帰って行った。映画がそんなにも強く人に作用することに私は驚いた。勇気を振り絞って、私に言葉をぶつけたその人の背中を今も忘れない。

「『2／デュオ』は、生々しい闘い、戦闘です。壁に掛けて鑑賞する絵画のような礼儀正しいものではありません。疑問の真相、苦痛の奥底、情熱の行き着く果てに到達しようという試みです」と、ひとりの映画作家が静かに、力強く私に語りかけてくれた。その年のインターナショナル・コンペティションの審査員を務めていた、アメリカの映画監督ロバート・クレイマーである。クレイマーは1989年の山形で『ルート1／USA』を発表し、山形市長賞（最優秀賞）を受賞した。文字通りアメリカの国道1号線、ルート1を辿ってゆく4時間を超える壮大なロードムービーだった。旅をする男ドクは、クレイマーの分身のようなフィクションの人物で、俳優によって演じられた。そのドクが、カメラを構えるクレイマーとともに寂れてしまった国道1号線を縦走しながら、道中に出会うさまざまな現実の人々を通して、アメリカ社会の地層を探査してゆく。そこでは、ドキュメンタリーかフィクションかという問いなど全く眼中にない孤高の映画作家の核心が貫かれていた。

「私はドキュメンタリーとフィクションの区別をしたことがありません。ドキュメンタリーかフィクションか？という問いは敵側に属するものです」とクレイマーはキッパリと言い切る。彫りの深い骨格によって、彼の瞳は眼窩に沈み込み、哲学者のように長い時間繰り返されてきた孤独な思索が沈殿しているかのようだ。しかしその影の中に沈み込んだ彼の瞳は、しっかりと見開かれて私をまっすぐに見ている。そして「さあ、自分のことを話してごらん。本当の話をしよう」と、相手を対話に誘うような愛情にも満ちている。その人間的な視線が彼の作品を貫いていると思った。「私は、初めての映画『2／デュオ』で脚本を捨て、俳優の即興に委ねました。しかし、どうしてそうしたのか、自分でもよくわからないのです」と、自白するように打ち明けた。彼の答えはこうだった。「おそらく、その答えは5年以内に見つかるでしょう。大切なことは、ある映画のために最初に浮かんだ感情やアイデアとともに、どのような世界、どのような考えを人々に伝えたいのか、そのために最良の方法は何かということです。私にとってそれはときには書くことですし、またときには自分の声で自らの真実を語る人と作業することです。撮影の最中にやり方を完全に変えなくてはならないときもあるでしょう。ときには撮影を始めたものの、どうしてもその俳優が好きになれないこともあります。なぜなら、私たちは俳優以前のある人物を欲するからです。職業は俳優であるが、ひとりの人間であり続けるその人物について学ぶためのあらゆる材料を映画に持ち込まなければなりません。生活における全ての材料を。あらゆる映画は、映画制作についてのドキュメンタリーであるというのはこのことなのです」。

私は『2／デュオ』を撮る以前にテレビドキュメンタリーのディレクターとして働いた。長く劇映画の助監督をしていた私は、面倒な段取りに煩わされることなく、二、三人のスタッフで、すぐに撮影に行けるドキュメンタリーの制作スタイルによって解放された。「さあ、あの人に話を聞いてみよう」と出かけて行って、誰かにインタビューをする。そしてまた次に撮るべきものを考える。ダイレクトに世界に向かってゆく感覚が、自分にとっての理想の映画であるような実感があった。カメラの前でインタビューに答える人々の言葉、演技ではない表情に魅了される。それはカメラを通じて世界を探査するよいレッスンだったと思う。しかし、ふと疑問が湧き上がる。私は、現実を生きる誰かにカメラを向け、その人自身の言葉で話させる。その映像は、何ものにも代えがたいその人の生の一部でもある。私はそれを記録して編集室に持ち帰り、そのかけがえのない映像を自分の映像として手にして喜んでいる。私はその映像をまさに撮って（獲って）来るわけだけれど、私はその人に何を返すことができるのだろう？　撮る側と撮られる側という、どうしようもなく非対称的な関係を作り出す権力装置でもあるカメラ。それを持った私は、目の前にいる人とどんな相互関係を結ぶことができるのだろう？　ドキュメンタリーにおいては、人は自分自身としてカメラの前に立つ。だから決して、カメラは、その人があずかり知らぬところで、知らない誰かの視線に晒す装置になる。その人が他人に見られたくない自分をカメラで暴くことはできないと思う。それを暴こうとするドキュメンタリーは数多くある。しかし、私にはできない。それがドキュメンタリーであるからこそ、立ち入ることのできない人間の領域がある。劇映画よりも嘘がないように見えるドキュメンタリーにもまた、触れられない領域があるのだと思った。

そして私はフィクションに戻った。俳優は役を演じることで、自分自身が晒されることからギリギリ保護される。ケイは弱く、未熟な男だが、それは西島秀俊ではない。彼が創造した人物である。彼本人がカメラに晒されることから守られることで、私たちはより遠くまで人間の探索を続けることができたのだと思う。そして、俳優という美しい仕事を選んだ人は、そんなふうに人間を探求することを望んだ人たちだ。そこにはカメラを向ける者との協働が成立するはずだ。フィクションという形式にしか触れられない人間の領域があるのだ、と私は思った。

俳優であろうと、初めて演技をする人であろうと違いはない、と言うクレイマーは「私にとって大切なことはコントロールしないことなのです。あなたはなぜ脚本を捨てたのかわからないと言いましたが、理由をひとつ言わせてもらえば、コントロールは愛を殺すからです」と言って微笑んだ。

クレイマーとの、わずか1時間程度の対話だっただろうか（＊28）。しかし、私はそこで交わされた言葉をその後ずっと携えて旅をしてきた。「私は、自分たちのためにどうしても解かなければならない結び目（問題）があったから、映画を作ったのだと感じられる作品が好きです。より多くの金が欲しいからでもなく、有名になりたいからでもなく、映画史のことを勉強したからというのでもなく、まずは自分のためにその結び目を解かなければならないと感じられる作品。だからあなたは自分の主観を恐れる必要はありません。『私の問題に一体誰が関心を持ってくれるだろう?』と考える必要はないのです。私はこう考えます。もし自分の問題をはっきり理解することができれば、その作品は他の人々の関心を引きます。なぜなら全ての人が問題を抱えて生きているからです。われわれは孤独ではないのです。このクソまみれの世界の中で」という彼の言葉は、表現することの原則として、今も私を支えてくれている。

『M/OTHER』

いつだったか、小説家の保坂和志さんから届いた年賀状に、「オレたちは、なけなしのものでやるしかないんだよ」というひと言が添えてあった。「なけなしのもので」という言葉が染みた。世界にはさまざまな問題がある。政治的な厳しい抑圧の中で創作する者もいれば、母国を追われた人たちの文学もある。同棲するカップルの関係が壊れてゆくという『2／デュオ』の物語は、なんとちっぽけなものだろうか。しかし、それが私の「なけなしのもの」であった。それは私が日本という国に生まれ、無邪気に経済だけを成長させていたある時代を生きてきたことと無関係ではないだろう。しかし誰でも、自分が生まれ、生きてゆく社会や時代を選ぶことはできない。そのことを、自慢したり、卑下しても始まらない。中上健次氏は被差別地域に生まれたから作家になったのではない。路地に生まれた人が皆作家になるわけではない。「彼が自分の境遇をどう認識したかによって、作家になるのだ」と、文芸批評家の柄谷行人氏が言っていたような気がする。どのような境遇であっても、そのことの重さを比較することはできない。私の作品の主題は、ささやかなものかもしれない。いや、映画を撮る前に、私にはのっぴきならない主題などなかった。それは作品を作ることで、事後的に発見されたのだった。互いに理解することのできない男女の物語を通して、私は「他者」という主題を手にした。それが私の「なけなしのもの」だった。どんなにささやかで、くだらないものでも、「なけなしのものでやるしかないんだよ」と、思えた。

1980年代はテーマとか主題というものが軽蔑された時代だった。内容よりも形式、主題よりも方法が重要であると価値転倒する必要があった。テーマばかりが論じられて、誰も映画そのものを見ようとしなかった時代があったのだ。

しかし、私は手にした主題から映画を始めてみようと思った。何を撮る（主題）のか?どう撮る（方法）のか?を不可分のものとして、それらをいっぺんに考えるべきだと思った。

私の次の映画『M/OTHER』は、はっきりと他者＝OTHERを主題とする映画として始まった。

『2／デュオ』が、柳愛理という俳優から始まったように、「次の映画もまた一緒にやろう」と約束した渡辺真起子を主演とすることから『M/OTHER』は始まった。『2／デュオ』では、傷つけ合うふたりの鬼気迫る様子を友人として見守る役だった渡辺真起子だが、時折現場にやってくるだけだったにもかかわらず、まるで彼らのことをずっと心配し、彼女自身も傷つきながら、出番のない日を悶々と過ごしていたかのようだった。私は彼女に、他者に共感する感性の豊かさや、優しさ、フィクションを生きる力を感じていた。そんな彼女を見て、『2／デュオ』の後半の喫茶店の場面で、頼りにならないケイにムカつきながらもそっと一万円を置いていくという彼女の芝居を思いつき、付け加えたのだった。フィクションを演じるのではなく、フィクションをフッと生きてしまうことができる人だと思った。

撮影監督を再度たむらまさきさんにお願いしたかったが、撮影スケジュールが塞がっていて動かせなかった。私はプロデューサー仙頭武則氏に「たむらさんが無理だとすると、もうカロリーヌ・シャンプティエくらいしかいないですね」と冗談を言うと、彼の目の色が変わり「それ、いいじゃん」と、すぐに動き始めた。それは私にとって特別な名前だった。『ゴダールの決別』の黄金の光、フィリップ・ガレルの『ギターはもう聞こえない』の透明な肌色、ジャック・リヴェットの『北の橋』の大胆なポエジーを表現した錚々たる経歴の技術者に、畏れを抱くよりも、ヌーヴェルヴァーグを経験した彼女と一緒に働いてみたいという欲望が勝った。やがて日本から送付した『2／デュオ』を見て、彼女から「出口のないインテリジェンスに強い印象を受けた」と返信があり、具体的な交渉が始まった。私はまだおぼろげだった新しいプロジェクト『M/OTHER』がどのような企画であるかについて説明する手紙を彼女に送った。

カロリーヌ・シャンプティエ様

『M/OTHER』は、疑似家族の物語です。私がこの題材を考えたのは、私自身の個人的な家族生活の問題や、そこから得られるインスピレーションとも関係していますが、家族とはひとつの演技であり、演じることで他者との関係を持続していくことの中に生まれる愛情であり、その意味で私の映画の構造そのものを語るのに最も適した題材だと思えたからです。父親や、母親や、母親の代理といった役割を演じることで生まれてくる関係を基本とすることで、カメラの前にいる俳優同士の関係そのものを物語と同時に捉えられるのではないか、という期待が私にはあります。また逆に、今回は子供を扱うことで、私が考える映画の構造は破壊されるかもしれない、とも思います。むしろ、子供をそのように私の映画にとって未知の存在として迎え入れられればいいのではないか、と考えて、子供を扱うことにしました。俳優と私たちの関係の中で、作り上げられようとするフィクションに対して、子供の存在がそれを脅かしてくれればいいなと考えています。子供は厳格にコントロールできる存在ではありませんし、今回、子供はカメラを見つめることさえも許される存在であるだろうと考えています。

『2/デュオ』は、直感と多くの偶然に支えられた撮影でしたが、今回は映画の制作プロセスを意識的に考えて、自分たちにふさわしいやり方を実践してみたいと思っています。キャスティング、ロケーションの決定、美術プラン、物語と登場人物の言動、それらが柔軟に関係し合いながら、脚本の詳細を決定していけるように、作業を進めたいと思っています。現在、主役の女を演じる俳優は決定していますが、相手役の男優を探している段階です。このふたりの俳優が決定した時点で、俳優との対話を進め、物語を再検討してゆくことになります。今回の映画作りに関する私たちの姿勢は以上のようなものです。

結局、カロリーヌとの作業はフィリップ・ガレルの『夜風の匂い』と撮影時期が重なったことによって実現はしなかったが、このアプローチはその後の彼女との長いコラボレーションへとつながってゆく。そして、彼女への手紙を書きながら、私の中で『M/OTHER』の輪郭は鮮明になっていった。

渡辺真起子の相手役を誰にするかについて、皆で意見を出し合ったが、なかなか決め手がなかった。突拍子もなく三浦友和という名前が私に浮かんだのは、おおよそありえない組み合わせに思えたからかもしれない。しかし、その名前を口に出したとき、「これだ」という確信を抱いた。年齢も、俳優としての歴史も、演技のスタイルもかけ離れたふたりの組み合わせは、なにか未知の物語を紡ぎ出すように思えた。相米慎二監督の『台風クラブ』での三浦友和の鮮烈な記憶がどこかで響いていた。

学生の頃、私はほとんどの日本映画に失望していた。しかし『台風クラブ』で初めて相米慎二監督の作品に出会って、「ああ、まだ日本でも映画が可能なのかもしれない」と希望を抱いた。私にとって相米慎二、神代辰巳、このふたりの監督は日本映画の中でも特別な存在だった。考えてみれば、柳愛里は神代辰巳監督の遺作『インモラル淫らな関係』の主演女優だった。『『インモラル』の台本をもらったとき、ああ私もついにポルノ女優になったんだと思った。神代さんのことは知らなかったから。でも現場に行ったら違ってた。愛の映画だった」と柳愛里が言っていた。『2／デュオ』において、俳優たちはほとんどなんの準備もなく本番のカメラの前に立った。柳愛里と西島秀俊は打ち合わせのない真剣勝負のように、張り詰めた緊張感の中で演じ合った。そのふたりの闘争は、物語を創造すると同時に、フィクションをも食い破るような瞬間を生んだかもしれない。崖から闇雲にジャンプするように制作された私たちの映画を、「あんなことは二度と成功しない偶然だ。こんな撮り方は禁じ手だから、二度とやってはいけない」と忠告する先輩監督もいた。そうかもしれない。しかし、本当にそうなんだろうか？　これは自分には極めて自然な制作方法に思えた。『2／デュオ』から、ほとんど継続されたスタッフとともに、私たちはこれをひとつ映画制作の可能性として、意識的に実行してみたいと思っていた。

「Mother」スタッフ、キャストの皆さんへ

この映画の製作は、これから示す簡単な物語の骨子から始めます。

そこに登場する人物には、まだ、細かな性格が与えられておらず、物語のさまざまな局面で、彼らがどのように行動し、何を言うかは、まだ決定されていません。

物語は、ひとつのきっかけにしか過ぎません。

だから、この映画は、登場人物たちを演じる人が、その肉体、生き方を持って、積極的に物語に関わることを必要としています。

この物語（フィクション）の大きな枠の中で、登場人物がどのように生きるかは、演じる人物に大きく委ねられています。

私も含めて、この物語に関わる人間ひとりひとりが、それぞれの方法で違うことを考え、そのことを交換し、試行錯誤しながら、結果的にひとつの物語が編み出されてゆけば良いと思っ

ています。

これは、たいへん無計画な旅のようなものになるでしょう。

しかし、たとえ迷子になったとしても、それも物語です。

どのような映画になるのかは、今は誰にもわかりません。


俳優やスタッフに配布された最初の構成案の冒頭に私はそう書いた。

ひとつの家に男と女が暮らしている。そこへ男の離婚した妻との子供がやってくる。ある事情があって、男はその子供を一定期間預かることになる。その家で三人の暮らしが始まる。

それが、『M/OTHER』の始まりのシチュエーションである。


そこから具体的な物語を構築するために、ふたりの俳優とスタッフたちとの長い話し合いが始まった。おそらく撮影では通常の脚本を用いないで、即興で演じてゆくことになる。ではそれを可能にするために何を準備すればいいのか？　登場人物たちの過去を、全て考えておかなくてはならないのか？　あるいは、その場面で起こりうるあらゆる可能性を検討しなければならないのか？　このような撮影は初めての経験である三浦さんは、「何もないところからは、何かは生まれないから」と、さまざまな物語の設定を提案してくれた。シナリオを書いて持ってきてくれたこともあった。しかし、私は物語の詳細を決定することをためらい、台本を完成させることを先延ばしにしていた。ある日痺れを切らせた三浦さんは「もう、実際にやってみないとわからない」と突然立ち上がり、渡辺さんと演技を始める。台本も何もない即興によって、なんとか演技の手がかりをつかもうとする。それを受けて、私はこの映画の物語の1年前とか、初めてふたりが出会ったときとか、最終的な作品には現れない場面を提供してリハーサルをやってみる。そんなことが何かの役に立つのか、誰にもわからない。しかし、次第にふたりの俳優の関係に変化が生じてゆく。当初、三浦さんは即興で演じるために役の土台を、さまざまなかたちで事前に作り上げようとしていた。職業、趣味、学歴、家族や別れた妻との関係、この男の性質、そしてその場面で何ができるのか。考えうる材料を用意して臨もうとしていた。三浦さんは、自分が演じる役を理解することに集中してゆく。この男は一体どんなやつなんだ?と。

それに対して、渡辺真起子は目の前の相手に集中してゆく。「こっちを向いて。どうして私のことを見ようとしないの?」と果敢に、演技で三浦さんに挑んでゆく。それは演技者の感情であると同時に、この物語の役の感情でもある。自分が演じる役を探索していた三浦さんは、次第に目の前の渡辺真起子の演技に目を開いてゆく。もはや、自分の考えたことなんて役に立たない、彼は自分の役作りのプランを捨てて、予測できない彼女の演技を丸ごと受け止めてゆく。

『M/OTHER』において、俳優の演技を導いたのは私ではなく、そのような俳優同士の演技による相互的な演出だったと思う。息子を演じた高橋隆大は芝居をすることが大好きな少年だった。自分が即興で何を言っても、どんなふうに演じようとも、三浦さんや渡辺さんがそれをしっかり受け止めてくれる、という安心感に支えられて、彼はどんどん大胆になっていった。同じように大人たちも互いの演技によって演出されていった。

私の中で次第に、身体を伴った登場人物たちの具体的なイメージが生まれていった。哲郎とアキと名付けられたこの登場人物は、私の想像の中で実体を備えた人として動き始める。すると、もう物語は自然に組み上がってゆき、撮影が始まるまでに、詳細な脚本が出来上がってしまった。台詞は書かれておらず、ダイアローグは指定されていないが、それがどんな場面で、彼らが何をするか、どんな精神状態になるのかは詳細に脚本として書かれたのだった。

撮影は3週間。最初のシーンから全て完全に順撮りで撮影された。すでに三浦友和、渡辺真起子、高橋隆大の三人は即興で演じることになんの不安もなかったと思う。彼らは互いにわかり合えない他者であり、だからこそ苦しみながらも関係を持続してゆく登場人物と俳優の二重の「生」を皆が生きていた。「私のことなんか、何もわかってないじゃない」というアキの言葉を聞きながら「俺、それ彼女に言われたことあるわ」とスタッフのひとりが呟く。即興で交わされる会話は、台詞としては貧しい言葉だ。あらかじめ用意された気の利いた台詞などひとつもない。同じ言葉をただ繰り返すしかないときもある。しかし、その貧しさ故に、このフィクションはわれわれの人生となんらかの関係を切り結んでいるように見えた。ああこれは自分のことでもあると、本番の芝居を見ながら、私も何度もそう思った。

撮影はスタッフが不安になるくらい予定通り順調に終了したが、最初の粗編集で3時間を大きく超え、編集はその始まりから迷路に迷い込んだ。

私はとにかく一般的な映画の尺である2時間以内を目指してバサバサとフィルムをカットしていった。即興で交わされる男女の会話は、ときに脇道に逸れ、ときに同じことを繰り返し、結論もないままに進行してゆく。その10分にもおよぶようなショットから、最低限物語を伝え得る言葉を残して、無駄と思える部分を排除してゆく。失われても物語が傷つかない部分は捨てられていった。そうして1時間50分まで編集された時点で、何人かのスタッフを集めて試写を行った。見終わると、皆に重苦しい空気が流れた。2時間を切るまでに編集されたというのに、最初の3時間の粗編集よりも長い映画に感じた。ラッシュに充満していた俳優のエネルギーは失われて、意味だけを追う退屈な映画になっていた。

その場にいた私の妻がそれを見て重い口を開き「あなた、自分がこの映画で何をしようとしたのか、全然わかってないね」と言い、「この映画は、例えば三浦さんがこの部屋をどんなふうに横切っていくのか、それを見せる映画なんじゃないの?」と続けた。彼女は映画の専門家ではないが、絵画を学び、視覚表現に対して独自の視点を持っていた。その指摘に、私は我に返った。効率的に物語を語りたいのであれば、最初から脚本を書けばよい。あれほど物語というものから距離を取ろうとしていたのに、今は物語にすくい取られ、私は映画の豊穣さを切って捨てようとしていたのだ。

私は、切り捨てたショットを元の長さに戻し、持続する時間を尊重しながら、単純なショットの連続としてつないでゆくこの作品の編集の基準を発見した。以来、妻の諏訪久子は『不完全なふたり』『ユキとニナ』『ライオンは今夜死ぬ』に共同編集者として関わることになる。それまで、私たち夫婦にとって映画制作は私の仕事であり、妻は関与しなかった。映画を作ることと生活することは切り離されていて、妻は生活の場のほうにいた。その境界線を消して、映画と生活はつなげられることになった。私にとって映画制作はすでに、単に家庭の外にある「仕事」ではなく、「生きる」ことであったから、ともに生きる者としてその境界は取り払われなくてはならなかった。『M/OTHER』は私たち夫婦の再構築の契機でもあった。

1999年5月。『M/OTHER』はカンヌ国際映画祭の監督週間で世界初上映となった。上映後のリアクションや、翌日の新聞の批評などから、この作品があるインパクトを持って受け入れられたことを実感した。上映の後の質疑応答では、「どのように撮影しているのか?」と、完成台本を用いない特異な撮影方法についての質問を多く受けた。おそらく批評家ではない一般の観客が発言し、「私たちは、この遠い国で作られた映画に流れる感情をよく理解できます。私たちには差がない、同じだと感じました」と、声を震わせた。また90歳だという老婦人が杖をつきながら私の元にやってきて、「若い頃、私はこの女性と全く同じような人生を生きていたの」と自分の人生について話し始めた。私にインタビューしている最中、いつの間にか自分の人生を語り始める映画記者もいた。「皆が自分のことを話したくなる、自白剤のような映画だね」と誰かが言った。『M/OTHER』が、東洋の神秘ではなく、特殊な撮影方法による実験映画でもなく、現代における普通の人間の感情を描いたものとして受け止められ、誰かの人生とつながったという実感に私は勇気づけられた。

『M/OTHER』は、ありふれた小さな物語である。特別なことは何も起こらない。一方で壮大なスペクタクルは、私たちをどこか別の世界へ連れて行ってくれる。それは前にも述べた通り映画に求められている慰安である。私たちは我を忘れ、心奪われるが、映画が終わり、自分の人生に戻ると、日々ちっぽけな、どうでもいいようなことに悩まされ、解決しようのない困難に喘ぐこととなる。人生は映画のようにうまくはいかない。しかし、その日常の苦しみはくだらないことではない。あなたはひとりではない。そんなふうに現実に寄り添い、生きる勇気を与える映画でありたい。カンヌの海岸を歩きながらそんなことをぼんやりと考えた。
「映画作家というものは、まるでこの1時間半の間は全てがうまく行っているように見せることで、自らを売り渡し、他人を楽しませる存在になることを受け入れてよいものだろうか?」(*29)というフィリップ・ガレルの問いかけを思い出していた。

慌ただしく映画人が行き交うカンヌの路上で、カロリーヌ・シャンプティエとばったり出くわした。彼女はその年のカメラ・ドールの審査員を務めていた。初めての対面だった。彼女は、私が諏訪であるとわかると「こんにちは」も「初めまして」もなく、「あなたの映画は……」と、いきなり『M/OTHER』について、とうとうと話し始めた。どんな話だったかはもう思い出せないが、彼女がほとんどどんなときも映画のことしか考えていないということがわかった。私たちは次の作品で一緒に仕事することを約束した。

カンヌからの帰路、私はパリに立ち寄って、ロバート・クレイマーと再会した。私には彼にひとつの提案があった。「来年、2000年の広島で、ふたりで一緒に、映画を撮りませんか?」と私は彼に伝えた。
軍医だったクレイマーの父は、終戦直後に米国戦略爆撃調査団の一員として原爆投下後の広島、長崎を調査するために日本に滞在した。「2年間の調査を終えて帰国したときに、父は大変気難しい人間に変貌していました。それは、たぶんその2年間に直面した死や、決して回復しそうもない広島の人々を診てきたからでしょう。父は56歳で死にましたが、未だに父が自殺だったのか、病死だったのか掴めないでいます」(＊30)と言う彼にとって、ヒロシマは大きな謎であった。彼が、広島で映画を作りたいという希望を抱いていることを知っていた私は、なんとか彼に広島を撮ってほしかった。

そのとき彼は「スワ、あなたにとってヒロシマとは何か?」と最もシンプルな質問を私に投げかけた。返す言葉がなかった。私はそのように自分に問うたことがなかったのである。子供の頃、広島市の郊外(現在は佐伯区五日市)に住んでいた私にとって市内へ出かけることは、映画を見に行くことであり、家族でレストランに行くことであり、野球を見に行くというイベントであった。路面電車が爆撃目標であつたT字橋(相生橋)を過ぎると、右に原爆ドームが見え、左には(広島)市民球場が見える。その先はデパートや映画館が並ぶ繁華街だ。親に連れられた子供にとって、爆心地はこれから楽しいことが起こるという心踊る場所であった。死の影と呼ばれる「人影の石」は資料館(広島平和記念資料館)ではなく、まだ実際の銀行の前にあって、その前を何度も通った。原爆の熱戦によって焼き付けられた人の影は、しかしもう見わけがつかないほど薄れていた。

あの日、私の祖母は、仕事から帰宅しない夫を探して被爆直後に広島市内に入り、残留放射能で被爆している。広島市の中心を目指して歩いてゆくと、途中のある地点を境に何も視界を遮るものがなくなって、遠くの山々まで見渡せてしまう。あらゆる建物が消えていた。焼けた瓦礫を踏んで進んでゆくとおびただしい死体の数々。防火用水の石の水槽には頭から突っ込んだ人々の尻がいくつも突き出してゆで卵のように膨らんでいた。あちこちから「水をくれ、水をくれ」という声が聞こえるが、水をあげると死んでしまうという噂を聞いた祖母は「ごめんなさい、ごめんなさい」と言いながら夫を探した。死体は焼け焦げていて顔を見ても判別がつかず、口を開けて歯並びを見て確認していった。ひっくり返った荷馬車の馬の眼球が飛び出して、眼窩に染み出した体液がグッグッと沸騰していた。そのように祖母は、かつて見た惨状を話してくれたことがある。信じがたいその話の証拠のように、祖母の腹部には茶色い斑紋が広がっていた。私の原爆体験はそれだけだ。広島に生きる者にとって、そのような話はありふれたものだった。幼い頃、市電に乗れば、必ず何人かの老人にはケロイドの痕跡があった。この町がかつてそのような惨状の現場であったことを私は知っていたが、しかしそれは遥か昔の歴史の中の出来事だった。

広島に生きながら、広島を主題にすることができない私と、広島を大きな謎として抱え込んだクレイマーとの違いに、私は興味が湧いた。

「過去を見つめることを困難にしている壁は、日本の日常生活のありとあらゆる側面において立ちはだかる壁と同じものである。そして、その壁は日本という島の周りをぐるりと取り囲んでいるとも言えるだろう」とクレイマーは言う。私は「その壁の外と中、ふたつの視線によって映画を作れないだろうか?」と伝える。彼は慎重に考えながら、私の提案を受け入れてくれた。

『H Story』

その後、クレーマーと何度かファックスによるアイデアの交換があった。しかし、私とクレイマーとのプロジェクトはその年（1999年）の秋、彼の急死によって不可能となった。なんの予兆もなく、突然、彼は逝ってしまった。クレイマーを失って、残された私に何ができるのだろうか？　私は、呆然としていた。

彼の最後の手紙に、「私はヨーロッパを出たい。何か痛みを伴うことをしたい。非常に困難で、敷かれたレールから外れることを。私は自分がどうやったらいいかよくわからないことをやってみたいのだ」（＊31）という言葉があった。その切実な響きが、私に迫った。

私はクレイマーのその言葉に強く共感していた。『2／デュオ』から『M/OTHER』へと進んできたその延長線上に私の次の映画を想像するとき、それはより安定したフィクション映画になるように思えた。『M/OTHER』で私たちが手に入れた方法論を生かして、次にまた同じような映画を作るのだろうか？　そういう道もあるのかもしれない。「敷かれたレール」を歩くように映画を続けてゆくのだろうか？　私はそんなふうに三本目の映画を撮るのではなくて、まるで初めて映画と出会うように、『2／デュオ』よりももっと前に戻って、映画そのものと向き合い「自分がどうやったらいいかよくわからないことをやってみたい」と思った。

ひとり悶々としたときを過ごした後、次の映画を一緒にやると約束したカロリーヌ・シャンプティエに送った手紙に私はこんなことを書いた。

カロリーヌ・シャンプティエ様

早く私たちの新しい映画のプランについて話し合えるようにと考えていますが、今はまだボンヤリとした大きな主題についての輪郭が浮かんでいるのみです。全てはこれからです……ただ、今私を捉えているひとつの固有名詞があります。それは〝ヒロシマ〟です。

なぜなのか？　これまで私は、自分の映画でヒロシマについて何かを語る気は全くありませんでした。自分にとってその主題は、政治と故郷という二重の罠が仕掛けられていることが直感的にわかっていたからです。私は意識的にそのことを考えるのを避けてきましたし、自分は映画において個人の人間を通してしか世界を描くつもりはないとも思っています。とても自分に扱える主題ではないと思ったわけです。そのことは今も変わらないのですが、しかし現在の自分なりに、この主題に触れてみたらどうなるのだろうか？という思いが急に湧き上がってきています。〝ヒロシマ〟そのものを撮ろうとするかさえまだわからないし、物語が直接原爆の問題を扱うことはないだろうと思います。ですが、広島の8月の光を主題とするだけでもいい、今の私がそこで何を写すことができるのかに自分でもとても興味があります。

その手紙に〝ヒロシマ〟と書いてみた。しかし本当に、ヒロシマを主題とするなんらかの必然というものが私にあるのだろうか？　その疑い、いかがわしさが私につきまとう。

1963年に制作された吉田喜重監督の『嵐を呼ぶ十八人』の中に、広島市民球場で撮影された場面がある。実際に広島対中日の試合が行われる中、臨場感あふれる素晴らしいロケーション撮影が敢行されている。そこにワンショットだけ、球場の向こうに見える原爆ドームの屋根がインサートされていたように思う。吉田監督は、自分がドームにカメラを向けたとき、ある「恐れ」を感じたという。その恐れは、観念的なものではない。空襲を逃げ惑った戦争体験の身体的な記憶、歴史を生きてきた自身の存在に関わる、具体的な恐れであるだろう。以来それは

2002年の『鏡の女たち』まで貫かれる吉田監督の避けがたい主題となったのである。
あるいは、溝口健二の『雨月物語』における田中絹代が演じる宮木の死。フランスの映画評論家セルジュ・ダネーはそこに溝口の「恐れ」を見出す。宮木は腹を空かせた落ち武者に、槍で突かれて命を落とす。この映画の語り手とも言える重要な登場人物の死を、溝口はまるでそのことに無関心であるかのように、その出来事が起きても起きなくてもよかったというかのように、漠然とフレームの端に収めるのである。ダネーは、そのとき溝口が「恐怖と震え」の中にあると言う。「溝口は戦争を恐れている。なぜなら、彼よりも年下の黒澤とは異なり、溝口を苦しめるのは、その心の奥に封建的な男性性を持ちつつ自分の頸動脈を切るどうしようもない男たちだからである。あの感覚の鈍ったようなパン撮影は、こうした恐れから、吐き気や逃走への欲望から生まれている」(＊32)と述べている。溝口はおそらくそのようなことを意識しているわけではないだろう。意識しようとしまいと、作家が世界に対して取る態度はどうしようもなくそのような演出の細部に現れてしまうのである。溝口が戦争という主題を選んだという事実以上に、戦争が溝口をとらえているのである。では、ヒロシマの何に私はとらえられているというのか？　私の恐れはどこにあるのか？

そしてもうひとつ私につきまとったのは次の言葉だった。「ヒロシマについて語ることは不可能だ。できることはただひとつ、それは、ヒロシマについて語ることの不可能性について語ることである」(＊33)という小説家で映画監督のマルグリット・デュラスが『ヒロシマ・モナムール』のシノプシスに書き込んだ一行である。それは「アウシュヴィッツ以降、詩を書くことは野蛮である」（＊34）と言った哲学者（テオドール・）アドルノの言葉とも響き合うだろう。

ヒロシマを語ってしまった途端、それは物語となり、人間が理解することのできるものになる。しかし、ヒロシマを理解することなどできるのだろうか？　私は「ヒロシマについて語ることは不可能だ」という言葉を無視することはできなかった。

その『ヒロシマ・モナムール』（日本公開時のタイトルは『二十四時間の情事』）を初めて見たとき、私は全く好きになれなかった。男と女はまるでオペラのような詩的な言葉によって造形されており、そこに生身の人間が存在しているという実感が湧かなかった。もちろん、そもそも現実を再現するような映画ではないのだが、デュラスの文学的な言語空間から一歩も外へ開かれることなく、私はそこに閉じ込められているように思えた。しかし、監督のアラン・レネとデュラスが言葉とモンタージュを駆使し、全く独自の力で「語りえないこと」を語ったのとは違うやり方で、私は語りえないヒロシマを捉えることはできるのだろうか？

それらの解けない問いを抱え、ヒロシマという途方もない主題に押しつぶされながら、私の作品は本当に、敷かれたレールから外れ、どうやったらいいかよくわからないところへ進んでいった。


迷路に迷い込んでゆく私をつなぎとめたのは、またしても俳優の存在だった。

ヒロシマを舞台にした男と女の物語として構想され、『“H” Story』と名付けられたこのプロジェクトにとって、『ヒロシマ・モナムール』は、避けては通れない映画史の特異点として私に突き刺さっていた。内容を二転三転させながら、私はこの映画とどのように距離を取るのかを模索した。エマニュエル・リヴァと岡田英次によって演じられた『ヒロシマ・モナムール』の男女を、日本人同士の物語に置き換えようとした。いや、クレイマーが言うように、私たちを取り巻いている壁の外側からの視点がなければヒロシマは見えてこない。女は外国人でなければならない。それなら日本人の男とアジアの女ではどうだろう?と、台湾の女優を探したりもした。しかし、そんなふうに『ヒロシマ・モナムール』をいかに変形させるのかを考えていく中で、いっそこのデュラスのシナリオをそのまま撮影したらどうなのだろう?という発想にたどり着いてゆく。

フランスの女優を起用するというアイデアを歓迎したのはカロリーヌだった。彼女は早速何人かの女優の名前を提案してくれたが、最も関心があるのはベアトリス・ダルだと言う。私には思いもつかない名前だった。『ベティ・ブルー／愛と激情の日々』で狂気の愛を鮮烈に演じた彼女はエマニュエル・リヴァとは対極の女優である。さまざまなスキャンダルや、三面記事のネタには事欠かないような問題児でもある彼女のイメージに私は怖気づいた。

フランスの映画界に精通し、後に私のプロデューサーとなる通訳の吉武美知子からも候補者の名前が上がり、私はその中からベアトリスを含む四人の女優たちを選び、パリに飛んだ。吉武さんとともにパリのカフェを転々としながら、錚々たる女優たちと会った。初めてのフランスの俳優たちとの出会いだった。そのひとりひとりが、皆魅力的で、私はそのひとりひとりと一本ずつ映画を撮りたいと冗談のように呟いた。「撮ればいいじゃない」と軽やかに言った吉武さんの言葉をそのときは本気にしなかったけれど、数年後に私と吉武さんは何人ものフランスの俳優たちと仕事をすることとなる。

フランスでは、監督と俳優が最初に会うときというのは大切な瞬間として尊重され、基本的には一対一で会う。そこに日本のようにエージェントとかマネージャーのような人が立ち入ることはできない。ベアトリスもひとりシャンゼリゼのカフェで、私たちを待っていた。

渡しておいた『“H” Story』の構成案について、「どう思いましたか？」と私が尋ねると、彼女はキョトンとしてバッグから翻訳された構成案を取り出して、それをさっと投げ捨てるマネをして「この紙はどうでもいいの。私は脚本がいいとか悪いとかで仕事は決めない。いい脚本だっていい映画になるとは限らないでしょ？　大切なのは、あなたが私に会いに来てくれて、私も(『M/OTHER』を見て)あなたに会いたいと思ったこと。それが全てで、それが映画の始まりでしょ？」と悪戯っぽく笑った。私は圧倒されると同時に、感動していた。瞬間的に私たちは信頼を寄せ合い、それはその後の撮影のさまざまな困難の中でも壊れることがなかった。

俳優と始めて会うとき、私はいつも怖気づいている。本当は怖いのだ。表向きは監督と俳優であるが、実は人と人、他者との出会いであるから。しかし、その出会いが映画を発生させてゆく。以後『“H” Story』は、ベアトリスとヒロシマというふたつの柱を軸に生まれていった。

脚本は固まらぬまま、撮影の期日は迫り、スタッフたちも広島へと集まって来た。カロリーヌ・シャンプティエが来日する。成田国際空港に到着した彼女からすぐに電話がかかってきた。「こんにちは」もなく「今着いたわ」でもなく、「スワ、光が白い！」というのが彼女の第一声だった。「日本の光は白い。『“H” Story』の私の主題は純粋な白にしたい」と彼女は言った。

さまざまなことが混乱していて、もうよくは思い出せないが、クランク・インの直前まで、脚本は固まらず、簡単な構成メモ(＊35)を頼りに私たちは準備を進めた。

その後、ベアトリスの相手役の男の設定が、フランス語を話せる俳優（馬野裕朗）と、フランス語を話せない監督の友人（町田康）というふたりの登場人物に分裂し、『ヒロシマ・モナムール』のリメイク映画の撮影が中断した後に、町田康演じる男とベアトリスの間にどのような愛情の物語が可能かを問う構成に変化していった。

シナリオが完成しないまま撮影は始まり、私たちは毎日デュラスの書いた『ヒロシマ・モナムール』のシナリオを一言一句そのまま撮影した。そこで、ベアトリス・ダルに引き起こされる葛藤によってリメイクの撮影は中断し、その後にふたりに起きる出来事がこの『"H" Story』の物語の中心となるはずだった。しかし、それはどんな物語なのか？ 答えは見つからぬまま撮影の終盤を迎える。リメイクが中断し、ふたりきりになったベアトリス・ダルと町田康。共通の言語を持たないふたりは互いに理解できない会話を交わしながら、かつてエマニュエル・リヴァと岡田英次が歩いた同じ夜の道をただ彷徨い歩いてゆく。

撮影最終日、彷徨いの果てに原爆ドームで朝を迎えるふたり。それで全ての撮影は終わる予定だった。直前まで撮影許可が下りるかどうかわからなかったドームでの撮影だったが、制作部の努力によって撮影は許可された。夜明けのシーンなので、私たちはまだ暗いうちからカメラをセッティングして準備を始めた。カロリーヌがカメラを構える。計画ではベアトリスと町田康が原爆ドームの建物内部に立っていて、建物の開口部越しにカメラはふたりを捉える予定だった。夜が明けかける頃、市の担当者が到着し、原爆ドームの内部に俳優たちが立っているのを確認すると、「その映像は禁じられています」と言った。撮影行為は許可されている。だからドームの中にスタッフが立ち入ることはＯＫだが、人がドームの瓦礫の上に立っているという映像は許可できないということだった。そこは累々たる死者が眠る墓のような場所であり、「墓の上に人が立っている映像を撮影するのは不謹慎であるから」という意味だった。もう夜が明ける。私たちは瞬時にカメラと俳優のポジションを交換した。つまりカメラが建物の中に入り、開口部越しに建物の外に立っているベアトリスたちを捉える。原爆ドームを見るのではなく、その廃墟から世界を見る切り返しの場所にカメラを置く。私たちは瓦礫を踏みしめて、原爆ドームのあの丸い鉄骨の真下に入った。私は初めてドームの中に立って、散乱したレンガを踏みしめる。ああ、これが戦争なのか。子供の頃から見慣れていたはずのその場所が、かつて戦場であったという初めての実感が私を震わせたのだった。その震えは、とても小さなものかもしれないが、私の身体の記憶として刻み込まれたのだろうか？

やがて夜が明ける。ベアトリスと町田康はそこに立ち尽くし、交わす言葉もなく、別れる。物語はどこにも行き着かなかった。

『“H” Story』の目論見は頓挫したのかもしれない。しかし、物語が消えて、ストリートミュージシャンの若者たちが歌い遊ぶ広島の町をただ歩いてゆくふたりの彷徨いの映像こそが、この映画が見せようとしたヒロシマだったようにも思う。

６カ月以上にわたる悪戦苦闘の編集作業を経て、カンヌ映画祭のある視点部門で上映されたとき、『H Story』は「まるでＵＦＯのような映画」と紹介された。上映が始まると途中退席者も多かったが、私は私の隣でじっとスクリーンを見つめるベアトリスのことだけが気になっていた。

彼女はそこで初めてこの作品を見ている。上映が終わると、会場はあっけにとられた人々の醸し出す空気が充満していたが、彼女は子供のように泣いて、笑って、私に抱きついた。「完成した作品を見たのはカンヌでだった。作品のラストで涙が止まらなかったから……。さっきも言ったように鼻先までその曖昧さを吹きつけてくるような監督だったから……。『わあぁー』っていう感じだった。言葉にならない感動だった……。何度も怒鳴ったりしたけど、それもみんなでどこに向かっているのかわからなかったから……。後悔なんてするわけがない。監督は1秒たりとも私から目を離さず、私を愛しんでくれたのだから」(＊36)と、彼女は後のインタビューでそう語ってくれた。空中分解してもおかしくなかったこの撮影をギリギリのところでつなぎとめていたのは彼女の存在だった。「キャメラが回るときに、何をするかを事前に考えたりしない。だから、重要なのは、その瞬間瞬間を生きることができるかどうか、ということ。それしか興味はない。この作品でも私は私自身だった、映画のストーリーの中で。私はひとつのストーリーの中に導かれた。その物語は私のものではないと同時に、それを生きたのは私だった」(＊37)というベアトリスの覚悟は最初に会ったときから最後まで変わらなかった。

混乱を極めた撮影の中で、カロリーヌも集中してブレることなく芸術的な仕事をした。素晴らしい色彩と光。そして彼女は一貫して私の理解者であった。現場の通訳としてベアトリスとカロリーヌという一筋縄ではいかない人たちを飄々とつなぎとめて皆から愛された吉武美知子の存在も大きかった。日本のスタッフたちも、おおよそ無謀な進行の中で柔軟に、創造的に仕事をしてくれたし、ヒロシマと映画を巡って重要ないくつもの議論を交わすことができた。

しかし、私はもうこれ以上映画を作り続けることはできないだろうと思った。ヒロシマという主題を抱えて映画というものに体当たりし、私は粉々に砕け散った。イメージははなればなれになり、それらを物語としてつなぎとめることはできなかった。編集過程を見たプロダクションの若い女性が「でも、映画を作ることで悩んでいる人たちの物語を、一体誰が見たいと思うんでしょう?」と、率直な感想を述べた。全くそうだ。それは、おそらく多くの人たちが「映画」というものに抱く欲望と『H Story』がいかに乖離しているかを正確に言い表している。人々は映画に物語を求めている。物語の消えた映画は、その後も幽霊のように彷徨い続けるしかない。

『H Story』は、日本では限定的な公開に終わり、当然興行的にも惨敗した。UFOのように存在しない映画としてどこにも着地せず宙に浮いたままだ。私が日本の商業映画の監督として映画を撮る場所は失われたと実感した。

「多分あなたは、自分が置かれている状況によって孤独です。でも、この日本で孤独であるということはあなたを破壊してしまうのでしょうか？　あなたの気を狂わせるのでしょうか？　それよりも、あなたを正直で、まっすぐに物事を見つめる人にするのではないですか？　孤独であると感じるのであれば、それはあなたが自分のやるべきことをやっているということなのです」という、山形でのクレイマーの言葉を思い返していた。

映画作りとは、本当はバラバラに撮影された映像をひとつの有機的な集合体にまとめ上げてゆく作業である。しかし『H Story』のイメージたちは、ひとつにまとまろうとはせずに飛び散ってゆき、まとまった世界を築こうとはしない。そこで人はただ彷徨っている。それは原子爆弾によって全てが崩壊し意味を失った廃墟の世界と呼応するのだろうか？　いまだにわからない。

折しも2001年9月11日、アメリカ同時多発テロ事件が起きる。ニューヨークの世界貿易センターに大型旅客機が吸い込まれるように激突する映像を人々は呆然と眺めながら、「まるで映画のようだ」と呟く……。

そして、あるとき私はこんな言葉に出会った。「現代的な事態とは、われわれがもはやこの世界を信じていないということだ。われわれは、自分に起きる出来事さえも、愛や死も、まるでそれらがわれわれに半分しかかかわりがないかのように、信じていない。映画を作るのはわれわれではなく、世界が悪質な映画のようにわれわれの前に出現するのだ」(*38)。フランスの哲学者ジル・ドゥルーズの晩年の大著『シネマ2*時間イメージ』の一節だ。われわれが生きている「悪質な映画」のような世界とはなんだろうか? 原子爆弾が炸裂した直後の広島の光景を「ただ、こういう光景は映画などで見たことがある」(*39)と原民喜は書いた。私たちは世界を映画のようなものとして感受している。私たちは映画、映像を信じることで世界を信じ、本当に私の身の回りで見たり聞いたりしている現実を現実として信じるすべを失っているのかもしれない。ドゥルーズは続ける。「ただ世界への信頼だけが、人間を、自分が見かつ聞いているものに結びつける。映画は世界を撮影するのではなく、この世界への信頼を、われわれの唯一の絆を撮影しなければならない」(*40)。世界への信頼、絆を撮影する。この言葉が私にはある衝撃を持って響いた。しかし、どうやって? 「確かなのは、信じるということは、別の世界を信じることではなく、改造された世界を信じることでもないということである。それはただ単純に、身体を信じることである。言説を身体に戻すことである」(*41)とドゥルーズは言う。その「身体」とは、人間の体だけを指しているのではないであろう。その身体は私たちが身にまとっている意味や、言葉や、物語を剥ぎ取って、存在そのものを光と音で示すことによって現れてくる。確かに、人間の新しい体験として出現した映画は、100年にわたって壮大な見世物、「世界の幻想」を提供しながら、人間から現実への信頼を奪ったのかもしれない。

そして「世界への信頼を取り戻すこと、それこそが現代映画の力である」とドゥルーズが言うとき、「現代映画」と呼ばれる、ゴダール、デュラス、クレイマー、ガレル、（ジョン・）カサヴェテスといった悪しき映画に抵抗する闘いを繰り広げた映画作家たちはこの「信頼の回復」のために戦ってきたということなのだろうか？

映画というフィクションに魅了され、同時にフィクションという幻想を信じさせることに躊躇し、作りながら破壊してきた私の映画とのアンビバレントな関係がなんだったのかが少し理解できるような気がした。

私は現実との絆を失いたくなかった。

『H Story』は、無残な廃墟のような映画だ。私は真っ白な光でこの映画を終わらせた。イメージは消え、観客の眼前には白いスクリーンだけが残り、反射するその光が観客自身を淡い光で照らし出した。

『不完全なふたり』

再び私に生きる場所と、映画を作る場所を与えてくれたのはフランスという社会であった。『H Story』の後、ほとんど一文無しであった私は、文化庁の芸術家在外研修制度（現、新進芸術家海外研修制度）にパスし、妻久子とふたりの子供とともに日本から逃げるようにフランスに移り住んだ。1年間の研修期間だったが、私は内心もう日本に帰る気持はなかった。『H Story』で戦友となった通訳の吉武美知子、カロリーヌ・シャンプティエが私たち家族を暖かく迎え入れて、いろいろとパリでの暮らしの面倒を見てくれた。吉武さんがメンバーでもあるプロダクション、コム・デ・シネマのプロデューサー澤田正道氏が「せっかく、パリにいるんだから、フランスで映画を作りましょうよ」と私を誘ってくれた。

彼からは具体的な物語の提案があった。少年犯罪を題材とする物語である。ある少年がトラブルに巻き込まれて殺されてしまう。その事件の加害者の側に加担してしまった別の少年が主人公。その彼が殺された少年の母親に対して、どのように罪を償うのか、というのが物語の骨子であった。私はそれまで通常の完成台本を用いてこなかったが、フランスでは助成金の申請のためにどうしても完成台本を作成する必要がある（日本でも同じだが）。ということで、私は若いフランス人の脚本家とともに、この物語を脚本化する作業に入った。

まだ映画監督ではなかった若きフランソワ・トリュフォーが発表した「フランス映画のある種の傾向」という有名なエッセイで、彼は当時フランス映画の「良質の伝統」とされていた作品たちが、名作文学に依存し、文芸的な傾向に囚われていることを痛烈に批判した。「フランス映画の『良質の伝統』を継ぐこの流派の目指すところはリアリズムなのだが、彼らのやり方では、リアリズムが捉えられた瞬間に崩壊してしまうのである。なぜなら、彼らは、人間をそのあるがままの姿でいきいきと動かそうとせずに、きまりきった言葉や駄洒落や警句でがんじがらめに囲んだ彼らの小さな世界に人間を閉じ込めることばかり考えているからである。作家は作品を常に支配することはできない」(＊42)と。

　そして、若きヌーヴェルヴァーグの作家たちは書を捨てて、カメラを手に持って、現実の町に出て行ったのである。私は彼らから、脚本や文学や心理学を通してではなく、カメラで世界とダイレクトに向き合う方法を学んだし、そんなふうに自由に映画を作る勇気をもらったのだった。しかし、気がつくと映画制作の世界もグローバル化し、フランスでさえその波に飲み込まれているようであった。映画を撮ろうとすると、誰もが「脚本は？　脚本はどこにある？」と問われる。脚本がなければ話にならない、と。ヌーヴェルヴァーグによって革命が起きたこのフランスでさえ今や、書店にゆけば「脚本の書き方」という類のハウツー本がずらりと並んでいる。フランスの若い映画作家たちは、助成金を獲得するために、脚本で選考委員を説得しなければならない。だから、皆が同じように審査をパスしそうな面白い脚本を書こうとする。そのことによるフランス映画界の閉塞を私はなんとなく感じてもいた。

　ただ、失われたヌーヴェルヴァーグを懐かしんでいても始まらない。どんなときでも、映画を作るとはどこまでも現実的な作業であるから。私は『2／デュオ』では果たせなかった脚本を書くという作業をやってみようと思った。

　長い時間がかかったが、私は脚本を仕上げると、執筆から解放され、子供を連れてスイスの山に登った。登山電車で山頂に着くと、夏だというのにそこは一面の銀世界で、興奮した子供たちが雪の中で走り回る。すると、突然落下してきたつららが5歳だった下の息子の頭部を直撃して、彼の額がパックリ切れ、雪面に鮮血が飛び散った。ただの切り傷ではあったが、出血の多さに驚いた息子は「僕、死ぬの？」と訊いた。息子の傷口を手で押さえ病院に向かいながら、その出来事が私の脚本につきまとっていたある罪悪感を照らし出していった。少年が殺されるという事件を起点に展開する物語は、その少年の死を劇的な装置として利用している。フィクションなのだから、そのことに問題があるわけではないだろう。しかし、私にはそうは思えなかった。たとえ嘘であっても、その少年の死を利用してよいのだろうか？　いやフィクションであるから尚更、登場人物の運命を支配する権力を持った作者である私は、倫理的でなければならないのではないか？　その死を扱う手さばきに「恐れ」や「震え」があっただろうか？

病院の待合室で妻がポツリと「あの脚本はやめたほうがいいかもね」と言い。私も頷いた。『M/OTHER』がフランスでは好評だったこともあり、脚本が完成する前から、この企画にはフランスとドイツにまたがる文化番組専門の放送局アルテが関心を持ってくれていた。澤田さんはペドロ・コスタやクレール・ドゥニらの野心的な作品に協力してきたアルテの名物プロデューサーであるピエール・シュヴァリエに完成台本を持って行く約束をすでに取りつけていた。そのタイミングで、私は「この脚本はやめたい」と告げたのだった。

約束の日まで時間は限られているが、アルテには別のプロットを用意するからそれを持ってゆこうと澤田さんに提案した。私は、最もミニマムな要素、男と女ふたりだけで成立する、できるだけ簡潔な物語を急いで書き上げてアルテに向かった。

完成台本の到着を待っていたシュヴァリエは数ページのシノプシス（＊43）を渡されて困惑していたが、読み終わると微笑んで、「なんとかこれで本社を説得してみますよ」と言ってくれた。ペドロ・コスタの作品をはじめ、おおよそ商業的とは言えないプロジェクトがなぜみな彼のもとに集まるのかが理解できた。作曲家ブーレーズの甥である彼もまた芸術家なのだった。そんな彼も今年亡くなってしまった。

完成台本がないために、フランス国立映画センター（CNC）の助成は得られなかったが、アルテがテレビ放映権を事前に買うプリセールスというかたちでサポートしてくれることとなった。そのときすでに私の文化庁の派遣期間は終了が近づいていた。私は帰国する前に『おせっかいな天使』（ロランス・フェレイラ・バルボザ監督）以来気になっていた俳優ヴァレリア・ブルーニ・テデスキと会わせてもらった。彼女と会えば何かが始まる予感があった。

彼女は私の『M/OTHER』を見てくれていた。私は、なぜ即興演技を必要とするかについて話し、心理によらない登場人物の行動に関心があると、（ロベルト・）ロッセリーニの『イタリア旅行』を引き合いに出して次回作について話したように思う。離婚を決めたカップルが、決定的な断絶を認識しながら、なんの理由も説明もなく、最後に愛を復活させるラスト。あれはまさに奇跡なのだろうと話し、ヴァレリアも共鳴してくれた。彼女は30歳を迎える頃「私は自分がゼロであるという危機的な感覚を抱いたことがある」と個人的な話をしてくれた。「その頃、仕事もうまくいかず、子供を産むという選択もなく、女としての自分には何もないと感じた。きっと女性ならー度はそんなことがあるわ」と。自分はゼロであるという感覚が人生のある局面で女性を襲うということが、この映画のモチーフとなるような気がした。私は私で『H Story』の後、自分がゼロであるという感覚の最中にあった。そこから『不完全なふたり』が具体的に動き始めた。

今改めて物語を振り返ると、それは明らかに『2/デュオ』『M/OTHER』の延長線にあり、同じように他者を主題としている。とりわけ『不完全なふたり』は、絶望的な人間の断絶が描かれているとも思うが、シナリオにしてゆくときに私の中で変化したのは、その絶望を切実なものではなく、何か喜劇的なものとして見ようとする距離感だったように思う。ふたりを隔てるホテルのドアは、（フランク・）キャプラの『或る夜の出来事』の「ジェリコの壁」であったし、見つからない片方の靴や、鞄だけ乗せて出発してしまう列車というモチーフは（エルンスト・）ルビッチのようなコメディを意識したのかもしれない。

予算とシナリオから割り出された撮影日数は12日間。『2／デュオ』よりも少ない。スケジュール表を見た映画監督ジャック・ドワイヨンが「まるで、フェミス（フランス国立映像音響芸術学院）の学生が作る短編映画のスケジュールだね」と笑った（ドワイヨンはワンシーンだけ出演を引き受けてくれたのだった）。

初めてのフランスロケ。吉武さん澤田さん以外のスタッフ・キャストは全てフランス人。私はほとんどフランス語を理解しない。しかし、撮影が不安であったという記憶はない。「才能や、とりわけ感情を理解する知性を持っていれば、厳密な意味で言葉を理解できなくても、結局はわかり合えます。だって、同じ考えを持っていて、感情を共有しているのですから」（＊44）とヴァレリアは撮影後のインタビューで回想していた。『ラクダと針の穴』や『actrices』といった監督作品もあるヴァレリアは、自身の脚本を書くときには、とにかく台詞が次々に湧いてくるのだと言う。彼女が即興で紡ぎ出す台詞は、もちろん事前に考えられたものではないのに、意表をつくファンタスティックなアイデアに満ちていた。彼女の心配は、言葉に詰まってしまうことの恐怖から逃れるようにしゃべり続けてしまうことであった。私は「沈黙を恐れないでほしい」とだけ、ヴァレリアと、離婚の危機にあるその夫を演じたブリュノ・トデスキーニに伝えた。ふたりが言葉を失って、沈黙が訪れるときに、映画の重要な感情が流れるように思った。「私が覚えているのは、彼が私たちをずっと見ていたということです。彼が私たちを見る、それだけで、演出するのに十分なのです。とても奇妙な感覚ですが。あまりたいした話をした記憶もないし、細かい指示を受けた記憶もありません」（＊45）とヴァレリアが言うように、撮影はごく自然に進行した。私も言葉が通じないという感覚を持たなかった。決められた台詞はひと言もなかったが、それが即興演技であるという感覚も抱かなかった。

撮影が始まってからの私たちの唯一の懸念は、撮影の最終日に予定されているラストシーンの内容が決まっていないということだった。撮影台本の最後は次のように書かれていた。

ふたりはその部屋を出る。廊下。
〈彼〉は行こうとする〈彼女〉の名前を呼び、送っていこうと言う。
〈彼女〉は立ち止まる。拒絶しない。
しかし、〈彼〉は、立ち止まったままじっと彼女を見ている。
〈彼女〉もまた〈彼〉を見る。

＊そして、このふたりが、離婚するのかどうか、彼女が出発するかどうか、この物語は気にとめない。

ふたりの存在ははなればなれになってしまった。もう解決の希望はない。

しかし、このふたりがまだ何か自分の知らない自分を持っているとすれば、彼らにすら予測できないことが起きるだろう。撮影を通してたどってきた彼らの感情を踏まえて、物語の最後は、検討される。そこにどのような飛躍がありうるかを私たちは検討する。

撮影終了の前々日だったと思う。撮影の合間にカフェで昼食をとっているとき、「私、ラストを思いついたわ！」と突然ヴァレリアが言った。「駅に行きましょう。最後ふたりは駅に行くのよ……。女は立ち去ろうとする、男はそれを見送るけれど、ふたりには何も起きないの。でも電車のほうが行ってしまって、ふたりを取り巻く世界のほうが変わってしまう……」と堰を切ったように話し始める。私はテーブルの紙ナプキンに彼女の話を書き留めてゆく。ブリュノが「それいいね」と同調してさらにアイデアを追加してゆく。「駅で撮影！」と、助監督が通常ならひと月はかかる国鉄の許可取りのことを心配して焦っている。駅でのラストとは私にとっても意外な展開だった。国鉄にコネのあったスタッフのおかげで奇跡的に許可が降りて、2日後にサン＝ラザール駅に乗り込んだとき、あまりに典型的な別れの舞台装置に、私はそれが『男と女』（クロード・ルルーシュ監督）のような情緒的な場面になりはしないかと少し心配した。「なんか、これシャバダバダにならないかな？」と私が言うと、『H Story』に続き撮影を担当してくれたカロリーヌは「大丈夫、私がシャバダバダにはしないいないから」と、迷うことなくカメラを構えた。

ヴァレリアは『イタリア旅行』の奇跡のことを考えていたのだ。「準備中も、撮影中も、私はずっとあの映画のことを心に留めていました。あれこそ、まさにハッピーエンド。思うに映画は、どれほど悲劇的であっても。常に生命力に満ちた形で終わらなければならないのです」（＊46）と彼女は語っている。

撮影は予定より1日早く11日間で終了した。

『ユキとニナ』

『不完全なふたり』でヴァレリア・ブルーニ・テデスキの相手役を演じたブリュノ・トデスキーニは、ヴァレリアがかつて在籍した演出家パトリス・シェローの演劇学校の同期生だ。そんな縁でふたりは旧知の仲だったので、絶妙のコンビネーションで夫婦関係を演じた。ただ最終的にブリュノに決定するまでには、キャスティングには紆余曲折があった。もうひとりの候補として、最後まで私たちを迷わせたのがイポリット・ジラルドであった。アルノー・デプレシャン監督の『キングス&クイーン』で、軽妙な喜劇的センスを発揮していた彼だが、実際に会うとそれ以上に陽気で、しかし思慮深く、落ち着いているようで子供みたいに移り気だったりして、大変興味深い人物だった。彼との会話は楽しかった。

『不完全なふたり』にも大変意欲を示してくれたのだが、最終的にブリュノを選んだ私は、何か彼と共同作業はできないだろうかと考え、次の企画を一緒に考えないかと持ちかけた。実現しなかったロバート・クレイマーとの企画のように、私は共同で作るということにずっと関心があった。おそらく『はなされるGANG』の頃から、単一の視点ではない複数の視点による作品、という可能性をずっと追いかけていたように思う。イポリットにとっては唐突な提案だったと思うが、一緒にシナリオを考え、共同で監督する、という挑戦をすぐに受け入れてくれた。

私たちは、吉武美知子のアパルトマンに集まって、「どんな映画を作るか?」についてゼロから話し合いを繰り返した。雑談の中で、よく話題になったのは子育てのことだった。彼と私の共通点として子供を育てているという現実があった。

親と子をめぐる物語が、この映画の輪郭となるであろうという予感があった。私たちは何度も会ってダラダラとアイデアを出し合った。私が日本に帰国すると、それはファックスでのやり取りで継続され、数カ月後に私がまたパリに来て吉武さんの家で話すというかたちで企画開発の作業は進んだ。イポリットも名脇役として売れっ子だし、私には大学の業務があってその合間に行われる作業は、なかなか進まなかった。その間に交わされる膨大な文書のやり取りを、吉武さんは彼女の意見を交えながら忍耐強く翻訳してくれた。彼女は、まだタイトルもないその映画を私たちふたりの名前を合成して『SUPPO（スッポ）』と名付けた。まだ、出資者もなく、私たち三人だけのプロジェクトだった。

初期の段階で構想された物語は以下のようなものだった。

SUPPO物語

フランスのある都市。離婚を決めた夫婦がいる。夫はフランス人、妻は日本人。数年間の生活に終始符を打つことにした。彼らには10歳になろうとする男の子がひとりいる。妻は息子を引き取って日本に帰国することにした。妻はとりあえず先に帰国し、息子との新しい生活の準備を始める。夫は一時的に息子とのふたりだけの時間を与えられる。それはふたりには、当分与えられる時間ではないことを彼は知っている。夫は父として息子と何かをしなくてはと考える。妻は数年ぶりの日本に自分の居場所を失っていた。仕事も、友人関係も。妻は日本でひとりあることの孤独と、これから息子とふたりだけで始まる日本の生活に不安を抱く。息子は自分がいずれ、住んだことのない日本に行くことの憧れと、母とふたりで暮らしていかなくてはならないことの不安の中で父親の存在を再認識していく。（＊47）

今読むとこの段階では、物語は『M/OTHER』の変奏であるように思われる。ここから、私とイポリットのさまざまなアイデアをひとつにまとめながら脚本を作ってゆくのだが、そのふたりのアイデアはあちこちに散乱し、次第に収拾がつかなくなっていった。そんなある日、物語の視点を変えて、夫婦の関係を通して子供を描くのではなく、子供の視点から大人たちがどう見えるかを描くという語り口に切り替わったとき、この映画が、かたちを持ち始めたように思う。そして男の子という設定を女の子に変えた。明確な理由はなかったが、父と息子の話は、何かを伝達してゆく物語になるように思えたからかもしれない。子供を他者として描くこと、それが『SUPPO』の主題となる。そして、私たちがフランス語と日本語のやり取りを延々と続けている状況から、この映画はやはりフランスと日本のハーフの作品でなくてはならないという意識が芽生えていた。

私たちはいくらかの脚本制作の助成金を確保し（企画開発や脚本制作に対する公的な助成金は日本にはない）、パリと日本を行き来して作業を進めた。そして、私たちはまた『不完全なふたり』と同じ問題に行き当たる。撮影のための助成金を獲得するためには完成台本を用意しなければならない。しかし、ここで目指されている「他者としての子供」を、通常の形式の脚本で表現することは不可能に思えた。どうするか？　吉武さんは「助成金のシステムのために、自分たちの映画作りの方法を変えるのはおかしい」と断言して、ダイアローグの書き込まれていない「不完全な」脚本と、なぜ完成台本を書かないかの言い訳を述べた企画書（＊48）を抱えて助成金の申請に動き始めた。吉武さんは、その小さな体の中に、まっすぐな反骨精神がみなぎっていて、長いものに巻かれるのが大嫌いだった。『H Story』で通訳として現場に参加した彼女だが、今や頼もしい私たちの母＝プロデューサーとなっていた。

完成台本のない『ユキとニナ』は、予想に反して、CNCをはじめ、さまざまな公的助成金を獲得することにアッサリ成功した。子供目線の物語は、比較的理解されやすいという面があったのだろうが、やってみるものだ。かつてはジャック・リヴェットでさえ、台本が不完全であるとして、却下されたというCNCの審査基準のほうが、映画の多様性を肯定してゆく方向に柔軟に変化しているという兆しを感じた。

フランスでは、キャスティング・ソバージュという言い方がある。ソバージュは「野生の」という意味だから、面白い言葉であるが、要はエージェントに属さず演技経験のない人をキャスティングするやり方である。キャスティング・ディレクターは張り紙とか、ネットで情報を流したり、街で直接声をかけたりして候補者を集める。日本ではリスクがあるために敬遠されるが、フランスでは割と一般的に行われる。14歳のジャン＝ピエール・レオーも、そんなふうにふらりとトリュフォーの前に現れたのだ。『ユキとニナ』の主人公ユキ役は、8歳前後の女の子で、日仏のハーフで、バイリンガルという難しい条件があるために、この方法で探すしかなかった。キャスティング・ディレクターは百人くらいの女の子を面接したようだが、その中からピックアップされた十数名の女の子と会った。その中で、ユキを演じたノエ・サンピの存在は際立ったものではなかった。何度か演技のテストをしてみたが、ことさら素晴らしい演技を披露したわけでもない。フランス語では演技は「遊び」という意味でもあるが、彼女にとってもそれは、ちょっとした大人たちとの遊びのようなものだったのかもしれない。ただ、彼女の表情には何か、私たちの視線を引きつける謎があった。この子は一体何を考えているだろう?と目が離せなくなる存在だった。私たちはその謎に賭けることにした。

撮影の初日。「課外授業で森に囲まれた公園を訪れたユキとその親友のニナが、はしゃぎながら歩いていると、森の中に一匹の野ウサギを発見する。ウサギがユキの気配に気づき、森の中に逃げ込んで行く。ユキは追いかけ、森の中に入ってゆくが、道を見失って迷子になる」という場面の撮影だった。

最初に、「ニナと話しながら歩いてくるユキが、ふと野ウサギを見つけて驚いて立ち止まり、ウサギに気づかれないように草むらに身を隠す」というショットを撮影しようとした。簡単なショットのように思えた。しかし、このショットの撮影は何度繰り返してもうまくいかなかった。ウサギを見つけてハッと立ち止まる、という芝居がノエにはどうしてもうまくできない。驚きがわざとらしかったり、驚いているようには見えなかったりする。しかも、彼女が立ち止まる位置は、どこでもよいというわけにはいかず、カメラのフレームにうまく収まるように決められた地点で止まらなければならなかった。

ノエは日本語もフランス語も理解できるので、イポリットも私もそれぞれ直接彼女に話しかけ、自然な演技を引き出そうとする。彼女からするとふたりの監督から、あれこれ別々のことを言われる。カメラのポジションが近すぎるから緊張するのではないかと、カメラを遠ざけたりしてみるが、そういう問題ではない。全てが噛み合わず、うまくゆく気配はなかった。考えてみれば、歩いてくる、ふと立ち止まる、といういかにも単純な芝居は、しかし簡単な芝居ではない。決められた場所に、立ち止まるだけなら誰でもできるであろう。それを、ウサギが目に入ってハッとして自然に立ち止まったように見せるためには、訓練された演技が必要なのだ。経験のないノエをキャスティングしたにもかかわらず、私たちはコントロールできる映画俳優の仕事を要求していたのだ。うまくいくはずはなかった。撮影初日は、何も撮影できずに終わった。

私たちは撮影の仕方を変えなければならなかった。ノエとニナを演じるアリエル・ムーテルには、カメラによって制約されない空間の中で、自由に動くことができる環境を与えなければならない。外的な要因によって動きや演技を制約しないで、あるシチュエーションの中で彼女たちが自発的にリアクションすることが、シーンの空間を作ってゆく。即興で話すことは、彼女たちにとって難しいことではなかった。「好きに喋っていいんでしょ?」と、ひとつのシチュエーションが与えられれば、彼女たちはその中で好きに喋り、動くことができた。私とイポリットは、彼女たちと共に働く方法を探していった。

彼女たちは、よくシナリオを読んで、自分の役についてしっかり理解していたし、これから演じる場面で自分が何をすればよいかわかっていた。自分と役を混同することもなかった。子供にはシナリオを読ませないほうが、自然な演技が引き出せる、と考えることも可能だろう。しかし、私にはそれはひとつの騙し、一方的なコントロールの方法のように思える。私は彼女たちと共に働きたいと思った。『ライオンは今夜死ぬ』でも、子供たちには大人と同じシナリオを渡してしっかり読んでもらった。子供扱いせず「一緒に考えよう」という意志を示す。そうすれば彼らは、自分の創意を発揮することもできる。

撮影の進行とともに、ノエたちも自分たちのアイデアを撮影に持ち込んでくるようになる。「愛の妖精」の手紙の文面は彼女たちが考えたし、そのあとのコインランドリーの場面は、彼女たちが提案し自分たちでシナリオを書いた。

ユキとニナが書いた「愛の妖精」からの手紙が、母の元に届き、ユキの前でそれを読み上げる場面。ユキ＝ノエは、実際に数日前に書いた自分たちの文章が母にどんな効果をもたらすのかに興味津々である。母はその手紙を読み上げながら、その健気な文面に感極まってしまう。母を演じるTSUYU（ツユ）は、その場面で予想以上に感情が昂ぶってしまい、涙が止まらなくなる。母のリアクションを密かに楽しみにしていたユキ＝ノエは、その母の感情のあまりの激しさに、驚いて、それが演技なのかなんなのかわからなくて思わず笑ってしまう。ノエはユキであることから離れて、「このまま撮影を続けるの？」と言いたげに、カメラの後ろにいる私たちのほうを気にするように見える。明らかにノエの演技は集中力を失ったように見えた。その笑いは、場違いな、おかしなものに見えたのだ。私とイポリットはあきらかにNGだと思い、撮り直しを行なったが、ノエの生き生きとしたリアクションは、失われてしまって戻ってこなかった。

編集において、このショットを使うのか使わないのかがイポリットとの大きな議論となった。

俳優である彼は、ノエの演技が破綻したようにしか見えず、このショットを使うことはできないと譲らなかった。確かにそうかもしれない。このショットでは、ユキが笑うべきではないときに笑ってしまった。母親が悲しみの中にあるときに、彼女が笑ってしまうのは奇妙だ。私たちはユキの顔に母親の悲しみを感じて、同じように心痛める表情を見たいのかもしれない。そのときのノエの表情は、私たちが見たいものから逸脱しているのだ。

「大人が子供に求めているのは、互いにわかり合っていることを示すしるしなのだ。大人の何気ない感情を子役俳優がうまく表現すると、観客は恍惚となり、いきおいよくハンカチを引っ張り出す。つまり、大人は子どもに自分たちの姿を見出そうとするのであり、自分たちが失った純真さ、無邪気さ、あどけなさを求めているのだ」(＊49)と映画評論家のアンドレ・バザンが指摘するのは、子供そのものを見ないで、見たいものしか見ようとせず、自分自身に恍惚となる大人の視線である。それは、私たちが目指した「他者としての子供」と正反対の事態ではないか？　あの場面で笑ってしまうユキを、私たちは見たくないだけなのだ。しかし、それが他者である。よく見ると、そのショットのユキは確かに笑ってしまうが、しかし次の瞬間に、その笑いは消え、動揺し、また少し笑うけれど、やがて完全に失望し表情すら消える。もはや母親には自分たちの声が届かないことを知って、孤独に突き落とされたようにも見える。そんな複雑な変化をしている。私は、このショットは失敗かもしれないが、この映画の中で実は最も重要なショットなのではないかと思うようになった。ここには私たちの理解を超えた子供がいるのだ。

同じようなことが、子供を育てる親や、教師にも起きる。私たちは知らない間に、自分がこうあってほしいというイメージを子供に見ようとし、子供がそこから外れてしまうと失望し、腹を立ててしまう。子供が自分とは違う人間であるという単純なことをすぐに忘れてしまうのだ。

随分後になって「なんであのとき笑っちゃったの?」と彼女に聞いたことがある。ノエは「だって、TSUYUさんのメイクが涙で崩れて、目が真っ黒になってたから」と笑っていたけれど。

『ライオンは今夜死ぬ』

2012年、『2/デュオ』がHDリマスターされてフランスで劇場公開されることとなり、それを機に、ラ・ロッシュ=シュル=ヨンというフランスの小さな町で開催される映画祭で、私のレトロスペクティブが開催されることとなった。フランスで初めての全作品上映だった。プログラムを見ると、ジャン=ピエール・レオーの特集上映も企画されていて『大人は判ってくれない』(フランソワ・トリュフォー監督)や『愛の誕生』(フィリップ・ガレル監督)などが上映され、レオーもゲストとして来場するようだった。学生の頃、私の視線を釘付けにした彼に会えるかもしれないな、というただの映画ファンとしての淡い期待が生まれた。

彼本人を初めて見かけたのは多分1999年のカンヌであった。『M/OTHER』を出品した私が、フランスの映画批評誌であるカイエ・デュ・シネマのテントで取材を受けていたとき、突然レオーが入ってきた。カイエのスタッフに紹介されたが、突然のことで言葉が出ない私に「そんなに緊張するなよ」と私の肩を叩いて、彼がフランソワ・トリュフォーとともに生み出したアントワーヌ・ドワネルのように落ち着きなく出て行ってしまった。その後、実は『不完全なふたり』のとき、カフェでブリュノ・トデスキーニに話しかける行きずりの人として、レオーをキャスティングしようとしたことがあった。そのときは吉武さんが反対した。「みんなが、そんなふうに映画の記憶として彼を作品に引っ張り出すけれど、あの人はとても傷ついた人だから、安易に彼を利用してはダメよ」と戒められた。私もそうだなと、あきらめたのだった。

映画祭の直前、その吉武さんの元に映画祭サイドから連絡があり、ジャン＝ピエール・レオーが諏訪の作品を見たがっているのでＤＶＤを送ってほしい、と要請された。もちろんすぐにＤＶＤが届けられた。そして私の作品を見てくれたレオーから、ぜひ監督と会いたいとメッセージが届き、映画祭の会期中にホテルのレストランで一緒に食事をすることになった。

約束の日、映画祭のドタバタで、こちらはラフな格好のままレストランに駆けつけると、彼はトリュフォーのようにきちんとネクタイを締めて、私たちに礼を尽くして会いに来てくれた。そのとき彼は68歳だったはずだが、私には80歳くらいの老人に見えた。過酷な歴史を刻み込んだとても消耗した身体に見えた。しかし、彼が笑うとその笑顔は、『大人は判ってくれない』のアントワーヌ・ドワネル少年、あるいは『ママと娼婦』のアレクサンドルそのままのようでもあった。レオーは『不完全なふたり』をとても気に入ったと言う。「台詞を覚えてしまうくらい何度も見直したよ。とてもヌーヴェルヴァーグを感じたんだ」と。

昔の話を嫌う老俳優もいる。昔話はもういいじゃないかと。しかし、レオーはゴダールやトリュフォーの話をするのが楽しそうだった。もう何度も何度も訊かれたに違いない話を彼は今また生き生きと話してくれる。私はそれらの作品が自分にとってどれだけ大切なものであったかを伝える。「何度か、パリを訪れたときに、あなたが住んでいるはずのモンパルナス界隈をウロウロしてたことがあるんです。もしかしたらあなたに会えるかもしれないと思って」と。恥ずかしい告白だが、本当だ。「ああ、その頃はもう引っ越していたんだよ。残念だったね」と彼はまたドワネルのように笑う。私が『ママと娼婦』の話を持ち出すと、彼の目が輝く。「あの撮影は大変だった。何しろ、お金がなくてフィルムが限られていたから、撮影は全てワンテイクだった。彼の書いた台詞はどれも美しくて、一言一句正確に話さなければならなかった。私のせいで失敗したくなかったから、とんでもない重圧だったんだ」と、レオーはその後もよく『ママと娼婦』の話をしてくれた。彼にとっては、多くの観客に支持された作品よりも、一部の熱狂的な支持者を生んだ作品が誇りだった。「あの映画は今では若者たちのカルト映画なんだそうだ。嬉しいよ」と、「カルト」と言う言葉を何度も繰り返して喜んでいた。

そのときの話は、後に『ライオンは今夜死ぬ』の中で、そのまま再現されることになる。『不完全なふたり』にも出演してくれたルイ＝ドー・デ・ランクサン演じる劇中の監督が、「あの作品を見て、私は映画をやろうと決めたんです」と話すと、レオー演じるジャンは同じように『ママと娼婦』の撮影の話をする。ただ、『ママと娼婦』という題名をそのまま台詞に使うことを彼は拒否した。映画の中でレオーそのものになることを彼は望まなかったが、今私の目の前にいる現実のレオーと、映画の中のレオーに断絶があるようには見えなかった。彼は映画の外でもジャン＝ピエール・レオーだった。

「ジャン＝リュック（ゴダール）は、私が助監督で出演のない映画でも、私のために小さな役を用意してくれたんだ。それが好きだった」と話すレオーに私は「そういえば『ウイークエンド』の電話ボックスのシーンでは、ずっと歌ってましたね」と返し、その歌の旋律を口ずさむ。私はなぜかその旋律を覚えていた。するとレオーが喜んで一緒に歌い始める。彼の両手が、あの振りつけられたような独特な動きで歌に寄り添う。まるで映画の場面が現実の中で再生されているような不思議な感覚だった。ふたりで合唱したそのギィ・ベアールの歌『Allo...Tu M'Entends?（もしもし、聞こえるかい?）』は『ライオンは今夜死ぬ』の中でもう一度レオーによって歌われることになる。

不思議な時間だった。そのときの私は監督というよりただの無邪気な映画青年だったかもしれない。しかしレオーも子供のように無邪気だった。彼は私の前で自分を演じていたのかもしれない。監督と巡り会いたいのだ。監督の視線に照らされなければ、ジャン＝ピエール・レオーは存在することができないから。

その夜は眠ることができず、次の朝早くホテルを出てその小さな町を歩いた。人々が1日の生活を始めようとしている。商店のウインドウを開ける人。急ぎ足に会社へ向かう人。犬と散歩する老人。映画ではない現実の町。もしこの歩道をレオーが歩いていたらと私は想像する。イマジネーションのカメラで歩いているレオーを撮影してみる。するとその日常的な風景が、なにやら奇妙にねじれていくように感じる。彼の独特な身体は決してこの現実の世界には溶け込まないだろう。まるで痙攣する舞踊のような彼の手の動き、何かに急かされるような歩み。街ゆく人たちとは全くそぐわない彼の身体は、そのなんでもない風景を詩的なものに転換してしまうように思えた。ああ、やはり彼を撮影してみたい、と思った。これまで、ある意味でリアリティーのようなものを求めてきた私の映像が、彼の出現でファンタジーへと転換できるような気がしたのだった。

私は彼に「一緒に映画を撮りましょう」と誘った記憶がない。しかし、いつの間にかそれは私たちの暗黙の了解となっていた。

2014年に日本で開催された『没後30年 フランソワ・トリュフォー映画祭』のために、レオーは初めて来日した。『アメリカの夜』のラストで、レオーが演じるアレクサンドルは「次は日本で撮影なんだ」と告げ去ってゆくが、意外にも彼にとってはこれが初めての日本だった。

私たちは東京で、京都で、映画の構想について話し合った。レオーから内容についての要望はなかったが、ただ「歳をとった役をやりたい」と言ったのが意外だった。「体も思うように動かない老人の役をやりたいんだ」と。しかし、すでに彼は十分に歳をとっているではないか。つまり彼は、これまで歳をとった役を演じたという意識がなかったのだ。身体は老いても、彼は青年ジャン＝ピエール・レオーを演じ続けていたのだ。彼のパートナーである哲学の教授ブリジット（・デュヴィヴィエ）が「彼は少年からそのまま老人になったのよ。一度だって責任ある大人だったためしはないの」と笑った。

私は、根拠もなく彼に映画の中で歌を歌ってほしくて、「何か好きな歌はありますか？」と唐突に尋ねた。「あるよ」と歌ってくれた歌が『ライオンは今夜死ぬ』であった。

それから数カ月後、私はアイデアをまとめてレオーに送った。

親愛なるジャン＝ピエール
遅くなりましたが、私たちのプロジェクトについて、最初のアイデアのメモを送ります。
東京と京都でのあなたとの会話から私の中に浮かんだイメージを簡単にまとめてみたものです。

これらのイメージはまだ彷徨っていて、固定されたものではありません。今後もあなたとのやり取りや、いろいろな出会いによって変化してゆくでしょうし、まだ大きく変化させることも可能です。自由にコメントをしていただいて構いませんし、特にコメントが無くても構いません。どんな小さなことでも、このアイデアについて感じたことを知らせていただければありがたいです。当然、企画のタイトルはまだないのですが、あなたが京都で歌ってくれた歌を私はとても気に入ったので、仮に『ライオンは今夜死ぬ』と呼んでみたいと思います。

『ライオンは今夜死ぬ』（仮）構想メモ

この映画では、ふたつの時空間が描かれ、やがてそれらが交流するさまが描かれる。

ひとつは子供たちの時空。

数名の子供たち（小学生）のグループ。彼らは日常生活の外側にイマジネーションの世界を作り上げ、しばしばその世界に逃避する遊びに熱中する。

もうひとつの時空。ひとりの老人の時空。

「彼」は、外部のコミュニティーと関係を持とうとはせず。過去や死とつながる世界の中にひとりきりで生きている。周囲からは変わり者として扱われている。

子供たちは、ある日その老人の存在を知る。その老人の生活を探索し、彼らの作り上げるイマジネーションの世界をその老人に投影する。子供たちは考える、「彼はきっと現実の人ではない。すでに死んでいる（幽霊である）のかもしれない。あるいは死者の幽霊と暮らしている……」等々。彼らはその真偽を確かめ、死の世界の存在の証拠を掴もうと企み、彼の暮らしを監視し、探索する。

ひとりで暮らしていたと思われた老人は、実はひとりの女性と暮らしている。少なくとも彼にとってはそうだ。子供たちにはそれは見えない。その女は生きた現実の存在なのか、彼の想像の存在なのか、幽霊なのか、それはまだわからない。ただ、彼にとってはその女の存在はきわめて自然なものである。

子供たちは、遂に老人の家に侵入し、彼と接触する。子供たちと、老人の奇妙な人間関係が始まる。子供たちは周囲から禁じられているにもかかわらず、その老人の家に通うようになる。子供たちは老人から生きるために必要なことを学ぶ。

子供たちにとって、その奇妙な老人はかけがえのない存在となる。老人は、現実の世界を生きるようになる。子供たちに歌を教える。

夏、子供たちはバカンスに出かける。

お土産を持って、彼のところを訪ねるが、そこには老人はいない。家は片付けられている。彼の息子（あるいは妻、あるいは幽霊と思われていた女）と思われる人が、彼の伝言と贈り物を子供たちに伝える。

未完（2015・1・27）

最初の構想メモだ。長い間、私からの具体的なアイデアを待っていたレオーからはすぐに返信がきた。「この仮の題名には笑ってしまったけれど、良いタイトルです。シナリオと人物を編んでゆく上で良い手掛かりになります。私は幸せです」。

映画祭で彼と出会ってからすでに3年が経っていた。その間、私は大学の学長という任務に忙殺され、やがて心身が壊れ、映画の構想を進めることができなかったが、いつか彼と映画を撮るという希望が私を支えてくれたのだった。この構想メモに、なぜ幽霊が登場してきたのか、私にも理由はわからない。レオーのあの現実をねじらせるような特異な存在感が、非現実的な世界を映画に招き入れたのかもしれない。あるいは、私がどこかで死を意識する年齢に達してしまったからかもしれないし、単に映画が現実的であることに飽きてしまったのかもしれない。

そして、子供。なぜ、レオーと子供を結びつけようとしたのか？　おそらく、レオーが子供と共演した映画というのは過去になかったように思う。

2010年に『ユキとニナ』が日本公開されると、私は子供とうまく付き合えるのではないかと思われたらしく、「こども映画教室」の講師として金沢に招かれた。主催する映画館の代表を務める土肥悦子さんは、金沢に移り住んだときに、自分が見たい映画を上映する映画館がなかったので、自身の手で映画館を作ってしまったという行動力あふれる人である。その映画館シネモンドでは毎年映画監督を招いて、小学生たちに実際に映画を作らせるワークショップを行なっていた。小学1年から6年までの子どもたちに、3日間で映画を作らせるという大胆なプログラムで、私はそんなことが可能なのか？と半信半疑で参加した。土肥さんのポリシーで、大人は手出し口出しをしないことが徹底され、「教える」のではなく、彼らが映画と出会うことを「見守る」だけだ。そして私は、その怒涛の3日間で、子供たちが彼ら自身の力で映画を発見してゆく様子を目の当たりにして、映画とは何か？について改めて考えさせられた。

私に、ひとつの欲望が生まれた。いつか、子供たちと一緒に映画を作ってみよう。何人かの子供たちを集めて、旅をして、一緒にシナリオを考えて、撮影し、また話し合って、撮影して、旅を続けてゆく。そんな風に映画を作ってみたい。そんな欲望が私の中のどこかに眠っていたのだろう。いわばレオーも子供である。私は子供たちと一緒に映画を作りたいと思った。

ジャン＝ピエール・レオー、幽霊、そして子供、それがそのときの私の「なけなしのもの」であった。

『ライオンは今夜死ぬ』の脚本を制作するにあたって、私はプロデューサーの吉武美知子にひとつの提案をしてみた。「脚本を私ひとりで書くのではなく、子供たちと一緒に作ってみたい。フランスの子供を集めてワークショップをやって、そこから映画の内容につながるものを探っていきたい」と。冒険好きの吉武さんは、そのリスクのある提案に「それ、乗った！」と同意して、すぐに動き始めた。思い立ったら行動しないと気が済まない人だった。私たちはフランスを旅しながら、子供たちのワークショップを手伝ってくれそうなアトリエを探し、ペイメナードという南フランスの小さな町の小さな演劇学校（＊50）に巡り合う。そこを拠点に、近隣から二十人くらいの子供を集めて、「こども映画教室」と同じように、映画制作のワークショップを行った。彼らと、物語を創作したり、実際に短編映画を作ったりした。みんなで廃墟を探検し、「ここにひとりの老人が住んでいたら？」と私が問いを投げかけ、彼らは思い思いに老人と子供の物語を紡ぎ出した。彼らの作る物語にはなぜか大概幽霊が登場した。学校の休みごとに、9日間のワークショップを行い、最後にはジャン＝ピエール・レオーに来てもらって、子供たちは彼の前で自分たちの作った物語を発表した。

一体、レオーは子供たちとどう接するのだろう？　私はそれを観察しようとした。最初は椅子に座って子供たちの発表を聞いていたレオーは、やがて立ち上がり、子供たちの輪の中に入り込んで、彼らの作った物語の登場人物として演じ始めた。子供たちはびっくりしながら、この奇妙な老人のことを受け入れていった。きっと『ライオンは今夜死ぬ』はこんなふうに作られてゆくのだろう、と思えた。

『ライオンは今夜死ぬ』クランクインの前に、私は出演する十人の子供たちを集めてこう話した。「これから君たちは二本の映画を作ります。ひとつは『ライオンは今夜死ぬ』という映画。これは私たちとみんなが一緒に作ります。そしてもう一本は、君たちがこの映画の中で作る映画。その映画は、君たちに任せます。君たちが責任を持って完成させてください」（＊51）

南フランスの眩しい陽光の下で撮影が始まる。例えば『M/OTHER』や『不完全なふたり』では、私は俳優たちと彼らの演じる役について、その人生や、経験や、感情について徹底的に話した。しかし、レオーとは、ほとんどそのような話をしなかったと思う。撮影現場において、これから演じるその場面で、彼の演じるジャンという老俳優が何を考えているのか？どうしてこの台詞を言うのか？という説明を彼は必要としない。彼が知りたいのは、カメラがどこにあって、自分がどこからどこへ動き、どのタイミングで台詞を言うのか、という極めて具体的なことである。彼にとっては、カメラがどこにあるかが最も重要な情報で、常にカメラを意識しながら映画のフレームから逆算して自分の身体の動きを構成してゆく。彼は心理に頼ることなく、意識は身体に集中している。彼の演技には、ダンスの振りのようにあるパターン化された身体の動きというものがあって、そのいくつものパターンが即興的に編集、編成されてゆくのだ。しかもその演技は常に「うまくいかないかもしれない」という緊張と恐怖に追い立てられているように硬直している。できるだけリラックスし、肩の力を抜いて、自然に演じようとする現代の演技とは全く逆である。「自然さ」の演技の側にいた私にとって、そのような俳優と仕事をするのは初めてだったが、きっとそれを望んだのだ。彼のバーレスクのような身体の演技を撮影することは喜びでもあった。彼が歩いているところを撮影するだけで、その動きには映画の原初的なポエジーが立ち上がってくるようだった。

当初、撮影は全編即興的に行う予定だったが、撮影の直前にレオーは幽霊ジュリエットとの場面は台詞を書いてほしいと言い始めた。「ヌーヴェルヴァーグでは、即興してたのは監督なのであって、俳優ではないんだ」と。本当は、彼は即興が嫌いなのだった。そこで、私たちはある戯曲を引っ張り出してきた。それは随分昔に書かれ、パリのオデオン座で上演された舞台の戯曲で、題名は『未成年の逃避行』（＊52）作者はピエール・レオー、つまりレオーの父親である。偶然にも戯曲はある男と、10代の少女との恋愛を描いたものだった。私たちはその戯曲のダイアローグを再編集して、台詞を作り上げた。『ライオンは今夜死ぬ』のジャンとポリーヌ・エチエンヌ演じる幽霊ジュリエットの詩的なダイアローグは、主にこの戯曲から採られている。

「死というのは生なんだ……生の影なんだ。生きているということは死と手を取り合って歩くということなんだ」という美しい台詞を書いたのはレオーの父であり、今息子であるレオーがそれを演じる。少年時代に、あまり打ち解けることがなかったらしいこの父との交感が、ときを隔てて彼の心に何を染み込ませただろうか？

一方で、子供たちの演技は当然全て即興である。彼らは思い思いに喋り、カメラの場所などお構いなしに、縦横無尽に動き回る。相手がレオーであろうと怖気づくことなく「クソジジイ」とか「デブ」と悪態をつく。このかけ離れたふたつの世界が、どのような接点を見出すのか？がこの撮影の焦点となっていった。

「シナリオを書いてこい」とジャンに言われ、子供たちが彼の前で自分たちの書いたシナリオを発表する場面。スープを飲みながら、レオーと子供たちが初めて対話する重要な場面だが、シナリオには次のように書いてあるだけだ。

ジャンは「さあ、君たちの映画の話をしてくれ」と呼びかける。
子供たちが映画の物語を説明する。

彼の苦手な即興だ。撮影の前日までレオーはこの場面をどう演じるのか悩み、不安を抱えていた。そしてカメラが回る。子供たちはいつもと同じように自由な賑やかさで演じ始める。
「あなた本当に俳優なの？」「そうだよ、俳優だよ」「何本くらい映画に出たの？」「そんなにたくさんではないけど、素晴らしい映画に出ることができたから満足してる」と、子供たちの矢継ぎ早な質問にレオーが即興で応えてゆく。交わることがないように思われたレオーと子供たちの世界にアンサンブルが生まれていくように見える。そこで彼が子供たちに向ける優しい視線や、柔らかい微笑み、それは私たちの知っているジャン=ピエール・レオーではなかった。

「結婚してるの?」と聞かれ、「女たちは皆私から去っていってしまったよ」と言い、思わず笑い出してしまうレオーの笑顔を見て、スタッフが驚いて「あんなレオーは見たことがない」と呟いた。まるで子供たちが、幽霊と暮らす彼を、死の世界から生の世界へ連れ出してきたかのようだった。

撮影が終わると、重圧から解放されたレオーが「今日の即興はうまくいった。よかっただろ?」と満足げだったが、それ以上に彼はこの瞬間、ずっと身にまとってきたジャン=ピエール・レオーという衣装をフッと脱いでしまったのではないだろうか? 映画の記憶としてのレオーではなく、私たちのまだ知らない生きたレオーというのが存在するのだ。

レオーとの仕事を思い返しながらこの文章を書いていて、私は奇妙な感覚に襲われている。何かが終わったのだ。

レオーが古い衣装を脱いでみせたように、私はこの映画で、私を支えていた何かを葬ったのではないだろうか。

完成した『ライオンは今夜死ぬ』を見てくれた『M/OTHER』主演の三浦さんが「諏訪さんの映画の画面はあんなに暗かったのに、今回は南フランスの光が輝いていて美しいですね。どうしちゃったんですか? 何か心境の変化があったんですか?」と尋ねた。南フランスを撮影地に選んだのは偶然だった。しかし、必然だったのかもしれない。その光に満たされた撮影現場は確かに明るく幸福感に包まれていたように思う。映画を作ることが楽しいと感じたのは初めてだったかもしれない。しかし眩しい光は、深い影と一体だ、「死というのは生なんだ……生の影なんだ。生きているということは死と手を取り合って歩く」のである。おそらく私は、例えばこの文章の中で何度も触れなくてはならなかったヌーヴェルヴァーグという固有名詞の神話を葬ったのかもしれない。あるいは、ドキュメンタリーかフィクションかという空疎な問いも南仏の地に埋めてしまった。他者とは何か?と問うことも、もうないのかもしれない。映画を撮るということの幸福を感じつつ、私はいくつもの墓標を立てたようにも思う。

長い旅が終わったような気がした。

『ライオンは今夜死ぬ』に登場するのは幽霊であり、幽霊とともに生きる老人であり、映画を作る子供たちであり、犬であり、ライオンである。まともな大人はほとんど登場しない。彼らは楽しみのために映画を作る。それはいたずらに満ちた、大人たちが顔をしかめるから騒ぎ、カーニバルのような世界である。「カーニバルとはフットライトもなければ役者と観客の区別もない見世物である。カーニバルでは全員が主役であり、全員がカーニバルという劇の登場人物である。カーニバルは鑑賞するものでもないし、厳密にいって演ずるものでさえなく、生きられるものである」（＊53）と文芸批評家のミハイル・バフチンが述べているように、常識的な社会が持っている秩序やヒエラルキーや作法は、カーニバルの自由で無遠慮な人々の接触によって取り払われる。大人も子供もなく。現実と空想の境界もない。そうやって世界はかき乱され、ひっくり返されて、あべこべの世界が出現するのだ。

しかし、それは何のため？

もう一度新たに世界を再生させるために。

『風の電話』

２０１８年、そして私はまた旅を始めていた。

岩手を目指していた。２０１１年の東日本大震災以降、被災地に足を踏み入れるのは初めてだった。

岩手県上閉伊郡大槌町浪板、その丘の上にひとつの電話ボックスが立っている。「風の電話」と呼ばれるその電話には電話線はなく、実際にはどこにもつながっていない。しかし、震災以降その電話ボックスを訪れる人が後を絶たないという。なぜ？　人々はその電話で、失った家族に話しかけるのだ。それは「天国につながる電話」として人づてに広まり、これまで三万人の人が訪れたという。私はその「風の電話」を目指していた。

その年の春、プロデューサー泉英次さんより連絡があり、「風の電話」を映画化するという話を聞いた。「風の電話」の存在を私はそのとき初めて知った。泉さんはテレビのドキュメンタリーなどでその存在を知り、感動し、ぜひ劇映画にしたいと思ったそうだ。その監督をやらないかと打診されたのだった。彼の率直な情熱に支えられた企画だと感じた。

私も「風の電話」を扱ったいくつかのドキュメンタリーを見た。そこには亡き妻に、夫に、父に語りかける人々の声が響いていた。おそらく、ずっと胸に秘めながら、言葉にすることのなかった大切だった人への思いが、堰を切ったようにあふれ出る。言葉にならないその言葉を聞きながら、私たちは涙する他になすすべがない。それを他人である私が感動と呼ぶのか、私にはわからない。この映像を見ていてもいいのだろうか?と私は動揺する。それは誰にも聞かれたくない、ひとりだから話せる秘められた声なのではないのか……?　それを聞いているという違和感が拭えない。これをどうやって劇映画にすればいいのだろう?　私には簡単に映画にできる題材だとは思えなかった。

　プロデューサーの提案には、九州熊本の地震によって家族を失った高校生の女の子が、「風の電話」を目指して旅をする、という物語の大枠があったが、自由に変更してかまわないということだった。これまで、家とか、ホテルとかの部屋に閉じこもって映画を撮ってきた私は、ロードムービーを撮った経験もほとんどない。私はどうすればよいのかも、どのような映画になるのかも想像がつかなかった。そもそも、こんなふうにある企画の監督を誰かから依頼されたこともなかった。その、わからないということが私を『風の電話』に向かわせたのかもしれない。「自分でもどうしたらよいかわからない」未知のものに触れてみたいと思った。私はこの依頼を引き受けた。

「風の電話」はガーデンデザイナーである佐々木格さんの自宅の庭に設置されている。当初は佐々木さんの私的な理由で設置されたものだったが、新聞で紹介されたことをきっかけに人々に広まった(＊54)。その電話を目指して次々に訪れてくる人を、佐々木さんは暖かく迎えた。庭は佐々木さん夫婦の草花に対する細やかな愛情によって丁寧に作られていて、訪れる人をひっそりと静かに包み込む。ボックスの中には黒電話があり、傍らにはノートが置かれていて、訪ねてきた人が書き込んだ思い思いの言葉がある。その電話ボックスはひとりきりになれる場所だけれど、誰かに見守られているようで孤独ではない。そう思わせる舞台だった。

私は、スイスのロカルノ国際映画祭に参加した際、山頂の教会を訪れたときのことを思い出した。その小さな教会の建物に一歩足を踏み入れると、壁面をびっしりと小さな絵画が埋め尽くしていた。よく見ると、それは宗教画ではなくて、描かれているのは男が車で崖から転落する場面であったり、病院のベッドに横たわる誰かであったり、子供が自動車にはねられる場面であったり……。それらは、とても画家のものとは思えない筆致で、しかし何か切実なエネルギーで描かれていた。家族を亡くし、その大切な人の死をなかなか受け入れられない者が、その死の場面を一枚の絵として描いたのだ。一生懸命にその絵を描くことで、行き場のない喪失感を鎮めようとしたのだろう。それは、人間の根源的な祈りの行為でもあるように思う。偶然に、あるいは必然的に「風の電話」はそのような祈りを受け止める場になったのだ。「祈る」という行為がどのように生まれるのか、そのことを映画で描いてみたいと思った。

8年前、大槌の町は津波に飲み込まれ、たくさんの犠牲者を出した町である。しかし、今やすっかり町は整えられ、真新しい家々が立ち並ぶ。駅舎も建て替えられて、三陸鉄道の全線復旧を目前に控えていた（そしてまた2019年の台風19号で鉄道が被災した）。海岸線を南下してゆくと、複雑な海岸線の入り江という入り江が巨大な堤防で塞がれていた。海とともに暮らしが営まれた場所から、もう海は見えない。悲しい光景であるが、堤防を作るというその大規模な土木作業を単純に批判することはできない。その巨大な建造物に怒りとか、恐れといった生身の人々の感情が結びついているようで言葉を失う。完全に消えてしまった町が、今はただの空き地となって、生い茂る雑草で覆われていた。8年前の傷跡は確かに消えている。何も知らなければ、ここで何が起きたのかを想像することもできないかもしれない。しかし、真新しい堤防に守られたその巨大な空き地の空虚さが異様な光景となって広がっている。

その異様さは福島ではまた別種のものになる。国道6号線を通過すると、両脇には8年前に崩壊した建物がそのまま放置されている。誰も立ち入ることができない場所を平然と車が通り抜けてゆく異様さ。帰宅困難地域の境界に沿って進むと、誰でも簡単に越えられるフェンスを隔てて、人間が生存できない場所と、普通の生活が営まれる場所がある。そのフェンスの向こうとこちらの決定的な差というものが何も見えない異様さ。帰宅してよいとされた町はきれいに整地され、あの傷跡を見ることはできない。しかし更地ばかりの市街地にポツリポツリと寂しく家があるばかりで、ここに生き生きとしたコミュニティが存在するようには見えない。町を歩く人もいないきれいなゴーストタウン。それらの異様さは、8年が経過した後の深い傷跡であるけれど、その傷はただカメラを向けて撮影するれば映るというものではない。

おそらく今は何も映らないだろう。しかし、8年前、ここにはおびただしいカメラが殺到したはずだ。そのときそこには写すべきものがあった。傷は見えるものとして一面に広がっていた。

戦後の日本ドキュメンタリーにおいて、小川紳介監督とともに三里塚や全共闘を撮影し、土本典昭監督とともに水俣病を追ったカメラマン大津幸四郎氏が、時代の転換について興味深い証言をしている。

「今までは何か起こってきたことを受けて、その中で物事を構成していくというドキュメンタリーのやり方、ある真実が何処かに秘められていて、それをこちら側が探っていけば、向こうからその真実が浮かび上がって語りかけてくるんだというような考え方がありました。それがある時期から、こちら側から積極的に探り出していかなければ浮かび上がってこなくなってきた。それだけ物事が沈滞し、沈み込んできたということですよね。激動とは言わないにしても激しく物事が動き出していった60年代の後半から70年代の初めくらいまでは、待っていても物事はどんどん変わっていくし起こってくる時でした。だけど、'74-5年くらいからは逆にこっちが働きかけていかないとモノも浮かび上がってこない時代になってきたと思うんですよね」(＊55)

三里塚には農民や学生たちと機動隊との激しい戦いが起きていた。それは具体的な出来事であって、それを撮影することができた。しかし、やがて「物事は沈殿し」ただカメラを向けるだけでは何も見えなくなってくる。ドキュメンタリーの世界でそのことに唯一自覚的だったのは佐藤真監督だったと思う。『阿賀に生きる』で水銀に汚染された阿賀野川流域に暮らす人々の日常を撮影した後、彼の作品は変化してゆく。『SELF AND OTHERS』では写真家牛腸茂雄の内的な風景を、『阿賀の記憶』では映画の記憶を、『エドワード・サイード　OUT OF PLACE』では不在の肖像を、というように見えないものをいかに映画として捉えるのかにひとり挑んでいった。

しかし、東日本大震災の発生は、圧倒的な「見えるもの」の出現でもあった。撮るべき対象を失っていたカメラがそこに殺到する。そのことを単に批判したいわけではない。あのとき、カメラを持った各々が被災地を、傷跡を撮影するとは何かを自問し、それぞれの行動を決めたのだから。しかし、佐藤真の問題意識を共有していた私は、そこに行かないことを決めたのだった。

8年が経過して、東北の地に立ったとき、深い傷は大地の下や、人々の記憶や、風景の異様さの中に沈み込んでいる。簡単に見えはしない。それならば、逆にそれを映画にすることはできるのかもしれないと思った。映画によってこそ見えるようになるものがあるのではないか？


私は、私たちの主人公の少女をハルと名付けた。そしてハルの故郷を岩手に変更した。ハルは8年前に岩手で被災し、家族を失った。ひとりになったハルは、その後広島の親戚の元で成長する。あるきっかけで、ハルは広島から岩手へと旅をする。つまり、8年ぶりに故郷へ帰るという物語である。そのことでこの場所には、故郷の記憶という見えない物語の層が生まれ、震災の記憶の層や現在の姿と重なってひとつの風景が重層化してくれるように思えた。過去へと遡りつつ、現在を発見する旅。ロバート・クレイマーの『ルート1／USA』のことを思った。あの映画は、ドクという架空の主人公とともに寂れた1号線を下りながら、「現実を生きる」さまざまな人を経験してゆく。私たちがその旅を通して見えなかったアメリカの素顔を見出したように、ハルとともに現在の日本を見つめてみたいと思った。

そして、もしかするとこれは、私自身にとっても故郷へ帰還する旅なのかもしれないと思った。2000年に広島を舞台に『H Story』を撮影して以来、日本を舞台に全編を撮影した日本映画を制作するのは19年ぶりということになる。「もう日本で撮らないのですか？」とよく聞かれた。「いえ、そんなつもりはないのですが……」と曖昧に答える。「フランスという外国で映画を撮るのは難しいでしょう?」と聞かれ、「難しくはありません。今は日本で撮るほうが難しいです」と返していた。

主な理由は私がフランスの公的助成金なしに映画を撮ることが難しいからなのだが、すでにフランスには諏訪組と呼べるような気心の知れたスタッフたち、俳優たちがおり、戦友とも呼べる吉武美知子プロデューサーがいつも私との映画作りを待ち構えていてくれる。いつの間にか、パリは映画人としての私のホームタウンとなっていた。日本での撮影は故郷へ帰ることであると同時に、どこかで異郷へ足を踏み入れるような緊張を感じてもいた。ハルがそうであるように、故郷へ帰るということは、ときを経て変わり果て、すでに自分の居場所がない異郷を発見することかもしれない。

ハルのオーデションでモトーラ世理奈に出会ったとき、ハルは彼女しかいないと直感した。以前に何かのポスターで彼女の顔を見たことがある。「この人は一体誰だろう?」と強い印象を抱いた。彼女の表情は曖昧で謎をたたえ、一目見ただけで見る者の視線をとらえてしまうユニークな存在であるけれど、それ以上に彼女の存在感はこの映画に必要なものに思えた。テストで即興演技をしてもらったときに、その直感は確信に変わった。彼女の演技は、モトーラ世理奈という俳優が、ハルという役を演じているというふうには見えない。私の目の前にいるのはハルである。もちろん彼女は演じている。素のままそこにいるわけではないし、自然に振舞おうとする平凡な演技をしているわけでもない。ただ、彼女はハルを演じているのではなく、ハルとしてそこにいるとしか言いようがないのだ。

キャスティングとは根拠のない直感。賭けである。そして私にとって俳優の選択は映画の内容そのものを決定する。『ユキとニナ』のユキがノエ・サンピでなければ映画は全く違ったものになったであろう。カメラに写されるその人は、交換することができないかけがえのないものなのである。

ハルはモトーラ世理奈という身体を得て、映画を生き始める。『風の電話』の旅が始まった。

旅の起点は広島県呉市。音戸大橋のたもと、音戸町である。家族を失ったハルはここに住む叔母の家で暮らしている。その叔母の役を渡辺真起子にお願いした。『M/OTHER』以来の出演だった。互いに歳はとったけれど、時間の隔たりを全く感じることなく、あのときの同じように仕事をすることができた。私にとって彼女は、その場に立った瞬間に、その空間や共演者との間にスッと入り込んで親密な関係を結んでしまう才能を持った俳優だ。撮影の初日、ハルがこの映画の中で生き始める場所に彼女にいてほしかった。ハルが毎日叔母のハグなしには学校に行けないように、唯一傷ついたハルと世界をつなぎ止めている存在として。

そして、その叔母が倒れ、再びひとりになったハルが、自分の居場所を失い、彷徨い歩いて死に近づいたとき、彼女を抱き起す男がいる。同じく『M/OTHER』以来の出演となる三浦友和がこの役を演じる。三浦さんとの作業も何も変わりなく進んだ。いや、『M/OTHER』のときはどうすればよいかわからぬまま、いろいろな回り道をして、私たちの道を模索したのだったが、今回三浦さんは、私たちがどのように仕事を進めればよいのかが、はっきりわかっていたようだった。撮影前、三浦さんからは役についてのいくつかの質問が届き、私がそれに答え、その答えを受けて、三浦さんからシーンについての具体的な提案があった。そんなやりとりを経て、撮影前にはそのシーンで私たちがやるべきことが明確になっていた。

豪雨災害に見舞われ、いまだ田畑は土砂に覆われたままの安浦町で撮影されたこの場面で、三浦さんの演じる男、公平はハルに「どこから来た?」と訊ねる。「大槌」と答えるハルの境遇を知った公平は、それ以上あれこれ質問することなく、ただ「食え」という。「お前、生きてんだから食わなきゃな」と言う。そのぶっきらぼうな言い方が、痛みを知る人間の愛情を感じさせる。「死ぬなよ」と公平に送り出されるハルは、「ありがとう」という言葉を初めて発見したかのようだ。三浦さんの視線に見守られて、ハルはこの映画の中で初めてひとりで立つのである。

旅する映画、ロードムービーという形式は、必然的に私がこれまで触れたことがない人間の関係を呼び出してくる。偶然に出会い、別れる、行きずりの人という儚い関係である。それは明らかに見ず知らずの他者であるが、私がこれまで自分の作品の中で描いてきた他者とは明らかに違っている。

『2/デュオ』『M/OTHER』『不完全なふたり』はもちろんのこと、『ライオンは今夜死ぬ』でさえカップルは戦っている。愛において「あなたのことが理解できない」ことは苦悩を生むけれど、その謎こそ愛の根源でもある。しかし、他者は恐怖を生み、暴力を発生させるかもしれない。「私とあなたは違う」ということが愛するという行為の源であり苦悩であるというパラドックスに引き裂かれる戦い。要するにふたりはけんかしている。しかし、『風の電話』にけんかする人は現れない。

ハルを発見した公平は、彼女が死に瀕していることがすぐにわかる。たまたまヒッチハイクするハルを拾った妊婦は、彼女がなぜひとりで旅をするのか問い詰めたりしないで、ただ食事を与え「さあ食べよう」と言う。行きずりの彼女もまたハルのことを「知って」いるのである。彼らは天使なのか？　そこでは他者は消え、戦いも消え、傷ついた者同士のある種の休戦が宣告されるかのようだ。とにかく生きなきゃ。生きていればいいのだ。

ハルが唯一受ける暴力の受難から彼女を偶然に救ってしまう男は、天使ではなく地上を生きる傷ついた人である。彼、森尾はハルのことをまだ知らない。しかし彼はハルとともに旅をしてゆくことになり、やがて彼女を知り、彼女を支え、彼女によって彼もまた変化してゆく。この森尾役を西島秀俊が引き受けてくれた。彼が22年ぶりに私の現場にいるというだけで私には胸に迫るものがあったが、私たちはあのときと同じように仕事を進めるわけにはいかなかった。森尾という役は複雑な設定である。震災当時彼は福島第一原発に勤務しており、同時に津波によって妻子を失っている。原発が経済の基盤を支えていた福島では珍しい話ではない。そして彼は仕事を辞め、故郷を出てその日暮らしの放浪を続ける。その現実的な背景を持つ役を『2／デュオ』のように自由に演じることはできない。

物語の中で、森尾はハルを連れて埼玉のクルド人難民のコミュニティを訪ねてゆく。そこにいるはずの森尾の友人は、入国管理局に収監されて1年3カ月が経過している。いつ釈放されるかもわからない。そのクルド人の状況は現実の話である。森尾は彼の妻と子供に会い、「なぜ私たちはこんなに苦しまなければいけないの？」という悲痛な声を聞く。現実の人々の現在進行している本当の苦しみを前にして、俳優に何ができるのか？　西島秀俊は苦悩する。クルドの人々とともに、1時間以上も回しっぱなしだったカメラの前で演じなくてはならなかったその日の撮影が終わると「オレ、ヘコみました」と俳優としての苦痛を私に訴えた。さらにその後、森尾は捨てたはずの福島の自宅へたどり着き、閉ざされていた家の中へ入ってゆく。8年前のあの日のまま、放置された現実の家である。散乱する家財道具が生々しくそこにある。何処かに消えてしまったその家の住人の記憶を感じながらその家でフィクションを演じることに、迷いや恐れを抱かないでいることは不可能だ。

恐れや、震えを感じ、俳優として「どうすればいいのか？」と自問し、傷つく彼を見て、私は嬉しかった。この森尾を、なんの迷いもなく、恐れもなく演じてしまう俳優がそこに立っていたら、この映画の全ては崩れ去るであろう。私たちは22年間全く別々の道を歩んできたけれど、彼が信頼できる俳優であることは変わりなかった。

大槌の自宅跡にたどり着いたハルが、自らの感情を表現する場面で、どう演ずればいいか悩んでいるモトーラに、静かに寄り添って助言を与えている西島秀俊を見て、森尾とハルがそこにいることを確信した。

広島から1300キロの移動を経て、やがてハルが旅の終わりに「風の電話」にたどり着いたとき、折しも前日までの悪天候が嘘のように晴れ、眩しい太陽の光が差し込んだ。しかし、嵐のような突風がその丘を駆け巡り、吹き流される雲が太陽の影を走らせて、「風の電話」の風景を劇的に変化させる。まるで神が存在するかのように。

私は台詞も演技も全てをモトーラに委ね撮影を始めた。

リハーサルはしなかった。彼女が初めて「風の電話」に入り、受話器をとって話し始め、話すことによってさまざまな感情があふれるのを見ながら、私は不思議な感覚に囚われていた。彼女に「どんなふうにハルを演じたのか？」と尋ねても無駄であろう。彼女は「ハルだった」のだと思う。「映画を見てそれが自分だと思えなかったのは初めて」だと彼女は言った。それがよいことなのか悪いことなのか私にはわからないが、ハルは確かに存在したのだと思っている。それを撮影することは喜びでもあった。そして、それはドキュメンタリーかフィクションかという問いも無効であるような出来事に思えた。そう、「風の電話」とはものではなく出来事である。今その出来事が撮影されている。それは、これまで映画を撮ってきた私が味わったことのない感覚だ。

それはなんだろうか？　私は今どこにいるのか？

今はそれを記すことはできない。映画はまだ完成していない。映画を完成させるのはそれを見た人であるから。

答えはまだ風に吹かれている。

註

＊1　「映画、１００歳の青春（Le Cinéma, cent ans de jeunesse）」については本書２９６頁、「こどもが映画と出会う時「こども映画教室」から「映画、１００歳の青春」へ」を参照。公式サイト＝https://www.cinematheque.fr/cinema100ansdejeunesse/en/

＊2　「こども映画教室」は、２００４年に金沢コミュニティシネマ等主催で始まった映画体験ワークショップ。現在は一般社団法人として全国各地で映画鑑賞、制作ワークショップを展開している。活動の詳細は土田環編『こども映画教室のすすめ』（春秋社、２０１４年）および、同書所収の土肥悦子「すべては『１００人の子供たちが列車を待っている』から始まった」に詳しい。公式サイト＝https://www.kodomoeiga.com

＊3　中川邦彦は映画研究者であり、映画作家。主な著書に『難解物語映画――アラン・ロブ＝グリエ・フィルムスタディー』（高文堂出版社、２００５年）、主な共著に『芸術の記号論』（勁草書房、１９８３年）がある。監督作品は『距てられた部屋、あるいは…』（１９７５年）、『セラボンヌ、疑わしいわたしの八月』（１９７９年）など。

＊4　諏訪敦彦「映画は我らのもの」、『東京造形大学映画専攻２００８年度卒業研究作品展「アマチュア人生×映画」』パンフレット、２００９年

＊5　坂口安吾「文学のふるさと」、『坂口安吾全集14』所収、筑摩書房、１９９０年、３２４頁

＊6　ジョナス・メカス『メカスの映画日記――ニュー・アメリカン・シネマの起源　１９５９―１９７１』（飯村昭子訳、フィルムアート社、１９７４年）は、ジョナス・メカスが「ヴィレッジ・ヴォイス」に連載した１９５９年から１９７１年までの映画コラムを集めたもの。

＊7　同書、54―55頁

＊8　同書、54頁

＊9　中沢新一『幸福の無数の断片』（河出書房新社、1992年）64頁にて「文明の発達によって失われてしまった、純粋無垢な状態が、破片のようにして出現する時、そういうものをかいま見る瞬間、わたしの心は幸福感に満たされるのです」とメカスは発言している。

＊10　ジョナス・メカス監督『歩みつつ垣間見た美しい時の数々』（2000年）のコメンタリーおよび、ジョナス・メカス『ジョナス・メカス―ノート、対話、映画』（木下哲夫訳、せりか書房、2012年）295頁より。

＊11　メカス『メカスの映画日記』、349頁

＊12　『サンタが街にやって来る』本書フィルモグラフィー005頁参照

＊13　ロラン・バルト『映像の修辞学』、蓮實重彦・杉本紀子訳、筑摩書房、2005年

＊14　この相米慎二の発言は、当時相米組に参加していた友人のスタッフから伝え聞いた。

＊15　本書286頁、「『経験という牢屋』の外側へ　2013年度　東京造形大学入学式　式辞」参照

＊16　ジャン・ユスターシュ監督『ママと娼婦』パンフレット（ユーロスペース、1996年）より「（脚本を）書き上げるのにあまり時間はかかりませんでした。毎朝、10分から15分かけて実質では約1ヶ月でしょう」。

＊17　1992年から1993年にかけてWOWOWで放送された仙頭武則プロデュースによる作品群。石井聰亙（現、石井岳龍）、長崎俊一、崔洋一ら6人の監督が競作した。

＊18　『2/デュオ』撮影台本より。現場では、より詳細が書き込まれた差し込み台本が撮影当日に配布された。

＊19　この話は『ママと娼婦』に出演したフランソワーズ・ルブランからも聞いた。

＊20　須藤健太郎『評伝ジャン・ユスターシュ　映画は人生のように』、共和国、2019年、135頁にも『ママと娼婦』について以下の記述がある。「音響技師のジャン＝ピエール・リューは作品の誕生を振り返って、こう述べている。『ある日彼がやってきてこう言った。まだ書いてはいないが、カセットテープにすべて入って

いるから、すぐにでも撮りたい、と。金曜の夜だ。パリからそう遠くない地方にある私の家での出来事である。〔…〕彼はカセット・テープを持っていた。つまり、実際に彼の人生に起きた真実の物語の記録を持っていた。彼はこうやって脚本を書いた」。

＊21 ジャン＝リュック・ゴダール監督『中国女』（1967年）に以下の会話がある。ヴェロニク「だけど、美的効果というものは創造的（イマジネール）なものでしょ?」、キリロフ「そうだ。しかし、この創造性（イマジネール）は、現実の反映ではない。それはこの反映の現実なのだ」。

＊22 アラン・ロブ＝グリエ「ロブ＝グリエによるロブ＝グリエ」、『ユリイカ　1996年10月号　特集＝ドゥルーズ『シネマ』を読む』所収、青土社、1996年、191頁。1996年5月30日に東京日仏学院（現アンスティチュ・フランセ東京）において行われた講演の採録。

＊23 オノレ・ド・バルザック『ルイ・ランベール』、『バルザック全集21』所収、加藤尚宏・水野亮訳、東京創元社、1975年、227頁

＊24 ロブ＝グリエ、前掲書、192頁

＊25 アルベール・カミュ『異邦人』、窪田啓作訳、新潮社、1954年、6頁

＊26 ロブ＝グリエ、前掲書、193頁

＊27 同書、194頁

＊28 ロバート・クレイマーとの対話は1997年にNHK山形放送局の番組のために行われた。

＊29 「芸術は本質的に文化的な身振りではないんだフィリップ・ガレル／インタヴュー」、『季刊カイエ・デュ・シネマ・ジャポン　第12号』所収、フィルムアート社、1994年、42頁

＊30 宮岡秀行監修・原案『セレブレートシネマ101』（1996年、2001年）

＊31 本書309頁、「ロバートからの手紙　『遺産』あるいは『広島2000年8月』について」参照
＊32 セルジュ・ダネー『不屈の精神』、梅本洋一訳、フィルム・アート社、1996年、36頁
＊33 マルグリット・デュラス『ヒロシマ・モナムール』、工藤庸子訳、河出書房新社、2014年、8頁
＊34 テオドール・アドルノ「文化批判と社会」、『プリズメン——文化批判と社会』所収、渡辺祐邦・三原弟平訳、筑摩書房、1996年、36頁
＊35 本書企画資料集013頁参照
＊36 「ベアトリス・ダル　インタヴュー」、『nobody issue8』所収、nobody、2003年、90頁
＊37 同書、90—91頁
＊38 ジル・ドゥルーズ『シネマ2＊時間イメージ』、宇野邦一・石原陽一郎・江澤健一郎・大原理志・岡村民夫訳、法政大学出版局、2006年、239—240頁
＊39 原民喜「夏の花」、『夏の花・心願の国』所収、新潮社、1968年、124頁
＊40 ドゥルーズ、前掲書、240頁
＊41 同書、241頁
＊42 フランソワ・トリュフォー「フランス映画のある種の傾向」、『ユリイカ　1989年12月臨時増刊　総特集ヌーヴェル・ヴァーグ30年』所収、山田宏一訳、青土社、1989年、22—23頁
＊43 本書企画資料集014頁参照
＊44 『不完全なふたり』パンフレット（ビターズ・エンド、2007年）収録のヴァレリア・ブルーニ・テデスキーのインタビューより。
＊45 同上

＊46 同上

＊47 『SUPPO物語』は、私とイポリットとの間で交わされたメールに最初に現れた『ユキとニナ』の物語の構想である。

＊48 本書企画資料集020頁参照

＊49 アンドレ・バザン「ドイツ零年」、『映画とは何か（上）』、野崎歓・大原宣久・谷本道昭訳、岩波書店、2015年、347頁

＊50 ジェラール・フィリップ演劇学校は、子供たちの演劇公演や映画制作を行う私設学校。同校の公式サイトに、このときのワークショップの様子や子供達が制作した映画も公開されている。公式サイト＝https://www.coursgerardphilipe.com/llemcs.php

＊51 実際に子供たちは『La Maison de L'épouvant（恐怖の館）』と題された7分の短編映画を完成させた。

＊52 Pierre Léaud『Fugue en mineur(e)』は、1978年11月にパリのオデオン座で上演され、ジャン＝ピエール・レオーもそのときに観劇した。

＊53 ミハイル・バフチン『ドストエフスキーの詩学』、望月哲男・鈴木淳一訳、筑摩書房、1995年、248頁

＊54 「風の電話」設置の経緯については、佐々木格『風の電話：大震災から6年、風の電話を通して見えること』（風間書房、2017年）に詳しい。

＊55 「日本のドキュメンタリー作家インタビュー No.17　大津幸四郎」、『Documentary box#19』所収、山形ドキュメンタリー映画祭、2002年

書き下ろし／2019年12月8日

第１章　映画を作ったあとで

『2／デュオ』関係性が作者となる場所

対談・構成：荻野洋一

自意識のポーズからの脱却

諏訪　『イゴールの約束』（ジャン＝ピエール＆リュック・ダルデンヌ監督）をロッテルダム国際映画祭で見たときに、「まだこういう映画が可能なのか」と考えました。『イゴールの約束』だけじゃないにしろ、小さい共同体の中だけでわかり合うような単なるポーズじゃない映画が、こうしてまだ可能なのかと。それは自分の映画に対する反省としても感じましたね。そういう意味でとてもいいなと素直に思えたんです。

荻野　ポーズとは、なんのことですか？

諏訪　技術的な話になりますが、こういうふうに撮っちゃいけないとか、こういう切り返しをしてはいかんとか、なんか暗黙の禁じ手を普通は意識しますよね。そういうふうな自分の陥ってはいけない場所というものを、映画を撮る人間はなんとなく意識してしまうんです。そういう禁じ手を避けるようにして撮ることで、自分のスタイルを形作っていく。それが映画の存在意義だというように押しつけようとするじゃないですか。しかし、もしかしたら、そんなものはポーズにすぎないんじゃないか。しかもそれは小さな共同体意識の中でしか通用しない単なる品性のようなものです。もちろんみんながそんな品位のポーズを共有してるわけじゃないですけど。今回の自分の映画でも、そういうポーズから逃れようと意識したと思うし、このことは海外の映画祭を訪れて、もっと強く感じました。

はずです。

荻野　そうしたポーズから遠くあることにデメリットを見出さないフィルムの存在が必要になってくるはずです。

諏訪　自分で映画を作ってみて、そのことを強く感じるようになりました。つまり、ある種の飛躍があったんです。この映画のシナリオを書くのに半年ほどかかったんですが、そこでやろうとしたことは結局映画にはできなくて、クランクインの直前になってそのシナリオを捨てたわけです。それでも映画は撮れるだろうと思いたかったんです。自分がシナリオをじっと書いていると、自意識の中で固まっていきますよね。自意識をどれくらい実現させようかというふうになってきますから、それを突き詰めていくと、どうして自分が映画を撮ろうとしたのかがわからなくなってくる。そもそも僕は、うまくコントロールされた物語を語ろうとしていたわけじゃない。それで、そういうものを一切合切捨ててしまおうということになった。それでも映画はできるはずだと思いたかったし、その結果できたものを受け入れようと、きっぱりと思えた。それが結果的にはよかったんじゃないか。

荻野　実際の撮影では、諏訪さんのおっしゃったような意味での自意識を、嘘でもいいから保持していないと、カメラが回らないという場合が多いのではないでしょうか。それが作家の映画であれ、より商業的な映画であれです。とても興味深いのは、『2／デュオ』という映画が、作家の自意識の崩壊を経験しながらも完成してしまった、その背景です。スタッフや俳優たちの、環境に対するコーディネーションの能力なのか？　監督が壊れてしまって、そこにいる……そうした場所で何があったのか。

諏訪　そうですね……ものすごく偶然であったと思うんですよ。そもそも撮影の現場というものは壊れやすいものです。マイナスの側のほうに崩れていく力がすごく強いですよね。どこかがいったん壊れると、そこからダーッと崩れていくものです。『2／デュオ』の場合、ある意味でとても非常識なことをやっているわけですが、関わる人間のひとりひとりがぜんぜん崩れなかったんで、最後までできたんです。クランクインする前は、僕自身とても途方に暮れていたし、この映画、ほんとに完成するだろうか、本気でちょっと難しいかもしれないと思ってました。毎朝起きるとプロデューサーに電話して、「これちょっと無謀ですからやめましょう、今までかかったお金はなんとか自分でもちますから、延期させてください」と打ち明けようと考えてたんです。結局口には出さなかったんですけど。でも、みんなのほうはなんとかなると思っていたんです。逆にみんなすごく大胆でした。

撮影という冒険に「作者」はいらない

荻野　スタッフの人数は、レギュラーで何人ぐらいですか？

諏訪　十六人くらいです。その中ではなぜか不思議にみんながなんとかなると思えた。こういう撮り方をしてもいいんだ、ということをスタッフとキャストが楽しんだというふしがあります……。

荻野　あなたは本当には壊れていなかったんじゃないですか？　諏訪さんには諏訪さんなりの巧緻な計算があって、その範囲の中でなら、むしろ自分が壊れ役というものを引き受けることも辞さずに、作品ができていく契機を作った。と、こんなふうには考えられませんか？　いっぽうで世の中にはオーソン・ウェルズのフィルムのように、本当に頓挫してしまうものもたくさん存在するわけですが。

諏訪　頓挫させる気は全くありませんでした。俳優たちと会って話しながら、この映画は結末までたどり着けなかったら、なぜたどり着けなかったのかということについてみんなで話して、それを撮ればいいじゃないか、と考えていました。だからどこかで自分が画面に出なきゃいけないなとか、そういうふうになってもよい、とかは考えました。ただ撮影日数が延びたりといったことで破綻していくことは避けたかったし、それはなんとかやりきれる自信はどこかにあったと思うんです。撮影でその日その日やるべきことをやっていけば、どういうものであれ一本の映画にはなるだろうと、ぎりぎりの線があったわけです。

荻野　破綻するわけがないという確信を、この作品の作り手たちは持っていたと思います。ある種の力の抜け方が、破綻しそうに見えて破綻しないところへ向かっていくために、作品を作っている側の破綻の度合いというものを、フィルムのほうは案外に頓着していない。そんなふうに思えるんです。第一、ふたりの登場人物がどうなってしまうかは、わからないわけですし、きっとフレームから外れていってしまうかもしれない……。

諏訪　……ただ、本当は三人の物語です。ひとりの登場人物は、編集の段階で完全に消えてしまったんです。

荻野　三人ですか……。

諏訪　撮影前にみんなに渡してあったものは、十ページほどのアウトラインなんですけど、そこではメインの登場人物は三人になっていました。ちゃんとキャスティングもされていて、実際に撮影もしていて……。ふたりの男性とひとりの女性の間に起こる三角関係の物語として撮影されたんです。

荻野　見る影もありませんが。

タイトルはどうだったんですか？

諏訪　別のタイトルがついていました（笑）。もうひとりの男を演じた俳優はとてもがっかりしていました。彼にとって初めての映画だったんです。非常にがんばって苦労してキャラクターを作り上げてゆこうとしてくれたし、みんなも作ろうとしたんですけれども、やっぱり脚本が当日できてないというのが負担にはなっていたんでしょうね。

荻野　その俳優は名前のある人なのですか？

諏訪　そうです。まだ多くは出てませんが。ただ編集の最終段階までは、彼のエピソードはまだ残っていたんです。それで1時間40分から50分くらいまでの尺はいってたんですが、やっぱり三人の関係ということでは、映画が立ち上がってこなかったということです。彼の話を最後の最後になって全部落としてしまったときに、編集が終了したと感じたんです。ああこれで成立したなとね。柳愛里が演じている彼女の感情は、その背後にものすごく男との関係性があるわけですよ。それによって彼女の感情が変化していくわけですが、それが全くなくなることで感情の流れは断絶してしまうけど、結局人間の感情はつながりもなく展開するもので、そのほうがわかりやすい。ふたりの関係の中に三人の関係が吸収されていると思うんです。だから成立したと思えたし、それはみんなが同意見でした。

荻野　では、あのふたりの登場人物のあり方というのは、もうひとりの人物を念頭に置いた上で成立していたわけですね。

諏訪　けれども、西島（秀俊）くんは自分と彼女との関係しか見てはおらず、もうひとりの男には意識はいっていないです。彼にとっては知らない人だから。演ずる上では意識の外にあったはずです。

荻野　ということは、西島秀俊とその第三の人物は共演していないわけですか？

諏訪　撮影途中で、彼らが会ったらどういうことになるだろう、そういうシーンを作ってみようか、という意見の交換はさかんにしました。ところが俳優たちがそれを強くは希望しなかったし、僕自身はといえば、見てみたいという気持ちが強かったんですが、結局撮影はしませんでした。

荻野　そうなってくると、西島秀俊の蒸発癖などの意味合いがずいぶん変わってくるでしょうね。

諏訪　あのキャラクターは西島くんが積極的に作り上げていったキャラクターです。ものすごくプレーンな男としてしか設定されていなかったので、あのようにすごく子供っぽかったり、怒ってすぐ出ていってしまったりというようなキャラクターを俳優のほうで積極的に作っていったんです。それにこちらが乗った、というか拠り所として受け入れた。西島くんが唐突に洗濯物を（柳演じる）ユウにぶつけはじめるシーンがありますが、あのシーンにしても誰もあんな言い争いになるとは思っていなかった。単にふたりの話が噛み合わないといった何気ないシーンのはずだった。そんなふうに彼は徹底的に人間的なキャラクターを創造していった。

荻野　男と女による物語にはアウトラインしかなく、展開はあらかじめはわからなかったわけですね。

諏訪　ふたりが別れて、彼女が工員として働き、彼も俳優から転職し、また再会し、再び別れ、最後にまた訪ねてくる、というような、一応ラストまでの物語はあったんですが、これはもう変わっても全然OKということは前提にしていたので、前のシーンを撮り終えた後では、次のシーンがどうなるかはやってみないとわからないわけです。終わった時点でそれがどういうシーンだったかを確認するしかないんです。僕たちは、今撮り終えたシーンを追体験して、次のシーンがどう成立するかをもう一回検討しなければならないということです。「それは私にはできない。そんなことしないわ」と言われれば、じゃあどうしようか、と。みんなで考えるしかないわけです。

荻野　その「みんな」というのは誰なんですか？

諏訪　美術助手や照明チーフといった人々です。助監督も「僕ならこうするけどな」なんて言ってくるし。

荻野　それに対してどう思われるんですか？　うっとうしいと感じたことはありませんか？

諏訪　いや幸せだなと（笑）。……僕はこんなことしか今はわからないと、はっきりと言った。スタッフも俳優もそのことはすごくポジティブに感じとってくれました。

荻野　それは現代の映画の作られ方のひとつの成功例でしょう。諏訪さんはそうした環境作りに成功されたんですね。

諏訪　僕にとっては今回の現場はとても楽しかったし、居心地がよかった。うっかりしているととても困難な作業になったかもしれないけれども。

荻野　撮影期間は？

諏訪　2週間。その中でみんなであるものを共有しながら、ある意味での冒険をしました。クランクインの前までは、背水の陣で臨むどん底にいるような気がしていたわけですが。撮影の田村正毅（2003年以降の名義は、たむらまさき）さんとの関係もどうなるかわからなかったし、どのように撮っていくかなんて話をしても、カメラが回る前では全く意味がないわけ。クランクインするまではどうなるかわからなかった。田村さんにすれば「入ればいいんだよ」なんて非常に軽く言ってたし、そのことに励まされもしました。「もし混乱しているなら、その混乱こそを撮ればいいじゃないか」と、ものすごくまっとうなことを言われました。そもそも僕もかつては自主映画を撮りながら、同じようなことをやっていたはずなんです。その日その日にシナリオを書いて撮って……。ただ、それを今回ちゃんとこのようなかたちで撮るという段階で、また同じようなことができるとも思っていなかった。しかしそれでも、以前にやっていたようなやり方に帰っていったことで、「しかたがない、自分はこういうふうに撮るしかないんだ」と思えたんだな。シナリオを散々書こうとしたけど、書けなかったからだと思うんですけど。でもいっぽうで何か勝算のようなものがあったんだと思う。おそらく映画の演出家にはふたつのタイプがあって巧妙な嘘を吐くことを楽しめる人と、ありのままを提示しようとするタイプ。僕は後者のほうで、演じられている物語上の人物よりも演じている人間そのものに興味がある。だからシナリオがなくて途中で物語の収拾がつかなくなってもカメラの前に俳優がいてくれれば何かは撮影できるだろうと思えた。それも映画だろう、シナリオを忠実に守ることだけじゃないだろうという思いがあったし、それはプロデューサーの仙頭（武則）さんにもあった。「なんだ。映画って結局シナリオの再現じゃないか」という割り切れない感じがあったんだと言ってました。

俳優との関係において映画を撮ること

諏訪　強く感じるのは、映画においては監督が作家だということに対しての抵抗感です。『2／デュオ』

の作者は誰だろうか。もちろん僕が代表者ではあるけれども、多分撮影の最初の日にカメラが回った瞬間、作り方の環境がパッとできてしまう、そのことが「作者」ですよ。その環境自体が大きな意味で映画の「作者」です。だから本当は、監督の中にある自意識の反映がオリジナリティーを保証するという考え方は、映画の場合に限っては間違った考え方じゃないか。もちろん監督は映画が作られていく場においで影響の中心にはあるだろう。みんな、監督が何を考えているのか、何を意図しているのかという、そういう関係性の中でしか動いてないけれども、その関係性の「総体」こそが、さっきも言ったように映画の「作者」なんじゃないかな、とそういうふうに考えてます。

荻野　ロマンチックな意味合いにおいての「映画作家」という概念は、たしかに現実の制作環境からは遠く離れたものでしょう。しかし、おっしゃったような協同作業のモチベーションを維持・発展させていく責任者としての監督の名前を、作品の「作者」であるというふうに呼び習わしている、というのが正確なのではないでしょうか？『2／デュオ』というフィルムはそうした意味で、とてもわかりやすい作品です。風通しの悪い自意識にもとづいてはいない種類の映画の一本としてです。あなたは自分のキャリアの中で、そうした作品の撮り方をどのように体得したのですか？

諏訪　それは、子供時代の育ち方という問題にすごく関わってくるでしょう。……映画との関係から言えば、僕はずっと助監督をしてきました。それ以前には8ミリカメラを手にして何か世界を撮りたい、というところから始まっています。だからある意味で「画」に対する自意識が強いわけです。あるシチュエーションを撮るときに、どこにカメラを置きたいかというのは、明確にありますよね。「ここには置きたくない、こういうことはしたくない」あるいは「こういうふうに切り取りたい」。それはまさに自意識なわけですが、このように世界を構築したいというような欲望を、もともと強く持ってしまってるんだと思う。例えば自分がテレビの番組を演出するときには、モニターを見ながら、「そうじゃない。こういう色で」とか「こういうアングルで」とか「役者、もっとこっちに!」とかやってましたよ。

ただそういうやりかたでやってきて、完全に自分のイメージに近づいたときに、すごく……つまんなかったんですよ。何か開かれていかないんだな。現実の生活の延長の中で映画の撮影をするのだから、もっと楽しくやりたいんです。自分自身の意識なりイメージなんてあまり信じ切れない。個人の考えていることなんてそれほど大したことじゃないと思えちゃうんです。逆に、ある部分を他者に委ねていったときに、人は解放されていくところがある。

根本的で極端な例は、役者との関係でしょうね。俳優をとにかく自由にしてやりたいという欲望があるんです。むしろそのことは俳優にとって残酷なことですよ、「好きにやって」というのとは違うわけだから。『2/デュオ』の場合、言葉まで考えさせてるわけだから残酷です。そりゃ役者にとっては大変だったと思いますよ。そこを自意識でもって「こうしろああしろ」といった関係性を作りたくないってことです。助監督時代にも、このことについてのフラストレーションが僕にはあった。

でも、例外もありました。例えば山本政志。山本は今ではああいう映画を撮っていますけれども、僕が自主製作映画に関わり始めた80年前後というのは石井聰亙(現、石井岳龍)さんがいたし、長崎俊一さんがいた中で、演技指導ということでいえば、山本の演出が一番面白かったですよ。俳優との関わり合いがものすごく柔軟なんです。他の多くの人はやはり、自意識によるイメージというか、映画に対するある程度のセンスを持っているという人たちです。フレームやカッティングのセンスをね。それがイコール、作家性という自分のスタンプを押す材料になるわけです。そのような作家たちの中でも、石井さんや長崎さんのスタイルは非常に成熟していたし、そのこと自体はそれですごいと思ってた。

ところが山本の演出が面白かったのは、俳優のキャラクターに役のほうが歩み寄るというやり方をとっていたからです。僕は最初、彼の8ミリ映画のカメラマンとしてこの世界に入っていった。ファインダーを覗きながら「もうちょっとこっち来て」なんて僕が俳優に指示すると、山本はすごく怒るんです。「お前が動け!」となるわけです。そんなふうに俳優を尊重するということが徹底されていました。そういうことが僕は大好きだった。(ジャン・)ルノワールの映画もすごく好きだった。ある時期の(ロバート・)アルトマンも好きだった。それらはみんな俳優があるイメージに従わされている映画ではなかったからです。そういうメンタリティがずっと僕の中にあったということでしょう。

俳優たちとの出会い

荻野　主演の柳愛里と西島秀俊のふたりはそれに適した人材だったわけですか?

諏訪　それはちょっと複雑で、ふたりとも全然違うんですよ。この映画に対するアプローチも全然違ってました。柳の場合は僕がシナリオを書き始めたときからよく知っていました。そもそも柳とやろうということで始まってますから。第一稿、第二稿とシナリオができるたびに彼女に渡していました。ところが彼女としてはそれに全く納得できない。「これじゃできない」と。それ以前に一緒に仕事をした関係があって、そのときは非常にお互い楽しかったので、もう一回映画で一緒にやろうということで始まったんだけれども、とにかく彼女の場合、自分の実生活よりも映画の中で生きている現実のほうが自分の全てだと思っている人間だから、その人間は本当に生きている情報が全部ないと耐えきれないんです。僕はそれを彼女に提示することがずっとできなかった。そして土壇場に来たときに、「わかった、もう全部私をモデルとしてしまったらどうか。私の両親も作品に引っぱり込んだらどうか」と彼女のほうから言ってきたんです。それが彼女の姉(柳美里)が書いた『家族シネマ』のモデルになったんだと思う。

『2/デュオ』

なにしろ土壇場で彼女も僕も追い込まれた結果、そういうことになったわけです。「それなら私にインタビューしてもいいよ」と、僕からじゃなく彼女のほうからそういう提案があった。

西島くんの場合はこれと全く違う。彼と初めて会ったのはクランクインの1週間前です。明日からリハーサル来てね、って話です。彼のほうとしても、どうなるかわからないにせよやってみたい、ということだった。4日間だけリハーサルして、すぐに撮影に入ってしまったんだけれども、彼もたまたま自分のやりたかったことに、撮影をこなしていく中で近づいていき、「これが映画として完成したときにどんなものになるんだろう」という感じを楽しんでくれたみたいです。ただ、全然異なるアプローチをしているふたりだから、現場ではすごく確執があるんですよ。共犯関係なんて決してないです。お互いのことを認め合っているんだけれど、ふたりの演技の水準が違うわけです。そのこと自体を、田村さんは完全にドキュメンタリーとして撮っているんです。

僕としてもそれがどういう結果を招こうが受け入れていこう、ドキュメンタリーなんだから、と考えていました。やっていることは芝居だけど、演じているのは人間なんだから、それをドキュメンタリーとして捉えようとしたわけです。ふたりの演技の質がフィクションの水準の中で揃っていかないんだけれども、そのことがかえって面白いし、むしろその水準の違いが広がっていってもいいんじゃないかというリアクションです。

荻野　ドキュメンタリー・タッチで撮ることで、ふたりの演技の水準の差は、僕にはむしろ見えなくなりました。つまりふたりが「演技」というふるまいについて意識せずにやれてしまっているという見地から、対等な印象を受けたんです。

諏訪　彼女との出会いは偶然の産物で、一昨年テレビ番組を作ったときに女優としてオーディションでばったり出会って、そのときには神代辰巳の映画に出演したということを知らなかったんですが、圧倒的に存在感がすごかった。むしろそれまで僕はそれほど俳優というものを信用してなかったんですよ。俳優には幻滅していたし、映画において日本の俳優の演技のしかたには可能性を感じてなかったんですよね。演技未経験者のほうが興味深いくらいです。がしかし、彼女と一緒に仕事をしたときに、俳優の可能性をすごく感じたんです。それで次はちゃんと俳優とやってみようと思ったんです。

荻野　先ほどの話に戻りますが、彼女との役作りの際に登場人物についての情報が求められたという話は、メソッド演技を彷彿させますが。

諏訪　彼女の場合は特殊な俳優だと思います。もちろん、いろいろとバックボーンを頭にたたき込んで論理的に構成していく演技というものは、概してつまらないですね。それはひとつの意味になってしまいますから。彼女の場合もやはりバックボーンとともに自分の演技というものを構成するのだけれども、結果としては、非常に曖昧で決して意味には還元されない複雑なものとして出てくるわけです。だけどそれをやるためには、彼女はそこで生きられなければばならないという思い込みがすごく強いから、材料を与えてあげなくてはいけないんですが、要は助けになればいいわけです。出てくるものは違うんですよ。しかし僕は彼女が生きられるようなシナリオを作れなかった。

俳優というものは、抽象的なものに向かってはいけないんです。だからそもそも、僕と仙頭さん、僕と柳との関係の中で見つけていったものが『２／デュオ』だったということです。ふたりが適当なところで妥協しなかったから、シナリオはいらないというところまで行き着いた。シナリオは書き直せば直すほどよくなると思ってはいたけれど、気づいてみると僕が最初にインスピレートしたものから遠くかけ離れていた。「僕がやりたかったのはこうじゃくてこうだったよ」ということで、今まで書いてきたシナリオを捨て去って十枚くらいのプロットにしたときに初めて仙頭さんは納得した。「ああわかった、これだけで撮ればいいじゃん」ということになったわけです。どこまで行ってもあのシナリオでは、柳を納得させることはできなかったでしょうね。自分の本当にやりたいことがやっとできたというときに、みんなのほうもそれに乗れた、というふうに僕は解釈してるんですが。

「現実」との関係性によって閉塞感を乗り越える

荻野 そのままシナリオを温存させた上でドキュメンタリー的に撮ったとしても、ムードだけ（ジョン・）カサヴェテスまがいの、コンプレックスの上書きに終わる恐れがあったでしょう。（アッバス・）キアロスタミ的というか。「リアリズム」というものは決して単純なものでないのですから。

諏訪 漠然とであるにしろ、世界的なレベルで映画には閉塞感がどこかありますね。それは日本だけの状況ではないでしょう。次にどうやって映画に向かっていくかというときに感じられる閉塞感を、俳優の持つリアリティーで乗り越えていってしまおうという考え方があると思うんです。それによってスタイルを決定していく。いわゆる自意識の発露によって監督のオリジナリティーを出していくということはもういいじゃないかという考え方です。

ではどうするかというと、俳優との関係性の中でそれを乗り越えていこうとする姿勢がやっぱりあるでしょう。そのこと自体は悪いことではないと思う。それが「リアリズム」に陥ってしまう場合もあるし、「リアリズム」から解放される場合もあるだろうということです。もちろんアッバス・キアロスタミが注目されたのも、そういう解放への可能性をみんなが見たからでしょう。今はどこかで何かにパッとすがりたいところがあるというのが現状でしょう。

僕は侯孝賢（ホウ・シャオシェン）の『憂鬱な楽園』も好きです。というのは閉塞感を突破しようとする問題意識が僕の考え方と重なるからです。侯孝賢の場合は自分の歴史の中でそうせざるを得なくなってきていて、自分の過去の作品に対して破壊を行っているところがあります。全く異なる映画の可能性を開こうとしています。ある側面では閉塞となり、別の面ではそれからの解放につながっているんじゃないかと考えています。

荻野　もしそれがカサヴェテス症候群というようなものに陥っていくだけなのだとすれば……。

諏訪　ただ、そのカサヴェテス症候群ということを言ったときに、同時に小津（安二郎）症候群とか（ロベール・）ブレッソン症候群なんかと違ってね、例えば小津っぽく撮るとか、ブレッソンふうに撮るということは、やろうと思えばできるじゃないですか。もちろん本質的にはできないですよ。だけどそういう気分で撮った気持ちになることはできるわけですよ。ところがカサヴェテスの場合、人間性の問題だから、その人の生きている態度によってしかあり得ないものです。だからある俳優との関係性の中でスタイルを作ろうと思っても、思ってできるものでもないわけ。単純に人間対人間だからね。ジーナ・ローランズが近くにいるわけじゃないし（笑）。現実に目の前にいる俳優との関係性でしか演出って存在しないわけじゃないですか。そうするとそこにぶち当たって、何かが大きく変化するはずなんですよ。そのことをちゃんと引き取ったうえで作品のスタイルが決定されるんであれば、それは、僕は悪いことではないなと思うんです。カサヴェテスになろうたって、どう転んでもカサヴェテスになりえないわけです。それにもし本当にそれができてしまったのであれば、それはそれでいいわけです。そんな映画が本当に可能だったら、それはその人の演出力だと思いますよ。カサヴェテスとその俳優との関係ということで言えば、映画の歴史的なパースペクティブの中でこういう映画をやろうとしたって、できるものじゃないから。俳優との関係の中で何かを生み出そうとする姿勢によって、映画が自意識に支配されている構造を崩せてしまったらどうなるんだろうという期待がものすごくある。その崩れ方を『憂鬱な楽園』の先に見たいなと思いますよね。もちろんフィリップ・ガレルについてもそれを感じます。

逆にアルノー・デプレシャンがやってることは、映画としてはそれと反対のことなんだけれど、こういう可能性があるのか、という驚きがすごくある。デプレシャンやダルデンヌ兄弟の作品を見て感じるのは、構築されたものの上にまだ豊かさをつけ加えていくことができるのだということです。僕自身としては壊れたものを作っていくしかないんだろうけれども。なにしろ自意識で作っていくことは僕にはできないですね。そういう意味ではエドワード・ヤンの崩れ方は、まだポーズを抜け出してないと思ってしまいます。

シネフィルとしての諏訪敦彦

荻野 僕が諏訪敦彦の名前を初めに知ったのは、1985年のPFF（ぴあフィルムフェスティバル）入選作『はなされるGANG』においてでした。あの8ミリフィルムはむしろ、映画狂的な自意識のもとで作られていたように記憶しています。古今の作品からのイメージの影響や引用が多くて、シネクラブがひとつの最盛期を迎えていたその時代とうまく適合した情熱的な作品でした。

諏訪　自主製作映画の助監督をたくさんして大学には寄りつきませんでしたが、それに乗れなくなってきて、大学に戻ったとき、映画を集中的に見るようになったんです。大学ではアテネ・フランセから50年代、60年代のフランス映画のフィルムを毎週借りてきて上映してました。僕が好きだった教授は中川邦彦といってポストモダンが叫ばれる以前にクリスチャン・メッツなどの映画記号学をやっていた人で、彼に（アラン・）ロブ＝グリエの映画を全部見せられるとかね。山本政志の8ミリ映画の現場から大学に戻ってみるとそういうことが起こりつつあった。それがものすごく新鮮だった。ところで、あの当時よく言われていたのは「新しい感性」といった言葉でした。でもいっぽうでとても精密に映画を語ろうとする場があるというのに、「パワー」とか「感性」ってなんなのだろう、実際にそんなものが映るわけ？って思っちゃったんですよ。その反動が『はなされるGANG』です。

50年代のハリウッド映画を見て初めて、映画はこのように変化してきたのかというのがわかるようになった。だから僕は、とてもシンプルに俳優とカメラの間のポジションだけが映画の演出じゃないかと、それくらいのことを考えてたと思う。『はなされるGANG』ではたしかに物語構造の破壊とかそういったことをやってはみましたよ。でも結局僕に残ったのは、毎朝カメラの前に来てくれるふたりの俳優と僕との関係ということに尽きたわけです。あのふたりが関係もろともだんだん変化していく。シーンの頭に撮影した日の日付を入れたのはそういうことだったわけです。

やっぱりコンセプチュアルに操作されたものはつまらないです。うまく実現されていたとしてもそれだけのことでしょう。

荻野　当時僕は『はなされるGANG』をパロディアス・ユニティみたいだなと思いながら見てましたが。

諏訪　正直言ってアンチ・パロディアス・ユニティだったんですよ、僕は（笑）。たしかに黒沢清さんの映画は新鮮でした。日本における映画の歴史的なパースペクティブが変わったあの時代に、そのことを踏まえて撮った初めての人でした。だけど僕は非常にアイロニカルなものを感じた。なじめなかったんですよ。それは僕の性格でしょう。もっとストレートでいたかった。映画をこう撮るということを回避して、語り方に逃げていっている、そんな気がしたんです。当時はそういうふうにしか作れないじゃないか、というのがあったけれども、今は違うんですよ。やはりあれも狭い共同体の中でアイロニカルに構えていたし。そこからすごく格好悪いところまで降りてしまわないと駄目なんじゃないかと、率直に思います。スタイルを徹底させるという思想だったのであるにしろ、スタイルに守られている以上はしょせん批評家の構えですよ。そこから飛躍したところで自分の本当のスタイルというものが発見できるはずなんだと、漠然と感じているんです。もちろん僕の映画だってスタイルに頼っている部分はあるでしょう。編集するときにはそういう意識が働いていますし、ひとつのスタイルに押し込めなければ収拾がつかないんです。しかし、まず初めにスタイルありき、ではないのだから。スタイルがなくなればいいとは思いません。それは映画を撮る関係性の中で生まれてくるものです。

『はなされるGANG』というのは非常に『気狂いピエロ』なんですけど、あれを作った頃は、映画史を追体験しやすかったんです。50年代のハリウッド映画を見続けたりね。その中でも自分なりの問題意識を持っていたし、やりたいことことがよくわかってました。今でも（ジャン＝リュック・）ゴダールの映画は、僕にとって面白い映画です。ゴダールが撮り続けていることに――もちろん今ではゴダールの映画を心から楽しんで見る気分にはなれないし、むしろ非常につらい体験なんですけれど――励まされます。ゴダールは徹底的にモンタージュの人です。ただ徹底的に関係性が不幸になっていくでしょ。愛が失われてゆくってことがあの人のテーマなんだ、全部そう。そのことを生きている以上、しょうがないですよ。でもどこかで共感している部分があります。中途半端じゃないです。シナリオなしで撮るという僕のやり方には、明らかにゴダールの影響があります。「今では歩みを運ぶ以前に、すでに足跡が書かれてしまっている」というゴダールのシナリオ批判に対する共感がどこかにある。ゴダールを憎悪した時期もありましたが。例えば現場でゴダールが好きだなんて口に出そうものなら、「あいつはゴダールが好きらしいぜ。ちょっとどうしようもないなあ（笑）」なんてバカにされますよ。「俺たち、芸術やってんじゃないのよ」って差別を受ける。

荻野 そういう被差別的な環境からどうやって身を守ったのですか？

諏訪 だからあまり関わらないようになりましたよ（笑）。……もちろん「芸術をやっているわけではない」という言葉は、現場においてはすごく説得力を持つんだけれども、大衆に向かってるんだなんて言っている人のほうがずっと権力志向なんじゃないか。

荻野 『2／デュオ』の作家はそんな恫喝的な開き直りをする必要ない。

諏訪 僕は芸術映画をやろうなんて全く思わない。

荻野 芸術というより、単に現代の映画を撮ったということです。

諏訪 この間『2／デュオ』を携えて香港国際映画祭に行ったときについてくれた通訳が、たまたまかつて『てなもんやコネクション』（山本政志監督）の助監督としてともに現場で苦労した人だったんです。もう、抱き合って再会を喜んだけど、「どう？」って『2／デュオ』の感想を聞くと、「僕にとってはこの主題はヘヴィすぎるよ」と言われてしまうんですが、これはもうしょうがない。彼の場合は、相手の女性が癌だと知りつつ結婚したばかりで、現実において神さまを憎んでいる。そういう状態でなぜこんな映画を見なきゃいけないのってことになりますよね。せめて映画の中ではもっと違うものを見たいじゃない、とね。それに対して僕は言い訳できなかった。でも僕としてもそんなに明るく無邪気に映画を撮れないのよ、ごめんね、という感じにならざるを得ない。1時間半の間だけ「違う」ものを見せたってしょうがない。

そういう意味でフィリップ・ガレルに共感します。もちろんそうした考え方は今の日本の状況と関係していると思いますよ、ずっとここで生きているわけだから。もっと政治的バインドが強くて社会がものすごく問題を抱えていたら、もっとユーモアが出てきますよ。逆にそういうところでユーモアって機能するものだから。でも今の自分には、そういうユーモアが出る余地はないし、その余地のなさを自分は引き受けていくしかない。通訳の彼のように、この映画を上映すれば必ず、いたたまれなくなる人が何パーセントかはいるでしょう。そのことに対して「映画は娯楽なんだから」と否定されても、それは違うだろうと思うし。逆に、いっぽうで娯楽として非常に完成された映画が世の中に出てきてるじゃないですか、周防（正行）さんの『Shall we ダンス？』とか。そういうものがあれば、『2／デュオ』のような映画も撮れるわけです。

別にこの映画は最初から企画があったわけじゃなくて、突然、「何か撮れよ」と言われて始まったものだから、テーマは何にしようかって探してはみたんだけど、そういうものはやはりテーマじゃないですね。何かもっと曖昧なものから主題は浮かび上がってくるものです。企画というところから映画を発想するという世の中の風潮は、どこか間違ってますよ。企画としての映画というシステムを破壊していかないと、企画として成立し得ない映画は出てこようがないんです。映画は企画ではないと思います。仙頭さんはそれをわかってますよ。プロデューサーというのは企画なんてものに乗るべきじゃないですよ、今は。自主製作から育っていったプロデューサーが今は何人もいますけど、そういう人たちに限って「自主映画をやってちゃダメだ。俺たちには力がないのだから、ちゃんと金勘定をしようよ」というふうになるか、「そうじゃない、それでも作家性を尊重すべきだ」というふうになるか、そのどちらかなんです。でもそのどちらもダメなんです。その両方がないと成立しない。作家を尊重するという際にも、作家個人の才能の話になっていっちゃうでしょう。

『幻の光』を見て思ったのは、あの映画の持つスタイルは撮っていく中で壊れていくべきものだっただろうということです。俳優がそこにいるわけだから、もっと違う感情が生まれたはずです。そしてその感情を育てていけば、きっと何かに出会うはずです。『幻の光』のスタイルは撮る以前に決定されたものじゃないですか。でもそれは対象との関係の中で変化していくものだし、その変化を許容するスタッフワークでないとダメです。あの映画のスタイルがせめてラストだけでもいいから壊れたら、あの映画は僕にとってすごく大事なものになっていたはずです。僕はそれを期待して見たし、是枝(裕和)さんは次には壊れるかもしれないから、これからも期待しますよ。

荻野　『幻の光』はカメラと俳優の距離が遠く、フッテージという概念を想起させます。それに対し『2/デュオ』の距離のほうは濃密です。監督の「スタート」と「カット」の声さえ消し去ってしまうような濃密さです。

諏訪　僕もどこで「カット」をかけていいのかわからなかったです。助監督が「カット」をかけたりしてたな(笑)。あの芝居は何も決めごとがないわけだから、カットをかけなければ延々と続くのです。僕は優柔不断だからまだ何か出てくるかな、とカットを引き延ばしてしまう。西島くんがすぐにあの部屋を出ていってしまうのは、ああしないとシーンが終わることができないからかもしれない。

諏訪敦彦による映像=音響論

荻野　撮影においての俳優との関係性について語ってもらいましたが、編集にだいぶ時間をかけましたよね。諏訪さんにとって編集の持つ意味と可能性ってなんでしょう? 例えば三人目の男が編集の段階で消えた。そこでの思考はどのように進んでいったのですか。

諏訪　最初は総尺で4時間くらいあったのかな。インタビューが多かったし、彼女の両親のインタビューなんかもあったうえに、ワンテイクが10分くらいあったものだから。ただ編集に関しても明確なビジョンはやっぱりなかったんですよ。多分自分の中で確実に思っていたのは、映画はどういうふうにもつながるはずだということです。いわゆる編集のための都合のいいカットは撮ってないんです。金魚鉢のアップとかあのアパートの外景を撮ろうかという話もしたんですが、「そんな映画じゃないです」とスタッフに言われてしまいました。芝居しかないけれども、人間が映っていればそれでいいんだと思っていました。実はもっと時間感覚がめちゃめちゃなものになると予想していたんですが、編集ラッシュを見に来たスタッフが「意外にまとまってますね」なんて話をしてました。僕にとって編集していく中で初めて映画を発見していけたという感触があるんです。10分くらいの芝居をバーッと撮っていくんだけれども、その10分という時間は映画の中では10分ではないんです。同じようには時間は流れないんですよ。5分か6分くらいの時間にしかなりません。とにかく編集していく中でシナリオのようなものが完成したんだなと思えた。

映画に限らず、テレビのドキュメンタリーを撮っているときなんかもそうなんですが、あるカットの後ろにはこのカットはこないだろうなということが、あらかじめそのカットの持っているベクトルのようなもので決まってきちゃうんです。それに逆らおうとするとすごく作為的なものになるでしょうし、逆に「ええい、やっちゃえ」とつないでしまう場合もあるにはあるでしょう。いずれにせよカットとカットの関係性によって決まってきてしまうものがあるんだろうなと思いますね。編集は現場の煩雑で多忙な時間から解放される時間でもあるんだけれど、結局そこでも現場での俳優との関係と同じような関係を、今度はフィルムと取り結ばなければならないんです。僕は三人目の男を残してやりたかった。でも

『2/デュオ』

それを許さないわけですよ、フィルム自体が。そのことに気づかざるを得なくなって自分が追い込まれていった。

編集とは時間の変換です。現場での時間を上映用の時間に置き換えることです。映画の場合は時間を頭から体験していくしかないわけですから、どういう体験を上映時間の中に通していくかということです。

荻野 音のほうはどうですか？

諏訪 すべて同時録音です。効果音的に足した部分もけっこう少ないんですよ。それはロケーションがすごくよかったということでしょうね。狛江、川崎といった多摩川地区で撮られたフィルムなわけですが。西島くんがどうしようもなく黙ってしまうところにしても、今度はいろんな音が窓外から聞こえてくるんですよ。この映画の撮影では、車止めも人止めもいっさいしていません。また、全編を一本のレンズで撮っているので、対象との関係は一定なわけだから、音がずっと録りやすくなってくる。逆に寄ったり引いたりしてると、音の距離感が変わってきてしまう。映画に流れている時間を現場に流れている時間にぶつけたいという衝動が、昔から僕にはあるんです。

テレビのドキュメンタリーの可能性ってあるだろうと思います。ビデオの世界で食べていくとき、ドラマはやりたくなかったんです。あの画面で芝居を撮ることが耐えられなかった。僕としてはテレビドキュメンタリーに、むしろどこかビデオ時代のゴダール的な幻想を持っていたんです。安部公房や坂口安吾、南方熊楠についてのドキュメンタリーを作ったりしたんですが、カメラを持って三人くらいで現場へ行って撮れてしまうというのが、実に楽しい。でもどこかでテレビの世界では自分は部外者です。死んだ人のことばかりを描きながら、どこかで自分は映画の人間だという意識を持ち続けてきた。でも今回映画を撮ってみて、やっぱり自分は映画の人間じゃないなと思った。映画界とそれほど関わってきたわけじゃないしね。

結局僕はどちらにいても今は部外者です。だからどちらの常識とも関係のないところで作っていきたい。こんなことがありました。映画の後半、ユウがひとりで暮らすアパートのシーンをリハーサルしていると、窓からとても美しい夕方の光線が差し込んできました。その光の影響を受けて、ふたりの芝居もとてもセンチメンタルで感動的なものになりました。しかし、それはリハーサルで実際にフィルムは回っていない。本番になるとその光は沈んでしまい、ふたりの芝居も何かあきらめのようなものに支配されてしまいました。僕たちはあの一瞬の美しい光を逃したわけですが、だんだん暗くなっていくその部屋で、スタッフは誰ひとりうろたえもせずに芝居が完成するのを待っていました。そのシーンの第二カットを撮る頃にはすっかり暗くなり、肉眼でも物がはっきりとは見えない状態になったのに、照明もつけず撮影を続けました。さすがに「大丈夫ですか?」と田村さんに尋ねると「何か写ってますよ」と平然と答えるんです。その田村さんの言い方、スタッフの態度の中にも僕は映画界の常識にキッパリと意義を申し立てるという意志を感じました。当然僕も真っ暗なフィルムが上がってきても、その黒いフィルムに音だけをつけて使用するつもりでした。もちろん、僕は常識を破ろうとしているわけではありません。シナリオがなくても映画は撮れると言うつもりもありません。ただ自分にふさわしい映画の撮影スタイルはほかの人のスタイルとは違うはずだと思うし、そのことに忠実でいたいと思うだけです。

取材協力＝安井豊（現、安井豊作）

初出＝『カイエ・デュ・シネマ・ジャポン――映画の21世紀〈5〉』／勁草書房／1997年（『2／デュオ』を撮った諏訪敦彦との対話」を改題）

ただ写ればいい『2／デュオ』を見守る残酷な視線

『2／デュオ』の撮影現場において、田村正毅（2003年以降の名義は、たむらまさき）さんの口癖は「写ればいいんです」だった。何かことあるごとに、田村さんはこの言葉を繰り返した。カメラマンは何もしなくていいのだ、ただ「写ればいい」と、投げやりにもとれるその言葉を、田村さんはどこか誇らしげに、子供のように、ある自信を持って、笑いながら、キッパリと言うのだった。もちろんそれは、一切の主観を排除して、ただ記録せよということではない。そんなことは不可能だからこそ、「ただ写ればいい」ように撮影したとしか思えない映像に田村さんは近づこうとしている。撮影前に「今回はレンズ一本にしようと思うんだけど」と提案があった。田村さんにとっては、もはやレンズすら一本あれば十分なのだ。それで映画が撮れないわけじゃない。ただ「写ればいい」のだから。

田村さんはおそらく、俳優の演技をただありのままに捉えることができる唯一のカメラマンだと思う。俳優の演技をありのままに、ただそこにある事実として捉える、ということは誰にでもできそうに思えるかもしれないが、それは映画において非常に希有な技術である。多くのカメラマンは俳優の演技をより効果的に、あるいはより美しく劇的に視覚化するために腕を振るおうとする。それこそがカメラマンとしての職務であるかのように、画面を美的に飾り、物語をより明確に記号化しようとするし、ときにはそのために俳優の演技だって管理してしまう（役者の立ち位置を１センチ単位で指定したりして）。

しかし、田村さんはそういった、目の前にあること以外の何かを、撮影技術という視覚的なイリュージョンによって、さもそうあったように見せかけることと決定的に無関係な人だ。

だからといって、それは多くのドキュメンタリーのカメラマンがそうであるように、ただ自然に物事を捉えるという傲慢な素朴さとも絶対に違う態度だ。田村さんは真実を捉えようなどと、まるでしてはいない。自然らしく見えるように撮ろうともしない。カメラが真実を捉えるなどという幻想からも一切無関係でいられる人だ。

田村さんにとって撮影とは、ただ「写ればいい」のだ。その態度はいわゆる劇映画の範疇を超えていってしまうものなのかもしれない。田村さんのその視線は、虚構の中に生きようとする俳優たちのフィクションの衣装を剥ぎ取り、映画の現実の上にその存在を晒し出してしまうからだ。彼らが演じようとするキャラクターを解釈してやり、その物語上の効果に視覚的に荷担してくれるおせっかいなカメラマンとは対極の残酷さで、田村さんは俳優たちを捉えようとする。しかしその残酷さがなければ『２／デュオ』は成立しなかった。

西島秀俊と柳愛里がまず芝居をやってみる。ふたりの間にはなんの約束事もない。決められた台詞もない。ふたりの位置関係も、動きも、いつどちらが話し出すかも全ては予測できないままに最初のリハーサルは始まる。田村さんはあちらこちらと場所を変え、毎回動きの異なるリハーサルを見ながらポジションを探す。さて、カメラポジションが決まったからといって、本番でもふたりの動きは予測がつかない。芝居は毎回全く違うものになるからだ。だから田村さんの選んだカメラポジションが本番でもベストである保証は何もない。普通ならばそれがベストポジションになるように俳優の動きを固めてしまう。そうでなければ、画面を構成することなどできないからだ。しかし、『2／デュオ』においては、常になんの保証もないままに撮影をしなくてはならない。なんの計算もないままに、俳優の一瞬一瞬の息遣いにスポーツマンのように反応していくしかない。もしもそこにほんの少しでも画面を構成しようという欲望が働けば、一瞬にして撮影の方法全てが崩壊してしまっただろう。

今回の撮影中、田村さんから画面を構成する上で不都合だからと、俳優に対してなんらかの注文が（もう少し前に来てとか、後ろに下がってとか、こちらを見てとか）出されたことは一度もなかった（カメラのレンズの真ん前でずっと立ち止まることさえしなければいいよ。田村さんから俳優に出された注文はそれだけだった）。今のオペレートは失敗したからもう一度……と、田村さんからNGが出されたことも一度もなかった。この撮影には失敗も成功もない、俳優と田村さんの瞬間の動きとその反応がうまくいくこともあれば、ズレてしまうこともある。しかし、ただ「写っていればいい」のだから、全てのテイクがOKなのだった。私はほとんどファインダーを覗かなかったし、ポジションやアングルの指定もしなかった。『2／デュオ』では、田村さんは私の目ではないからだ。狭い部屋の中で、直感だけを頼りに動き回る俳優と田村さんを見ながら、田村さんもまた私にとっては俳優のひとりなのだと思った。

田村さんと俳優たちは、コーヒーを飲みながら、昼寝をしながら、馬鹿話をしながら、人生相談のようなディスカッションをしながら楽しく仕事を進めた。しかし、それを支えていたのは田村さんのその残酷な視線なのであり、俳優はそのことを、その残酷な視線に暖かく見守られていることを、直感的に理解していたのだと思う。だから彼らは台詞すら決められていないこの過酷な撮影に、安心して身を任せることができたのではないかと思う。田村さんはその関係全体を記録してしまった。それはただドキュメンタリーとして撮影したという意味ではない。田村さんの中にはもはやドキュメンタリーとかフィクションといった区別そのものが意味をなさない視線が存在している。それは演じられているキャラクターと、それを演じている俳優という人間の存在そのものを区別することなく同一の画面に存在させてしまうことができる視線なのだ。この映画のタイトルに「2」という数字を使ったのは、私たちのこの映画における眼差しそのものを示したかったからだと思う。

初出＝「第6回　中世の里なみおか映画祭」パンフレット／中世の里なみおか映画祭実行委員会／1997年（「ただ写ればいい」を改題）

つくることの悪闘『M/OTHER』を巡って
対談：青木淳

家族という他者を撮る

青木　諏訪さんの『M/OTHER』は上映時間が2時間27分と長い映画です。いろいろな物事が劇的に起こるわけではなく、物語を要約すると簡単に短く言えてしまう内容です。しかしそれがテンポよく進んでいくのではなく、ぶつ切れにシーンがつなぎ合わされていて、「時間」がすごく意識されるような作り方でした。本当に長い時間が流れている。何か、今の普通の映画と決定的に違うものを感じました。しかも、その違いは映画だけの話というのではなく、ほかのものづくりにも共通する何か根本的な問題を含んでいるように思われます。例えば住宅を作るとき、僕たち設計をする人間は、ひとつの主体として作られる空間をコントロールしてしまわざるをえないのですが、そういう主体のあり方に対して、諏訪さんは映画の作り手、つまり監督として、ある明確な方向を考えられているように思われるのです。
　諏訪さんは、まず、脚本を書き上げてから撮るという映画の作り方の常識を覆しています。『M/OTHER』にはプロットの設定はあるけれども、普通の意味での脚本ではありません。『2/デュオ』はそれさえ全く使わないで撮られたと聞いています。

諏訪　脚本を使わないということを最初から方法的に選んだわけではなかったんです。
『2/デュオ』を撮ろうというときに、通常の形式を踏まえた脚本をひとりでこつこつと半年くらいかけて書いていた。しかし、書くという行為の中で言葉と格闘している時間と、自分が撮ろうとしている映画の形式との折り合いがつかなかった。「こんなふうに書いていても全然自分の映画には近づかないぞ」という感覚がどうしても拭えなかったんですね。それで「どこまで書いていっても違う」という気持ちになってしまったときに、周りのスタッフやプロデューサーから「わかった。もうお前は書かないほうがいいんじゃないか」、「これだけ書いても自分が納得いかないならしょうがないだろう」と言われたので、「じゃあ、脚本なんてなくてもいいかもね」といった感じで始めたんですね。ただ、そのときに僕の中で「カメラがあって、そこに映ってくれる役者がいれば、最低限映画にはなるだろう。そういうぎりぎりのもので映画を撮れば、逆に自分にとっての映画とは何かがわかるだろう」というような気持ちが非常に強かった。

だから『2／デュオ』が作品として人にどう見られるかということまでは到底考えがおよばず、半ば無意識的に選び取られた方法で出来上がっていったんです。というよりは、通常のやり方ではどうしても違和感があったから、その違和感に正直になるしかなかったということだと思いますね。そのときはほとんど無意識だったけど、そこに自分の映画に対する考え方とか、映画にどう関わろうとしているのかといったことに対する答えがあるのではないかと考えたのが『M/OTHER』に移行するプロセスだった。結果的にできてしまった映画を、今度は意識的に起源に遡ってみようという意図が『M/OTHER』にはあった。

『2／デュオ』がどういう映画になるのか自分でもわからなかったんですが、結果的には自分の中では意識されていなかった、主題みたいなものも見えてきたところがあるんですね。だから『M/OTHER』に関しては逆に主題から入っていこう、「家族」という自分の生活に最も近い素材をひとつの主題にしてみようという逆算のプロセスがあったような気がするんです。

青木　『2／デュオ』のときはもうやぶれかぶれで

『M/OTHER』©1999 WOWOW／バンダイビジュアル

（笑）、振り返ってそれを方法として意識して撮られたのが『M/OTHER』だというわけなんですね。二本の映画の間に、「家族」という諏訪さんなりの内容がはっきりとしてきたと。ということは、「家族」という内容のためには、シナリオとして台詞をあらかじめ書いておかないほうが「リアル」に撮れる、という判断があるのかしら？

諏訪　もちろん脚本がないほうが「リアル」だってことは大きくあると思うんです。でもそれは単なる入口であって、目的ではない。というのは、映画というのはどこまでいっても作り物でしかないわけですから、どんなにそれがリアルに見えようが、それは方便にしかならないということがあります。リアルに見せるために台詞を決めなかったのかというと「そうである／そうでない」という両方の面があるんです。

　今回台詞を決めたくなかったのは、「家族」というテーマを選んだときに、家族であっても互いが決定的な他者だということを俳優同士の関係の中にちゃんと見たかったからなんです。『M/OTHER』の中で実際に描かれている関係は擬似家族で、このふたりは夫婦でもないし、女と子供は親子ではない。一時的にそれは擬似家族的な空間を作る。そのときにわかり合っていたつもりのふたりがわからなくなった。やっぱり決定的に他者だっていうことをすごく意識したんです。その他者性を映画の現場で描こうとしたときに、僕にとってそれはいわゆる通常の脚本では存在しないものになってきたんです。例えば俳優同士というのはいくらでも台詞の読み合わせをすることはできるわけです。そのときに台詞が決まっていれば、たぶん三浦友和さんは三浦さんなりに彼の演じる「哲郎」という男をイメージして、プランニングして、自分の技術的なものと照らし合わせながらひとりの人物を作っていく。「ここはどういうふうに台詞を言おうか」という作業が成立するわけです。それは書かれた会話であって、あらかじめ相手の言うこともわかっているわけですから、自分の内部だけで作業は済んでしまう。それは「映画の制度」によってダイアローグに見えますが、実際にやっていることはモノローグです。ところが、そのときに台詞が決まってないと「自分はどう言おう」という作業じゃなくなる。自分が言ったことがどう伝わるのかわからないという取り返しのつかない瞬間が続くことになるわけですよ。そうすると相手が誤解することは当然あるし、誤解されたことで返す言葉がなくなることもある。そのときに初めて俳優の意識が映画を撮っている空間から相手との関係に限りなく向かっていく。

青木　そうした結果、他者性は出てくる。

諏訪　そうですね。僕のカメラが見ようとしているポジションというのは、その関係を記録しようとする、そういう距離感の中にあると思うんです。そのフィクションの中に決して加担しない位置にいるから、フィクションを一緒に作ろうとする俳優の意識とは、齟齬を起こしていく。だから俳優同士が本当に他者性みたいなものを実現しないと、僕のカメラが見るべきものがそこに起きないということがあったのではないかと思います。おそらくそのことが、書かれたダイアローグというものを捨てさせた。

「何を」と「どう」の接点を発見する

青木　なるほど。脚本を使わないということばかりがクローズアップされてしまいがちですが、しかし、重要なことは、それが単なる撮り方の実験というのではなく、映画の内容と密接に関わっている方法だったということなのですね。しかも意識的な。

諏訪　そうですね。『M/OTHER』については内容的な面が強調されることもあるし、撮り方の面が強調されることもあるんですが、それらをいかに不可分な状態で撮れるかということに意識的だったと思うんです。まず映画を撮ろうと思ったときに自分の中に蓄積された映画体験から「こういうふうに構成しよう」、「僕はこういうふうに撮りたい」という欲望がどうしても現われてくる。「何を」というのはとりあえずどうでもいいんです。その「撮りたい」という欲望の中にもいろいろあると思うんですけど、そのときに「何を」ということが問えないままに自分の映画的感性ばかりが成長していくわけですよ。

青木　それは建築でも同じことですね。方法として楽しいわけですから。「何を」ということが皆に共有されていた時代もかつてはありました。そういう場合には、「何を」から考えて作ればいいわけです。ある意味ではとても健康的な時代ですね。でも、そういう「何を」がよく見えないところにぼくたちは今いると思うのです。あっても皆で共有できるものではない。「何を」を大上段に言い切ってしまうと、白々しい。「何を」を問わないほうが素直な気がする。でも、「何を」がないところで作ることは、これはこれでとても空虚です。で、諏訪さんの場合、その「何を」を捏造するのではなく、希薄な「何を」とそのまま向かい合って、その希薄さそのものを主題にしている。

諏訪　「何を」ということにどう晒されていくかが、映画全体の他者性だと思うんですよね。対話する言葉をどう持つかというときに「何を」という言葉が外せなかった。自分の中に「こういうふうに撮りたい」と「何を」ということの接点を貧しくてもいいから発見するんだということにしか映画を撮る場所はない。最初の映画を撮った後にすごく実感したような気がするんですね。

そうやって非常に個別的なことに関わってきたときに、観客との間に多様な反応を映画が結んでいったんですね。そのことも客観的に見れば意外だった（笑）。でも、やっぱりそこにしか自分の道はない。明らかに自分の個別的な入口から入っていく。それがいかに貧しかろうが、それが自分のなけなしのものなんだからしょうがない。でも、その個別性はたぶん他者、外部に対しても通じるところはある。もちろん「わからない」と言われることもある。それが他者に向き合うことだと、そういうことでいいのではないかという感覚は実感的に持ちました。

青木　最初から一般性を前提としていない。

諏訪　そうですね。僕の映画自体はどちらかというと一般的ではないですからね。観客動員も一般的な数字には達しないです（笑）。

青木　たしかに、エンターテインメントではありませんね（笑）。でも、諏訪さんの映画には、いわゆるエンターテインメントとは違うけれど、見ているとどんどん引き込まれます。エンターテインメントでない方法でも映画は可能ということを表わしています。

諏訪　映画は普通、2時間半という上映時間であれば、数百年という壮大な歴史を語ることができるわけですね。『M/OTHER』はほとんど1カ月くらいの小さな出来事を描くのに非常に大きな時間を費やすわけですから、そういう意味ではエンターテインメントに対して挑発的であるのは確かなんです（笑）。

ただ、やはり映画というのは観客が創作していくものだと思うんですよ。明らかに建築と違うのは、実体がないことです。どこにも存在していない。観客が見ている瞬間の意識にしか存在しないんですよ。

ということは見ている人によって意識というのは全部違いますから、フィルムは実体として存在するけれども、それは非常に相対的なものでしかないですよね。エンターテインメントというものは、そのことを、さも共通の体験として、実在するようなものとして圧倒してゆくような構造を持っている。それが劇場空間というものとつながって、みんながそこで共通の体験をする、同じところで同じように圧倒される。

青木 前もって決まっている手続きでね。

諏訪 観客もそのことを求めているわけですよね。打ちのめされたい、圧倒されたい。映画を見ている間は自分の持っている日常と切れたい、忘れたいと思って座っている。そういう意味ではやっぱり僕の映画は、どうしてもそれを許さないところがあって、ヨーロッパで上映すると、かなりの数の人が出ていくわけです。それだけではなくて泣いている人もいれば、怒っている人もいる。映画の客席がモザイクのようになるわけです。それがひとつの可能性になると僕は自己弁護的に思いたいと(笑)。

青木 例えば(アルフレッド・)ヒッチコックと(フランソワ・)トリュフォーとの対談(『定本 映画術 ヒッチコック・トリュフォー』)を読むと、ヒッチコックにとっての映画とは観客に対してある特定の感情を起こさせるための時間装置であり、映画監督とはその装置を創造する人間のことであったことがよくわかります。サスペンスを構築するためには、どういうものごとがどのように映されればいいのか、どのような構成、どのような物語がいいのか。そういうことをヒッチコックは喜々として語っています。映画監督たるもの、観客の感情をある一定の方向に向けてしっかりとコントロールしなければならない。それが彼にとって、あるいは今までのほとんどの映画監督にとって、自分が映画監督という「作る主体」でありうるための大前提であったわけです。しかし、諏訪さんのように、見る人によって全然違う感情が生まれることに「ひとつの可能性」を見るというのは、この大前提を全くひっくり返してしまうような、実にラディカルな姿勢であるわけです。古典的監督像の破壊というか。そして、諏訪さんはもうすでにそれを破壊してしまっているわけなんですが、そういう場合、映画を作る主体とはどんなものになるのでしょうか?

諏訪　映画の創作主体としての映画作家という、自分自身が抱いていたあるひとつの漠然としたイメージが、実際に最初の映画を撮っていたときには実感できなかった。存在自体がないとしか思えなかった。

僕の場合は極端で、カメラポジションを一切指示していないんです。ファインダーを覗かなかったし、俳優がどこに座るか、どこにいるかということも僕は決めないんです。ひとりの俳優がまず「私はこのシーンはここにいる」って決めたら、相手のほうは「お前がそこにいるなら俺はここだ」というふうに決まるわけです。リハーサルをやってみて「お前たちがこう動くんなら俺はこっちからこう撮ろう」というようにカメラが決まる。だから僕は、「よーい、スタート」と「カット」って言うだけなんです。そういう意味で、僕が何か主体的に支配している作業ではないんです。なくても映画はできるわけです。ただ見てればいいんですよね。

でも、いるといないのでは違う。僕が見ていることによって成立している空間であることも確か。そういう意味ではすごく両義的である。だけど僕が主体ではない。僕が中心になった撮影現場全体の関係総体が映画の創作主体であるという実感を、すごく肉感的に思ったんですよね。映画の主体なんてものは非常に曖昧なもので、そのことがひとりの作者に還元されることの貧しさを痛感したんですよ。そうじゃないものに映画を進めたいという希望があると同時に、映画である以上は自分の作為から逃れられないし、自分の映画ということに戻ってしまう。そのことはどうしようもない「ダブルバインド状態」である。でもその両極の中で踏み留まっていないとしょうがないと今は思っています。

青木　監督としてひとつの世界を描こうと思えば、フィクションで全然かまわない。また、見ているだけであれば、ドキュメンタリーにすごく近接する。諏訪さんの映画にはすごくフィクションを感じるけれど、ドキュメンタリーが持っている特有の感じもすごくある。結局自分が創作主体でしかないんだけれども、自分が主体であることを前提としてものを作っていきたくないということが作品にすごく出ていますよね。

諏訪　そうですね……。以前ピーター・グリーナウェイと短い対談をする機会があったんですけれども、やっぱりお互い退屈したんですよね。

青木　対極ですものね。

諏訪　彼の場合は古典的な主体というのをすごく信じている。

青木　彼は、建築の出だから（笑）。

諏訪　いわゆる建造物を構築するほうに近い。

青木　そうね。構築するのが楽しいということでしょうね。

諏訪　構築することが楽しい人はそこに主題があると思うんですよね。僕は楽しくないんですよ。そうやってできてしまうものは、できてしまってもそれだけのものにしか自分には見えない。

ただ、映画を撮る以前はテレビで仕事をしていて、「ああ撮りたい、こう撮りたい」ということを完全に実践していた。「誰にもわからなくていい。こうなんだ」と自分を押し通して自分のほうに近づけることをしたこともあるんですけれど、出来上がってもつまらないわけです。つまらなかったから、そこに自分の方法みたいなものを見出せなかったんだと思いますね。

青木　うん、よくわかります。ぼくも建築をやっていますけれど、建築をやっている人がみんな、そういう古典的な主体像を信じているわけではないんです。いちおう大急ぎで、建築を弁護しておきますけれど（笑）。

フィクションを成立させる家

青木　ところで、『M/OTHER』はひとつひとつのシーンはすごく感情移入ができるように作られているわけですけれども、そのシーンとシーンの間で、例えばフィルムのエンドが見えてぶつ切れで終わって、つながりがなく次のシーンが始まったりするでしょう。その瞬間、映画との距離がパッと変わりますね。急に向こうに行ってしまうような感じ。近づいたり遠のいたり。これは編集の段階の作業だと思うのですけれど、そこにすごく意識的なものを感じました。

諏訪　そうですね。編集する段階ではすごく意識的に、作為的に自分の感覚をそこに出していると思うんですね。映画というのは最終的には時間の形式です。でも、こういう撮り方ですから、俳優も感情的に芝居に入り込むし、現場で見ているほうもその感情に引っ張られていくわけですね。そうするとショットは長くなって現実に近づくわけです。通常、映画の時間というのは現実で10分で流れる時間を3分くらいに省略したり、純粋化して形式に当てはめて変換していくわけですが、こういうやり方をしていると、どんどん時間的形式がなし崩しになっていく。現実にだんだん近づいてくる。現実に近づくと終わらなくなる。終わらなくなると映画じゃなくなる。だから僕が「カット」って言ったときに映画になる。終わらせた瞬間にやはりそれは物語になる。そのぎりぎりの断片を撮っている感じですよね。だから編集において困るわけですよ。自分が後で困るように撮ってる。

普通はカットとカットのつなぎ目が気づかれないように編集する。本当は断絶しているものを持続しているように編集することでひとつのフィクションが守られる。セルゲイ・エイゼンシュテインみたいな人は全く違いますが、今の支配的なフィクションというのは、断片であることを隠して全体を作り出していく。僕はそういうことを現場でやるのがすごく退屈なんですよ。例えば建物の外景や物のアップを撮ることで、編集で使える素材はできてしまう。でもそういうのは一切撮りたくない。そういう細工をする作業がつまらないから。

僕は芝居がよければいいじゃないかということを、かなり極端にやっているんですね。「芝居がよい」というのは実はカメラの前の現実の問題ですから、フィルムとしては破れ目が出てくることだけど、それはそれでいいんだ、むしろその破れ目そのものを見せることで映画の感情的なリアルさを相対化するべきだという意識はやっぱりすごくある。

青木　映画に流れている時間というのがずっと続いているのだけれど、それによって、それが撮影の時間なのか、物語の続いている時間なのかわからなくなる。

諏訪　そうですね。外部に別の時間がある。物語ではない時間がある。同時に物語の時間でもある時間。

青木　『M/OTHER』の舞台に使われている家は、この映画の主題にとてもよく合っているように思いました。ヴォールトの屋根裏部屋があって、暖炉のところには大谷石があって、それから居間に続いて外部的な感じでサンルームがあって。映画の中の三浦友和のお父さん――は出てこないわけですが――はかなりやり手の実業家で、お父さんの死後、三浦友和はいくつかのレストランの経営を継いでいる、とぼくは勝手に理解したんですけれど。映画の中のあの三浦友和は全然頼りないし、でも人に対して結構偉そうに振る舞うし、あれではレストランを経営できる器と思えませんものね（笑）。だから、あの家は、彼の親の代が作った家で、そこで結婚後も暮らしていたのではないか、と。いまから10年くらい前の国立や国分寺のほうの郊外住宅かな。「家族」に対する夢が投影されていて、それがもう現実が夢を通り過ぎていて、でも家だけは夢を投影し続けたまま。そのギャップがすばらしい。よくあんな家を見つけられましたね？

諏訪　今回は家を探すのがすごく大変だったんですよ。ありとあらゆる使用可能な東京近郊の住宅というのを見たんです（笑）。けれども、どこにおいても成立しなかった。いくつか問題があったんです。最初の設定では、三浦友和と一緒に暮らしている女は、恋愛関係じゃないところから始めたかった。なんらかの事情でひとり暮らしをしていた三浦友和の家に、昔知り合いだった女が家を追い出されて、「うちはいっぱいスペースがあるから、一部屋くらい貸してやるよ」という感じで偶然住み始めるという着想があったんですね。家を探し始めると、そういうことは日本の住宅においては成立しないという感じを強く持ちました。

それは設定自体がすごく不自然だからではないか、何かがちょっと違うぞと思った。恋愛関係のないふたりが一緒に暮らすにはいろいろな説明が必要になってくる。物語的にも、空間的にもいろんな方便が必要になってくる。そうするとだんだんと方便のための物語みたいになってしまう。ストレートにこのふたりは男と女の関係でいいじゃないかというところに立ち戻ったときに、この家だと思った。以前にも見ていたんですけれど、そのときはここで撮ろうと思わなかったんですよね。でも、ある男女が恋愛関係にある、しかもそれが具体的には三浦友和と渡辺真起子がいる場所として想定したときに、ここだったらありえるんじゃないかと思えたんです。

青木 どうしてそう思えたの?

諏訪 ひとつには三浦さんという肉体性の問題と、ホームドラマであるという今回の主題が関係していると思います。理想的な家族というものが挫折した後に、お互い束縛し合わないで暮らす理想的な男女関係のようなものをどこかで欲望しているふたりの場所、フィクションとしてのホームドラマに近づく建物に見えたんですよね。もっとリアルな建物はいっぱいあると思うんですけど、どこか非日常的な部分をこの空間は持っている。僕の意識が「よりリアルなもの」からフィクションに傾いた時点でこの場所はOKだと思えたんですよ。

青木 そうですね。あの家自体が、ホームがドラマ、つまりフィクションであることを示してしまいますものね。その破綻があるからなのかな、部屋の使い方も変ですね。個室があるのに、アキは自分のコンピューターをたしかサンルームだったかな、に置いている。コンピューターは自分の手元に置いておくものでしょう。あれは、時間の堆積によって三浦友和と緊密な関係にあるあの家の、それゆえ息詰まるような空気をアキがそうすることで、変えたかったからですか?

諏訪　たいした理由はないんです(笑)。彼女と撮影途中で何度か話し合ったんです。彼女自身はあまり公共のスペースであるリビングに自分の仕事の物を持ち出したくない、それは迷惑だからという意見だったんです。ただ僕自身は、なんとなく彼女の部屋に入りきらなかったもの、ちょっと邪魔なものを物語とオーバーラップするきっかけとしてリビングに置いておきたかった。それぞれが独立した個室を持っていますけれども、そこでは収まらなくなってくる葛藤がこの映画の主題になっていくだろうという予測はあるわけです。二階に子供用の個室を作りますけれども、子供を巡る問題も日々の家事として子供部屋から外側に出てくる。

　束縛し合わないという理想と子供を巡る問題が、オーバーラップする要素として、アキの仕事道具をリビングに置いておきたかった。それは多分芝居を予測してのことだと思うんですけど。

青木　そういう予測があって、夜、彼女がリビングでインターネットを見ていると三浦友和が謝りにくる、ああいういいシーンが生まれるわけでね。ふたりが出会う仕掛けであるわけですね。

諏訪　そうですね。だから、やっぱりあのふたりというキャスティング自体が、僕にとって映像のモンタージュに近い感覚なんです。三浦友和と渡辺真起子という具体的な人間、俳優の持っている落差というものがあるわけですよ。それぞれが持っている体験であったり、存在感であったり、世代も全然違うわけですから、やりにくい相手なわけですね。存在そのものに葛藤がある。男と女が一緒にいる空間でどういった葛藤が生じるかということがこの映画の主題なわけですから、その落差がさまざまなレベルで物語を生んでいくんですね。

青木　個室はほとんどベッドだけ。何かしようとすると、違う部屋に行かなくてはいけない。

『M/OTHER』©1999 WOWOW／バンダイビジュアル

諏訪　そうですね。あの家の中では彼女の空間は、あの部屋だけが与えられていて、あとは島状に存在しているんです。
青木　島のひとつの台所は、やたらに大きい。
諏訪　だから彼女にとっては逆に居場所がない。
青木　うん。しかし、そこで彼女はこの台所で、昔は食べ物を作っていたであろう三浦友和の元奥さんと、基本的には同じ作業をすることになる。食事の作り方は人によってそう違いませんから。アキはここでMOTHERを演じざるをえない。
諏訪　だから台所でいつも何か破局が起こるんですね。皿が割れたり（笑）。それはどこの家庭でもそうだと思うんですけど。
青木　あんなに台所が大きいからです（笑）。居間はソファーなんかも皮張りでずいぶん昔に買ったようなものが多かったですね。新しいのもありました？
諏訪　新しいものに関してはアキが自分で持ち込んだものです。離婚する以前にあったであろうものをいったん入れて、あってほしくないものを二階に上げちゃう。ソファーはアキが気に入ったものを持ち込む。あそこに彼女が住めるかどうかということが、物語的にも心情的にもかなり難しい感覚があって、俳優と相談しながら居間のあの空間をどう使うかを考えたんです。

青木 あの家は、今そこにはいないけれども、どうしたって三浦友和のかつての奥さんを浮かび上がらせてしまう。奥さんは一度も映画に出てこないけれど、そのかわり、その不在の奥さんがあの家として存在している。そんな台詞がありましたね？

諏訪 「この家がよくないんだろう」ってね。その負い目がすごくあったんじゃないですか、三浦さんが演じる哲郎に（笑）。やっぱり家族の問題というのは態度に表われてきますよね。だから僕の映画では会話はどうでもいいんです。何を言ってもいいんです。問題になっているのは態度だけなんですよね。態度は視覚的に映るものでもあるし、そういう意味でもあの空間にどう「居る」か、ということが一番大きな問題なんです。

青木 そうですね。ひとつの空間でもいろいろな「居方」があるわけで、それはあらかじめ空間だけで指定されているものではない。とりあえずの指定はありますが。そして、そのとりあえずの指定がとりあえずであることがわかったとき、何かが起きますね。

家族と映画——葛藤するふたつの制度

諏訪 家族という問題をこの映画の中で考えようと思ったときに、この家の平面図を見て想像する、そこで展開されるであろう生活からこぼれ落ちていくものが、僕にとっては重要な物語です。それが、映画のシナリオからこぼれ落ちていくものと重なって見えるところがあるんですよ。構成されている物語、あるいは純粋化されている物語とか、無駄を排除している物語としてのホームドラマではなくて、あるシーンで落ち込んでいたけれど次に笑っているというように、シーン同士の因果は断絶しているように見えるけれども、その断絶が僕にとってのひとつの物語なんです。心理的に一貫しないし、矛盾している。だけどそれが人間の生活であるということを今回はすごく意識したと思うんですよね。

青木 そういう作り方においては、一貫していますけれどね。

諏訪 自分の中では家族というひとつの制度と、映画における物語という制度を重ねようとしているのかもしれないですね。物語という制度に人間の存在がどう拮抗できるかということと、家族ということと人間そのものの命みたいなものがどう拮抗、葛藤しているかということ。その葛藤自体を生きるしかないわけですよね。そこから絶対解放されないし、夫婦である、家族であることを経て、ひとりの人間であるわけですから。その葛藤を、映画と現実という両方の面で重ね合わせてみたいということがかなり明確になって、意識的になってきましたね。

青木 同じ構造を持っている、というわけですね。ぼくは建築も同じ構造を持っていると思うけれど、どう思います？

諏訪 建築に対する興味は漠然とあるんです。具体的に建築家の方とお話するのは今回が初めてだし、その機会をどこかで待っていた部分もあるんです。映画の場合は時間とか空間という形式があって、そういう意味では決定的に建築と違いますけれども、作る現場において、主体というもののあり方、関係ということでは、映画を撮ることと近いのではないでしょうか。

青木 ぼくはそうだと思います。少なくともぼくが建築を始めた頃、建築によって何かを実現しなくてはならない共有の目標はもうありませんでした。でも、だからと言って、「何を」がない「どう」で作ることは空虚なことです。でも、昔のようなわかりやすい近代化の物語は、今もう必要ないし、これからも必要になることはないと思います。そういう昔の「何を」を懐かしんでも、それを復刻しても仕方がない。そして、その昔の「何を」を成立させてきたさまざまな約束事、例えば作る現場における主体のあり方のようなレベルのことが、本当は問い直されなければならないのだと思います。ある意味では、そういう状況がぼくたちの感覚の中には、すでに存在しているわけで、それをどうやってひとつひとつの作ることとの中で実践できるかなと思ってやっていますよ。どうやって、作る主体を透明にできるかがぼくの今のひとつの興味ですけれど、諏訪さんの映画を見て、「あ、映画も同じなんだ」と思いました。

諏訪 映画界よりむしろ建築の世界に、僕の考えている感覚を共有できる人がいるんじゃないかという気はするんです。映画の場合、監督が主体であるという作法が主流ですから。監督が全てを決定するものだ。監督の指揮に従うものだ……。

青木 監督だけでなく、俳優もそういう構造を前提としている。『M/OTHER』のメイキングビデオで、三浦友和は言っていましたね。「諏訪さん、あなたが決めてくれなければ、僕はできないじゃない」って。

諏訪 「決めてください」ということは、監督だけが考えるということ。だからみんな思考停止するわけですよ。しかし、監督という映画を撮る人間が思考する瞬間というのは、「いつ撮るか」とか「こっから撮るか」とか「今カットするか」とか「このカメラアングルではない」とかにしかないと思うんですよね。

僕自身も自分が撮る以前は、かなり映画を構造主義的にとらえていたんです。入口として「記号学」、ロラン・バルトみたいな人から入っているわけですね(笑)。それ以前というのは、映画をどういうふうに論ずるかじゃなくて、具体的な現場でどろどろになっているだけっていう何年間かがあって、その後で構造主義的なものに触れた。そして、その非情さに、情け容赦のない厳密さに、こういうものを思考する場所があるのかと打たれるわけです。しかし、そのヨーロッパの問題意識や悪闘してゆく歴史を僕が共有していないことはどうしても拭えないはずなのに、僕の中に表層的なゲームだけが残っていってしまってて……。
　やっぱり映画なんて「どう撮るか」でね。映画自体はプログラムピクチャーとして撮られてきたわけで、監督はその現場を処理していけばいいわけです。何を撮りたいかはいろいろなところで決定されている問題だし、「映画というのはそもそもそういうものだった」と開き直れたという気がするんですね。本当はポストモダンは主体を解体するべきものだったのに、むしろそうやって撮っている人のなかに、映画においては監督が主体だ、作家だと言う人たちがいる。つまりヒッチコックとかハワード・ホークスみたいな人が作家なんだと（僕も彼らの作品を作家的な映画だと思いますけれど）。そこにはかつての伝統があったと思うんですよね。ただそれは本当にそうなのかという疑問を僕はどうしても拭い去れなかった。映画を撮るときに意識的に「支配という回路を全部絶ってしまえ」というような気持ちはすごくあって、それが台本を捨てる、カメラも覗かない、映像をコントロールしないという選択になった。それを枷としてではなく、自分にはそうとしかできないというところにもっていったときに、そこには僕の主題が残るだろうと。その方法の中で「主題的に貧しかろうが、それが主題である以上はしょうがない。そこから始めるしかない」と初めて思えたような気はします。それ以前は、そのどちらかに引き裂かれていくという感覚がやはりあった。

青木　主題にもう一度向かい合うけれど、その主題のあり方は昔のそのあり方とは全然違う。

諏訪　主題というのは本当は映画にとって重要なことではないと思うんですよ。この映画で描かれている主題がいいのかどうなのかという議論自体はされて当然だし、それでいいんですが、そのことはやはり映画そのものをおいてゆく、映画そのものを議論の対象としなくなってしまうのは確かですよ。やはりいかに撮るかじゃなくて、何を撮るかなんだということに戻ってしまうと、単に１９８０年代以前に戻るだけで、そこで抹殺された人が喜ぶだけなわけですよね（笑）。

それは螺旋状に上がってゆかなくてはいけないことです。同じように見えるけどそれは違うんだと。やはりいかに撮るかという悪闘を経たうえで「なぜなのか」という問い返しがないことには、その作品のスタイルというのは確立しないんじゃないかという気がするんですよ。

青木　やはり、「どう」と「何を」の両方が必要？

諏訪　単純な二項対立と捉えてはいけないのでしょうが、両方必要です。そうでないスタイルというのはいくらでも流用がきく。それが映像においてはミュージックビデオに顕著に現われたと思うんです。そこでは映像のスタイルというものはいくらでも消費されていってしまう。だけどその人の生き方の問題において不可分であるスタイルというのは絶対に流用がきかないものとして残ると思うんです。

青木　一番大切なのは、生き方につながっている部分ということですね？

諏訪　そういう気がしますね。現場において無数にある選択肢からここを意識的に選ぶというよりは、ここにしかいられないという場所があると思うんですよ。それはたぶん独自なスタイルで……。

青木　「ここにしかいられない」というのは具体的に言うとどういうことですか？

諏訪　具体的に言えばカメラが今ここにしかいられないということ。ここからもあそこからも撮れるし、寄りでも引きでも撮れる。だけど、その状況において、俳優が今どういう状況にいるのか、スタッフがどういう状況にあるのかといった現実の中で、やっぱり僕はこうはできない、ここにしかいられないという場所があると思うんですよ。映画監督というといつでも俳優に「ああしろ、こうしろ」と言っているようなイメージをもたれるんですけど、本質的にそれは誰にも言えないところがあります。具体的なことはいつも予測のつかないことですから。演出の本質っていうのは具体的なものを前にしたときに、「何か違う」と言うことだけなんですよね。俳優の演技に対してただ「NO」と言うことが、多分演出の本質に関わってくると思うんです。

青木　そういう意味では、俳優は演技をしている。でも、諏訪さんは「俳優はひとりの人間だから」というふうにも言われている。

諏訪　それは微妙なところですね。僕は演技者だと思っているんです。演技者であるからできると。普通の人が自分自身を演じてしまうとカメラの前に無防備に晒されるしかなくなる。こっちが完全に強くなってしまう。だからこそ俳優が必要になってくると、『M/OTHER』を撮ったときに思いましたね。必要以上に三浦友和である瞬間はいっぱいあると思うけど、でもこれはフィクションだから彼は「僕じゃないよ」って言えると思う。実際に三浦さんも渡辺さんもああいう人ではないんですけど、瞬間において彼／彼女でしかありえない。

そういうことに僕自身は倫理を感じるし、それゆえに非常に危険でもある。カメラというものは常にテクノロジーですから、やっぱり強い側にあるんですよ。撮ってる側は現場では対等でも、カメラがどっちを向いているかで関係が徹底的に崩れているんです。向けてる側のほうが強い。拮抗するためには、フィクションという枠組みを必要としているような気がするんです。

ドキュメンタリーとフィクションの不可分性

質問者　少し建築の話をしたいと思います。ある喩え話があります。ふたつの家を作るときに、三人ずつの職人を呼んできて、それぞれ家を作ることになった。ひとつの家には完全な見取り図があって、職人たちが分業して最終的な成果物に向かって作業するやり方を採っている。もう一方の家には見取り図がなく——本当に家が建つか不安なところもあるんですけど——各工程ごとの指示だけが出されていて、職人たちは最終的に何ができるのかはわからない。でも、指示に従っていけば、家ができるということになっている。最終的にそのふたつの家は、ほとんど同じものになるかもしれないけれども、しかしその過程では全く違った事態が起きている。建築家が図面を描くときに、物理的に何も考えないで線だけを引くことは不可能で、誰がどう使うのかなどを想定して図面を描いている。それはある意味ではシナリオです。しかし、正確に何かができると予想して、シナリオ通りにきっちり作られた家が見事に設計された家だと言われる可能性もある一方で、そこで何が起こるのかは正確には予想できない。あらかじめそこで何が起きるかを想定することには、結果を前提として操作するという、ある種の転倒が起きていると思うんです。それではリアルな感じがしないいんじゃないかという気持ちがいつもあります。一方で完全にシナリオがない状態がありえるのかというと、どうも違うような気がします。これは映画でも同じだと思うし、今こうやって話している場にはシナリオはないわけですけれども、なんとなくシナリオ的なものはあるような気がする。完全なドキュメンタリーというのではおそらくなくて——映画ではカメラというものがそういうところを保証しているのかもしれないですけど——やっぱりシナリオ的なものが、ドキュメンタリーとフィクションの境界をあやふやな感じにするところがある。シナリオがある／ないにかかわらず、そういう二項対立じゃないところで何かできないかなという気持ちがずっとあった。そういう意味でもお話を面白く聞かせていただきました。

諏訪 ドキュメンタリーとフィクションの対立を、『2／デュオ』を撮るときにはかなり意識したんです。フィクションの構造の中にかなりあからさまにドキュメンタリーの構造をぶち込んだ。シーンの後で僕が登場人物に質問するんです（顔は出ませんが）。登場人物の男女は同棲していて、男が売れない俳優、女はブティックで仕事をしている。俳優として希望がないから、男は自暴自棄になって結婚しようと言う。

その「結婚」という言葉が彼女を狂わせていく。その彼女に「なんで結婚しようって言われたのにちゃんと答えなかったの？」って僕が聞くわけですよ。それに彼女は俳優として答えるんじゃなくて、演技として答えるわけです。そこにシナリオはありませんけれども、演技をして「うーん」とか言いながら答える。あからさまにフィクションであろうが、ドキュメンタリーであろうがいいではないかというメッセージだった。でも「ドキュメンタリーとフィクションはひとつのカテゴリーにすぎない。その境界を壊してしまいたい」という欲望がどこからくるかというと、逆にふたつのカテゴリーを自分が必要としていることがわかった。本来は映画そのものにそれは不可分なものとして貼りついているんだという意味において『M/OTHER』ではインタビューを排除した。やる必要はもうないと感じたんです。

透明な主体としての作り手

諏訪　今は、そういう二項対立的な問い自体が無効だという感覚を持っています。シナリオなしで作られていくものがよりリアルかというと、僕はそうではないと思う。映画を作ること自体が作為的である、あるいはものを建てること自体が作為であることからはどうしても逃れられない。それを引き受けないと「作らなきゃ一番いい」ということに帰着してしまう。作る以上、その動機を発動している主体はある。映画を撮る感覚から言うと、具体的なショットとか、そういう厳密さにおいて何かを指示する必要は一切ない、そこにいればいい、そして常にその動機を支えていればいい。そういう意味においては主体である。だけど全てを支配するような作者じゃない。あるいは作品のオリジナルを統御しているものが「私」ではない。そういう曖昧な主体としてものを考えたい。たぶんそれは建物を設計する行為にもどこかでそういうところがあって、例えば青木さんの書かれたものを読ませていただいても、そこに世代的な共感があると同時に、建築というものの本質をもう一度問い直そうとしたときに起きてくる主体に対する感覚がどこかで通底しているという気持はあるんですね。だからむしろそういうことが聞きたいですね（笑）。

青木　今日は、ぼくが諏訪さんにお聞きする役回りなのですけれど……。作る主体が透明になることはできると思うのです。透明は存在しないということではありません。透明という質を持った存在の仕方という意味です。では、透明とはどういうものかと言えば、これはウイルスをイメージしていただければいいかもしれません。ウイルスはプログラムだけ持っています。自分を生産する機能は持っていません。細菌は自分で自分の複製を作れるので、普通の意味で生物です。でも、ウイルスは外の生物組織がなければ何もできないのです。ぼくが楽しいと思う設計は、けっして自分の中にすでにある世界を現実の世界に実現することではありません。いいことかどうかわかりませんけれど、ぼくの中には先験的な世界などないのです。ぼくが興味あるのは、ぼくたちの周りにすでに存在して生存している世界――それは物理的な環境もあるし、人間の関係のような環境もあるわけですが――を、ぼくが介在することで、それによって同じ物であることについては変えないけれど、何か全く違った質にしてしまうということです。それが透明な主体という意味です。

建築で映画の俳優に相当するのは、もしかしたらクライアントかもしれませんね。設計者という作る主体は、やろうと思えば自分のシナリオ通りにクライアントをそこで生きさせることもできなくはない。少なくとも、そういうふうに望むことはできる。でも、誰が考えたって、こんなひどい話はないわけです。ぼくは仮にクライアント自身がそれを望んでも、そんなことをやるべきじゃないと思います。でも、だからと言って、何もしない、クライアントの言うまま、というのは無責任です。ここでも、ぼくが介在することで、そのクライアントの今までの生活は変わらないけれど、その質がこんなものも可能だったのだ、というような気持になってくれるといいなと思います。こういうとなんでもありなのか、というふうに聞こえてしまうかもしれませんけれど、そうではなく、そのままでは形にならないけれど、これでなくてはというのはあるのですけれど。

諏訪　僕が欲望している映画というのが、確かにあるんですよ。何かあるはずなんだが、それはこの物語でないと絶対成立しない、この台詞を言わないと成立しないというものでもない。他者との関係は現場において具体的にあると思う。建築におけるクライアントという他者は、映画ではプロデューサーではなくて観客に近い。映画自体は観客によってしか生きられない。そこにしか意味はないですから自分が結果的にどんなに即興的に作っても、構築した2時間27分という時間を自分が生きるわけじゃなく、観客にどう生きてもらうかである。ただ、観客だけのために作っているとは言えないんですよ。観客がどうこの物語を生きるか僕は知らないし、わからない。

青木　と同時に、観客がこうしたいと思っているものを純粋なかたちで作ることもできない。

諏訪　僕もできないと思います。まず自分と関わることからしか始まらない。ただ観客はすごく具体的な主体の中に必ず存在する。自分の中に他者性があるからこそやっていくのであって、その他者との関係においてしか、ものを作ること自体は成立しないと思うんですよ。作者という主体があまりにも肥大していくと、他者性みたいなものが消えていく。そういう物語が自立してしまう。映画というのはそういう幽霊にすごく……。

青木　魅入られやすいもんですよね。かなり完全に観客をコントロールすることができるものだから。

諏訪　できるし、そうしてきた世紀でもあると思うんですよね。映画とファシズムの関係は、やっぱりあると思うんです。それはみんなが一様なイメージ、一様な感情を持って受け入れる関係を作ることをしてきたということでしょうね。それをまたどうやって多様性に開いていくのかは、映画の中で意識されていくべき問題だと思います。

青木　ナチスのときに、映画は大衆操作の道具として大発展しました。

諏訪　そこにおいて大衆が発見され、作られていったと思うんですよね。

青木　エンターテインメントは、映画の位置としてはそのときのままですね。それを開く可能性があるのはどんな映画だと思います？

諏訪　例えば、主体的なものに対する問いをコンセプチュアルにすごく追求していくと物語じゃないものになっていくと思うんです。物語が突如中断してしまうとか、突然始まってしまうとか。アートフィルムの中にはそういう作品も出てきていますけど、そうなると劇場といういかがわしい空間で見る映画から離れていって、美術的な領域に入っていく。僕は映画といういかがわしい物語を持ったものにぎりぎり踏みとどまって、観客がどれくらい入ったかが問われる場所でやっていけないだろうかと思うんです。

青木　ジャン＝リュック・ゴダールはどうですか？

諏訪　ゴダールはですね――あんまり言いたくないんですけど――決定的な体験ですよね（笑）。ゴダールを見ているということは大きいし、いまだにそのことは自分の中で「問い」としてあります。唯一、映画の持っているモンタージュ性を追求しているのは、今はゴダールしかいないと思うんです。僕の映画はあんなふうに断片にしない、ショット・シークエンスになっていますから、モンタージュは具体的にフィルムの切れ目として存在していないんです。これ自体は1970年代のフランスの発想なんですね。だけどそのままそれをやっているつもりはないんです。僕自身はショットは切れてなくてもモンタージュであるという気はするんです。僕にとって映画を撮ることはカメラ――視覚的な問題――だけではなく現場全体、人間関係も含めた総体においてモンタージュである。具体的なカメラがどこから撮ろうが関係ないけれども、そこでどういう場が形成されるかということをフィルムの形式として徹底的に考えたいと思うんですね。だから単純にワンショット、ワンシーンを撮りたいということではないんです。

ゴダールの探求している孤独さに対する共感はあります。ただそのことは自分の問題としてどう考えるかということですからね。ゴダールは徹底的に孤独になっていく人じゃないですか。現場でやっている人との間に「もう二度と一緒にやりたくない」という関係を作っていく人でしょう？　僕は個人的にはそれは嫌なんですよ（笑）。だから俳優には「もう一回一緒にやろうね」って言ってほしいわけです。

「お前の現場は楽しかったよ」というふうにね。そこにひとつの満足があるんですよ。結果的に作品がいい、悪いじゃなくて、僕と一緒に作業する人間にとってひとつの特異体験であり、そして幸福であってほしいと思いますね。

＊本対談は青木淳がホストを務めた「住宅フォーラム」のひとつとして、２０００年1月17日に行われた

初出＝『住宅論――12のダイアローグ』／INAX 出版（現LIXIL出版）／２０００年（「つくることの悪闘」を改題）

『H Story』　HIROSHIMA, MY BIRTH PLACE

インタビュアー：志賀謙太　新垣一平

『H Story』まで

——『H Story』という企画は、はじめロバート・クレイマーとの共同作業によって撮影される予定だったと聞いています。

諏訪　『M/OTHER』を出品していた1999年のカンヌ国際映画祭の帰りにクレイマーに会いに行ったんです。そのとき僕には『2／デュオ』を撮ったときにもらった助成金があって、それで低予算の自主制作で何かできないかなと思っていました。かつ、クレイマーが広島で『Ground Zero』という企画を撮りたいということは以前から知っていて、しかもそのときその企画はほとんど動かない状況でした。そこで、一緒に広島で何か撮りませんかと彼に提案したわけです。僕は彼になんとか広島の映像を撮らせたかったし、撮ってもらいたかった。当時の僕自身の問題としても自分ひとりで作品を作るのではなく、誰かと共同作業をするということにすごく興味があったんです。しかも彼には広島という主題が明確にあり、僕にとっては広島は生まれた町であるにもかかわらず、彼のような明確な意識はなかった。ふたりは広島に対して全然違うアングルを持っていたわけです。その差にまず、興味を持ちました。

——なぜクレイマーに広島を撮らせたいという強い印象を持たれたのですか。

諏訪　彼の個人史として、父親が米軍の戦後の調査団の一員として広島、長崎を訪れたという事実があり、広島という主題に固執する理由が彼にはありました。ただ、それだけでなく、うまく言えないんだけれども、彼が撮った広島の映像があるとないとでは世界がすごく違うような気がしたんです。その映像以前と以後で広島の何かが変わってしまうような。だから、その映像を見てみたいと思った。僕にとって、クレイマーというのはそういう存在感がありました。

──ところが、その後クレイマーは亡くなってしまいます。そのときはもうその企画は続けられないと思ったのですか。

諏訪　ええ。この企画自体、彼とやる企画だったから、もうやめようと思った。ひとりでは主題が大きすぎて無理だと思いました。それ以上に全然自分としては何をしていいのかわかんない状況……、呆然としていました、ひと月くらい。

──その後、もう一度この企画をやり直そうと思ったきっかけは何だったんですか。

諏訪　そのクレーマーとの企画は潰れてしまったんだけれども、その一方で僕は別の長編を準備しなければならなかった。結果的にそれが『H Story』になりました。そっちはまだ広島の映画ということではなく、全く別のものとして考えていました。でも、クレイマーが死んだ後で、スタジオ・マラパルテの宮岡秀行君が、福岡でイベントをやったとき、僕や青山（真治）君や井土（紀州）君とかがビデオ作品を持ち寄るという企画を持ちかけてきたんです。宮岡君にとってもクレイマーというのは重要な友人でしたから、ふたりとも彼の死をどう受け止めていいのかわからない状況でしたけど、何か今できることを広島でやってみようということになり、それでカメラだけ持ってひとりで広島に行って、3日間で彼とともにインスタレーションのような作品（『ビデオシナリオ「Hiroshima／私の愛する人…」』）を作ったんです。全く白紙の状態で始まったんですけど、ひとりでは何やっていいかわかんないから、広島へ行く前日、宮岡君に「誰か女性──広島に住んでいる女優──を探してくれ」と頼んだのです。何人かの女性に会ったのですが、その中にひとり面白い女性がいたんです。広島によその地方から嫁いできた人で、子供もいるんだけれども、なんとなく演劇やっていて。それで、この人で何か撮ってみようと撮影を始めたのです。登場人物は僕と彼女しかいません。そこで、その状況をなんとかフィクションとして構成しようと即興的に撮影を進めてゆく中で、『ヒロシマ・モナムール（二十四時間の情事）』をベースにしたひと組の男女の物語としてのヒロシマ、というものができるんではないかというインスピレーションが湧いたんです。

プロット

――『H Story』は、撮影直前まで映画の形が定まってなかったと伺いましたが、プロットのようなものもなかったのですか。

諏訪　ありましたよ。例えば〝「ヒロシマ・モナムール」シーン1〟、〝シーン2〟とかね（笑）。で、その女優がその間に少しずつ苦しくなって、結局撮影ができなくなる。そういう流れはありました。ただ、カロリーヌ（・シャンプティエ）が広島に準備に来た時点では『ヒロシマ・モナムール』のリメイクをやるという設定はなかった。その後、リメイクすることになってからも、その台本を現代に置き換えたものをやるって設定だった段階もあったし、台本をそのままやろうってことになったのは本当に撮影の直前だった。

――台本をそのままやることになったきっかけはなんですか。

諏訪　きっかけは……、覚えてないなあ（笑）。僕の妻がいつも準備と編集に関わってるんですけど、なんか彼女に『ヒロシマ・モナムール』の台詞をどう変更するかを相談したときに、「え？　これそのままやるんじゃないの？」って（笑）。あ、そのままやればいいんだな、って。

――（笑）。でも、台本をそのままやるということが、結果的にベアトリス・ダルが台詞を言えなくなるということの重要なファクターになるわけですよね。

では、そのままやることが決まった時点で、台詞を言えなくなるという流れも決まったのですか。

諏訪　ベアトリスが、なんらかのファクターがあって、広島でこのテキストを演じることが苦しくなる、というのはありました。ただ、なぜそうなるのかは決まってなくて、それはこのテキストの内容自体が彼女の個人的な体験に関わってくるからかもしれないし、ヒロシマという事実が彼女を押しつぶしてくるのかもしれない。それは彼女が広島に来るまでわからないし、僕ひとりでは決められないんですよね。ベアトリスが実際広島に来てから、なるほど、この撮影で彼女にとっては、このテクストが問題だというこことがだんだん明らかになってくる。そしてそれを確認しながら、プロットの中に入れちゃう。

——そういう問題というのは、撮影を進めて行くうちに明らかになってきたのですか。

諏訪　いや、準備のときにかなり明らかではあった。『H Story』では『ヒロシマ・モナムール』の第一章は再現されてないんですが、第一章っていうのは台詞が最も抽象的な掛け合いで、実際にはベアトリスはあそこが一番問題。「これをどう言えばいいのか私にはわからない」と。抽象的すぎると。だけど、これも複雑なんですが、映画の中では彼女は「過去に独立した作品があるのにそれをもう一回やり直す意味がわからない」と監督に言うわけです。でもその彼女の主張は当然フィクションなんですね。僕たちは本当にリメイクしているわけではなく、『H Story』という映画を撮ってるわけだから。だけど、フィクションじゃない部分もあって、なぜかと言うと、『H Story』のほうの台本ができてないわけだから、撮影の前半は毎日『ヒロシマ・モナムール』の撮影やってるわけです。だから、そのことだけをやってるのはベアトリスとしてはつまらないわけ。「スワの映画をやりに来たのに。『ヒロシマ・モナムール』をやりに来たんじゃないわよ」って。

——映画内では、ベアトリス・ダルに（マルグリット・）デュラスのテキストを読んでくれと執拗に注文する一方で、町田（康）さんは『ヒロシマ・モナムール』では「アー・ユー・アローン？」って英語を喋る男の役に当たるのに何も言わないですよね。それはなぜでしょうか。
諏訪　彼は映画に対して部外者なんだよね。だからあんまりフィクションに加担してほしくない。台詞を与えて台詞を言わせてしまうとそのシーンのためにいる人になってしまう。でも、ただ黙って見つめ合っている映像だと、その存在が映画の内と外で両義的になる。もうひとつは、彼は彼女を映画の外側に連れ出す存在なわけですから、この映画に協力しすぎるのはよくない。まああえて言えばそういうことです。でも現場ではただ「言わせたくない」と感じるだけです。
――ただ、町田さんがベアトリス・ダルを連れ出して、広島の夜をひと晩歩くことによってフィクションとして完結するわけですよね。
諏訪　いや、それがこの映画の構造だもん。だから、この映画がフィクションとして閉じてる映画ではないと言う気はないです。フィクションである。町田さんもベアトリスもずっと演技しているわけです。ただ町田さんの存在には映画内映画という単純な構造をなし崩しにするような不思議な面があって、その存在がベアトリスとメタレベルのフィクションを作り出していると思うのです。彼のおかげで、この映画はより複雑な構造を持ったという気がします。
――諏訪さん自身がカメラの前に立たれたというのはどうですか。
諏訪　それはカメラを一台でやると決めたときに、そういう構造は決定しちゃったと思う。映画内映画の構造を持つ作品では、ほとんどの場合フィクション内のカメラが存在するわけです。ダミーのカメラ。そして実は、そのカメラを映しているもう一台のカメラがあるわけです。準備の途中までは『M/OTHER』のカメラマンを呼んでBカメをやってもらうとか考えたんだけど、トータルで考えてそれじゃカロリーヌが困るし。「どっち（のカメラ）をやるんだ、私は」って。やっぱり彼女も俳優との関係の中で撮りたいわけだし、映画内映画の構造自体には意味も興味もないわけだから。結局カメラ二台分を一台でやることになって。そうすると僕だけが監督と役者のふたりに分裂するわけにはいかないんですよ。違う役者を使うということは完全にこの映画の内と外の関係を構造化しちゃうことになるからそれはできないなって。

フィクション・物語

——映画の転換点である、ベアトリス・ダルが台詞を言えなくなるシーン、あそこでもダル自身が言えないのか、ダルの役が言えないのか、わからなくなります。

諏訪　とにかく演技ができなくなって、途中で席を立ってあそこへ行ってくれということはあらかじめ決まっていたのです。劇中で「もうカットして」と彼女は言うのですが、本当にいやならば彼女は立ち上がっていいのですから、あれはフィクションでしょう。ただ、多分ベアトリス自身も立てないというか、ある臨界点に達してもう本当に台詞が言えなくなったのだと思う。「あなたのことを思い出さなくなることが恐ろしい」という非常に重要な台詞でつっかえてるんだけども、別にそういう打ち合わせはなかった。ベアトリスも「本当に最初の台詞が出てこなくなった」と言っていました。彼女自身それは演技なのかなんなのかわからなかったと思います。一方カロリーヌは、あの長いショットを取り終えた後「スワ、このショットには何かが映った」と言っていました。

——最初は『ヒロシマ・モナムール』のリメイクをやり続けて、どこかで言えなくなるだろう、そこからだ、という思いはあったのですか。

諏訪　もちろん。『ヒロシマ・モナムール』の外側に何が生まれてくるのか、ということがこの映画の問題なわけですから。

——諏訪さんは、何かが語れなくなったりとか、何かが中断して分解してしまったりだとか、そういうところに興味が向かうんですか。何か完成品をきれいなものとして作ってしまうよりは。

諏訪　なんとも言えないですね、自分でも。両面なんですよね。僕はこれでもちゃんと作ってるつもりだし。

――いえ、完成品としてちゃんと作ってあると思います。でもそこに行き着くまでに一度「壊す」って作業が必要なのはどうしてなんだろう、と。それは諏訪さんにとって必要な過程なんですか？

諏訪　なんですかね……結構、物語を作るのが好きですけどね（笑）。

――（笑）。ただ別のところでは、自分は実験映画から出発してるから物語というのはピンとこないともおっしゃってますよね。

諏訪　うーん、どんな映画でも物語から逃げられないから。ただ自分ひとりで作っちゃうとつまんないんですよね。破壊したいっていう衝動はないつもりなんですが、撮ってるときは、どうやって編集するかっていうことを完全に意識的に無視してるから。自分で予測がつかない素材を撮っちゃう。「これはこうつながるな」ってものにはならない。自分の力量では編集できないように撮っているところがあります。現場のときには、現実との関係でしかものを見ないから、結果的にあがってくるフィルムがこうだってことを無視するんですよね。だからむしろそのように撮影自体は動いてしまうんですよね、自分の場合。やっぱりひとりじゃ作れないんだよね。具体的に「僕はこう思うんだけど、じゃあベアトリスはどう思う？」って問う存在がいることで、僕は初めて映画を作れるんだよね。自分ではない人の感覚がそこにあることで、自分との関係の中で初めて何かが生まれてくる。僕にとってそれが映画なんです。そういうふうにしか僕の場合ものを作れない。自分の中にあるひとつの世界を再現することには興味がない。そして、撮影が終わってラッシュを見たときに途方にくれるわけです。「どうつなげばいいんだ？」「これは映画になるのか？」いつもそうです。

――諏訪さんは劇中「同じ完成された物語でも違う身体が演じればそれは違う映画になる」と言ってま

すよね。つまり最初から物語があったとしても、映画にしようとした瞬間、結局は諏訪さんが言われることって起こってしまうと思うのですが。

諏訪　うん。だから、次は脚本書いて撮ろうと思ってます。今回もリメイクを撮るのは撮るので結構楽しかったですよ。準備のとき、最初から最後まで全部テキストをベアトリスが朗読したんですよ。（エマニュエル・）リヴァとは全く逆のアプローチで。それはすごい感動的だった。そのままそのときの彼女を撮ってればこれも映画だ、と思った。

他者・場・カメラ

――諏訪さんが、ひとりでは映画が撮れない、誰かが必要だというときに、最初に思い浮かぶのは女性（女優）なんですか。

諏訪　やはり、女性のほうが……、僕にとっては面白い（笑）。僕はやっぱり人（他者）がいないと撮れないというのと同時に、自分の世界の中からは出れない。絶対他者にはなれない。でも映画を作るとき、特に編集するときっていうのはなんとか他者に至ろうとするわけ。絶対至れないですよ。でも至ろうとするから作品にするのであって。僕の場合、今のところその対象は女性にどうしてもなってしまう。

――他者という点で、クレイマーの場合はどうですか。

諏訪　クレイマーはやはり俳優ではなく、作り手としての他者だから。クレイマーと撮るときに考えていたのは、映画がひとつの主体で作られているように見えてしまうことがつまらないというか……例えば、今見るとリュミエール（兄弟）の映画ってすごく現代的に見えるんですよ。あんな赤ん坊の食事かどうでもいいようなこと撮るわけじゃないですか。でも映画で見せるから面白いんだよって撮り方でしょ。そのことが面白いと思うのは見ている人であって、見てるから面白い。それはある作者の世界ということではない。そういう作者と作品の関係性ってのはどうにかならないのかと思う。『2／デュオ』

を撮ったときに、映画ってもっと有機的なもので作られているんだと実感したんです。自分が撮ってるわけじゃない、でも自分が撮ってる、という両義性がある。そう実感したときはやっぱり解放されましたよ。それまでは映画を見た経験があって、そういう作者に至りたい気持ちから、映画を撮るわけで。でも『2／デュオ』を撮って、全部取っ払われて俺には何にもないぞ、もう自分がただいるしかないぞ、ってだけで映画を撮ってしまったから。こう撮るああ撮るじゃなくて、自分がいるということが映画という場の関係を作ってしまう。で、結果的にひとつのフィルムが、イメージが現れる。つまりそれがカメラなんです。スタッフ、俳優、物語が交錯するその場を作ってしまうことで、結果的にあるイメージが現れるのだから、やはりその場全体がカメラなんだと。

――『H Story』でベアトリスとカロリーヌが喧嘩するシーンはそういう雰囲気がありました。

諏訪　あのシーンはカロリーヌが仕掛けたんですよ。女優に対する関心がすごい強い人だから、もうちょっとベアトリスから何か引き出したいって。まさかあんなふうに言い合いになるとは思ってもみませんでしたけど。しかし、あのショットは、本当にこの映画が何をやろうとしているのかを各自が初めて明確に意識して実行したというショットでした。編集で切りましたが、あのショットの最後にカロリーヌのカメラは鏡へパンして、初めて自分自身を映すのです。それまでは、みんなも何やってるのかよくわからないってとこがあったけど、あのショットの後は、皆に満足感があったと思います。

撮影

――『ヒロシマ・モナムール』は対話の映画だったと思うのですが、『H Story』の前半ではカメラはベアトリス・ダルに照明を当てて焦点を合わせていて、馬野（裕朗）さんとの対話よりも、ダルの表情に注意が向けられます。対話ではなく表情だという選択

『H Story』©2003 J-WORKS FILM INITIATIVE（電通＋IMAGICA＋WOWOW＋東京テアトル）

は意識的なものですか。

諏訪　そうです。前半のベアトリスというのは——馬野さんは役者として対話はしているけれども——やはり対話者がいないわけです。前半はずっとベアトリスの顔ばかりを撮っていた。だから前半は広島でもどこで撮ってもいいような映画じゃないですか。広島なんか映っていない。それでも、ヒロシマはどこに現れるかというとベアトリスの顔に現れる、それを撮ればいい、と。カロリーヌもやっぱり彼女の顔を撮りたい。ふたりの意識は顔に集中していた。ベアトリスは嫌がってましたけどね、「私はアップは嫌い」って（笑）。とにかく前半は彼女しか撮るものがなかった。つまり、広島の中にいる彼女を撮るんじゃなくて、彼女から広島を見てくって感じでした。彼女の顔からどんなヒロシマが見えるかを問うしかない感じでした。やっぱね、ヒロシマって撮れないんですよ。広島で何を撮ればいいんだというのはずっとあったんです。ただ、撮影が進むにつれて、カロリーヌが選択するレンズが次第に一本になってゆきました。前半はずいぶんズームを使いましたが、次第にワイド気味の標準レンズ一本に統一されてゆきました。

——諏訪さんは広島で育って、ある時期まで広島の中の人だったわけですよね。それでもやっぱりヒロシマを語れない、という思いはあるのですか。

諏訪　それは語れないというより、語る資格がないだろうと思うわけです。なぜなら僕は体験してないから。やっぱり広島にいる人はまっぷたつにわかれる、それを知ってる人／知らない人、語る資格がある人／ない人。僕は語る資格がないどころか、語る動機すらないかもしれない。そういう疑わしさはあります。だから、クレイマーが死んだときに僕ひとりでは撮れないと思ったわけです。僕も、おばあちゃんが被爆したとかはあるけど、そんなものそこで育った人間にとってはあっちもこっちもみんなそうなんだから、なんの特別なこともないわけですよ。だから僕は本当に語れない感覚を生きてきたわけではない。……ただ『ヒロシマ・モナムール』は実は「語れない」ということを主体的に「語って」いるんですよね。僕は、語ることそのものが壊れていくような、語ることそのものが消えていくような映画にならないだろうか、と。そのためには自分自身を賭けるしかない、自分自身が迷ってたり、撮れないと悩んだりすることを映画の中に持ち込んで、映画を撮っていくしかない、というふうには思いました。だから、ただ広島にカメラ持って行ったとしても何も撮れないわけ。で、さっき言ったビデオエッセイを撮りながら、ヒロシマというのは彼女と自分という関係の中に現れてくるものなんだと思ったんですよ。例えば、その女の人は広島にいて「自分は疎外されてる感じがする」と言うのね。それはよそから嫁にきてその地域社会に馴染めないってことなんだけど、彼女にとっては「それは私がヒロシマを体験してない部外者だからだ」っていう意識に結びついちゃうわけ。彼女にはその疎外がヒロシマなんですよ。ヒロシマってそういう人間の意識に現れてくる見えない問題なんですよ。だから全然違う土地から撮影にやって来たベアトリスがどう感じるかっていうのがヒロシマなんだ、それを撮ることからしか始まらないっていうのはありました。

編集

——それと少し関係するかもしれないですけれども、『H Story』には被爆直後の記録映像が使用されていますよね。どの時点で使おうと決心なさったんですか。

諏訪　編集の一番最後です。編集は何度もできては何度も壊れ、という状況を延々と繰り返していて、その期間が6〜8カ月だとしたら、最後の2カ月くらいでした。すごく現実的な感覚で言うと、その記録映像が入らない時点ではもう編集が終わらなかったわけです。「何か欠けている」というときにその映像のことを思い出して、「これ以上モンタージュをひっくり返したって、どうにもならない。この映画とこの映像をモンタージュすることでしか、この映画が成立する道はない」というのが僕の判断でした。僕はあのカラーの映像を初めて見たときにちょっと意外だったんですよね。カラーだし、しかも廃虚にも関わらずそのなかで人が普通に生活へと戻っている映像なんですよ。この感覚っていうのは、あのヒロシマの感覚ではないんですよね。今だって、きっとここが廃虚になっても、3カ月後くらいにはみんな多分平気で歩いてるんだよね。その廃虚のリアリティーみたいなものをあの映像からは感じたんですよ。被爆後最初に撮られたモノクロの映像っていうのは、今ではある意味でステレオタイプなイメージになってしまったけれども、あのカラー映像には、何か、時間っていうものの隔たりを超えてしまうものを感じたんですよ。子供が遊んでいたり、こんな電柱が曲がってんのに電車がガーって走ってたりね。そうやって人は普通に生きていくのだ、っていう驚きはあった。当たり前のことなんだけど。でも、普通「あのヒロシマ」っていうとこで時間は止まってしまうんだけど、あのヒロシマの数ヵ月後にはみんな普通に暮らしてるんだっていう驚きはあった。だから自分の映画がその映像と向き合うことで、「あのヒロシマ」とどっかで溶け合ってくようなな、続いてくれるようなイメージが生まれないだろうかという感じがあったんです。『H Story』がヒロシマという存在そのものを具体的なイメージとして見せないことで、それを背後に隠された不可視のイメージとして感じなさい、という考え方は自分にもあったのですが、同時に疑問もあった。見せないではすまされなかったんです。つまり、それを使うということは、なぜそれを使ったのか、あるいはそれをフィクションの一部として使っていいのかという批判に晒されるということ、そのこと自体に向き合うしかないなと思った。原爆ドームも最初は撮る気はなかったけれども、最終的には、最後のシーンは原爆ドームです。原爆ドームという記号的なアングルからは撮らなかったけれども、ひとつの象徴的な場所として使ったわけですよ。だからそのことを避けようとすることもヒロシマだし、そのことを避けようもないと思うこともヒロシマだろうと。

――白黒の映像でも、廃虚の広島の風景をパンして撮っていて、電車が走っているのが映る。そしてその後、今の広島の映像で車がやっぱり走ってる。あ、同じだなって思いました。

諏訪　そのつながりをそれぞれに発見するのが映画だと思うんですよ。そこにどういうつながりがあるのかは作る側もわかってないのだけど、でもこれとこれをつなげるのだ、そして、このショットとこのショットはつながった、つなげたということを提示するだけなんです。それは説明可能なある意味によってつながってるのではないんだよね。『H Story』ではそういうことを強く感じたんですよ。結局、僕の撮り方ってひとつひとつの素材は使い方によってどうにでもなるわけ。一個の素材は一個の意味ではなくいろんな意味を持ってしまう。まあようするに乱反射してるわけですよね。ある方向から光が入ってある方向に反射するというショットではない。だから、編集のときはそういうバラバラのショットをなんとかつなぎとめていこうっていう保守的な意識が強くなります。ただ『H Story』の場合、一生懸命そうやってつなごうつなごうとしている内は全然つながらなかった。むしろ、どんどんバラバラになってゆくのです。なるほど、これはつながらないということについての映画なんだ……。つまり、完成しないということについての映画なんだと、自分で理解した時点でようやく編集が終わったのです。撮影のときはつながらなくてもフィルムなんだから絶対つながるとか思って撮ったんだけど、「やっぱりつながんないよ、これ」って（笑）。でも結局、出来上がったものを見ると、やっぱりつながってるんだからね、映画って。

初出＝『nobody issue5』／nobody／２００２年（「HIROSHIMA, MY BIRTHPLACE」を改題）

物語に回収し得ないもの　『H Story』という現在

インタビュー：衣笠真二郎　黒岩幹子

『H Story』の後で

——『H Story』の撮影から4年が経ちました。その間、新しい映画の企画を進められながら過去の自作を客観的に見つめ直すことはありましたでしょうか。

諏訪　私にとって『H Story』は、いまだに客観的に判断できない謎を持っています。撮り終えた後は、もうこれ以上映画を撮り続けることはできないのではないかという実感が強くありました。もう自分にできることは何もないと。

　私はいつも自分の身の回りの事柄からスタートしますが、個人的な感情だけで映画を撮りたいと思ったことはありません。

『2／デュオ』や『M/OTHER』では俳優やスタッフといろいろなことを話し合ってテーマを共有しながら撮影を進めていきました。人それぞれの立場から意見が言いやすく、関与しやすいテーマがそれらにはあったのだと言えます。こんなとき自分だったらこんなふうに行動するだろうとか、こんなことを言うだろうとか。しかし『H Story』ではそれと同じようにはいかなかった。俳優やスタッフはそれぞれ広島についての考えがあったと思います。でもそれを映画に反映させる構造がなかったのです。だからこの映画の主題は「諏訪敦彦自身の問題」であると周囲に思わせてしまうところがあった。そのような関係の中で初めて映画を撮った。結果的に自分が孤立し、自閉していく。そのうえ、私は物語ることを拒否しようとしていたので、全く見通しの立たない状況の中で、自分の映画を撮る能力の限界まで進むしかなかった。
そこから脱却するきっかけになったのは、韓国の全州（チョンジュ）国際映画祭のために作ったビデオ作品『a letter from hiroshima』でした。キム・ホジョンという女優と小さいクルーとともに仕事をしました。そこで広島についての考えを深めたかどうかはわからないけど、自分としては映画をまた作ることができるのではないかという希望を得たところがあります。結果的にそれ以後フランスで映画を撮ることになったのは、今思うと、『H Story』以後自分の環境を一度全て変えてしまいたかったからなのかもしれません。

——『H Story』も『a letter from hiroshima』も広島にロケし外国人の女優を迎えている点では共通しています。後者で希望を持たれたとおっしゃいましたがふたつの大きな違いとはなんだったのですか。

諏訪　『H Story』では原爆ドームを撮ることを避けていました。反復するシンボルとしてのそれを撮ってはいけないような意識が強かったのです。それで結局ドームの内側から撮ることになって、それについては『ユリイカ（2003年4月臨時増刊号　総特集＝吉田喜重）』の吉田喜重さんとの対談でも話しました。吉田さんは『鏡の女たち』では全く正反対の場所、原爆ドームの正面、つまりシンボルとしてのドームの位置にカメラを置いたのです。「あのポジションを外すと、私はカメラを置く場所に迷い続けるだろう」と言われたのが印象的でした。吉田さんは原爆ドームにカメラを向けることの畏れについて語られたのですが、その畏れはあの時代の戦争を知っている人の直接的なものです。私の持っている畏れはそれとは異質なもので、原爆ドームを撮ってよいかどうかを疑う知的な配慮かもしれないし、単に人と同じことをやってはいけないという自意識なのかも知れない。それが本当に畏れなのかどうか疑わしいのです。私がその位置にカメラを置きたくなかったという意識も、もう一度疑問に付す必要を感じました。それで、『a letter from hiroshima』ではロケ場所として窓の外に原爆ドームが一番よく見えるホテルの部屋を選びました。広島の象徴的な場所、例えば（広島平和記念）資料館とか、小学校の地下にある被爆建物とか、そういうものを直接的に撮ったことが大きな違いです。そして、そもそもなぜ自分が広島に向かおうとしたのかを直接語ろうとしました。ロバート・クレイマーが広島のイメージをスケッチした手紙を、テキストそのままのかたちで使ったのもそのためです。『H Story』において私は、個人的な感情を主題にするという意識はなかったのですが、このときは自分の祖母や父親の写真を引用したり、自分の息子を画面に引っ張りだしたりしました。私はナレーションを使って直接話そうとしました。「広島について語ることはできない」という認識についても疑ってみたかったのです。私は「生活のことを語るのと同じ言葉で映画を語りたい」というロバートの言葉を思い出していました。

主演女優のキム・ホジョンも、彼女の気持ちを直接的に語ってくれました。私たちは初対面にも関わらず、信頼し合い、個人として率直に対話をするという経験ができました。

作品としてよかったのかどうかはわかりません。しかし、その対話が私を回復させてくれました。スタッフ、キャストが互いに信頼関係を持っていれば映画を作ることができるのだという希望を持てました。『2／デュオ』を撮ったときにスタッフたちと結ぶことのできた関係を再び経験できたのです。

――『a letter from hiroshima』に取り組む中で、広島を異なった視点から見つめ直されていたようにも見えます。ご自分で演じられていたところにもそれは感じられました。

諏訪　『a letter from hiroshima』では原爆で子供を失った母親の手記をキム・ホジョンさんに朗読してもらいました。あの日、貧しい朝食にわがままを言った子供を母親は叱りつけた。子供は泣いてしまいそのまま玄関を出て学校に向かった。それが最後だった。母親はなぜあのとき叱ったのだろうと自分を責めるわけです。悔いて悔いて仕方がない。どんな姿になっていてもいいから帰ってきてほしい、今なら白いご飯を食べさせてやれるのにと。そのように子供の死を嘆く母親の気持ちは、原爆だろうと地震だろうとどんな状況であれ一緒です。私はその感情から考えてみたいと思いました。被爆体験はわからなくとも、父親である私はその感情を理解できます。

先日パリで開催されていたヒロシマ展を見てきました。そこで展示されていた絵に、瓦礫に埋もれた子供がそこから顔だけ出してこちらを見ているというものが何枚もありました。そこに添えられた「助けてあげられなくてごめんなさい」という言葉が強く印象に残りました。死にかけている人が目の前にいるのに助けてあげられなくて自分は生き残った。自分だけが生き残ってしまって申し訳ない。それが広島の人々の感情です。しかし、考えてみるとこの世界とは、生き残った人々の世界なのです。生き残ってしまったことは、決して悪いことではないと、そのことを肯定したいという感情が次第に湧き上がってきました。

そのような感情を基調にした短編を今年の9月にフランスで撮影しました。そこでは今までやってこなかったことを試みました。筋と台詞を書き、カット割りをして、物語をきちんと語ることを自分のテーマとしたのです。アンデルセン童話の脚色です。私にとってその物語は原爆と無関係ではなかった。その童話も子供を失った母親の話です。どうしても子供に会いたい母親の前に、死神が現れて、こちらの世界に来る勇気があるかと彼女に問います。子供に会うことを選んだ母親は、死者の世界で息子に再会しますが、結局その子供に諭されてしまいます。他の家族を残してきてはだめだよと。「お父さんとお姉さんを忘れたわけじゃないでしょ！」と。それで母親ははっと我に返り、生き残った人の責任に目覚める、という（ハンス・クリスチャン・）アンデルセンらしいキリスト教的な道徳話です。

その死神をカウボーイにして登場させるのが今回の発想でした。子供はカウボーイが大好きだったという設定です。母親はジュリエット・ビノシュ、カウボーイはウィレム・デフォーに演じてもらいました。ふたりとも素晴らしい表現力を持った俳優でしたが、私がこれまでともに仕事をしてきた俳優とは全く異なるタイプの俳優です。『H Story』で、私は物語ることからできるだけ遠く離れようとしましたが、今回は全く正反対に物語ることを強く意識しました。私は「生き残ってしまったことは悪いことではない」ということを伝えようとしました。もしかしたら、私は間違っているのかもしれません。映画が何かを伝えるものであると考えたことはなかったのですが、今回はその感情に従ってみました。

広島の現れる場所

――『2/デュオ』『M/OTHER』以後の『H Story』において、映画に出会い直そうとしたとおっしゃいましたが、そのときになぜ『ヒロシマ・モナムール（二十四時間の情事）』のテキストを選ばれたのでしょうか。

諏訪　私はいつも男女という関係の中で映画を考えてきました。そのテーマと広島を結びつけるにはどうしたらいいかと考えると『ヒロシマ・モナムール』がすでにあったことに思い至るわけです。これは作品の中の「私」が語っているのと同じことですが、その記憶は消せないし、無視することはできない。あとはそれとどのように距離を取るかです。（マルグリット・）デュラスのテキストを私なりにアレンジするという方法もあったと思います。でもデュラスのテキストに何か解釈を与えて自分に内面化することは、同時に『ヒロシマ・モナムール』を自分のものにしてしまうことでもあります。そうではなくて、元はロバートとやろうとしたように、他者との関係の中で広島を撮ることを欲していたのだと思います。テキストをそのまま持ってくると、そこには私の理解の及ばない領域もそのまま残される。もちろん結局は、テキストは映画の中に取りこまれているわけだから厳密には対話とはいえないかもしれない。けれども自分の解釈し得ないものがそこにあることを必要としたのです。もしかすると、テキストを映画の中に入れてしまうのは俳優を撮る感覚に近いのかもしれない。書かれたテキストをそのままやってみることで、他者との関係を作りあげることができるのではないかと期待したのです。しかし、対話する私のほうは、私の物語を語ることを拒否し、語ることの動機そのものを自分に問いただしている。そのような私に対して、誰も語りかけることはできません。私のほうが、対話に開かれているという状態ではなかったのだと思います。

――『H Story』では被爆直後の記録映像を挿入されていましたね。そこには異物が転がり込んできたような印象があったとともに、それが風景のショットであったことにも驚かされました。それまで諏訪さんは風景のショットを撮られていなかったからです。なぜそのような方向に向かったのでしょうか。

諏訪　最初に広島を撮ろうと思ったとき、ひとりで広島に行き何度もビデオカメラを回しました。いろいろと探しましたが、例えば原爆ドームをどんなアングルから狙って撮ったとしても結局何も映らないわけです。ストローブ＝ユイレのように風景そのものを言語によって異化できるという認識があれば別ですが、風景はどのように撮ったとしても内面化できてしまうのです。自分の撮りたいように撮れちゃうし、風景はそのことについて反論も抵抗もしません。だから、ヒロシマを撮る、とはどのような場所を撮るかということとは別の問題であるということを痛感しました。

その後広島について『ビデオシナリオ「Hiroshima／私の愛する人…」』というインスタレーション作品を作り、九州の図書館で上映しました。広島で暮らしながら演劇活動をしている女性を人から紹介され、その人と私とで対話をするという内容でした。このとき、男女という問題を通して広島を表現することが可能であるということが私の中ではっきりし、それが『H Story』につながりました。場所ではなく、人間を撮ることで見えてくる広島があると思えたのです。そこでベアトリス（・ダル）を撮ろうとまず

『H Story』©2003 J-WORKS FILM INITIATIVE(電通+IMAGICA+WOWOW+東京テアトル)

割り切ったのは、広島のどこで撮るかとか何を背景にして撮るかとかそういうことは問題ではないと思ったからです。彼女が広島にいるという体験があって、その体験を通過した彼女自身を撮ればそこに現れる広島というものがあるはずだという確信はあったのです。『H Story』では、広島という場所に全てのスタッフと俳優がつなぎとめられていることが何より重要でした。ベアトリスがテキストに葛藤するのはフィクションとしてあるのだけれども、その構造の中に彼女の感情が現れている。そしてもっと大きな枠組みにおいて、そこで映画を撮っていること自体から広島が現れてくることもあるだろうと思います。ベアトリスは撮影以外のときほとんどホテルにこもっていたけど、資料館を訪れたときのことを映画で語っていましたよね。やはり広島にいることが彼女の意識を支配していたのだと思う。『H Story』というひとつののプロジェクトをやるためにみんながある意識をもって集まったのです。カロリーヌ(・シャンプティエ)のカメラに意識的にか無意識的にか何かが現れる。広島に対する意識をベアトリスがあえて無視する。その無視も広島に対する意識によるものだと思う。スタッフそれぞれの労働のうちにも何かが現れるものだと思います。『H Story』の編集中、私は自分の撮った映像だけでなんとかまとめようとしていました。しかし何かが欠けているという印象を強く持ちました。はじめは、あのような資料映像を使うことに畏れを抱き、躊躇して手を出さないわけです。しかし、そのようにして広島と関係を切り結ぶ中でしかこの映画は成立しないのではないかと感じ続け、それを払拭することができなかったのです。つまり映画という作品自体が自立した世界を持っているわけではなく、やはりその外側にある広島という現実がこの映像の前提になっているのです。ですから、その関係自体を作品の中にモンタージュしないとこの映画は成立しないのではないかと思ったのです。そのモンタージュはできるだけ作品の中に取りこまれたかたちではないようにしました。ひとつの物語上の要請でその映像が入ってきてしまうと、その映像は私の映像の文脈の上に配置されることになってしまう。そうではなく私の映像に割り込むかたちで、異物として資料映像を入れる。確かにその映像も配置されているわけですが、できるだけそのモンタージュに距離があるように、ひとつの物語の線に回収されないかたちで、私の映像の中に資料映像を対峙させたのです。『H Story』は、ベアトリスをクローズアップで捉えた映像がたくさんありますが、その切り返しはありません。ある意味で、あの資料映像が、ベアトリスの切り返しの映像でもあるのです。

かつての被爆当時の映像を見せることについて、吉田喜重さんは『鏡の女たち』で非常に慎重な態度をとられたと思います。写真パネルが画面を横切るというかたちで引用されていたけれども、吉田さんにとってはあれがぎりぎりの選択としてあったと思う。しかし、やはり見せることを必要とされたということも事実です。

——数ある資料映像の中でもなぜあの映像を選ばれ

たのですか。

諏訪　資料映像は膨大な量があるんですけど、試写用のテープでそれを見ていると、ノイズが入るところがある。それは必ず原爆ドームの映像で、短く引用しても原爆の状況を伝えうる映像なものだから何度も再生されてテープがすり減っているんですね。その映像はかつてこのようにあった歴史を見せる。と同時に、1945年から現在までの時間の隔たりを強く固定させているようにも見えるのです。カラー映像を見たとき、その時間の隔たりがパッと解放されてしまうような、今私たちの身の回りに同じことが起きたらこのように映るだろうという近さを感じたのです。あの映像が撮られたのは被爆から約半年後ですから、住民はみな瓦礫の中で普通に暮らしています。カメラの前に子供たちが集まってきてチンコを打って手伝ったりしています。それに私は驚かされました。

過去の映像としての特権を持っていないように見えたのです。それは異質であると同時に、現在私が撮った映像と同列に並べられてしまう。現在と地続きのただ映っている廃墟って感じですね。白黒の映像は歴史として反復されることで象徴的な意味を背負ってしまっていますが、それが抜け落ちていて、しかもただ映っていることの圧倒的な現実感があったのです。

――しかしその資料映像があることによって、過去の痕跡が現在の広島から消えてなくなっていこうとしていることこそが浮き彫りになっていたのだと思うのですが。

諏訪　そうだとすれば、それが現在の広島の姿だからだと思います。この作品は、失われてゆく広島の記憶に抵抗しようとするものではないのでしょう。『H Story』の中には記憶を扱おうとしている部分はないのかもしれない。私が意識したのは記憶というよりは、歴史です。過去として語られてしまうもの、書かれてしまったものの総体ですね。そこでは1945年というものが意味あるものとして歴史の中に位置づけられてしまいます。変更できないもの、変更してはならぬものとして働きかけているものの中に、広島があるのです。歴史に組み込まれた広島と今現在の広島とのせめぎ合いがそこにはあるのです。それと同様に、書かれてしまったテキストに苦しむベアトリスがいる。なぜならそのテキストには回収されない現在の生があるからです。つねに現在というものは変更できない過去と対話し、かつそこから自由になろうとしているのです。

現在の私たちは広島の記憶を持っていない。記憶を持つことが許されていないのです。人類の記憶として私たちは広島の記憶を持っているとは言えるかもしれないけど、それを体験してない私個人としてその記憶はないですね。記憶がない人にとって広島で何ができるかということが『H Story』の領域です。だから、自分にとって恐怖だったのは、広島を語らねばならぬ動機があるのかさえもわからないことでした。原爆の記憶を持てなかったとしても母親が子供を失って後悔している感情は理解できると先ほど言いました。それはひとつの糸口でもあるでしょう。でも『H Story』はそのような個人的な感情からは離れていますよね。そこから広島を考えようとしている。『H Story』では何もないことが前提となっている。動機も意味もないかもしれないという。これは逆説的な言い方になりますが、しかしそれでもそこにカメラを置くことはできる。カメラはこちらの事情にはおかまいなしに広島の現在を撮ってしまう。そのようにして撮られた映像が、かつての映像とどのようなつながりを見いだすのか？その答えが、編集室や私の意識ではなく劇場において創造されることを願いました。

——『ヒロシマ・モナムール』では個人的な感情が前面に出ていて、しかもそれがフラッシュバックで描かれています。『H Story』ではそれとは対極的な形式を意識されていたのですか。

諏訪　映画における記憶の表象というものに私は疑わしさを抱いています。それはフラッシュバックなどを使いながら技法的に作っていくのですが、記憶自体がいつも映像として語られますよね。でも記憶って映像化しえないものだと思います。映像にはアングルがありますが、記憶にそれはありません。それに、映画の中で過去をフラッシュバックするとは過去を構成するということですが、それと同時に現在というものが常に過去によって構成されている、という印象をいつも感じるのです。過去によって支えられている現在という。過去ではなく現在を映画で描きたかったのが『H Story』です。現在は過去の延長でもないし、未来の少し前ということでもない。どちらに対しても開かれていて、どちらにも組み込まれていない非時間的な瞬間が現在なのです。物語に回収しえないものとして現在があると考えていたのです。ベアトリスの存在によって未来からも過去からも自由であることを教えられました。どこへ至らねばならないということもなく、どこから来たという括られ方もしない。撮ると同時に過去になるのが映画かもしれませんが、『H Story』は可能な限り映画を現在に踏みとどまらせようとしました。編集をしているときは映像をどこかに組み込もうとしていくのですが、それさえも映画自体は要請してなかったのです。そして映像はバラバラになっていった。私という認識は記憶によって支えられているのですが、台詞が言えなくなる瞬間のベアトリスは、ある臨界点に達しています。彼女はなぜ自分が台詞を言えないのか、どんな気持ちなのか、なぜここにいるのか、そのような感覚が断ち切られた状態にいます。それは結果的に私がこの映画の中で求めていたものだと思います。過去、現在という物語が空洞になってしまうような瞬間。それ以後、彼女は行く場所もなく、広島の町をただフラフラと彷徨う存在になります。彼女たちはただ歩いている。広島の町がただそこにある。それがあの時点で私が表現したかった広島だったのでしょう。しかしもちろん、物語が全く消えてしまっているわけではないのですが。

物語と物語が途切れていくものとの間を私は行ったり来たりしているように思います。新作では物語のほうに回帰していますが、もし『H Story』を進めていくならばそれは映画ではなくなって、現代美術の領域の中へ入っていってしまうような気がしています。私としては、物語に同一化することが求められる映画というクラシックな形式の中で、ギリギリのかたちでやっていきたいとは思っています。

カメラは何も迷わない

——では、『H Story』の後『a letter from hiroshima』を作ったのは、映画に戻ろうという意識があったからなのでしょうか。

諏訪　でもあの作品が映画だったという気はしていませんね。ビデオカメラと手持ちのもので作品を作ったという感じでしょうか。かといって『H Story』の続きという意識もありませんでしたし。あの作品では私もキム・ホジョンもベアトリスのように我を失うような状態に身を置くことはありません。ふたりは物語の内部に留まっています。映画は物語に関係せざるを得ないが、物語が映画なのではないという意味で、私にとっては『H Story』のほうが映画です。だから、これからも『H Story』のようなものをやろうという意識はあります。何度もそこに戻るというか。映画という形式と広島との関係には関心があるのです。新作では形式的な意識は強くはないですが、またその意識が出てきたら形式的な問題を見つめるかもしれません。しかしそれをまた広島でロケしなくてもいいのではないかとは思っています。

——場所ではなく、他者との関係のほうへと今は関心が向かわれているのでしょうか。

諏訪　そうですね。でも、新作『不完全なふたり』でそれほど直接的ではないですが、アルジェリア戦争のことが出てきます。戦争を体験した老人が過去と戦争について語るシーンです。その老人は、「戦争中に恐怖を克服する唯一の方法は相手を殺すことであった。それは恋愛でも同じことなのかもしれない」と主人公の男に言うのです。原爆の投下についても、理解できない他者に対する恐怖という問題と関係があると思います。

私は映画の記録性に期待しているところがありま

す。『H Story』で顔を撮ろうとしたのは、顔からは必要な意味を読み取ることができるし、同時にそれを壊すものを読み取ることもできるからです。理解可能なものと理解できないもの、それをまるごと映せるのがカメラの力だと思います。ここにカメラを向けてよいのか悪いのかと私たちを戸惑わせるのが広島だと思いますが、カメラは何も迷わない。感動も躊躇もなくカメラはなんでも撮ります。人間の手による記述では処理しきれないことまでもカメラは映してしまうのです。そこでは人間中心主義のようなものが壊れるのです。映画はそれに対応する可能性をまだ持っていると思います。

――それをカメラが捉えてしまっていることと、こちらからカメラで捉えようとすることとのぎりぎりの間を諏訪さんは行き来してきたように思います。

諏訪　カメラに映ってしまうものによって、映画の構造や人間の意識を脅かされてしまうのは私にとって刺激的で面白いことです。偶然が映るという意味ではないのです。カメラの持つ恐ろしさと言えばよいでしょうか。そう簡単に内面化できない他者性のことです。それとの葛藤を前提にして、カメラを向ける者の構成する欲求があるのですね。『H Story』のときには物語を構成してしまうことに躊躇があって、映ってしまうものに対する関心のほうが強かった。ベアトリスにカメラを向ければいい、彼女をただ見つめていることに意味があると思っていました。『H Story』で、カメラで映すことだけに徹した後で、映ってしまうことと映そうとしていることの間に対立ではなく、調停を結ぼうとしたのが新作『不完全なふたり』かも知れません。今回も全部即興でやってはいるのですが、映画祭で上映しても「え、即興なの?」と言って気づかない人もいます。私と俳優たちは、協働するために即興的な方法を選んだと思っています。

外国で映画を撮ること

――フランスで映画を撮られるという経験はどのよ

うなものでしたか。

諏訪　「外国で映画を撮るのは大変だったのではないですか？」とよく聞かれますが、全くそんなことはありません。今はフランスのほうが映画が撮りやすい状況です。スタッフとの関係もうまくいっています。映画作りは仲間を必要としますが、そのような仲間が増えました。『H Story』でキャスティングしたときの経験があるので日本の俳優よりフランスの俳優をよく知っています。そのような人間関係を作っていくうえで、やはりカロリーヌとの出会いは大きかったです。キャスティングに関してもいろいろと提案してきてくれますし、ベアトリスとやってみなさいと私を引っ張り上げてくれたのも彼女です。外国では言葉が通じにくいこともたしかにありますが、そのほうがコミュニケーションが単純になってシンプルな関係を結べるという面もあります。

今回の短編のように原作の通りに撮るような企画もこれからはやってみたいですね。その撮影中、アンデルセンのテキストの台詞だとあまりにも口語から遠いとジュリエット・ビノシュから指摘されたりもしましたが、話し合いの結果、結局そのままのかたちでやりました。書かれたものを前提とする場合、書かれていることをむしろ隠したくない。自然な台詞を書く、ということが私には耐えられないのです。

その短編はパリ20区についての映画を20人の監督が撮るという企画『パリ、ジュテーム』の中の一編でして、それぞれ5分の短編の間を1分ぐらいの映像でつないでいくことになっています。参加監督はオリヴィエ・アサイヤス、ガス・ヴァン・サントといった面々です。ジーナ・ローランズとベン・ギャザラが夫婦を演じるパートがあって、その監督はジェラール・ドパルデューです。この企画は来年の4月には完成する予定です。新作『不完全なふたり』の日本公開も来年になりそうです。

初出＝『nobody issue20』／nobody／２００５年（「諏訪敦彦インタヴュー」を改題）

『不完全なふたり』映画との距離が変容するとき

対談：稲川方人

『H Story』以降の苦悩

稲川　始めに、『H Story』以降、諏訪さんが何を考え、何をしてきたのかということを教えてください。

諏訪　『H Story』を撮影した後、映画との関係を見失ったというか、映画に正面衝突して自分がバラバラになってしまった感覚がありました。ぎりぎりのところでやったので、もうこれ以上映画は撮れないだろうという思いが強かった。フランスでは『H Story』に対する興味深い批評も出たんですが、日本では存在しない映画として扱われた印象でしたから、自分が映画を撮り続ける環境ではなくなったなと。率直に言えば、もう日本にいたくないという気持ちになったんです。それで文化庁の在外研修プログラムに応募してフランスへ行きました。

稲川　フランスで過ごしている1年の間に何か動きはあったんですか。

諏訪　パリに住んでいる澤田正道さんというプロデューサーが一緒にやってみないかと声をかけてくれました。そのときに提示された原案は少年犯罪がテーマになっているもので、なんとか撮影までたどり着けたらいいね、という感じで始まったんです。だけど、出来上がった脚本を前にしたら、これを自分が撮るというリアリティを完全に失ってしまったんですね。と同時に、話のきっかけとなっている殺人というものを描くことに抵抗を感じてしまった。ある劇的な効果のために人の死を描くことに対して違和感が拭えなかったんです。だけど、その時点ですでにスポンサーの会社に台本を持っていく予定になっていて、土壇場で新たに数枚のシノプシスを書きました。それが『不完全なふたり』の原型になったものです。そのときは、登場人物も男と女だけ、それしか出てこない映画でいいじゃないかと思い直すことができたんですね。

稲川　殺人を描かないというのは、映画監督としてではなく、人として選択しているわけですよね。

諏訪　その頃、たまたまスイスの映画祭へ行って、子供たちと一緒に山に登ったんですが、落ちてきたつららで下の子供の頭が割れたんですよ。真っ白な雪の上に鮮血が飛んで、子供は「僕、死ぬの？」なんて言っていた。軽いケガですみましたが、それが少年犯罪の脚本を完成させた直後のことだったので、この脚本を撮ってはいけないんじゃないかという気になったんですね。

稲川　我が子の額に流れた血を見る、そのときの諏訪さんの視線みたいなものが、映画の選択にも影響を与えているんでしょうね。『不完全なふたり』における男と女の愛、あるいは『M/OTHER』の生活を巡る倫理みたいなものに対しても、諏訪さんは同様の視線を持っているんだと思います。自分と家族との関係とか、自分と女性との関係とかが映画と不可分になっている。そういう作り手の倫理が、今回の作品でもよく示されていたと思います。とはいえ『H Story』以降の心理的にもかなり苦しい状態にある中で「こういう映画を撮らないか」と言われたら、普通はやりますよね。その作品が自分を救うかもしれないという希望を持ちうるわけですし。

諏訪　そうですね、やるかもしれません。でも、できなかったんですよね。自分はこういう素材で映画を撮ることはできないんだと改めて思いました。

稲川　その時に少年犯罪の映画の代わりに渡したシノプシスが、『不完全なふたり』の原型になっているわけですね。

諏訪　そうです。『M/OTHER』のベースになっているのも夫婦関係の問題ですが、夫婦を直接は描いていない。だから男と女だけの夫婦というものを描いてみようと思ったんです。

クローズアップの発見

稲川　『不完全なふたり』の冒頭、ふたりが車に乗っているシーンでは長回しの映像が続きます。その長い時間の中で映っている人物の何かがうごめいてくる。それをわれわれが受け取る。何かとても不思議な感覚だったんですが、カメラは車に寄り添いながら、近づいたり遠のいたりしていますね。どんな撮影だったのでしょうか。

諏訪　撮影自体はものすごくシンプルで、撮影車が劇用車に並走して撮っているだけなんです。最初のカットに関しては、撮影のカロリーヌ（・シャンプティエ）から「人物を直接撮ってはいけないような気がする」と言われたんですね。実像として直接人物を撮るのは違うんじゃないかと。それでガラスの反射越しに撮りました。

稲川　それが素晴らしい選択ですよね。美しさを単純に表現できていたし、不安を抱えたふたりの関係性のようなものをよく見せている。カメラが近づいたり離れたりすることがすごく気持ちいいんですね。

諏訪　互いに交換する言葉が「失われているふたり」であることを表すようにはしたかったんです。くだらない話しかできなくなったふたりのうえに、無為に時間が流れていくという。ただ、ああいう視点、ああいう距離感というのはどこかで意識していたんだと思います。作曲家（鈴木治行）と打ち合わせをしたときにも、ふたりを肯定的に見守っている天使のような存在が時折現れるというイメージで音楽をつけていきました。

稲川　パリに到着したふたりは夜、友人たちとレストランで食事をしています。あの場面は、画面も暗いし、そんなに人物の表情が見えるわけじゃない。でも途中でクローズアップが入るじゃないですか。僕はそこに驚いたんですが、あのクローズアップは最初から意図して撮ったものなんですか。

諏訪　撮影には二台のカメラを使っていて、クローズアップはDVカメラ、引きの画にはハイビジョンカメラを使っています。カロリーヌとは最初、全編手持ちのDVカメラで役者に接近して撮影しようと話していました。しかしテストをしてみたら、どうも違和感があった。カメラが中に入っていくと、相手ではなくカメラに対する演技になってしまうんですね。それで、ふたりとの間には距離感が必要だろうと話し合って、ハイビジョンカメラによる引きの撮影を考え始めた。ただハイビジョンにした場合、カロリーヌはカメラをあまり動かしたくないという意思を持っていたんです。それから彼女は、僕の映画ではフレームの外の空間を活かすべきだとも言っていました。でも、ずっと引いていると、人物の表情から内面を覗き込みたいという気持ちも生まれてくるわけです。それで、引きの映像を撮りながら、僕たちの心が動いた瞬間にカメラを持ち替えようということになった。ですから、アップを撮る可能性というのは常にあったんです。

稲川　『不完全なふたり』におけるアップの素晴らしさは、「クローズアップの発見」と言ってもいいほどのものだと思います。最近の日本映画やアメリカ映画、おそらくフランス映画もそうだと思いますが、人間を見るカメラの距離感がめちゃくちゃになっている。そういう中で『不完全なふたり』を見ると、映画にはクローズアップがあって、クローズアップがもたらす力というものがあるのだと改めて気づかされます。

諏訪　僕自身、クローズアップについては、全く違う視点ということを意識していました。ふたつのサイズの映像が互いに補完し合いながら、ひとつの世界を再構成するのではなく、ふたつの世界、ふたつの視点があるということを示したかった。僕には、顔に寄りたいという欲求がすごくあるんです。最後の朝、ホテルのシーンでは、ふたりのクローズアップを編集してつなげたんですが、そこも最初は引きのカメラだけで撮影していました。でも僕はカロリーヌに、ヴァレリア（・ブルーニ・テデスキ）の顔が見たいと言った。カロリーヌはそれを了解してくれたんですけど、カロリーヌはヴァレリアだけじゃなく、ブリュノ（・トデスキーニ）のアップも平等に撮影しようと言ったんですね。そのときはごく自然に自分の中で切り返しを「発見」したという感覚がありました。でも、クローズアップを使うことの危険も当然あります。それによって単純に顔が心理として内面化されてしまう恐れもありますし。

メタ的な要素の排除と肯定的な視点の導入

稲川　諏訪さんの映画に対する批評のルーティンとして、メタシネマへの言及があります。『不完全なふたり』のクローズアップも映画のメタ的な側面、物質的な側面を感じさせるけれども、これまでよりもっと柔和だと思いました。とりわけ『H Story』にあったような、攻撃的とも言えるほどのメタ的な部分が、今回の映画では一瞬もなかったような気がします。

諏訪　自分の中で、そういう要素を入れようとする傾向は残っていますが、結局それは映画を単なる自己表現にしてしまう気がしたのです。今回はそのこと自体が問題なのではないと考えていたんだと思います。

稲川　それは、演出家としての変化なんでしょうか、それとも今回に限っての暫定的な意識なんでしょうか。

諏訪　男女の問題を巡る自分と映画との関係性というのは、少し変わったのかもしれません。僕としては今回の作品をコメディーとして撮りたいという意識もあったんです。そういう意識が生まれたのは、描こうとしている内容との距離感が変わってきているからだと思いますし。

稲川　人物を肯定的に描きたいという思いは、『H Story』以降の決して良好ではなかった諏訪さんの精神状況も影響しているんでしょうか。

諏訪　関係していると思います。日本で暮らしているときは家族がそれぞれに社会性を持って生きているわけですが、外国では社会性が著しく制限されるので、家族同士が互いに見つめ合ったり、向き合ったりする瞬間がかなりありました。パリにいるのに、あまり映画も見ませんでした。映画よりも生きることや生活のことを考えていた。そういう経験を通過したことの影響はあると思うんですね。

稲川　その肯定的な視線が、結果的にこの映画を非常に豊かなものにしていると思います。諏訪さんにとっては、対象にどう切り込んでいくのか、その攻撃的な切っ先をどう見せるのかということが一貫する課題なのかもしれません。しかし少なくとも今回の映画に関しては、監督の視線がもたらす豊かさのほうが攻撃性よりも勝っている。久しぶりに豊かな映画を見たなという印象でした。それは、描かれる人間の人生や社会の複雑さがよく描かれているという意味ではなく、映画の中心的なものが豊かに動いているという意味です。物語や製作制度のシステムによって抑圧されることのない豊かなものが、見る者に対して差し出されている印象があったんですね。だから、諏訪さんにはこの豊かさをベースにして、これからも映画を作ってほしいと思ってしまう。映画のメタ的な側面によって、われわれの意識に揺さぶりをかけるのではなく、この豊かさを提示し続けてほしいと。

諏訪　『不完全なふたり』の後、NHKのBSで『(シリーズこの国を見つめ) 男と女の民主主義』という番組を作ったんです。これは別の監督がドキュメンタリーを撮り、僕が同じテーマでフィクションを作って一本の作品にするという企画でした。その中で僕は、日本の母親が置かれている状況、母親の孤独のようなものをテーマにして、家庭の中で子供と向き合って生きていくことがいかに孤独な時間なのかということを描きました。そのときに、これは「作品」じゃないと思ったんですね。専業主婦の母親が夫の知らない間に家で一体何をしているのか、どういうことを感じているのか、映像はそれを社会に見せる機能に徹するべきだと感じた。そういう意味で言えば、『不完全なふたり』は「表現」であり「作品」なのかもしれません。「作品」はコミュニケーションの手段ではないんだけれども、その一方でフィクションというものが社会にどう機能していくべきかを考えるようになったんですね。その結果、映画でできることはなんだろうという発想にも変化が出てきたんじゃないかと思います。

稲川　その変化が映画の作り方にも影響するということですよね。語るべき物事に対して謙虚にカメラを向けようとすると、作り手が受容するものや、受け入れなきゃいけないものも増えてくるんじゃないですか。

諏訪　受け入れるものは増えますね。今回の番組では妻が書いた脚本をそのまま使っているんですが、それを僕がこうしてほしいと思うときもある。だけど、それをやると自分の「作品」作りになってしまう。そこにいろんな人間が関与してくれたことを、もっと積極的に受け入れていこうと。そこに関与してくれた人間がお互いに教育し合うような関係の中で最終的にものができてくればいいなと思っていました。

諏訪作品の独自性

稲川　美術館での撮影は、人物の動きや撮影の仕方について事前に設計されたものだったんですか。

諏訪　寄りに関しては、ある程度はしていますね。

稲川　そのカットは小型のカメラで撮っていると。

諏訪　そうですね。寄りのときは手持ちのＤＶカメラで撮影しています。実は一度、ふたりがけんかをしているシーンを手持ちのカメラで撮影してみたことがあったんです。ホテルに到着して、最初にけんかをするところですね。そうしたら、映画のクライマックスのような非常に劇的なシーンになってしまった（笑）。カメラの介入がふたりの演技を劇的なテンションに高めてしまったんですね。そのときに、ふたりの中にカメラが入っていくのは間違いだと、カロリーヌとの間で話し合いました。

稲川　その手持ちのカメラで撮影したふたりのシーンは全体の中につなげてみたんですか。

『不完全なふたり』

諏訪　ラッシュを見ただけで、編集のときには使いませんでした。

稲川　それをつなげることによって、何かが壊れてしまうという判断だったんですか。

諏訪　それ自体は、素晴らしいショットでしたが、俳優も表現しきって、解放されてしまうのですね。ヴァレリアはクリエイティブな俳優なので、いくらでも演技のバリエーションが出てきます。映画で使われているテイクでも、編集では切っていますが、最後は高笑いをして完全に男を軽蔑するようなところまでのぼりつめてゆく。でも、そうやって解放されてしまうと、彼女が自由な人間に見えてしまうんですね。彼女が演じるマリーは自分を上手に表現できないからこそ、生きることに苦労しているはずなのに。だからヴァレリアには、マリーは女優じゃない、普通の人間なんだと言いました。そうしたら彼女も納得してくれた。後になって、彼女はその言葉が演じるうえでの助けになったと言っていましたが。

稲川　そこでそういう選択をするところが諏訪さん

らしいですね。おそらく手持ちカメラで撮影したけんかのシーンがつながれていても、映画の持つ豊かさが損なわれることはなかったと思うんです。むしろ、シーンの意味としては観客にとってよりわかりやすくなったんじゃないでしょうか。それでも、それは違うんだと判断する諏訪さんの姿勢はやはり独特ですよね。映画作品としての完成を第一に考えているというよりも、何かもっと違う視点で判断しているような気がします。それが諏訪さんの映画の謎であり、面白さでもある。

諏訪　今日話していて思うのは、僕が作っているものは映画じゃないんじゃないかと（笑）。映画とは違うことをやってるのかな、まあそれでいいのではないか、という気がちょっとしてきました。

稲川　映画が媒体になっていないということなんだと思うんです。普通の映画を見た場合には、映画的なセオリーによって、良い映画か悪い映画かということが相対的に判断できる。しかし、諏訪さんの映画はそういうところで作られていない。諏訪さんの映画作品はあくまで「映画」なんだけれども、それを作っていく意味が違うという感じがするんです。映画的な意味を構築しているのではなくて、映画にとってもっと本質的な意味を構築しようとしているんじゃないかと。諏訪さんの映画からはいつも、そういう姿勢を感じます。特に『M/OTHER』の場合には、こちらが傷つくほどの攻撃的な姿勢があった。しかし、今回はこちらが構えていなくても、それを自然に受け取ることができました。以前の攻撃性が消えたことで、肯定の視線を共有することができたんです。

諏訪　フランスでは、お客さんが結構笑って見ているんですよね。ヴァレリアの話し方や言葉を発するタイミングがすごくおかしいみたいなんです。つまり、そういう能力が俳優にもあったんですよ。自分のしていることをどこかで相対化できるという。

即興撮影における俳優の演出

稲川　撮影前に俳優との打ち合わせなどはあったんですか。

諏訪　撮影前に時々会って、映画の内容について少し話をしています。ふたりがどのように出会ったのか、どうして子供ができなかったのか、結局その答えは出ませんでしたが、そういう話し合いの中でおおまかなふたりの背景を決めていきました。だけど、本当に話を詰めているかと言えばそうでもない。話すこと自体が目的という感じでした。結局、現場に入ったときに、それまでどのような時間が流れていたのかということが重要なんですね。そういう意味では、互いの関係性が熟すまでの時間は取れたと思います。

稲川　つまり事前のディスカッションでは、論理的な過程を経て何かの答えを出すことに重きを置いていないと。

諏訪　そうですね。多分、お互いに信頼できるかどうか、それを確認しているだけなんだと思います。それがないと、俳優もこういう形で演技することはできないですし。

稲川　諏訪さんの映画の方法を、ふたりにあらかじめ知ってもらうということも重要だったわけですよね。

諏訪　方法というのは単純で、シチュエーションの中で演じてもらうということしかありません。でも結局、現場がどうなるかは始まってみるまでわからない。だから、方法については現場で了解するしかないわけです。ただ、そういうやり方をすると、方法論によって守られることがない。例えば台本を拠り所にして、演技について事前に議論することもできません。だから俳優にとっては、この人の前で自分が演技をしても大丈夫なのか、といったことを確認する時間が必要になる。つまり、お互いの態度を確認し、経験していく時間が必要なんですね。

稲川　俳優との間にどのような信頼関係のプロセスを作るかが大切だと。

諏訪　それだって根拠のない信頼関係なんですけどね。数回会っただけで、今まで一緒に仕事をしたことがあるわけではないですし。何か直感なんだと思います。

稲川　少年犯罪の映画を撮らなかったのも、論理的な理由があったわけじゃなくて、人間としての倫理感からそう判断したわけじゃないですか。撮影前に諏訪さんと会っているとき、俳優たちが見ていたのはおそらくその部分なんだと思いますね。従来のセオリーで映画を作る監督だという理解ではなく、人間としての諏訪さんを見ているんじゃないかと。例えば、子供の額から流れる鮮血を見て少年犯罪の映画を撮ることをやめたというエピソードを聞くだけで、諏訪さんの倫理観や世界観というものを知ることができる。俳優たちが受け取っているのはその部分で、そこに関係性が築かれていくんじゃないかと思います。そして映画にはその関係性が生々しく反映されている。映画の台本があるとか、画コンテがあるとかいうことが意味を成さなくなっている場所に、監督と役者たちが立っているということなんじゃないでしょうか。だから従来の映画と比較して、諏訪さんの映画が実験的だと言うことに、もはや意味はないんじゃないかという気がします。

諏訪　今回、即興で撮影しているという意識が、僕にもスタッフにもなかったんです。おそらく俳優も同じだったと思いますが、あたかも書かれた台詞の通りに演じられているような感覚がありました。だから、即興でやっていることに面白さを感じたことはなかった。方法的な面白さを基準に映画を作ってはいなかったんです。

稲川　それはすごくいいことだと思うんですね。映画には長い歴史があるわけですが、ここ数年は僕自身、その蓄積に対してあまり意識的になりたくないと思っているんです。だから単純に、人間の顔が見たいとか、豊かなものが見たいと思っていて、それは多くの人が感じていることじゃないでしょうか。そういう観点で言うと、諏訪さんの今の話は非常に前進的だと思うんですね。

諏訪　極端なことを考えてはいけないなというか、ちょっと違うだけで十分違うんだということを少し思うようになりました。僕が経験してきたことは消せないし、同じところをグルグル回っているだけかもしれない。それは些細で必ずしも進歩と呼べるものではないけれど、変化だから仕方がない。最近はそう思いますね。

「カメラを向けるということに映画は宿る」

稲川　『2／デュオ』から数えて、約10年で四本の長編作品を撮っています。しかし、この10年というのは、ものを作る人間としてかなりいろんな経験をせざるをえない歴史的な時間だったと思うんですね。その中で、映画とは何か、文学とは何かということを考えざるをえなかったんじゃないかと。その後に『不完全なふたり』を見せられると、諏訪さん自身の変化がもたらした映画の豊かさとはなんなのかという問題について考えたくなります。この作品には、フランス映画が失ってしまったフランス映画のテイストというものがあって、その辺りもよいですよね。

諏訪　それはフランスでも言われました。今のフランス映画が持っていないフランス的なものが含まれていると同時に、アジア的な部分も感じると。アジア的なものを意識したつもりはないんですが、長い沈黙が続いたりするのはアジア的だと受け止められましたね。

稲川　映画の雰囲気という部分で、すごく懐かしく感じられるんですね。それは日本映画としての懐かしさではなく、かつて見たフランス映画の懐かしさなんです。フランス現地でも、映画はプロセス化された中で作られていて、今回のような方法では作られていないのではないですか。

諏訪　フランスでも書かれたものに対する価値というのは高まっていますね。結局、みんな面白い脚本を書いて助成金を得ようとするわけですし。かつて（フランソワ・）トリュフォーが「フランス映画のある種の傾向」と言ったときに彼が否定しようとした

『不完全なふたり』

ある文芸的なもの、映画以上の価値をそこに求めていることに対する警告、それと似たようなことを感じざるをえない。カメラを向けるということの中に映画が宿るわけで、そういう意識を失っている傾向はあります。映画というものは、ただ映っているだけでとんでもなくすごいんだと、そういう感覚を自分の中にもう一度取り戻したいと思いますね。

稲川　そういう意識は今回の映画からも感じました。冒頭のシーンで車の窓ガラスに反射する風景や光を見たときに、あ、映っていると。

ラストシーンにおける**選択**

稲川　『不完全なふたり』は危機に瀕した夫婦の話ですが、そういう観点から言うと、ラストシーンはこの映画の大きなポイントだと思います。始めに確認したいんですが、ホームでふたりが立っているカットは途中で別のカットに変わっているんですか。

諏訪　カット自体は変わっていませんが、途中の抜いている部分に黒味が入っているんですね。

稲川　そうですか。プレスを読むと、事前に女優と（ロベルト・）ロッセリーニの『イタリア旅行』について話したと書かれていて、そのことがラストシーンに影響を与えているように感じます。最終的に彼女が去らないことは、諏訪さんの中であらかじめ決まっていたんですか。

諏訪　最初からではありません。今回の映画は台本通りに撮っているんですけれども、ラストシーンは空白にしておいた。書きたくなかったというのもあるし、見えていなかったということもあるんですが（笑）、撮影していくうちに段々見えていくだろうと。ただ、僕は多分ホテルを出るところで終わるんだろうなと思っていたんです。ホテルを舞台に設定して、最後は彼女がホテルをひとりで出て行く姿を見送ったりすれば、映画はもう終われるじゃないかと。でも、ヴァレリアはふたりを肯定したがっていました。それでラストシーンを撮影する1日か2日前に、ホテルでは終わりたくない、外へ出ようって言うんですね。だから、あのラストシーンに関しては、ヴァレリアのアイデアを受け入れて撮ったという感じなんです。そのアイデアが出た時点で、彼女が列車に乗らないことは決まっていたと思います。厳密に言うと、乗らないのではなく、残るでもなく、列車が行ってしまったという、微妙なところなんですが。結局、彼女は決断していない。きっと決断できなかったんだろうと思います。意志と偶然の狭間みたいなところで彼女が駅に立っているという。

稲川　ドラマの流れとして観客を一番落ち着かせられるのは、彼女が去るという結末の方だろうと僕なんかは思ってしまうんですね。一旦彼女が去ることによってふたりの間に距離ができれば、新たなディスカッションが生まれるだろうという希望が持てる。しかし、彼女が残ってしまうと、ふたりにはまた厳しい現実が待っているんだろうなという気がしてしまいます（笑）。

諏訪　ふたりが同じ過ちを繰り返す可能性を秘めてしまうということですよね。

稲川　そうですね。だから映画では暫定的な答えしか提示していないんじゃないかと。実は先ほどカットが変わっているのではないかと質問したのは、ふたりが別れるのかどうかという問題について、カメラを止めて俳優たちと話し合ったのかなと思ったからなんです。

諏訪　それはしなかったですね。いくつかの違う結末がありえたと思うんですけど、撮影を始めた時点で、ふたりが別れてしまうという選択肢はありませんでした。ヴァレリアもそういう結論に向かって演じてはいなかったと思いますし。

次回作と『パリ、ジュテーム』について

稲川　準備している次回作はあるんですか。

諏訪　今回と同じプロデューサーと一緒に準備しているものがあります。『不完全なふたり』を撮影した前後に、『キングス＆クイーン』（アルノー・デプレシャン監督）で弁護士役を演じていた男優（イポリット・ジラルド）との出会いがあって、ここ2年ぐらいは彼と一緒にずっと次のプロジェクトについて考えています。『不完全なふたり』はフランスで撮るということをほとんど意識していなかったんですが、次回作では男優とふたりでやるということがひとつのテーマなんですね。彼はフランス人で僕は日本人だし、「混血の映画」みたいになってもいいんじゃないかと。それで日本とフランスの両方を舞台にしてやってみようと考えています。内容的には、父親がフランス人で母親が日本人の、混血の女の子が両親の離婚に反対するという話です。これは自分の作品ではなくて、男優とふたりの作品という感じにしたい。

稲川　これまでにも諏訪さんは「私の作品」だと自我を主張するのではなく、例えば役者との作品である、スタッフとの作品であるという言い方をしてるじゃないですか。次の作品はそれともまた異質なものになるんでしょうか。

諏訪　いろんな関係性の中で作っていくうちに、結果として「自分の作品」だと言い切ることができないんですね。その反面、「私の作品」だという思いも強くある。最終的な決定の責任は自分にあるし、編集も僕がやるわけですから、両義的だけれども「私の作品」ということにはなると思うんですね。それに対して、次回作では互いに50パーセントずつぐらいの権利を主張し合えるような環境でやってみようかなと。

——『パリ、ジュテーム』の一編『ヴィクトワール広場』は『不完全なふたり』とは真逆の方法論で作られていると思います。『不完全なふたり』を終えて『パリ、ジュテーム』に至るまでに、諏訪さんの中でどういった変化があったんですか。

諏訪　『パリ、ジュテーム』に関しては、これまでのやり方でできるものではないし、これまでやらなかったことをやろうというふうに考えを切り替えたんです。この話を考えたのは、『不完全なふたり』と同じようにパリで暮らしていた時期だったので、と同時に、スイスで子供がケガをした経験もあった。と同時に、スマトラ島沖地震による津波の被害が報じられていた時期で、メディアでも家族を失った人たちの姿を頻繁に目にしていました。実は、僕が『a letter from hiroshima』というビデオ作品を撮ったときも、広島のある母親の感情が入口になっていたんです。朝ごはんで冷えた栗を子供に食べさせたら不満を言ったのでひどく叱った。子供は泣きながら「行ってきます」と言って学校へ行く。それが子供との最後になってしまったというんですね。あのときなんで叱ってしまったんだろうと親は後悔する。僕はそういう感情をすごく共有できる。それに、残された人は自分だけが生き残ったことに罪の意識を持ってしまうんですね。でも、生き残ったことは罪ではないし、そのことを肯定したいという思いがありました。それがフィクションの形でなら素直に言えるような気がして、（ハンス・クリスチャン・）アンデルセンの原作を映画としてそのまま伝えるということをやってみたんです。『不完全なふたり』では何かを伝えようとは思っていないわけですよ。でも『ヴィクトワール広場』の場合は、生き残った自分を責める必要はないんだということを物語として伝えたいと思った。だから撮影方法に関しても、スタイルで何かを主張するのではなくて、できるだけ自然に撮ろうとしています。でもカットを割って撮るのは難しいなと思いましたね。これで2時間の映画を撮るのは大変だなと(笑)。

構成＝平澤竹識(『映画芸術』編集部)

初出＝『映画芸術　DIARY』／2007年(「『不完全なふたり』をめぐって」を改題)

画面の「外側」というもうひとつの世界『不完全なふたり』を支えるまなざし

見えない空間にいかに映像を創造するか

ひとつのショットにはふたつのフレームが存在する。ひとつはカメラによって縁取られる空間のフレーム。もうひとつは、始まって終わるという時間のフレーム。そして、それぞれのフレームによって、内側と外側が区切られる。

映画の撮影においては、スタッフは常にフレームの内部に集中する。カメラポジションが決まり、レンズが決まると、現場にはレンズを頂点とする四角錐の空間が生まれる。その画面の内部に何を配置し、どのように俳優を動かすか。どのように始まり、どのように終わるか、それを組織することが映画演出であり、監督以下スタッフはそのことをまず考える。

初めての長編映画『2／デュオ』は、全ての場面が即興演技で撮影され、俳優の位置や動きは、俳優自身に委ねられた。しかし、本番でも予測のつかない彼らの動きを、一体どのようにフレームに収めればよいのか？　そのときの私には答えはなかった。しかし、撮影監督であった田村正毅（2003年以降の名義は、たむらまさき）の回答は明快だった。「フレーム内部に全ての出来事を収めようと思わなければよい」のだ。俳優は自由に動き、あるときフレームの外に消える。しかしカメラは頓着しない。なぜなら、彼は画面外部に存在しているからだ。フレームの外側（＝オフ・スクリーン）は、見えないが、それは見えないだけで、存在している。画面の外側にも世界は広がっていると観客は確信し、そこに想像の時空間が延長されているというのが映画のフレームの特性なのだった。映画は時空間を囲い込むと同時に、外部に延長する。見えない、外側の想像の空間にいかに映像を創造するか、それが映画演出の重要な鍵であることにそのとき気づいた。

扉の向こうの「気配」を撮る

『不完全なふたり』は、離婚を決意した夫婦が友人の結婚式に参列するために数日間パリで過ごす物語である。彼らはまだ夫婦ではあるが、もはや同じベッドで眠るカップルではない。ふたりの滞在するホテルがメインの舞台となる。私がロケセットに選んだホテルは、二部屋続きの間取りで、扉によって仕切られている。彼らはその扉を通ってそれぞれの部屋を行き来することもできるが、ベッドは各々の部屋にある。ともにクリエイティブな俳優である主演のヴァレリア・ブルーニ・テデスキとブリュノ・トデスキーニは、即興的にこの空間を自由に動き回ることになる。

夫婦の関係の崩壊が最初に露わになる場面。ホテルの部屋で妻が苛立ちを夫にぶつけ、諍いとなる。カメラは夫役のブリュノの部屋に置いた。開け放たれた扉越しにヴァレリアが見える。ふたりの口論が始まる。ブリュノはかろうじて画面の片隅に収まっていたが、やがて画面外に消えてしまった。画面はヴァレリアだけを捉え、ブリュノの声はオフから聞こえる。もちろんそれでかまわなかった。しかし、諍いがエスカレートすると、ヴァレリアはその扉を荒々しく閉めてしまった。扉の閉まる音が響く。もはや、彼女も画面から消えた。画面内には扉だけが残された。

通常ならば、そこでカットしただろう。しかし、私にはその扉の向こうに見えなくなってしまったヴァレリアが、まだ演技を続けている気配が感じられ、カットすることができなかった。カメラを回し続けた。すると扉の向こうから、ヴァレリアの夫を非難する悲痛な声が聞こえてくる。更に数分間、ふたりの声だけの演技が続く。「なんてことだ。私はただ扉を撮っている」と一瞬思うが、しかしそのなんの変哲もないホテルの扉の映像は、この上なく美しく思えた。その画面には、明らかにふたりの演技が息づいていて、決定的な夫婦の亀裂が表現されていた。

一方に観客に飽きられることを恐れる映画があり、高速紙芝居のように、次から次へと新たな画面を繰り出して視覚を引きつけようとする。私たちはさまざまなものを見せられるが、自ら「見る」ことを奪われる。（ジャン＝リュック・）ゴダールの『アワーミュージック』において「真実を見るにはふたつの方法がある。ひとつは目を開いてよく見ること。もうひとつは目を閉じること」という台詞があったことを思い出す。そのゴダールの撮影監督を（『右側に気をつけろ』や『ゴダールのリア王』などで）務めたカロリーヌ・シャンプティエが、当然のように、なんの躊躇もなく、その扉を撮り続けていたことに励まされた。

扉という映画的装置を空間の演出に取り入れる

当然だが、作品からひとつのショットだけを取り出して、その価値を問うことはできない。ひとつのショットは、そのショットだけで価値を持つわけではない。ショットは作品の全てのショットと、そしてその外部＝オフに想像された見えないショットと響き合うことで成立している。数分間続くその扉の映像を、ある人は退屈だと思うだろう。それでかまわない。私たちは「そのショットを見よ」と呟く。そして、その扉のショットは、私たちに扉というものが、『不完全なふたり』という映画のもうひとつの視覚的主題となることを気づかせた。夫婦というフレームに収まりながらも、葛藤する関係において、ホテルの扉はあるときは閉じられ、あるときは開け放たれる。私とカロリーヌは、その日から扉という映画的装置を意識的に空間の演出に取り入れた。『不完全なふたり』の脚本には、ラストシーンが書かれていなかった。撮影が始まっても、空白のままだったが、撮影の過程で生まれてくるだろうと思っていた。私たちはそのシーンがどのようなものなのかを探していた。撮影の終了が迫る頃、ヴァレリアがラストシーンのアイデアを突然思いつき、私に語り始めた。決定的に心が離れてしまったふたりは、駅での別れを迎える。妻は列車に乗ろうとする。夫はそれをホームから見送る。しかし、列車が発車する瞬間、妻は列車に乗り込むことができず、バタンと閉まる列車の扉が、妻をホームにはじき出し、ふたりがひとつの空間に取り残される。突然の和解が訪れる。それが探し求めていたラストだった。そこに、あのホテルの扉のショットが共鳴しているだろうか。

初出＝『このショットを見よ——映画監督が語る名シーンの誕生』／フィルムアート社／２０１２年（「画面の「外側」に広がる世界に観客を誘い込む」を改題）

撮影を旅として生きる『ユキとニナ』の森

取材・構成：黒岩幹子

『ユキとニナ』。諏訪敦彦がこの最新作を作るにあたって、共同監督＝新たな共謀者として選んだのは、フランス人の俳優イポリット・ジラルドだった。『カルメンという名の女』（ジャン＝リュック・ゴダール監督）や『愛さずにいられない』（エリック・ロシャン監督）、あるいはアルノー・デプレシャン監督作品の常連俳優として知られる彼が諏訪と一緒に映画を作ることになったのには、どのような経緯があったのだろうか。ふたりの出会いは諏訪が前監督作『不完全なふたり』を準備していたときだったという。

諏訪　『不完全なふたり』を作るときにキャストの候補として会ったのが始まりです。結局そのときは出演してもらうことはできなかったんですけど、最初に会って雑談をしていく中で、この人と一緒に何かやったら面白いことができるんじゃないかという直感を抱いたんですね。それで次の映画で何か一緒にやってみたいと思ったのが、この映画の始まりです。共同監督というアイデアが最初からあったわけではないんですが、僕はこれまである意味で俳優とのコラボレーション、自分の世界を、俳優を通して作り上げていくだけではなく、俳優にもっといろんなものを映画に持ち込んでもらうような、クリエイティブな関わりを求めてきたと思うんです。それをもっと進めてみたいという欲求がまず根本にありました。同時に映画というのは本来もっとオープンなもので、ひとりの作家というものが世界を作り上げていくようなものではなかったはずだという気持ちもあったと思います。だから、今回はプロジェクトの最初から一緒にやってみたらどうかという考えがあったということですね。イポリットと一緒に脚本、ストーリーを書くというところから始めて、一本の映画を作ってみたかったんです。

ジラルド　諏訪さんからこの提案があったとき、僕はすぐに「イエス」と言いました。そのためにどのくらいの時間がかかるか、その結果が自分のキャリアにどのような影響を及ぼすかといったことは全く考えませんでした。それは『不完全なふたり』の出演者候補として諏訪さんに会ったとき、話していてとても面白かったからです。諏訪さんからのこの提案が、あまりにも奇妙でありえないような、ほとんどユートピア的な提案だと思ったからこそ、この冒険に携わることに興味を覚えました。

そうやってふたりが一緒に考えたストーリーは9歳の女の子の話だった。（ジラルド自身が演じる）フランス人の父親と日本人の母親の間に生まれ、フランスで暮らしていた少女・ユキは、ある日母親から、離婚し、日本に移住することを言い渡される。両親の離婚も、日本へ移り住むことも受け入れられないユキは、友達のニナと一緒に策を講じようとするが、家族の変化を止めることができず、ニナと一緒に家出をする……。この映画で語られるのは、こんな小さな女の子の小さな物語、しかし彼女にとってはとても大きな物語だ。彼らにとって子供を撮ることの魅力はなんだったのだろうか？

ジラルド　子供は自立していて、自由にその自立したさまを見せてくれる存在だと思います。そして、自分が子供だった頃を想像してもらえばいいと思いますが、僕らは子供の頃、空想の世界に生きていて、自分たちに世界を創る力があると信じていました。つまり自分たちが持っている世界を創り出す力は、自分が歩いているこの地球が現実にあるのと同じように、現実にあるものだと感じていたと思います。そういう子供が世界を創り出す力を見せたかったのです。ただ、子供との作業で難しいのは、子供に自分らしさを出し切らせ、他の人に気に入られるよう動かない、自分を魅力的に見せないようにさせることでした。

ふたりが主人公・ユキ役に選んだノエ・サンピという少女は、まさに「自分を魅力的に見せようとしない」子供だったという。

ジラルド　オーディションに集められた条件にかなう女の子たちの中で、ノエは女優になる気もない、映画に出る気もない、人を魅了しようという気持ちのない、そういう子供でした。彼女にとってこの映画は一種の旅行、休暇のようなものだったんです。でも、彼女は、僕たちが映画のプロジェクトを立てた当初から考えていた目的を、一番満たしている子だった。僕たちは子供の映画を作ろうと考えたとき、まず子供は他者であるという姿勢をとりました。僕たちは子供に成り代わることも、子供の代わりに考えることもできない。子供は圧倒的に他者であるという立場から始めたんです。僕たちはおそらく無意識のうちに、僕たちにとって本当に他者である少女を求めていて、だからノエに興味を覚えたのだと思います。僕らを惹きつけたのは、彼女の中にある本質的な他者性でした。だからこそ、僕たちは彼女に対して謙虚になり、敬意を持ち、彼女を尊重してカメラの前で彼女が自分自身になるようにしなければならなかったのです。彼女はカメラの前で、彼女自身であり続けました。そして、単に彼女自身である、そういう彼女に対して、僕たちはささやかな観客になることしかできなかったのです。そうした僕たちの謙虚な態度と彼女自身の力がこの映画を支えています。

諏訪　今回の撮影の中で一番強かった、タフだったのはユキを演じたノエだったんだろうな。ノエによって僕たちも導かれ、この映画が無事生まれたんだ

『ユキとニナ』

と思います。僕たち自身が演出をする立場にある者として成長させられた気がします。われわれにとって最も大きな経験となったのは、ユキとニナが家出をして森に入ってからでした。もともと脚本では森の中でニナがケガをしてしまって、「私が誰か呼んでくるわ」とユキがひとりで森の奥へ入っていくということになっていました。それで、ユキが道に迷って怖くなって泣いてしまうということが脚本には書いてあったんです。だけど、ノエはきっぱりと「私は泣かないし、泣けない」って言ったんですね。僕たちはある種パニックに陥って、どうすればいいのかを検討しなければならなくなりました。そしてなんの根拠もなく、ある意味でギャンブルのようなかたちで、岩の上に立っていた彼女がフッと歩き出すところを撮りました。そこにはなんの理由もないんです。でも「理由なんかいらないんじゃないか」「もう元には戻れないけれど、これでいいんだ」と話し合って、先に進んでいったわけです。脚本にあった通りに進めて、彼女が本当に悲しむことをやって泣かすことはできたのかもしれないけれど、そういうことをやるのがこの映画の目的ではない。彼女が「泣かない」と言ったことによって、全く別の道を探していかなきゃいけなくなったけど、それがこの映画だったと思うし、そういうことがこの映画を作り出したと思うんですね。特に森に入ってからは、僕たちが道に迷って、ノエに導かれていったようなところがあったと思いますね。

一般的に子供を使った作品は大変だということがよく言われるが、それは子供が大人の言うことをやらないからなのか、言ったことしかやらないからなのか。ふたりは、「私は泣かない」というノエの意志を尊重したからといって、それが彼女を操作せずに、彼女のやりたいようにやらせるということにはならないと言う。

諏訪　彼女は全く自由にやってるわけではないですよ。まず脚本というのが決定的に彼女を操作しているわけです。ノエもニナ役のアリエル（・ムーテル）もよく脚本を読んできていて、下手したら僕ら以上にその内容を理解していました。そういう意味で、やっぱり僕たちは彼女たちをある舞台に引っ張り上げて操作してるんだと思います。だけど、決して完全にコントロールするわけではない。やっぱり脚本に大きく影響されて、作用されていくわけですけど、そこの反作用として出てくるものを全部はコントロールしないということです。あるシーンでは子供たちが考えて「こういうふうにしたい」と言ってきて、それを受け入れてやってみたりもしました。つまり、こっちが一方的にコントロールするのではなく、常に相互関係があるということですね。ノエの言葉によって私たちが演出を変更せざるを得なくなったというのはまさにそういうことで、彼女はなんでも受け入れるわけではないし、彼女とわれわれの関係の中でユキという役が生まれてくるわけですよね。

ジラルド　自然体で演じるというよりも、本当に真摯な状況を作り上げるということですね。ユキの置かれている状況にノエを置くことによって、そして彼女がその状況をユキが感じるように感じることによって、その状況を自分のものにしていく、真実にすることができるわけです。この映画ができたのは、互いを尊重し合えたからだと思います。まあ、すごく速く走ってほしいのに、「嫌だ」と言ってやらなかったときだけはさすがに叱りましたけどね（笑）。

子供と大人、役者と監督が尊重し合った相互関係、そしていくつかの偶然あるいは必然が重なって、きらきらした輝きが生まれたこの『ユキとニナ』という映画について、ジラルドはこのようにまとめてくれた。

ジラルド　映画を作るということは、ゼロから全てを操作するということではありません。そうやって全てを自分の思うように統制して作られたものは、映画と言っていながらも映画とは呼べない製品になるでしょうね。重要なのは人生、生命を映画の中に入り込ませることです。映画を作ることは決まった計画を実行することではなく、旅をすることを決め、ある方向に向かって旅をしていくことです。そして、物語の必然性から行程を変える必要があれば、道を変えて別の方向を目指さなければなりません。この『ユキとニナ』の仕事のおかげで、私たちは本当に撮影を旅として生きることができたと思います。だからこそ私たちはその旅を通じて多くのことを学ぶことができたし、観客の方もおそらくこの映画を見た後、何か異なることが起きるような、そういう見方を持ってくれると思います。今日最も必要なことは、映画を本当に見ることを学ぶことではないでしょうか。映画を見るということは実にアクティブなプロセスであって、意欲的に意図を持って行わなければなりません。単に受動的に受け止めるだけの行為ではなく、映画に向かって行くこと、そこにある何かに向かって行くこと、それが映画を見るという行為です。僕たちはそういうふうにこの映画を作りました。観客の方にもこの映画に向かって進んででもらいたいですね。

＊２００９年11月14日に東京日仏学院（現アンスティチュ・フランセ東京）で行われたティーチインと合同取材より構成

初出＝『nobody issue32』／nobody／２００９年（「撮影を旅として生きる」を改題）

『ユキとニナ』　映画のスタイルというのは生き方なんだとも言える。

取材・構成：高崎俊夫

「作家の映画」という考え方から解放されている映画

——諏訪監督は前々作『H Story』で映画の形式そのものを極限まで推し進め、前作『不完全なふたり』では、（ロベルト・）ロッセリーニの『イタリア旅行』を参照することで、劇映画への回帰を志向したように思えます。その流れでいくと『ユキとニナ』はどのように位置づけられているのでしょうか。

諏訪　僕は映画作家という概念が映画を豊かにすると同時に貧しくしているのではないかと思っています。僕は映画を破壊しようとしているわけではないし、自分なりに豊かな関係の中で世界に対して開かれていく映画を作れないだろうかと考えていました。そういう意味では『ユキとニナ』は「作家の映画」という考え方からは解放されている映画だろうと思います。イポリット（・ジラルド）との共同作業は、最初、彼がフランス人で私が日本人だからということを意識したわけではなくて、人間として惹かれ合うものがあって、もちろんそれは個人的な直感によるものです。でも、その後通訳を介しながら、話し合いをしていくうちに、やっぱり僕たちはフランス人と日本人だよね、ということを自然に意識していった。だから、この映画も、それを反映させていこうということで、日本とフランスという問題が浮かび上がってきたんです。

——イポリットさんは（ジャン＝リュック・）ゴダール、侯孝賢（ホウ・シャオシェン）といった錚々たる大監督の作品に出演されていますが、いずれ、映画を演出しようと考えていらしたのですか。

ジラルド　私はカメラの前に立つ俳優としての人生を過ごしてきましたが、その流れの中でカメラの後ろに立ってみたいという感情を持つのは自然だと思うんですね。ただ、畏れもありました。今回、諏訪さんのおかげで、その畏れは払拭できたと思いますし、これから監督をしていく可能性も開かれてきたわけです。しかし、私自身が、今、何かを表現したいというものはない。それに例えば、将来、表現したいものが出てきたときに、それが映画の形をとるのか他の形をとるのかは、この時点では全然、わからないんです。

大人が概念化することができない「他者としての子供」を

——ユキというヒロインが魅力的ですが、映画の中の子供というテーマで過去の作品を参照したということはありますか。

諏訪　シナリオのやりとりの段階では、マリリン・モンローが出た『帰らざる河』（オットー・プレミンジャー監督）の話をしました。あれは父親と息子の話なんですね。

ジラルド　『帰らざる河』はとても美しい映画ですね。でもモンローは最後に死にますから、複雑でした（笑）。

諏訪　この映画を作る際に一番意識したのは「他者としての子供」を描きたいということでした。映画の中の子供は、すぐに大人の気持ちをセンチメンタルに惹きつけてしまうという危険性を持っています。ですから多くの映画では、子供に大人が見たいものをプロジェクションして読み取ってしまう。つまり、大人が理解しやすい、大人が望む子供像が描かれている場合が多い。でも僕はそうしたくなかったんです。簡単に大人が概念化することができない、「他者としての子供」を当初から意識しました。ただ、それを具体的にどうやるかというのは、実際にやってみるまではわからなかった。もっと子供たちの意見が反映されるようにしようとか、いろいろ考えて、最終的には僕とイポリットとユキを演じたノエ・サンピとのコンビネーションの中でノエという存在がそれを実現していったという気がします。

ジラルド　僕は『不完全なふたり』のキャスティングのときに諏訪さんと出会ったのですが、このときに父親であり子供がいるなど、お互いの人生について話し合い、非常に興味深い時間を過ごしたんです。その後、一緒にシナリオを書いてみないかという連絡があり、僕はすぐに乗り気になって、そのときに話し合った内容が頭に浮かんだんです。ですから、過去の子供映画をモデルとして考えるのではなくて、むしろ自分たちが子供だった頃のことを思い出し、そのときに感じたことを描ければと思い、トライをしたわけです。それは映画作り以上に、人間の経験として非常に豊かなものだったと思います。

言いようのない「関係」を映す現場の一回性について

――ユキが書いた愛の妖精の手紙を母親が読むシーンで、母親である彼女は感極まって嗚咽し、それを見ているユキはほとんど無関係なリアクションを見せますね。子供の他者性が露わになった印象的な場面かと思えます。

諏訪　あのシーンは、お母さんが突然泣き出したのでノエがびっくりしてしまい、役の演技から醒め、注意が散漫になったと判断して、僕たちはもう一度、撮り直しをしたシーンなんです。でも、その2テイク目は決してよくはならなかった。最初のテイクの、手紙を読んだお母さんの反応はどうだろうと、興味津々で臨むノエの驚きの瞬間は訪れなかったからです。でも出来上がった映像を見てみると、まさにご指摘のように、何か言いようのない「関係」が映っている。そして、僕たちはそのシーンを意味として統一することはできないけれども、関係とは、そも

『ユキとニナ』

そもそのようにしてあるのではないか。だから、撮影が終わって、見直したときに、このショットは重要なショットに違いないと思えたわけです。

ジラルド　このシーンは、非常に予想外だったので面白かったんですね。というのは、母親である女優があああいうオーバーエモーションな演技をすることに皆びっくりしたわけです。それは母親と子供のコミュニケーションができていないという母親の感情を正確に表している演技だと思うんですけれども、ノエちゃんも驚き、そして母親から見棄てられたという感情を持ったのだと思います。それが非常に美しい場面として出来上がった。本来は母親が娘に同情しなければいけない状況ですが、母親は自分のエゴの中に閉じこもり、自分の苦しみの中から抜けきれない。そして娘のいることすら忘れてしまって、その娘の声が聞こえない。まさに、その見棄てられた、孤独の状況を経験した子供ゆえにその後家出をする力を持っていくわけなんです。子供たちは、この家にいてもどうしようもないと感じなければ出てゆかないですよね。そのユキが大人になっていくひとつの構造的なステップを表している場面になったと思います。

諏訪 本当に泣きたいのはユキのほうだけど、お母さんが泣いてしまった。だから彼女の気持ちを受け取るものがなくて、あの場面のユキは、最初はゲームの中にいて、手紙を見て、なんて書いてあるの？なんて聞いていますが、最後のショットでは、全然表情が変わっています。それは自分たちのゲームは大人たちには通用しない、孤立無援の段階に追いやられた、という大きなターニングポイントになっているからだと思うんです。

歌で子供の世界を讃え肯定してあげたかった

――ところで、この映画の中でいまだにご自分でも理解できないシーンがあるという諏訪さんのコメントがプレス資料に書かれていますが、具体的にはどのシーンを指すのでしょうか。

諏訪 例えばイポリットは、子供に父親として応えるシーンをどうすればよいのかを、演出家としても俳優としても、非常に悩んでいました。結果、あの子供に一所懸命気持ちを伝えるシーンは、彼が役を演じながら考えたもので、僕の想像の中にはなかったものなんです。脚本を作るときには、お互いにいろんな話をしながら共有するものを作りあげていくんですが、実際、そこでは具体的な違いがなかなか現れてこない。でもいざ撮影現場に入ると、ある事態にいかに対峙するか、リアクションするかということに直面し、それはスポーツに近いとも言えます。そして、そのときの対処の仕方というのは、やはり、それぞれの生き方、通過してきた歴史、環境で違うものなんです。だから映画のスタイルというのは生き方なんだとも言える。こういうスタイルでいきましょう、と選べるものではなく、その事態に直面したときに、私がどうリアクションするかという問いかけの連続でしかない。例えば今回、僕たちは初めての共同監督ということで、撮影段階に入ったら、イポリットが俳優を演出し、僕がカメラのほうをコントロールする――と、事前に役割を決めてやる方法を考えていたんです。しかし現場というものは、そんなに明確にはわけられるものではない。だから、ふたりで事態に対処するしかない。そして、そこにこそ意味があることがだんだんわかってきた。

――ラストに沖縄民謡『てぃんさぐぬ花』が流れますよね。沖縄の曲を選ぶとなると、どうしても日本人にとっては、意味を持ってしまいますが……。

諏訪　これはプレスにも書いたんですけど、最初から沖縄の歌を探したわけではないんです。この映画では、子供の世界を讃えてあげたかったし、肯定してあげたかったので、童謡を探していて、でも、例えば、日本的な歌にしてしまうと、それはそれで、ある日本的なものへと回収されてしまうし、ある方向性を持った童謡にしたら、また別の意味を持ってしまう。そこで別の世界を持ちながら、その世界を単に説明するものではない独自の響きとして、出会ったのがあのうぅあ（ＵＡ）さんの歌声なんです。もちろん、これは沖縄の歌であるし沖縄といえばある意味を持つじゃないかとは考えました。でも、そういう意味は持ってもいいんじゃないかと思ったんです。沖縄というのは、ユキのような〈孤児〉だと思うんですね。日本とアメリカという両親の間で翻弄されてしまったという運命を背負っている孤児なわけで、全く、この映画の主題と無関係ではない。そのことをいろんなふうに考えてもらってもいいんじゃないかと思ったのです。

初出＝『キネマ旬報　２０１０年２月上旬号』／キネマ旬報社／２０１０年（「諏訪敦彦×イポリット・ジラルド『ユキとニナ』を語る」を改題）

誰も必要としていないかもしれない、映画の可能性のために

『ユキとニナ』という映画を、フランスの俳優イポリット・ジラルドと共同監督した。「どうしてふたりで監督しようと思ったのですか?」とよく聞かれる。確かに、ふたりで監督するなんて、知らない人が聞いたら面倒くさそうに聞こえるに違いない。もちろん、彼と共同で監督しなければならなかった特別な事情があったわけではなく、私のほうから「一緒に映画を作ろう」と彼に提案して始まったことである。私はこれまでの映画作りでも、俳優たちとはかなり深い共同作業をしてきたと思う。脚本に決定した台詞を書き込まないで、現場の即興で生まれてくる言葉をそのまま撮影するというやり方で進行するので、内容や人物像についての打ち合わせを綿密に行う必要がある。互いのアイデアを交換しながら撮影は進行するし、『不完全なふたり』では、ラストシーンを考えたのは主演したヴァレリア・ブルーニ・テデスキだった。そんなふうにさまざまな俳優との共同性が私の映画作りの中に持ち込まれるが、しかし、全体の方向性や、撮影のプラン、編集の責任は監督である私が負うているので、当然ながら「私の作品」であることは否定できない。もちろん否定する必要などないのかも知れない。しかし私は今回、その関係をもっと進めて、「私の作品」ではなく「私たちの作品」であるような関係を作り出したいと思っていた。

そこで、イポリットと私は、映画の物語を考えるところから一緒に作業を始め、脚本を作り、撮

影の計画やキャスティング、編集等全ての作業をふたりで行うことにしたのである。

日本の撮影現場は、スタッフや俳優たちとのディスカッションをあまりありがたく思わない体質があるように思う。助監督だった頃、老練したスタッフが「船頭多くして船山に登る」と呟くのを何度も聞いた。撮影現場で皆が意見を言い始めると船は迷走し、とんでもない方向に行ってしまう。だからあれこれ議論して無駄な時間を過ごすより、監督がひとりで決断すればよいと言いたげであった。多分、企業においても物事の決定システムは単純で明快なほうが効率的で、最終的に誰かが決定に責任を取ればよい。民主的なシステムにおいても多数決という合理的な方法をとれば面倒くさい議論を延々と繰り返す時間の無駄を回避できる。そう考えるのが普通かも知れない。監督がふたりいるなんて、面倒に決まっているのである。実際、私たちの作業も、簡単ではなかった。撮影中、私たちは他のスタッフより数時間早めに集合して、その日の撮影について議論した。互いに考え方は違うし、その違いをどのように乗り超えてゆくかが、あらゆる局面でテーマとなった。時間と手間がかかる作業だった。それでも、私は「監督」という中央集権的な映画制作のシステムに疑問があった。晩年の黒澤明監督が立派な絵コンテを残されたりしているので、監督はまるで画家のように世界をイメージし、創造する作家であるという一般的なイメージが定着してしまったのかも知れないが、実は映画監督は近代的な作者という概念が当てはまらない存在だと思う。映画は世界を創造するのではなく、ただ発見するのである。映画＝カメラは世界を個人の世界観にねじ伏せるよりも、受け入れることに長けている。映画には作者のコントロールを超えた「世界」が侵入してくるし、作為を超えた思わぬ出来事や、構築された意味や物語からはみ出してしまう何かが映り込んでしまう。『ユキとニナ』において、ユキを演じたノエ・サンピの顔立ちは、当然私たちが創造したものではなくただ映っているにすぎないが、その彼女の顔そのものがこの作品では重要な映画の内容でもある。誰がそれを創造したかというのは問えない、というのが映画なのである。だから私はこの映画監督＝作者という考え方がつまらない。映画はもっと開かれていて、みんなが寄ってたかって、なんだかんだ言いながら作り上げてしまうことができる。そんな豊かさとおおらかさを持っているのではないか。きっと初期映画を興行として制作していた連中はそんな感じでワイワイ映画を作っていたんじゃないだろうか。

先日金沢のシネモンドという映画館が主催する「こども映画教室」というワークショップの講師を務めた。小学生の子供たちがグループにわかれ、3日間で映画を構想し、撮影し、編集して上映までを行うのである。とにかく時間との勝負なのだが、私は子供たちにあることを教えなかった。それは監督という役割があるということである。通常このようなワークショップでは監督やカメラマンといった役割があることを教える。監督は全てにおいて決定の権利を持つ存在だ。映画っていうのはそんなふうに役割を分担するんだよ、と映画製作のシステムを教えればことは合理的に進む。しかし私はそんな商業映画的システムを彼らに教えたくなかった。「とにかくみんなでよく話し合って決めるんだよ」とだけ言った。すると初日から大変なことになった。まず物語のアイデアを出し合ってひとつにまとめていかなくてはならない。子供たちは「私は未来の話がいい」とか「探偵が出てくる話がいい」とか、ありとあらゆる思いつきを提案する。強いこだわりのある子もいて、自分の意見が通らないと泣き出してしまう。監督がいれば、最終的には監督の選択、決定に従えばよいが、皆が自分の欲望を話しているだけでは、話はまとまらない。多数決という簡単な解決方法もあったが、彼らはとことん話し合った。2日目には撮影に入らなければ到底終わらない日程だったが、2日目もずっと話し合っているグループもあった。しかし、子供たちはやがてなんとか問題を解決してゆく。少数派の意見にも耳を傾け、決まりかけていた物語をまた修正し、皆の意見を取り入れてひとつの企画にまとめてゆくのである。子供たちの問題解決能力に感心した。誰かが決めるという決定システムを彼らに教えなくてよかったと思った。

相互の無理解から起こる対立や暴力、力ある者が周囲を従わせようとするシステム、そういった問題を乗り越えるために、私たちは本当の対話や、討議や、多中心的なシステムの構築や連携を必要としている。例えば現代美術においては、作品という成果物が重要なのではなく、プロセスそのものが創造行為であると考えるようになった。素晴らしい才能を持った作者が、素晴らしい作品を作るのではなく、アーティストは現実に対して媒介者として関与し、多様な関係性を引き出すだけで、その結果についてはコントロールしようとしない。それが現代の創造行為である。

なのに映画だけは、特に劇映画だけはいまだに監督が権力を握っているし、そのようなものとして見られてもいる。人が「私は一度映画を撮ってみたい」と言うとき、それは大勢のスタッフを号令ひとつで自分の意のままに動かす王になってみたいと言うのと同じ欲望を表しているだろう。もちろんそのような素晴らしい作家は存在し、これからも彼らの作品を映画ファンとして楽しむこともできるであろう。ただ私は、どのような社会が望ましいのかと自分に問うとき、王の君臨する社会であると答えたくない。皆が多様に対話する社会の可能性を求めたいし、自らの映画作りにおいて、映画が本来持っていたはずの開かれた可能性を模索してゆきたい。

初出＝『「ムッシュ・シネマ」2010no.10』／鎌倉で映画と共に歩む会／2010年

ジャン＝ピエール・レオーを演出する『ライオンは今夜死ぬ』というカーニバル

対談：筒井武文

映画の特異点

筒井　ジャン＝ピエール・レオーですけど、僕らの学生時代に多分、一番見てたのは『男性・女性』ですよね。諏訪さんも、レオーのパッって煙草くわえるのの真似、よくしてたじゃない。

諏訪　こうね（と仕草）。やっぱり（フランソワ・）トリュフォーの（アントワーヌ・）ドワネルもののレオーって印象が強いんでしょうが、僕らの世代でいえば（ジャン＝リュック・）ゴダールのレオー、『男性・女性』や『中国女』とかの時代のレオーが鮮烈でしたよね。『男性・女性』のほとんど創作に近い現場ルポがあって（『気狂いゴダール　ルポルタージュ：現場のゴダール』）、それもよく読んでたんですよ。レオーが助監督していてロケハンでアパルトマンを探してくるとか、ヌーヴェルヴァーグの映画作りの現場を生々しく感じましたね。

筒井　その辺りが諏訪さんの最初期の８ミリ作品『はなされるGANG』に表れてると思うんです。あれはヌーヴェルヴァーグに影響を受けた作品ですよね。

諏訪　学生時代に友達の映画に主演したんですが、そのときはレオーのような演技ってなんなんだろうと考えてましたね。彼の演技って映画の特異点だと思うんですよ。ヌーヴェルヴァーグに出会う前、高校時代にはアメリカン・ニューシネマの後期を見ていたんです。俳優でいえばダスティン・ホフマン、（アル・）パチーノ、（ロバート・）デ・ニーロ。彼らはこういう人いるよねという演技の領域を拓いていったわけですね。だけどレオーはこんな人どこにもいないと、映画の中で映画を撮ってますよと感じさせてしまうんです。『ライオンは今夜死ぬ』の中でも歌ってる『ウイークエンド』の挿入歌の場面にしてもそう。あれ、電話ボックスで彼女に電話してる場面ですよね。非常に奇妙なゴダール的シーンですけど、いかにもセット然と電話ボックスがぽんと置いてあって、本当らしい何かを再現して信じさせるのとは全く別のことが起きているのにレオーはその設定を律儀にやり通すんです。それができたのはレオーだからだと思うし、恐らくヌーヴェルヴァーグの俳優の中でも非常に特殊な、従来とは異なるリアリティーを創出したんですね。

筒井 つまり映画の中で生きているという感じだと思うんですよね。

諏訪 映画にしか存在しないみたいな。ちなみに『ママと娼婦』（ジャン・ユスターシュ監督）で共演してるフランソワーズ・ルブランもまた特殊で、映画の外に居続ける感じがするんですね。それが今回の僕の映画にはそぐわない気がして、イザベル（・ヴェンガルテン）にお願いしました。

筒井 そうかなって想像してました。

スイッチが入ったら止まらない

筒井 レオーに戻ると彼は役を演じるんではなくて役と一体化しちゃう俳優と言えばいいかな。

諏訪 うーん、役っていうものがないって気もするんだよね。

筒井 映画の中こそが彼には自然なんで、映画を離れるとすごくぎこちなく見えちゃう。86年に僕がパリに行った頃には暴行事件で新聞の一面を飾ってたり、精神的にかなり危ないみたいな話も聞いて心配したけど。

諏訪 詳しくは知らないけれど、トリュフォーが亡くなった後はとりわけね。最初に会ったときにはまだ70歳前でしたけど、もう80歳過ぎみたいな気がし

『ライオンは今夜死ぬ』©2017–FILM-IN-EVOLUTION–LES PRODUCTIONS BALTHAZAR–BITTERS END

ました。彼の身体の被っているダメージみたいなものを感じましたね。

筒井　会いに行ってもベッドに寝た切りで。前作『ルイ14世の死』（臨終の床にある太陽王の死を演じたアルベルト・セラの監督作）そのままに。だからこそ『ライオンは今夜死ぬ』で活き活きと動いているのがすごい。よくあれだけの長回しで撮れたなとびっくりしました。

諏訪　最初はかなり厳しいだろうと思ってましたね。だけどスイッチが入ったら逆に止まらないというか、だんだん元気になってく。

筒井　そこいらへんが映画の申し子だね。

諏訪　ただ企画の段階で、僕のやり方は台本がないし、即興的にやんなきゃいけないいんですけどいいですかと訊いたんですね。そしたら「大丈夫、今だって即興で喋ってるんだから」なんて言ってたのに、いざ撮影に入ると、「スワ、ジュリエットとの台詞書いてくれ」とか言い出して、困ったなってこともありました。それで、彼との雑談の中で、昔彼のお父さんが戯曲を書いた舞台をオデオン座で見て、まるで両親の物語を見ているようだった、という話を聞いたんです。その台本を探してもらって読んだら、素晴らしい台詞で。これは絶対使えるぞ、と。

筒井　ジュリエット役のポーリーヌ・エチエンヌもいいよね。

諏訪　ふたりが鏡のとこで出会って抱き合うのを見て、ああ、この関係はありだなと。歳の差も現実非現実っていうのも全く関係なくなっちゃう。彼女ならではだと思いますね。

筒井　諏訪さんの映画って、その俳優がちゃんとそこにいればもうあとの設定はなんでもオッケーなんですよね。幽霊が現われるところでも普通ならジャン・コクトー以来のトリック撮影使うよね。でも全くやろうとしない。

諏訪　鏡にポーリーヌがパッと映ってレオーが見ると彼女がくすくすっと笑うんですよ。「おかしいでしょ?」みたいな、あの笑いが素晴らしいなと思って。あれだけで存在しちゃう。ほら私はここにいるんだからって。ふたりで例の『ウイークエンド』の歌を歌うところもレオーはすぐ座っちゃうんだけど、その後でもう一回歌うっていうのが即興で出てきたんです。これがまた素晴らしい。そのときはもう本当に老いてるんですよね。ふたりでいたころを思い出しながら歌うくらいに老いている今と、若々しいことがワンセットで彼の中で表現されている。それはどんなトリックでも表現できないことだと思いました。

カーニバルのような映画

筒井　撮影も素晴らしいですね。

諏訪　ギヨーム・ブラックの映画に対する信頼もあって、彼の撮影監督のトム・アラリに撮ってもらったんですが、おかげで他のスタッフもフランスの次世代、新しい映画を支えていくだろう彼らと仕事をできたのはうれしかったですね。彼らと付き合うことで、改めて映画の大胆さと向き合えたというのかな。僕が切り返しをあんまり使わないことを知って て、ここは切り返そうとか、あえて言ってくるんで すよ。僕もだんだんそれでいいじゃないかとなって。

多分今回の映画は今までと違って、自分が全体を統括する立場を明け渡そうと思ってたんですね。ある意味で無茶苦茶ですよね、この映画。子供たちとか、レオーとか、幽霊とかライオンとか、大人たちが信じている世界にはまっていかないですよね。はまらないものたちを僕は統御しない、だからいろんなことが起きてくるんですよ。

撮影時にはカーニバルみたいな映画になればと考えてました。誰かが何かを始めたらどんなに無茶なことが起きてもいい、それを演出家が統御しない。カーニバルには演出家がいないわけですから。それは鑑賞されるものではなく生きられるものだと(ミハイル・)バフチンは言っていて、僕はそういうものが発生し得る環境を作っていっただけで——。現代の作家主義的な映画で言えば、統御する力が弱い映画だと思うんですね。

筒井 そういう現場の空気を作ることが一番大切ですよね。

諏訪 ただ、それをやったのかなと。

筒井 過去の映画に対するオマージュが満載だけど、同時に未来に開かれた新鮮な映画でもある、その両面を持っているのが素晴らしい。結局、レオーの映画って彼が亡霊みたいに過去を全部、引きずってるわけじゃない。

諏訪 過去というものの重圧に打ち震えているような存在ですよね。特に今回の僕の映画では俳優役なので、「自分自身との関係が曖昧で逃げ場がない、難しい」と本人も言ってたんですけど、僕はあんまり考えなかったんですよね。だって子供たちがいるじゃないですか。「このジジイ」とか、ものすごいこと言ってる彼らの視点とともにあったことで、レオーだから云々に囚われず、確かに変な人だよね、みたいに思っていられる部分もありました。

筒井 その関係性がすごく面白いよね。

諏訪 相米(慎二)さんの『夏の庭(The Friends)』じ

ゃないけど、通常、子供と老人が出会って何か精神的な交流が生まれていく様子とかを見たいし、現場でもそういうものに導こうとしたりするんですけど、それが全く成立しないんです。子供たちにとって、「わけわかんないけどなんかすごいぞ、このジイさん」みたいな、そういう関係が微妙に生まれているんですよね。わけわかんないものと出会うって、やっぱりそれはすごいことなんじゃないかと。

ただただレオーを撮りたかった

筒井　一緒に出演している子供たちにはレオーの昔の映画とか見せたの?

諏訪　日本で土肥悦子さんが運営している「こども映画教室」のフランス版で、映画を作りたい子を集めてワークショップをしながら映画を立ち上げていくというプランがあり、事前に三回ワークショップを開いたんです。その最終回『大人は判ってくれない』を見せて、上映後にレオーを紹介したんですけど、みんなきょとんとして、「この映画に出てたんですかー、なんの役やってたんですかー」とかって(笑)。そのときのレオーってもう髪ぼさぼさでね、子供たちもびっくり。彼らにとっては宇宙人みたいなもんですよね。

筒井　その子供たちがレオーに演技指導しているからおかしいし面白い。あの子供たちはトリュフォーの子供たちでもあるだろうし、(ジャン・)ルノワールのでもあるだろうし。子供四人が、塀越しにこっちを覗いている『ピクニック』や『あこがれ』のカットも撮ってるよね。僕はさらに(ハワード・)ホークスも思い出しました。

諏訪　レオーが子供たちの撮った映画を観て「ブラボー」と言うシーンの後、実は彼、延々とハワード・ホークスの話を続けたんですよ。こうやって悦びのために映画を作るのが素敵なんだって、『ハタリ!』の話を。

筒井　だからこの映画は『アメリカの夜』へのオマージュなんだけど、それを遡って『ハタリ!』はすごく、親近性を感じた。最後にライオンが出てくるところも含めて。それに、レオーが死を演じるところから始まるけど、映画全体が生のイメージにあふれていて、最後ではレオーが若返った感じがしますよね。

諏訪　やっぱり生きるってことが素晴らしいんだと、それをテーマにしたいとレオーは言っていて。若い人には陳腐なテーマかもしれないけど、いろんな意味で危機を通過してきた人にとっては生を実感することの感慨があると。レオー本人にもきっとあったと思うんです。彼は死後の話をするのが好きですけど、でも楽しくいたいって雰囲気があって、僕もそれに共感して楽しく撮りました。

筒井　ヌーヴェルヴァーグの呪縛からレオーを解放してるんじゃないかとも思ったけどね。

諏訪　そうあってほしいなと。とは言え、まずはただただ彼を撮りたいと思った、それだけですよ。最初に会ったあと、ひとりになって町を散歩していたときに、彼が今ここに立っていたらと想像してみると、なんの変哲もない町の通りが一変してしまうんです。非常にポエティックに風景がねじれていく。やっぱりこれが撮りたいんだと。ただ彼が撮れれば、それだけでよかったんですよ。

構成＝川口敦子

初出＝『キネマ旬報　2018年1月下旬号』／キネマ旬報社／2018年（「ジャン＝ピエール・レオーを演出する」を改題）

『ライオンは今夜死ぬ』映画を作る喜びとともに

インタビュー：野崎歓

——ファーストショットから、ジャン＝ピエール・レオーの顔がアップで映し出されます。映画を撮影中の俳優という設定ですが、レオーという俳優を発見し直すようなインパクトというか、感動がありました。

諏訪　多分僕もレオーに最初に会ったときに、そんな印象を持ったのかもしれないですね。彼を目の当たりにしたときに、なんとも言えない感じですよね。ただ見るしかないわけです。

——気難しい人なのではという先入観もありますが、撮影中のレオーはどうでした？

諏訪　もともと、彼が映画祭（ラ・ロッシュ＝シュル＝ヨン国際映画祭）で僕の作品を見て、向こうから会いたいって言ってくれたんです。それは彼が映画監督に対してすごく関心を持っているからで、撮影中もそうですね。共演している相手よりもカメラ、監督のほうにずっと関心がある。「カメラは僕のパートナーなんだ」って言い方を彼はしていて、常にカメラの位置を気にしている。カメラに向かって演じることが喜びだから、子供がカメラの前に立ったりすると「お前、どけっ。そこに立つな！」みたいなね（笑）。厳しいんですよ。

——レオーといえばフランス・ヌーヴェルヴァーグの代名詞的な存在です。

諏訪　その記憶が、彼のうちには克明に生きていますね。（ジャン＝リュック・）ゴダールの『ウイークエンド』で歌った歌が口をついて出てきたり。それを今回使いました。（フランソワ・）トリュフォーの

『アメリカの夜』や（ジャン・）ユスターシュの『ママと娼婦』の台詞もいまだに覚えている。でも新しい台詞を覚えるのは、すごく大変なようでした（笑）。

——老いや死の問題が大きな主題になっていると思います。それが明るく展開されるところがこの作品の魅力ですが、とはいえレオーの姿は最初からやや老いを感じさせます。かなりお腹が出ていたりして、子供たちが「デブで変な人がいる！」などと失礼なことを平気で言う（笑）。レオーの体調面は問題なかったんでしょうか。

諏訪　いや、これはね、すごく不安があったし、それは会ったときからわかってました。彼が主役なんだけど、出ずっぱりというのは難しいだろうなと。歩くのが大変なんですね。足腰が弱ってるので、すぐ座っちゃうし。だから今回も本番の直前までは椅子に座って、「用意」で立ち上がり、「カット」が掛かったら座るっていう感じで。体力的にはかなり厳しかったんですけど、だんだん元気になってくれましたね。演じることが楽しいと感じるのは、本当に久しぶりだと言ってくれました。あのジュリエット（元恋人の幽霊）とのやりとりで。

——女優さん相手のときには、しゃきっとして見えます（笑）。何か秘密があるんでしょうか。

諏訪　ジュリエットとの場面は長い台詞を一生懸命覚えて、覚えて、覚えて……もうそれに集中するわけですね。台詞を覚えなきゃいけないという強迫観念の中にいるわけです。でも、それは年をとったからじゃないんですよ。おそらく『ママと娼婦』の頃からそうなんです。「これを間違えてはいけない。ワンテイクしか撮れない。台詞はすごく美しくて、これを失敗することは許されない」っていう緊張感が、彼の演技を支えてきたんじゃないかなと。で、本当に覚えられないかというと、覚えましたからね。ジュリエット相手のワンシーン、ほとんど長回しでいけたので。準備のときは僕たち結構ヒヤヒヤして、それこそ『アメリカの夜』じゃないけど、台詞を紙に書いて貼るとか（笑）、なんか対策はしといたほうがいいんじゃないっていう意見もあったんだけど、覚えましたね。

——ジャン＝ピエール・レオーは常にハラハラドキドキの俳優だったと。

諏訪　ハラハラドキドキに追い立てられていくことが、撮影であるっていうことを感じさせつつ、フィクションの中に存在していく、本当にキワキワの稀な存在の仕方ができた人っていうか。普通やっぱりそれを隠しますからね。さも自分が喋っているかのように台詞を喋るわけだけど、彼はそうじゃないです。最初からそう思いました。ああ、こんな人いないわって。フィクション映画っていうのは常に「こんな人がいるかもしれない」って感じさせるように作るわけじゃないですか。嘘だけど本当、なるほどこういう人がいるかもしれないっていう。でも、ジャン＝ピエール・レオーみたいな人は絶対いない（笑）。こんな人は存在しないだろうって思わせる。（ジル・）ドゥルーズは「非職業的職業俳優」って言い方してましたよね。それが今回の映画のイメージに結びついていった……。

——存在自体が形容矛盾という感じが、まさに彼のユニークさなんですね。

諏訪　たぶん僕が撮りたかった映画もそういう映画だったんだなと、あらためて思ったんです。8ミリで撮っていた学生の頃から、ずっと変わっていないというか、進歩してない。今言ったレオーのようなフィクションのあり方。もちろんそれはヌーヴェルヴァーグを通して僕が映画に感じたことだったし、それをずっと追いかけてたのかもしれないと思って。それをジャン＝ピエールと一緒にできたっていうのは、自分としても本当に喜びでした。

——レオーの昔ながらの前髪がバサッと顔にかかる髪型とか、ああいうのは全部「素」なんですか？

諏訪監督がリクエストした部分というのは？

諏訪　僕がリクエストしたのは、無精髭を生やそうと。彼はちょっと抵抗があったかもしれないですね。やっぱりヌーヴェルヴァーグのジャン＝ピエール・レオーっていうイメージを生きているから。今回唯

『ライオンは今夜死ぬ』©2017–FILM-IN-EVOLUTION–LES PRODUCTIONS BALTHAZAR–BITTERS END

―彼が言ったのは、「年老いたことを演じてみたい」っていうことでした。でも、見るからにもうあきらかに年をとってるじゃないですかと（笑）、僕は思いましたけど。「年とった役を演じてみたいんだよね」って言う彼が面白いなと思って。今も青年のときのイメージを大事に生きているんですね。

――子供軍団対レオーっていうのが、なんとも言えない面白さをかもしだしています。

諏訪　これは一番の課題だったんですよ、今回のプロジェクトで。レオーと子供たちはいかに出会うのか。レオーには、子供たちにリンゴを下から放るように指示したのに、それをビュッと豪速球で投げた（笑）。うわ、すごいなと思って。子供たちも本当にびっくりして。そういう感じで予測不可能なんですよね。

――あそこはもっとやさしく放って、子供がそのリンゴをかじって仲良くなるとか、そういう感じかなと思ったんですが。

諏訪　それが大人の常識的な感覚ですよね。そういうのがないんです（笑）。だからなんかもう、子供同士みたいな感じですよね。レオーと子供たちっていうのは、大人と子供の関係じゃないですね。違う。宇宙人同士の関係というか。

――レオーが子供たちの作っている映画に俳優として迎えられて、屋敷の中で撮影することになります。そのシーンがなんともおかしいですよね。

諏訪　あの日だけは、一番大事なシーンだったのに全然駄目だったと思いましたね。あそこで何かが生まれると思っていたわけですよ、一緒に映画を作ることで。それなのにもう、お互いに全然ミスアンダスタンドみたいな感じじゃないですか。これはまいったなと。でも、後で見るとそこが一番面白い。

――いかに諏訪監督の映画が異常かっていうと言葉が悪いですが（笑）……。

諏訪　異常です、はい。

――不思議なことに、全然駄目だったはずの部分が一番生きてくる映画になっています。

諏訪　撮っていいて喜びがありました。色彩豊かな画面にして、幽霊やライオンまで登場させて。抑制のない、開放的な映画になって。初めて映画を撮ることが楽しいなと思いました、今回。

――そういう楽しさが見る側にも伝わってきます。この映画は子供が見ても喜ぶでしょうね。レオーが笑いをとるんじゃないですか。身のこなしがとてもユーモラスで。

諏訪　最初からちょっとこう、（チャールズ・）チャップリンとか、ああいうサイレント的なものを意識して。歩き方とか、面白いですよね。

――冒頭でレオーが、監督の指示に反対意見を言うような場面がありますが、ああいうことが実際にあったんでしょうか。レオーが諏訪監督に、いやそれは違うと言うような。

諏訪　ないですね。終わったら常に、「どうだ、よかったか？　今のでいいのか？　好きか？」とか、僕にすごく訊いてくるんですよ。とにかく僕がどう思ったかを気にしてくれてて。「よかっただろ、今のいいよな」とか、そういう感じです。監督に恋してるみたいな感じなんです。これは僕にとって初めての経験でした。あるとき、今日どうだったと訊かれて、よかったですよと言ったら、「フランソワが満足なら、僕も満足」って言ったんですよ。僕と通訳とで、一瞬かたまってしまって、〔小声で〕「今、フランソワと言ったよね」って（笑）。

初出＝『芸術新潮　2018年2月号』／新潮社／2018年
（「映画の楽しみをレオーとともに」を改題）

こんにちは、レオー

2012年の秋。フランスの小さな町のレストラン。わたしの目の前に、ひとりの老人がいる。顔には細かな皺が無数に刻み込まれ、わたしに向けられた笑顔も小刻みに震えていて、実際の年齢よりもずっと消耗しているように見える。それでもふと、いたずらな笑顔があふれる瞬間、彼の目はキラキラ輝き、少年のような表情が浮かぶと、「（ああ、わたしはこの人を知っている！）」と、わたしの脳裏に深く刻まれた若い日の彼のイメージが一気に呼び出される。初対面のその老人が14歳のとき、どんな表情で笑い、どんな声で嘘をつき、途方にくれた眼差しがどのように世界を見つめていたのかをわたしは知っている。やがて成人した彼がどのように恋に苦しみ、世界から疎外された孤独に苛まれたのか、そのときの彼の表情や一挙手一投足が、まるでわたしの身体の記憶であるかのように染み込んでいる。

ジャン＝ピエール・レオーという彼の名前を聞いて、今どれほどのアジアの若者がその存在を知っているのかわからない。1959年のカンヌ国際映画祭で話題をさらったフランソワ・トリュフォーの長編第一作『大人は判ってくれない』に14歳で主演し、世界中の人々に鮮烈な記憶を焼き付けた。「驚くべき子役の誕生」と評された少年は、カンヌの喧騒の中で俳優ジャン＝ピエール・レオーとして生まれた。

レオーが演じたアントワーヌ・ドワネルという役名の少年は、その後17歳で『アントワーヌとコレット／二十歳の恋』、24歳で『夜霧の恋人たち』と、レオー自身の成長とともにトリュフォー映画の中で生き続ける。26歳のときの『家庭』では子供が生まれ、35歳のときの『逃げ去る恋』でドワネルは離婚を経験する。ひとりの俳優の身体がフィクションと一体化しながら成長してゆくという映画史でも稀な出来事だった。「この架空の人物は、現実に存在するふたりの人物、ジャン＝ピエール・レオーと私との合体なのである」とトリュフォー自身が語るように、ドワネルとはレオーであり、ドワネルはトリュフォーの投影でもあり、レオーはトリュフォーの分身でもあるような特異な映画的存在となって人々に記憶されていった。

レオーにとってトリュフォーは明確に精神的な父である。しかし、わたし自身がレオーと出会ったのはヌーヴェルヴァーグのもうひとりの監督ジャン＝リュック・ゴダールの作品だった。

1966年に発表された『男性・女性』は、明らかにトリュフォー作品のドワネル＝レオーを借り受けて、現代を生きる新しい若者のひとりとして登場させている。しかし、ドワネルの陽気さや、コミカルな軽さは剥ぎ取られ、不安に苛まれ、緊張して痙攣するようなこわばったレオーの身体が、居場所のない世界に反抗する特権的な存在となって、映画を学ぶ学生であったわたしの視線を撃ったのだった。

『男性・女性』の中でレオーは、手にしたタバコをポンと放り投げて咥える、という小さなアクロバットを繰り返す。その仕草を、学生のわたしは何度も真似た。友人の映画に出演したときは、まるっきりレオーに成り切って演じようともした。わたしは彼の存在を自分の記憶として身体に刻み込むことで映画の最前線を呼吸したかったのかもしれない。

レオーは続いて『中国女』、『ウイークエンド』、『たのしい知識（楽しい科学）』などのゴダール作品に関わり続ける。トリュフォーがよりロマネスクな作品世界に進んでゆくのとは逆に、ゴダールの作品世界は強く政治的な色彩を帯び、表現はより先鋭化してゆく。「映画を信じるな、現実を信じよ」と言わんばかりに、映画が偽りの世界を再現して人々を酔わせてしまうことを否定して、フィクションは解体されてゆく。「現実の反映ではなく、反映の現実を！」（＊1）と謳うゴダール映画の現実と虚構の狭間で、身体をこわばらせながら不安げに右往左往するレオーの存在が、わたしの目に沁みた。彼はわたしとは関わりのないどこか遠くの虚構世界に住んでいるのではなく、今まさに映画が作られているという現実の中にいた。レオーがいる場所は、わたしが生きているこの世界とつながっているように思えた。わたしも映画を作ろう、と思った。

70歳を迎えようという年老いた彼を前にして、ふと『ウイークエンド』のある場面を思い出した。主人公の夫婦が田舎の山道を抜けると、まるで撮影のために置きましたというような違和感で電話ボックスがあり、その中でレオー演じる伊達男の青年が受話器を片手に歌を歌っている。夫婦は傍に停めてある青年の車を盗もうとスキをうかがう。レオーはそれに気づきながらも「もしもし、聞こえるかい?」と離れた恋人への歌をやめることができない。彼はなぜ歌っているのか?　そこにはなんの心理も理由もない。きっと、電話の向こうにも誰もいないのだ。おそらくゴダールはレオーにこう言ったのだろう。「君は電話に向かってこの歌を歌うんだ。何があっても歌い終わるまで電話ボックスから出てはいけない」と。レオーは、ただゴダールの指示に従う。どうして?という理由はいらない。彼はただ歌い続ける。その薄っぺらな書き割りのような虚構をはみ出して、レオーの身体は生き生きと動き回る。映画という恐ろしくも美しい世界に自分の居場所を見出すことの喜びとともに。わたしは年老いたレオーに向かってその歌を口ずさんでみる。彼の記憶を引きずり出すように。すると「その歌を覚えているのかい？」と彼の目の色が変わり、彼も歌い始める。「J'appelle dans le vide Je t'appelle au milieu de ma nuit...」50年前に彼が覚えた歌が、50年前の映画のままに彼の声で再生される。わたしたちは声を合わせて歌い続けた。「あの歌を選んだのは、あなたですか？」とわたしが問う。「あの歌はジャン＝リュックが選んだんだ。彼はこの歌を覚えるようにと僕にレコードを渡した。でも当時は金がなくて、レコードプレーヤーを持っていなかったから、そう言うとジャン＝リックが買ってくれたんだ」と、レオーはうれしそうに話してくれた。

フランスのラ・ロッシュ＝シュル＝ヨンという小さな町の映画祭で、偶然のようにレオーと出会ったわたしは、彼と別れてからも高揚がおさまらず、翌朝、ひとり町を歩いた。日常的な地方都市の街路に、人々が行き交っている。もし、そこにレオーが歩いていたらどうだろう。わたしは脳内のカメラを起動し、その映像を思い浮かべる。彼の身体がその空間を歩いているだけで、日常的な町の景色が非現実の空間にねじれてゆくような気がした。例えば無声映画時代の（チャールズ・）チャップリンが現代映画に登場すれば、その身振りは現実から遊離してしまうだろう。あんなふうに現実の街を歩いている人がいるはずはない。同じようにレオーの身体は、自然さを装う現代の映画にその居場所はないのかもしれない。しかしそのねじれの中に、何か映画的なポエジーが発生していくような気がした。わたしは、彼を撮影したいと強く思った。ただ彼を撮影するだけで、わたしはわたしがこれまで経験したことがない映像に触れられるように思えた。『ライオンは今夜死ぬ』の始まりだった。

ジャン=ピエール・レオー（以下JPL）「しかし、実は自分にとっては、『ライオンは今夜死ぬ』は、ずっと以前から始まっていたのだとも言えます。それは『大人は判ってくれない』のころからです。ご存知のように、『カイエ・デュ・シネマ』の批評家だったフランソワ・トリュフォーと一緒に映画を撮り始めたので、私にとって映画とは、映画批評から生み出された作家映画のことにほかならないのです。『大人は判ってくれない』から長年培われてきた作家映画への愛が、諏訪監督という作家映画の作り手と仕事をすることで、続いてゆくと思えたのです」（＊2）

それから5年後。わたしとレオーはリュミエール兄弟が映画『（ラ・シオタ駅への）列車の到着』を撮影した南フランスの小さな町で『ライオンは今夜死ぬ』という映画の撮影を迎えた。レオーが現場にやってくる。実際の彼の足取りは危うく、おぼつかない。スタッフに支えられて、やっとの思いで彼は歩いて来る。それでも、カメラの前に立つと、彼の背筋はピンと伸びて、表情は生気に輝く。彼はこれから始まる撮影のために役の心理的な説明をわたしに求めたりしない。それよりも彼はまず自分がカメラの前で、どのように動くのかを知りたい。何秒くらい止まるのか、どこで向きを変えるのか、と具体的な動きを知りたいのだ。彼を椅子に座らせて、わたしがレオーの動きをやって見せる。そのとき、わたしの演技はどこかでレオーを真似ている。彼の映画を見て、若いときにわたしの体に染み込んでしまったレオーの身体の記憶が、再びわたしの身体に偽物のレオーとして現れる。レオーはそのわたしの動きを真剣に見て、「よし、わかった」と立ち上がり、レオーを真似たわたしを真似てレオー自身が演じる。その不思議な循環によって創造されるジャン＝ピエール・レオーは、彼のさまざまな過去の映画の記憶を呼び起こしながら再生される。わたしが最初にレオーと会ったときに夢想した通り、彼がただ町を歩くだけで、その身体は振り付けられたバーレスクのように踊り、現実と非現実の間で空間がねじれ、映像は不思議な映画的ポエジーに満たされるように思えた。

そして突然、誰も予測できない出来事がカメラの前で起きるのである。例えば映画の冒頭、俳優の控え室で鏡に映る自分の顔を覗き込んだレオーは突然誰も予期しなかった台詞を話し始める。「鏡ってやつを見てみろ。奥深さを自慢して、卑劣なやり方で実像をひっくり返すんだ」と。どこからか言葉が、そのときレオーに湧きあがり、その直感を信じてレオーの演技は予定されたシナリオを突き抜けてゆく。またあるときは「世界を救うのは、子供と、兵士と、狂者なのだ……」と呟く。それは『ママと娼婦』（ジャン・ユスターシュ監督）の中の台詞だった。

JPL　「演じる前に『どのように演じるか』ということは考えません。死に関しても、そのほかの問題に関してもそれは同じです。『大人は判ってくれない』を撮った当時も、私はそうした問いかけを自分にすることはありませんでした。演じるということがひとつの使命・天命のように感じられたからです。撮影を進めていく中で、俳優としての才能が自分の中で開花するのを感じ、自分がたんなる演じる機械ではないことを悟りました。（中略）諏訪監督は俳優を驚かせるという才能に長けています。彼の現場ではリハーサルなしにすぐに本番が始まります。自分の創造力を試される瞬間です。とても強く印象に残ったシーンがあります。私は鏡の前に座っていて、カメラは後ろにありました。リハーサルは一切せずに諏訪監督はカメラを回しました。その瞬間、脳裏に昔『カイエ（・デュ・シネマ）』の事務所で読みあさった文学の作品の記憶が浮かんできました。（ホルヘ・ルイス・）ボルヘスの『汚辱の世界史』や（ジェローム・デイヴィッド・）サリンジャーの『バナナフィッシュにうってつけの日』、もちろんジャン・コクトーの作品も。記憶はたしかにそこにあり、私はそれを信頼しました。そして、記憶は私を裏切りませんでした。

即興をしているとき、ジャン＝ポール・サルトルのことを思い出しました。サルトルは長年取り組んでいた（ギュスターヴ・）フローベールのボヴァリー夫人論を途中で断念しましたが、それは当時の知識人たちにとって大きな事件でした。『サルトルがもう書けない！』と。しかし、彼は表現することをやめませんでした。あるとき、自宅の本棚にたまたまあった『オブリック』誌を見たところ、そこにサルトルの対談記事を見つけました。そこで彼は老いについて以下のように語っていました。『涎をたれ流し、歩くことさえ困難になる……そして、訪れるのです、出会いが』と。この一節を目にしたときは、『存在と無』を書いた作家が『出会い』という言葉を使っていることに驚きを禁じえませんでした。サルトルは『無』や『死』ではなく、『出会い』という言葉を選んだのです。その鏡の前でのシーンの後半、即興を締めくくるために私はその言葉を引用しました。（ハワード・）ホークスの素晴らしい後期作品『レッドライン7000』の冒頭の30分、死は真っ直ぐ観客に向かって迫って来ます。重要なのは物事の間の有機的な関係を汲み取ることです。私自身それを心がけ演じました」（＊3）

レオーの演技を見ながら、わたしは初めて、映画を撮ることの喜びを感じたような気がした。しかし、その幸福感を脅かす存在が現れる。子供たちだ。『ライオンは今夜死ぬ』には、自分たちの楽しみのために映画作りに熱中する十人の子供たちが登場する。彼らには、ほとんど映画での演技の経験はない。撮影が始まる前に、わたしは子供たちに『大人は判ってくれない』を見せ、上映が終わったところでレオーと対面させたことがあった。「この映画に出ていた人だよ」とレオーを紹介すると、彼らはキョトンとして「へー、どの役をやっていたの?」とレオーに訊ねた。彼らにとって、レオーは神話ではなく現実の不思議な老人だ。レオーと子供たちの場面は即興的に演じられたが、子供たちは容赦なく「おいジジイ! いつまで昼寝してんだ」とか「デブのジィさん」と、無遠慮にレオーに向かって言葉を浴びせる。レオーも「ジジィではない」と応戦し、仕返しに子供たちにリンゴを投げつけたりする。それは、決して寛容な大人として子供に接するような態度ではない。レオーはまるで、ドワネル少年として子供たちとの子供対子供の闘争の中にいるようだ。何度繰り返しても、決して子供たちの思惑通りには演じてくれないジャン(レオーの役名)は子供たちにとって、訳のわからない、得体のしれない存在であるだろう。レオーもまた、相手が子供であることなど意に介さず、自分の直感を信じて子供たちに立ち向かう。

JPL 『『男性・女性』のなかで、私は非職業俳優と一緒にカフェでのシーンを撮りました。それを知ったフランソワが私にこう言いました。『君が非職業俳優と演じるなんて、とても難しかっただろう?』と。しかし私は、『いや、すごくうまくいったよ』と答えました。自分が特殊な演技のアプローチを持っているとは思いません。それぞれのシーンにおいて発生する自分の内的なリアリズムに身を委ねることで、今度はシーン自体が私のリアリズムと呼応してくる。そうすることで、さまざまな役をさまざまなパートナーと共に演じることができるのです。（中略）諏訪監督が提案してくれた子供たちと一緒に演じるというアイデアも素晴らしいものだったと思います。子供たち自身が書いたシナリオも素晴らしかったです。多くの場合、子供は俳優を脅かす存在です。彼らの驚くべき自然さは、俳優にとってはひとつの脅威となりえます。しかし、私は全くそのようには感じませんでした。私は子供時代に演技を初めましたが、今回子供たちと一緒に撮影しているときも当時と同じ喜びを感じました」（＊4）

レオーは撮影中に決してリラックスなどしない。あれだけのキャリアがありながら、自分がうまく演じられるのかどうか、常に不安に苛まれ、緊張している。デビューから長い間、おそらくレオーは、自分自身の過去のイメージを壊すことはできない、失敗は許されないという大きな重圧の中にいたのだと思う。そして、その重圧と不安の中で演じることこそがレオーという俳優の原動力だったのではないか。しかし、子供たちの奔放さが彼を過去から解き放つ。わたしとレオーによる記憶の再生のサイクルは吹き飛ばされ、見たことのないレオーが出現する。彼は撮影が進むにつれて、生き生きと元気になっていったように思う。

そして、映画は完成した。

わたしがレオーの物真似をしていた学生時代を知る古い友人が『ライオンは今夜死ぬ』を見て、「レオーの過去の映画のさまざまな記憶が呼び出されると同時に、未来のレオーに開かれている気がした」と言ってくれた。そうであってほしいと心から願う。オマージュという言葉が、失われたものへの愛の告白であるとすれば、『ライオンは今夜死ぬ』はレオーやヌーヴェルヴァーグへのオマージュではない。レオーも、子供たちも、幽霊さえも映画の中では皆現在を生きており、カメラはその生を丸ごと肯定する。確かにこの映画でレオーは「死を演じることができない」俳優を演じている。「死」は中心的な主題であるが、わたしとレオーはむしろ「生きていることは素晴らしい」ということを主題としようとしていた。

JPL「映画の冒頭、鏡の前で、鏡の中の自分と対話するように即興で演じるシーンがありました。鏡を見ながら私は死について考えを巡らせました。そのとき、『映画とは死を活動の中に捉えるものである』というジャン・コクトーの言葉が頭をよぎったのです。死は諏訪監督にとって中心の主題ではありませんでした。生を肯定することが重要だったようです。一方で、私にとっては生と死の二重性こそが大切でした。それはコインの表裏のようなものなのです。とはいえ、諏訪監督の意図していた、生の肯定という主題を自分がカメラの前で実現できているのであれば、非常に嬉しいです」(*5)

撮影後、「レオーの印象はどうだった?」と共演したひとりの子に訊ねると、「なんか変だった。だって大人なのに子供みたいなんだもん」と笑っていた。きっと、レオーはずっと子供であり続ける。ドワネルがそうであったように、彼は古い世界をひっくり返し、映画を新しく生まれ変わらせる子供の力をいまだに漲らせている。わたしたちはこれから何度でも、レオーと出会うことができるだろう。

こんにちは、レオー!

＊本文は『群像　2018年2月号』に掲載された随筆「こんにちは、レオー」を加筆し、新たにジャン＝ピエール・レオーの発言を加え、再構成したもの

註

＊1　ジャン＝リュック・ゴダール監督『中国女』（1967年）

＊2　ジャン＝ピエール・レオー「ジャン＝ピエール・レオー、大いに語る」、『文學界　2018年1月号』所収、文藝春秋、2017年

＊3　ジャン＝ピエール・レオー「5 questions à Jean-Pierre Léaud」、『Cahiers du Cinéma NO.740』所収、Cahiers du Cinéma、2018年

＊4　レオー「5 questions à Jean-Pierre Léaud」

＊5　レオー「ジャン＝ピエール・レオー、大いに語る」

初出＝『FILO No.1』／매거진 필로／2018年

第2章　教育の現場で

「生」を学ぶこととしての映画教育

母校である東京造形大学で映画教育に携わるようになって4年になる。しかし、映画を「教えている」のかと問われると、違うという気がする。映画の撮り方や、監督に必要な知識などを「教えている」という実感もないので、「はたして映画を教えることができるのか?」と、あちこちで耳にする問いもピンとこない。「教える/教えられる」という関係は、教える側がより多くの知識や経験を持っており、教えられる側より優位であるという関係を前提とし、その関係を維持しなければ成立しない。露出計の使い方や、カメラの操作を教えることはできるが、映画の撮り方を教えることはできない。イマジナリーラインがどうのこうのと言ってカットの割り方などを技術として教えたとしても、映画の撮り方を教えたことにはならないだろう。なぜなら、カット割りの原則など単なる習慣でしかなく、本来ルールなどない自由なものであり、映画の撮り方もまた自由であるからだ。

私は学生時代から助監督として働き、多くのことは現場で学んだ。大学など必要ないと思い、やめようと思ったときもある。しかし、大学で学んだことがひとつだけあった。それは「自由であること」である。現場でボロボロになって、ふと大学の授業に戻ったとき、そこではロラン・バルトやクリスチャン・メッツなどの最先端の映画知を巡って皆が議論していた。それらの理論が素晴らしかったと言いたいわけではない。理論など映画制作においては、なんの役にも立たない。ただ、彼らの知の営みが、知らぬ間に染まってしまっている習慣や作法から私を解放し、全く孤独に独自の生を追求するという道があることを私に示してくれた。つまり「自由であれ」と。先行するさまざまな価値観や、習慣にとらわれることなく「自由であること」。私自身が独自な生を生きているように、映画を撮ることはカメラを使って自分の力で世界を知るという、独自な生の行為であると思う。これを肯定する勇気と自由は、現場の経験では得られない純粋な知の働きである。

学生たちは、映画を制作しながら日々さまざまな困難にブチ当たる。しかし、それを乗り超える便利な技術などなく、「こう撮ったほうがいい」とか「こう編集したほうがいい」などという助言は些末なことでしかない。彼は彼自身であること、つまり自由であることによってその困難を乗り越えなくてはならない。私にできることはそれを励ますことだけである。映画を教えることと、映画監督を養成することを混同してはいけないと思う。映画監督になる人間など毎年ひとりいるかいないかである。もしそれが教育の目的だとすると、その教育は99パーセント失敗ということになってしまうだろう。監督や作家には、努力してなれるわけではない。言ってみれば偶然になるのであって、教育が素晴らしいからなれるわけでもないし、学校で映画を学ばなくても監督にはなれる。それよりも彼らが映画制作を経験することで、自分の力で自由に生きることを知り、そこで得た映画的な思考が、その後の人生のさまざまな局面において「よりよく生きる」ことの技術として生かされることを私は願っている。

ひとつの提言。私たちの世代の監督たちが教育に携わるようになった。教育機関も乱立している。さまざまな問題も抱えている。映画を教えることについて皆で持続的に議論し、意見を交換する場を作ってはどうだろう?

初出＝日本映画監督協会　公式サイト／２００７年

悪しきプロフェッショナリズムに逆らって　２００９年度　東京造形大学卒業式　式辞

本日ここに卒業式を迎えられた四百二十五名の皆さん、おめでとうございます。あなた方は本日めでたく学士の学位を得ることになりました。心からお祝い申し上げます。また、卒業生を長い間支えてこられたご家族、保護者ご関係の皆さまにも、心よりお慶びを申し上げるとともに、これまでのご支援に深く感謝申し上げます。

皆さんは、本日この祝福のセレモニーが終わると、毎日通ったこのキャンパスを去り、それぞれの場所に旅立ってゆきます。今世界はさまざまな矛盾が露出する困難な時代を迎えており、皆さんは希望を押しつぶされてしまいそうな大きな不安を抱えているのかもしれませんが、私には、皆さんの旅立ちが、あたかも結晶したクリスタルの破片が小さな輝きを放ちながら、全国に、または世界中に飛び散ってゆく映像として想像されます。

本日、私は自分のささやかな経験から皆さんにひとつのことだけをお話ししたいと思います。それはプロフェッショナルとは何か?ということについてです。これからあなたたちが社会に出てゆくと、さまざまな場面でこの問いに出会うのではないかと思います。

私は現在映画を制作しています。大学卒業後はさまざまな仕事をしましたが、初めてテレビジョンのドキュメンタリー番組を担当したときに、テレビのニュース映像を撮影する報道カメラマンを取材しました。テレビのニュース映像というのがどのように撮影され、作られているのかを知りたかったのです。彼らの仕事は過酷です。昼夜を問わず、テレビ局にスタンバイし、ニュースの第一報が飛び込んでくると、ほかのテレビ局よりも一刻も早く現場に到着すべく駆けつける。実際には事件や事故はすでに起きてしまった後で、現場に核心的なものは何も残されていません。あるいは警察の手によって、現場から報道関係者は閉め出され、撮影すべきものは隠されています。それでも彼らは何かのニュースの痕跡を血眼になって探し、カメラを向けなくてはならない。例えば大規模な惨事があって、家族を失い、途方に暮れる家族がいたならば、カメラマンはその悲惨さを伝えるために間違いなくカメラを向けるでしょう。もし、あなたがその現場にいたら、おそらくそんなことはできない。他人の悲しみにカメラを向ける残酷さに耐えられないからです。それはあなたたちがプロの報道カメラマンではないからです。私が取材したプロのカメラマンたちが、もし現場で皆さんと同じように、カメラを向けることが残酷だと思ったから撮影しませんでしたと、テレビ局に帰って報告したならば、上司に怒鳴られることでしょう。アマチュアのようなことを言うな、お前はプロなんだから、と。

しかし、そのときカメラを向けることが残酷であると感じることは、人間として当然の感性です。ですから、プロであるとは、その人間としての当然の感性をかっこに入れ、一時停止させることにほかなりません。これは例えば医師が手術をするときにも言えることです。私たちが他人の体をメスで切り開くことは困難です。しかし医師は、その人間としての当然の感性を停止させる訓練をすることで、医療を貫徹します。それがプロフェッショナルの前提です。しかし、医師でも自分の肉親を手術することは難しいそうです。私が取材したのは若いカメラマンたちでしたが、仕事が終わった彼らと酒を飲んで話すと、皆がそのプロとしての冷徹さに悩んでいるのでした。なぜ私はそのようにしてまで、他人の悲しみや、不幸にカメラを向けなければならないのかと。仕事中そんなことは言えません。プロを前提とするシステムにおいて、それは弱さとして、役に立たないものとして、戦力外として否定されるしかないのです。しかし、そのときの彼らは、単に酒を飲んで仕事の愚痴を言っているのではありません。停止させていた人間を再起動させているのです。彼らは仕事をしているときの自分とプロではない人間としての自分との間で引き裂かれているのです。私は皆さんに冷徹なプロになりなさいと言いたいわけではありません。先ほど、プロであるとは人間としての当然の感性をかっこに入れる＝一時停止することにほかならないと言いました。しかし、停止させた人間としての当然の感性は、いつでも再起動できなくてはならないのです。私たちはいつでも単に人間であることに立ち戻ることができなくてはならないのです。

社会に出ると悪しきプロフェッショナルたちがあなたたちの前に出現するかもしれません。悪しきプロとは人間としての当然の感性、アマチュアの感性をかっこに入れたままそのかっこを外せなくなった人のこと、人間を再起動できなくなった人のことです。優れたプロのカメラマンは悩み続けます。悪しきプロフェッショナルはもう悩まないのです。あなたたちは大学において、さまざまな課題に取り組んできました。あなたたちの仕事は確かにプロフェッショナルなものではありません。私たちが要求したのもプロフェッショナルとしての仕事ではなかったはずです。さまざまな課題に、あなた自身が人間としてどう答えるか。そのことを問うたのではなかったでしょうか。皆さんは誰かのため、誰かの利益のため、人間とは無縁のシステムのために仕事をしたわけではありません。あなたはあなた自身に問いかけながら、この線でよいのか、この色でよいのか、この形でよいのか、この言葉でよいのかと自問してきたのでした。それはプロとしてではなく人間としての仕事なのです。私が最初に申し上げた皆さんの中にあるクリスタルとはそのような人間としての仕事の中で結晶したもののことなのです。そのクリスタルはあなたたちが子供のころ、絵を描くのが好きだったり、工作が好きだったり、空想することが好きだったりしたときから育ち始めたものです。自分がやりたいという自由において行う行為、それを愛しているから行う行為、その圧倒的に人間的な営みがクリスタルを結晶させていったのです。

あなたたちがここで日々取り組み、習得した専門性は、プロの現場においてはなんの役にも立たないと言われるかもしれません。具体的な成果を上げるために、戦力となるためにあなたはクリスタルをそっとポケットにしまい込んで、プロになる努力をしなくてはなりません。会社へ就職せずに卒業後もなんとか生活をしながら、自己の創作を続ける決意をした人も、大きな社会システムの中で生き残るために、知らないうちにそのクリスタルを見失ってしまうかもしれません。ただ、生き残ることは重要です。どのような道で生きるにせよ、どうかくじけないで、たくましく自己を鍛え、それぞれの専門性を高めてください。システムから逃げることはできません。どんな仕事でもよいのです。ベストを尽くし、求められるなら優秀なプロフェッショナルになってください。しかし、そっとしまい込んだクリスタルをいつでも手に取って見つめ、人間であることを再起動させ、自己の仕事が常に人間の側にあるべきであることを思い出し、悩み続けてほしいと思います。フランスの映画作家ジャン＝リュック・ゴダールは、「私はプロに対しては自分はアマチュアであると主張する、アマチュアに対しては自分はプロであると主張する」と言いました。それは人間的に創造に関わるひとつの戦略なのだと思います。創造とはシステムではありません、か弱い生き物の仕事なのです。

今私たちの目の前に広がっている不安、世界の困難や危機的な状況とは、単なる経済の問題ではありません。そのうち景気が回復すればなんとかなるような問題ではなく、私たちが作り上げてしまった巨大なシステムが、か弱いもの、非力なもの、名づけようのないもの、つまり人間的なものを圧倒的な力で排除しようとしているということではないでしょうか。私自身が制作する映画は、強大なスペクタクルや空想ではなく、男と女の些細な諍いや、大人たちの葛藤に翻弄される子供たちといった、社会の巨大なシステムからはこぼれ落ちる、か弱く、とるに足らないものを物語ろうとしてきました。そのような日常的な小さな悩みが、けっしてくだらないことではなく、無意味なものでもなく、人間的なものであることを示し、ただそれを讃えようとしてきたつもりです。自信はありません。自分がなすことが社会に貢献しているなどとは到底思えませんが、それでも可能な限り人間の側に寄り添いたいと思っています。美術大学を卒業した私たちは、ある種のマイノリティだと言えると思います。それは創造に関わることが、圧倒的に人間の側にあるということだと思います。マイノリティは非力で、巨大なシステムの力からは無視され、排斥されるかもしれません。しかし、機能不全を起こし崩壊しつつある現代の多数派のシステムとは別のところで、マイノリティたちのまだ名づけようのない小さな運動が、人が生きるための新たな力を生成させる可能性を持っていると私は信じています。

皆さんのクリスタルがいつまでもその輝きを失わずに、あなたの手の中に握られていることを願い、祝福の言葉とさせていただきます。

初出＝東京造形大学　公式サイト／２０１０年（「２００９年度卒業式　諏訪学長による式辞」を改題）

「私」と「あなた」からはじまる社会　２０１２年度　東京造形大学卒業式　式辞

本日ここに学位を授与された学部卒業生四百十六名、ならびに大学院修了生四十八名の皆さん、おめでとうございます。心からお祝い申し上げます。また、本日まで卒業生を支えてこられたご家族、保護者ご関係の皆さまにも、心よりお慶びを申し上げるとともに、これまでの多大なご支援に深く感謝申し上げます。

皆さんが東京造形大学および大学院において過ごした数年間は、日本だけでなく世界がさまざまな困難に直面し、大きく揺れ動いた歴史的な転換期であったと言えるでしょう。今、大学を巣立って行こうとしている皆さんの目の前には、いまだ混沌としており、おそらくこれまでの常識やシステムが何も通用しない新しい世界が広がっているようにも思えます。学生としての生活が終わり、これから始まる社会人としての生活を想像するとき、希望とともに、大きな不安が、もやのように皆さんを覆っているのかもしれません。

これまでの学生という身分を振り返るとき、それはすでに大人でありながら、まだ社会に参画しておらず、社会的責任を少し猶予されたような、中途半端な存在のようにも思えるでしょう。その自由と中途半端さを息苦しく感じたこともあったかもしれません。

私が東京造形大学の学生であったとき、目的を見失い、自分と社会との関係を見失って、気がつくと数日間、下宿していたオンボロのアパートから一歩も外に出ないで過ごしていた時期がありました。そのとき気がついたのは、私などいなくても、社会はつつがなく進行しているという当たり前の事態です。そのことを確認するように、私は更に数日間、一歩も外に出ることなく部屋に閉じこもりました。もちろん、私はちっぽけな存在であり、私がいようがいまいが社会はその活動を継続してゆくでしょう。テレビからは世界のさまざまな出来事が報道されていて、私とは無関係に世界が動いているという感覚を強調していました。まるで子供のような実験でしたが、あれほど社会と隔絶した自分の存在を噛み締めたことはありませんでした。やがて、その感覚に耐えきれなくなった私は、「映画を作ろう」と思いました。誰から要請されたわけでもなく、誰から求められたわけでもなく。

しかし、映画を作るために一体何をすればよいのか？　私はそのときどうすればよいのかわかりませんでした。気がつくと私はひとりの友人に電話をかけて、「映画を作ろうと思うから、手伝ってほしい」と話していました。その友は詳しいことは何も聞かずに「いいよ」と答え、私たちは会う日にちを決めたのでした。私はようやく部屋を出ることができました。そのとき「映画を作る」とは、「誰かに電話をかけることなんだ」と思ったのでした。

映画に限らず、どのようなプロジェクトにおいても、創造行為は孤独な作業であると同時に、ひとりきりでは遂行できないものなのではないでしょうか？

私の呼びかけに対して、その友が「いいよ」と答えてくれたとき、私は社会との関係を回復することができたように思います。それは私の映画作りというささやかな営みの始まりでしたが、その営みこそが私にとっては社会との唯一の回路だったのです。

われわれはこの度、東京造形大学の建学の精神について検討を行いました。現在公式サイトなどでは「建学の精神」「大学の基本理念」などが詳しく述べられていますが、これらの核となるものはなんなのか？ それをシンプルに言うとしたらどのようなものなのかを考え、次のように言い表してみました。

「社会をつくり出す創造的な造形活動の探究と実践」

その議論の過程で「社会とはすでにあるものであって、それをつくり出す、というのは矛盾ではないか」という意見もありました。しかし「社会」とは、決してすでにあるものではないと私は思います。テレビやメディアを見れば、確かに社会は私とは無関係に存在しているかのように思えます。遠い世界で起きている戦争が、どれほど悲惨な状況を伝えようとも、今ここにいる私にはなんの関係もない世界のように見える。しかし、この世に生きている誰ひとりとして、社会全体を見渡すことができる人などいません。いるとするならばそれは神以外にはないでしょう。私と、その友とがかろうじて一本の電話でつながったように、ほかの誰でもない、「この私」の営みが作り出す現実の生きた関係が、最初の社会であり、あらゆる人々のそのささやかな営みがいくつも折り重なり、不断に作り出され、更新してゆく関係が社会なのではないでしょうか？

私は先ほど、皆さんがこれから社会人になると言いましたが、実はそれは間違いです。日本語以外の言語において「市民」とか「労働者」とか「大人」という言葉以外に「社会人」に該当する言葉はないようです。日本では会社で働いてお金をもらう人、という存在が社会の中心を構成していると思われてきたのではないかと思います。そうではない人はこの社会の一員ではないのでしょうか？「社会人」というのは経済発展を目指した、戦後日本の独特な考え方です。皆さんはこれから社会人になるのではありません。あなたたちは生まれたときからすでに、社会の一員であり、社会人であった。大学を出たことによって、突然、社会人になるのではないのです。

東京造形大学の学長である私というのは、幾らでも交換可能です。学長というのは単に大学というシステムの中で機能する役割です。しかし、あのとき私が友と交わした「映画作り」の約束は、「この私」であったから可能になった関係です。その関係は、私が「この私」であり、彼が「その彼」であったことによってしか成立しない。私はそれが「社会」の基本なのだと思っています。これは、あまりにロマンチックな考え方でしょうか？

私は昨日、会津若松に行ってきました。会津はこの度の震災において、沿岸部が被ったような目に見える直接の被害はそれほど甚大なものではありませんでしたが、原発事故によって避難を強いられたまま現在も帰宅することができない多くの人々が暮らし、風評被害など見えない深い打撃を被っている地域でもあります。昨年来大学院におけるプロジェクトとして、本学の大学院生と地元の地場産業に携わる方々との共同作業によって、われわれが実社会に対して何ができるのかを問う活動を開始し、その一環で訪れたのです。われわれが一大学としてできることは、小さなことでしかありませんが、そのようなプロジェクトが可能になったのは、教員や学生が出会った会津のひとりひとりの人とのつながりによるものであったことを実感してきたところです。もちろん、そこには行政や、大学、地域の活動団体などさまざまな機関との組織的な関わりが必要ですが、実際にプロジェクトを動かしているのは、単に名刺を交換するような関係ではなく、交換することのできない具体的な人との出会いにほかなりません。

皆さんはこれから学生ではなくなることは事実です。そして、これまでと違い目まぐるしく変化するグローバルな経済活動の中にダイレクトに身をさらすことになるでしょう。会社に就職する人も、そうでない人も、多かれ少なかれ巨大なシステムの中に組み込まれざるを得ません。そこでは、あなた個人の考えなどどうでもよい、と言われるかもしれません。大学で学んだことなど役に立たないと言われるかもしれない。しかし、どうかくじけないでください。システムの中であなたに与えられた役割があれば、精一杯それを果たしてください。しかしながら社会を作り出しているのは、そのような名刺に刷り込まれた肩書きが作り出すものだけではなくて、交換することが不可能な「この私」の営みであることを忘れないでほしいと思います。

皆さんがこのキャンパスにおいて実践した研究、制作は、あなた自身が、あなたの名において、あなたのために行った自由な創造行為です。誰のためでもありません。そのようなクリエーションにおいては、他人に向かって嫌でも自分自身をさらけ出さなくてはならないような瞬間があることを体験したはずです。自分で自分の声をはっきりと聞いたはずです。それが創造に関わった人間の特権ではないでしょうか？

もしかすると、そのような瞬間はこれから頻繁には訪れないかもしれません。そして、誰も解決する方法を知らない問題が目の前に山積する新しい時代を切り拓いて行くあなたたちは、進むべき道を誰かに訪ねることもできないかもしれない。それでも、嵐の中にあって、あなたの声がどんなにかき消されようとも、あなたの声が誰かに届き、微かな返事が返ってくることを信じて、あなたはあなた自身の声を忘れてしまわないように、囁き続けてください。そして、誰かの微かな囁きに耳を傾けてください。

そのような人間的な営みこそが、来るべき社会をつくると信じて、本日の祝福の言葉とさせていただきます。

初出＝東京造形大学　公式サイト／２０１３年（「２０１２年度卒業式　諏訪学長による式辞」を改題）

「経験という牢屋」の外側へ　２０１3年度　東京造形大学入学式　式辞

四百六十名の学部入学生、ならびに五十三名の大学院入学生、十一名の編入学生、一名の再入学生の皆さん、入学おめでとうございます。新しく東京造形大学の一員となられた皆さんを、私たちは心から歓迎いたします。また、ご家族ならびに関係者の皆さまにも、心よりお祝い申し上げます。

新入生の皆さん。今、私はこうして壇上から皆さんに語りかけていますが、33年前、私は今の皆さんと同じように東京造形大学の入学式に臨んでいました。本日は、学長というよりひとりの卒業生として、私が学生時代に体験したことを少しお話ししてみたいと思います。

私は高校生のときに一台のカメラを手に入れました。現在のようなデジタルビデオではなく、8ミリフィルムを使用する映画カメラです。そのカメラで、自分の身の回りのものを撮影するようになると、自然に自分の表現として映画を作りたいと思うようになりました。映画館で上映されているような大掛かりな映画ではなくて、絵画のように自由に表現するささやかな映画を作りたいと思い、私は東京造形大学に進学しました。入学式に臨んでいた私は、高揚し、希望にあふれていたと思います。

しかし、大学での生活が始まると、大学で学ぶことに対する希望は、ほかのものに取って代わりました。地方から東京に出てきた私は、時間があるとあちこちの映画館を飛び回り、それまで見ることができなかった映画を見ていましたが、そこで偶然に出会った人たちの映画作りをスタッフとして手伝うようになりました。まだインディペンデントという言葉もなかった時代、出会った彼らは無名の作家たちで、資金もありませんでしたが、本気で映画を作っていました。彼らは、大学という場所を飛び出し、誰にも守られることなく、路上で、自分たちの映画を真剣に追求していました。私はその熱気にすっかり巻き込まれ、彼らとともに映画作りに携わることに大きな充実感と刺激を感じました。それは大学では得られない体験で、私は次第に大学に対する期待を失っていきました。大学の授業で制作される映画は、大学という小さな世界の中の出来事でしかなく、厳しい現実社会の批評に曝されることもない、何か生温い遊戯のように思えたのです。

気がつくと私は大学を休学し、数十本の映画の助監督を経験していました。最初は右も左もわからなかったのですが、現場での経験を重ね、やがて、半ばプロフェッショナルとして仕事ができるようになっている自分を発見し、そのことに満足でした。そして、大学をやめようと思いました。もはや大学で学ぶことなどないように思えたのです。

私は大学の外、現実の社会の中で学ぶことを選ぼうとしていました。

そんなとき、私はふと大学に戻り、初めて自分の映画を作ってみました。自信はありました。

同級生たちに比べ、私には多くの経験がありましたから。

しかし、その経験にもとづいて作られた私の作品は惨憺たる出来でした。大学の友人からも全く評価されませんでした。一方で、同級生たちの作品は、経験も、技術もなく、破れ目のたくさんある映画でしたが、現場という現実の社会の常識に囚われることのない、自由な発想にあふれていました。授業に出ると、現場では必要とはされなかった、理論や哲学が、単に知識を増やすためにあるのではなく、自分が自分で考えること、つまり人間の自由を追求する営みであることも、おぼろげに理解できました。驚きでした。大学では、私が現場では出会わなかった何かが蠢いていました。

私は、自分が「経験」という牢屋に閉じ込められていたことを理解しました。

「経験という牢屋」とはなんでしょう？　私が仕事の現場の経験によって身につけた能力は、仕事の作法のようなものでしかありません。その作法が有効に機能しているシステムにおいては、能力を発揮しますが、誰も経験したことがない事態に出会ったときには、それはなんの役にも立たないものです。しかし、クリエーションというのは、まだ誰も経験したことのない跳躍を必要とします。それはある種「賭け」のようなものです。失敗するかもしれない実験です。それは「探究」と言ってもよいでしょう。その探究が、一体なんの役に立つのかわからなくても、大学においてはまだ誰も知らない価値を探究する自由が与えられています。そのような飛躍は、経験では得られないのです。それは「知」、インテリジェンスによって可能となることが、今はわかります。

私は、現場で働くことを止めて、大学に戻りました。

卒業後、私が最初に制作した劇場映画は決められた台本なしに全て俳優の即興演技によって撮影しました。先輩の監督からは「二度とそんなことはするな」と言われました。なぜしてはいけないのでしょう？　それは「普通はそんなことはしない」からです。当時の私があのまま大学に戻らずに、現場での経験によって生きていたなら、きっとこんな非常識な映画は作らなかったでしょう。しかし「普通はそんなことはしない」ことを疑うとき、私たちは「自由」への探究を始めるのです。それが大学の自由であり、大学においてこの自由が探究されていることによって、社会は大学を必要としていると言えるのではないでしょうか。

私立大学には「建学の精神」というものがあります。それぞれの学校が、どのような教育、研究を目指しているのかが語られた言葉です。東京造形大学は建学の精神を「社会をつくり出す創造的な造形活動の探究と実践」という言葉で表現しています。皆さんには「社会をつくり出す」という言葉がどのように響くでしょうか？　何か大げさな、リアリティーのない言葉に思えるでしょうか？

本学の創立者、桑澤洋子先生はデザインや美術の今日的な意味について次のように発言しています。

「それは単なる自己表現というより、社会に責任を取る表現であり、デザイナー美術家は、現代の社会や産業が孕む矛盾を解明する文明的な使命を持たなくてはならない」

私自身、映画制作というささやかな造形活動が、「社会に責任を取る表現」であるかどうか、はなはだ心もとないです。私たちひとりひとりはちっぽけな存在です。私ひとりが存在しなくても、社会はつつがなく進行するであろうと確信できます。私たちが経験を通して実感することのできる社会は、ごく限られたものでしかありません。世界にはさまざまな問題があり、遠い国では内戦があり、飢餓があり、苦しみがあることを私たちは知っていますが、私という小さな存在が、いったいそのような広大な社会とどのように関われるだろうか？と思わず立ち止まってしまうかも知れません。しかし、社会は私たちひとりひとりのこの小さな現実と無関係に、どこか別の場所にあるのではありません。

　これから皆さんは、作品や課題の制作に取り組みます。自分の中にあるアイデアが浮かぶ、自分が追求している美しいフォルムが浮かぶ、果たしてそれが本当によいアイデアなのか、本当に美しいのか自信はないかもしれない。その葛藤は創造につきまとう孤独な作業ですが、それがあなたの内的なアイデアに留まっている以上、誰にも意味を持ちません。しかし一旦それを表現し、形にしてしまうと、あなたの追求したアイデアは具体的な人間関係の中に存在することでさまざまな視線に曝され、その意味を試されることになる。そしてそれは単なる物や形に留まらず、人々や社会の関係性の中で動的な作用を生み出してゆくのです。たとえそれが、ささやかな人間関係の中であっても、確実にそこに社会は形成されます。この広大な世界を、全て見渡せる人は誰ひとりとしていません。私たちは皆この地上で、限られた関係の中で生きています。私たちのその小さな関係が編み目のように広がって、関係し合いながら世界が作られている。デザインやアートはその具体的な関係の中に、運動を作り出し、働きかけてゆく人間の行為です。私たちは、経験することのできないその広大な世界に思いを巡らし、想像することしかできませんが、その想像力こそが世界なのではないでしょうか。

「造形」という言葉を私たちは単に「ものを作ること」と捉えてはいません。例えば、皆さんがデザイナーとなり、エアコンをデザインしてそれが十万台売れれば、それらが毎日消費する膨大な電力を必要とする社会を、必然的に生み出してしまうことになる。アートも作品それ自体が普遍的な価値を持つのではなく、それが人々の精神に作用する働きによって存在するのだと私は思います。

一昨年に起きた東日本大震災と原発事故によって（あるいはそれ以前から）、私たちの社会のこれまでのシステムや作法がもはや機能しないことが露呈しました。私たちはこれまでの社会において当然とされてきた作法を根本から見直さなくてはならないときを迎えていると言えます。現実社会は、短期的な成果を上げることに追いかけられ、激しく変化する経済活動の嵐の中で、目の前のことしか見えません。これまでの経験が通用しなくなっている今ほど、大学における自由な探究が重要な意味を持っているときはないと思います。

この里山の自然に囲まれた、小さなキャンパスから、私たちは世界へと思いを巡らし、想像を広げましょう。それが、たとえドン・キホーテのようであっても、私は私たちの小さな創造行為が、必ず世界とつながっていると確信しています。

入学おめでとうございます。ともによりよい社会をつくり出す探究を始めましょう。

初出＝東京造形大学　公式サイト／２０１３年（「２０１３年度入学式　諏訪学長による式辞」を改題）

こども映画教室@ヨコハマ2014「すわさんからみんなへ」

むかし、ある人がおもしろいことを言いました。「映画にはふたつの種類がある」と言うのです。ひとつは「レンガでできた映画」で、もうひとつは「岩でできた映画」なのだそうです（＊1）。どういうことでしょう？

いま、あなたの目の前に、川が流れているとしましょう。あなたは、その川を渡って向こう側に行ってみたい。でも川は広くて、流れは早いし、歩いては渡れそうにもない。どうしたらいいでしょう？　大人ならそこに橋をかけることができますね。向こう岸までの距離を計り、橋を設計して、たくさんの人や機械で図面通りに工事をして橋をつくれば、その川を渡ることができるでしょう。

むかしは、大きな建物や橋もレンガを積み上げてつくりました。レンガというのはみな同じ四角い形をしていて、片手で持てるような大きさですね。でもそれを、ひとつずつ積み上げていけば、がんじょうな橋だって造れる。もちろん、でたらめに積み上げても橋はできません。計画した橋の形になるように、図面を見ながら積んでゆくのです。

実は、多くの映画もそんなふうにつくられているのです。まずお話を考え、必要なものをそろえ、計画にもとづいて、ひとつずつレンガを積むように、カメラで映画の部品（レンガ）を撮影してゆくのです。そのバラバラな部品を編集で積み上げると映画になるというわけです。

では「岩でできた映画」とはなんでしょう?

あなたの目の前の川をよく見ると、川の流れの中に、いくつかの大きな岩がゴロゴロと転がっていて、水面から顔を出している。きっと何百年もかかって転がってきたのでしょう。その岩は、ごつごつしていて、レンガのようにキチンとあつかいやすいような形はしていません。当たり前ですね、その岩は自然のものですから、ひとつひとつ違う形をしていますし、人のためにそこに転がっているわけではありません。重いし、簡単には動かせない。でも、川を渡りたいと思った人が、思い切ってその岩をぴょんぴょんと飛び超えて、川を渡りきったとしたらどうでしょう。岩きっと岩はとんがっていたり、でこぼこだったりして、あなたは足を滑らせるかもしれない。岩と岩の距離もさまざまで、あなたのジャンプ力で岩に着地できるかどうかわからない。でも、勇気を出して飛んでみる。着地成功。そしてまた次の岩を見つけてジャンプ……。すると、向こう岸に渡ることができた。そのとき、その自然の岩たちはあなたがジャンプした一瞬だけ、あなたの「橋」になったのです。

実は今回、みんなは「岩でできた映画」をつくったのです。最初の日、まだどんな話になるのかわからないまま、撮影を始めました。とにかく警官に追われて全力で逃げる泥棒を撮ろう。不思議なあめを発見し、ワープしてしまう場面を撮ろう……。そのとき、みんなは最初の岩にジャンプしたのです。その次はどの岩にジャンプするのか、まだわからなかった。みんなは目や、体や、頭を使って、話し合って、次の岩を見つけてまたジャンプする……。

そこに立つと願いが叶うプレートがあった。それを、世界征服を企む悪者が知ったらどうなるだろう……。水鉄砲の戦いが、いつの間にか本物の銃となって死んでしまったらどうなるだろう……。鬼ごっこのようなゲームのはずが、本当に幽霊に追いかけられたらどうなるだろう……。みんなはそれを全力で演じ（みんなの演技が素晴らしかった）撮影し、そんなふうにひとつの岩は、また次の岩へとつながっていきました。初めて会う友だちと、意見が合わないこともありました。でもバラバラになってしまったら、岩を飛んでゆくことはできませんね。もしかすると、誰かが川に落ちるかもしれなかったけれど、川を渡りたい、つまり、映画をつくりたいという思いでみんなはひとつにまとまってジャンプし、最後まで川を渡りきったのです。ひとりも川に落ちる人はいませんでした。私は感動しました。

本当は「レンガでできた映画」のほうが、かっこいいと思う人もいるかもしれませんね。レンガの映画はたくさんお金もかかっているし、ＣＧやきれいな衣装や、宇宙船や、夢のような出来事であふれています。でも、レンガの映画をつくる大人たちには、とても岩の映画をつくることはできません。勇気がないのです。「石橋を叩いて渡る」ということわざがあります。レンガの映画の大人たちは冒険するのが怖いのです。レンガの映画はたくさんあるんですけど、岩の映画というのはほんの少ししかありません。とても貴重です。それはただの岩ではなくて、まるでダイヤモンドのような貴重な映画なのです。

私は、映画の撮りかたを何も教えませんでしたね。すみません。私もよく知らないのです。ただ、「映画をつくるには念力がいる」と言っただけです。あとは、みんなが自分の力で映画のつくりかたをつかみ取りました。たった3日間で。シナリオもなく、撮影しながら、みんなで話し合ってお話を考え、考えたことをやってみる。「そんなふうに映画をつくるなんて、こどもにできるわけない」と、たいていの人は言うと思います。でも私はこれから、そういう人にこう言うことができます。

「でも、できましたよ。2014年の横浜で、1年生から6年生までのこどもたちがチームになって、5本のすばらしい岩の映画をつくり上げました」

註

＊1　アンドレ・バザン「ロッセルリーニの擁護」、『映画とは何かⅢ　現実の美学・ネオ＝リアリズム』所収、小海永二訳、美術出版社、1973年

初出＝『こども映画教室@ヨコハマ2014　みんなの感想文集』／こども映画教室／2014年

こどもが映画と出会う時　「こども映画教室」から「映画、100歳の青春」へ

「こども映画教室」との出会い

もともと私は、子供に映画を教えることに積極的な関心があったわけではない。8年前、金沢で行われていた「こども映画教室」の講師に誘われたことが始まりだった。小学校1年から6年までが対象で、期間は3日間。応募してきた小学生たちは5〜6人のグループにわかれてお話を作り、撮影し、編集して3日目の夕方には完成した映画を観客の前で上映するという果敢なプログラムである。確かにデジタル技術の進歩によって、撮影や編集作業は簡便なものとなった。しかし映画制作のプロセスは、さまざまな作業が折り重なった複雑なもので、「本当に小学生が3日で映画を作れるのだろうか?」と、私は半信半疑でもあった。

「こども映画教室」に細かなルールはなく、進行は講師に委ねられていたが、子供の自発的な学びと自由な発想を尊重したいという代表の土肥悦子さんの強い意志によって、「大人は手出し口出しをしないこと」ということが鉄則であった。

「シナリオを書かない」「役割を決めない」

ワークショップを進めるにあたって、私は直感的にふたつの方針を立てた。

ひとつは台詞を決めないで即興的に演じること。

私の作品『ユキとニナ』でも、8歳の子供たちに即興で演じてもらった。即興で演じるなんて難しい、と考えるのは実は大人たちだけで、ほとんどの子供は「好きにしゃべっていいんだね」と即興で演じることに抵抗はない。大切なのは、彼らが誰かの書いた台詞を話すのではなく、ドキュメンタリーのように自分自身の言葉で表現できることである。そのとき、フィクションは単なる嘘の世界ではなく、自分が生きる場所になる。カメラの前で何を話すか、どう動くのか、彼ら自身が責任を持つことで彼らは映画の中でより生き生きと自由な存在になる、とそう思ったのだった。

もうひとつは「役割分担をしない」ということだった。映画制作には撮影、録音、監督、記録、フィクションであれば俳優、メイク、美術などさまざまな専門の仕事があり、多くの映画教室ではこれらの映画制作システムにもとづいて、役割を子供たちに分担させる。「きみはカメラを担当してね」と言われると、子供には責任感が生まれるし、各々が自分の仕事をあてがわれて集団作業はスムーズに運べるだろう。しかし、私は直感的にこの役割分担をしたくなかった。監督が誰か、も決めたくなかった。そのときは、なぜそうしたかったのかはわからなかった。

さて、ワークショップが始まり、子供たちはまずお話作りを始める。どんな映画を作りたいか、さまざまな意見が交錯する。監督がいないということは、意思決定のシステムがないということなので、話し合いは紛糾する。多数決という解決も避けて、できるだけ皆で話し合うように誘導したので、話し合いはなかなかまとまらなかった。ついに泣き出した子がいる。それに気づいた年上のメンバーが「なんで泣いてんの?」と尋ねる。その子は「僕は探偵がやりたいんだ!」とやっとの思いで自分の欲望を表明する。グループの話し合いは、彼の望む方向には進んでいなかったのだ。どうするのかな、と見守っていると、「この子探偵がやりたいんだって」「じゃ、探偵も登場させるか」と、まとまりかけていた物語を少し変更して、皆は彼の欲望を取り込んでいく。

最後は監督が決めるのではなく、皆でなんとなく問題を解決していくのだ。時間はかかるが、この「なんとなくみんなで」意思決定していくことは大切なことではないかと私は思った。通常の映画制作は、監督をトップに置いたピラミッドを形作る。ここでのコミュニケーションは監督を頂点とする一方向のトップダウンである。あらゆる決断の責任は監督が担い、監督の意図を撮影、録音、俳優らの各領域のメンバーが自分の仕事の領分で実現する。このシステムを支えているのは仕事や責任の分担なのである。撮影を担当するのがどんな人であるかよりも、その人がきちんと撮影という分担を理解して、その仕事を実行することができるかが問われている。多くの映画教育は、そのシステムにもとづいた専門性を教育して、撮影ができる人、録音ができる人などを養成する職能教育である。

しかし私たちのワークショップでは、子供たちは固定された役割を持たず、フレキシブルに行動するような状況に置かれる。メンバー同士のコミュニケーションに上下関係はなく、対等で多中心的な関係が生まれる。システムで守られることはないので、意見が対立したときに解決する簡単な方法はない。メンバーひとりひとりがどんな性格であるか、声が大きいとか小さいとか、社交的か内向的かとか、そういったことがチームの性質を形作っていく。役割ではなく、私とあなた、人と人とのコミュニケーションが織りなされて、グループは意思決定をしていくのだ。簡単ではない。あるチームは2日目になって、ほかのチームが撮影を終えようとしているのに延々と話し合いを続けている。男の子たちはとにかく忍者の戦いの場面が撮れればいいのだが、女の子たちが「なんで戦うのか、その理由を考えないと映画にならない」と主張している。「手出し口出しをしない」私やスタッフは、ハラハラしながら忍耐強く見守るしかない。そして、徹底的な議論の果てに彼らなりの解決を見出していく。

撮影が始まると、子供たちはカメラを持って走り回る。映画の演出とは、基本的に俳優がどのように動き、それをカメラがどのように捉えるのかをオーガナイズしていくことである。通常はこれを監督が中心になって行うのだが、子供たちの場合は俳優やカメラが一体となって皆が互いに関与しながら、演出が出来上がっていく。ひとりひとりが内容の議論に参画しているので、書かれたシナリオはなくても、メンバーは頭の中でどんな映画を作っているのかをすでに共有している。俳優たちは誰かに指示されなくても自発的に役を演じていく。演じながら物語を紡いでいく。その姿が美しいと思った。

私のような現場の人間は、すぐにあれこれ映画の作法を教えたくなるものだ。カットを割ること、クローズアップやロングなどの画面サイズがあること、本当は映画にルールなどないが、さもルールがあるかのように自分の知っていることを教えようとするだろう。しかし、放っておくと子供たちは自ら映画を発見する。友達の必死の演技がカメラには収まりきらない。カメラのフレームには限界があり、誰かを見ようとすると誰かが見えなくなったりする。「どうしよう?」「カメラを動かして別の場所から撮ればいいんじゃない?」そんなふうに彼らは必要に迫られて、カットを分割して別の場所から撮影するということを発見する。指導者があらかじめ教えてしまえば、彼らの気づきの瞬間は奪われてしまう。「こども映画教室」では大人たちは指導者ではなくファシリテーターとして、忍耐強く彼らを見守る。そして、子供たちが自ら映画と出会う瞬間を待ち続ける。それでも上映までに作品が完成しなかったチームはなかった。

映画を学ぶのか？　映画で学ぶのか？　それとも……

私が初めての「こども映画教室」で直感的に実践した方法は、映画作りを教える一般的なやり方とはずいぶん違うものかもしれない。しかし、完成した作品はどれも荒削りだけれど、まるで映画の原石のような輝きを放っていた。私たちは彼らの映画を「野生の映画」あるいは「野良の映画」と呼ぶようになった。「台詞を決めないで即興で演じること」「役割を決めないこと」は、その後の「こども映画教室」の基本的な方針となった。

その少々型破りな方法は、本当に正しかったのだろうか？と問われると自信はない。もっと一般的で具体的な映画の作り方を教えるべきだったのではないか？　そもそも、子供に映画を教える目的とは何か？　なぜ映画でなくてはならないのか？　私たちにはそんな根源的な問いが湧き上がっていた。

例えば、地方公共団体が主導して、公教育の中に映画教育を取り入れようという取り組みがすでに始まっている。そこではまず映画の専門家ではない教員に対して、どのように映画を教えるかをガイドする体系的なテキストを作ることから始めたそうである。専門家の監修によって作成されたテキストには、映画制作の手順がわかりやすく示されている。企画を立て、シナリオを書き、絵コンテを作成して、それにもとづいて撮影し、編集する。またナレーションを入れるのか、音楽を入れるのか検討する、というように実際のプロの映画作りにもとづいた作業の流れが示されている。監督、助監督、撮影、録音、記録などの役割の説明もある。学校の授業で映画制作を行う場合に、このような書かれたガイドラインが必要とされることも理解できる。確かにプロの作業の流れをなぞれば、映画「のようなもの」ができるであろう。しかし、それは表現や創造ではなく、再生産でしかない。映画作りを創造行為、芸術表現とするなら、既存の型に従うのではなく、それを破っていかなくてはならない。現行の商業的な映画制作システムをプログラムのベースとする場合、子供たちは「なるほど映画はこんなふうに作られているのか」と体験する。それはキャリア教育であり、メディアリテラシーを学ぶことでもあるだろう。一方で、手出し口出しをしない「こども映画教室」には規範とする映画はなく、ヘンテコな映画になってもかまわない。ただ、子供たちの表現が多様であり、その表現はあなたにしかできないということをリスペクトしようとする。どちらがよいというわけではなく、映画を教育に導入する目的が違うのである。

「映画、100歳の青春」

2018年9月の終わり、私と「こども映画教室」の代表土肥悦子さんは、パリを訪れた。日本の国立映画アーカイブにあたるシネマテーク・フランセーズが主催する国際的な映画教育プログラム「映画、１００歳の青春（Le Cinéma, cent ans de jeunesse）」（以下、ＣＣＡＪ）に参加するためだ。

ＣＣＡＪは6歳から20歳までの幅広い年齢の子供たちを対象にした国際的な映画教育プログラムで、再来年で25年目を迎える。子供たちは毎年共通のテーマにもとづいて映画作品を鑑賞、分析し、実際の撮影を体験し、最終的に10分のフィクション映画を制作して、シネマテーク・フランセーズの大スクリーンで発表する。現在、フランス、ヨーロッパを中心に世界十四ヵ国の子供たちが参加している。学校の1年間の授業としてこのプログラムに参加している教師も多い。昨年、東アジアから初めて日本の「こども映画教室」が参加した。

今年度のテーマは「状況」。昨年度は「場所と物語」だった。過去には「遊び（演技）」「気象」「フィクションの中の現実」などユニークでクリティカルなテーマが並ぶ。そして、その後ＣＣＡＪの芸術監修である映画研究者アラン・ベルガラ氏が登壇し「状況」が映画作品の中にどのように現れているかを、作品の抜粋映像を見せながらレクチャーする。『自転車泥棒』（ヴィットリオ・デ・シーカ監督）の最初と最後の場面で「状況」がどのように変化しているか。『吸血鬼ノスフェラトゥ』（フリードリヒ・ヴィルヘルム・ムルナウ監督）で「状況」はどのように現れてくるか。『「大人の見る繪本」生まれてはみたけれど』（小津安二郎監督）で恥という感情がどのような「状況」で生み出されるか……。およそ子供向けの内容とは思えないハイレベルで興味深いレクチャー。私たちは丸2日間に渡って、数十本の作品の抜粋映像を見ながら、ベルガラ氏の話を聞き「状況」というテーマの理解を深める。使用された抜粋映像はＤＶＤにまとめられて配布され、実際に子供たちに見せる教材として使用される。ＣＣＡＪに参加する教師たちは、皆この2日間のレクチャーを受けることが義務づけられている。

フランスの映画教育には明確な原則がある。それは「映画は芸術である」という立場を取るということ。これは2000年に教育大臣ジャック・ラングが表明し、政治的に意思決定されている。映画はコミュニケーションやメディアリテラシーなどの社会学的アプローチではなく、芸術として扱う。だから子供に映画を見せる局面というのは、芸術との出会いとして配慮される。ベルガラ氏はこう言い切る。

「先生たちにとって理解するのが難しいのは、子供たちの映画との出会いを大人があらかじめ準備してはいけないということ。つまり8歳ぐらいで初めて映画と出会って、そこで何かを経験する、何か非常に強いインパクトを受けるということが重要です。たとえその出会いがよい出会いでなかったとしても、子供たちが理解できなかったとしても、あるいは教室でブーイングが起きたとしても、それもひとつの芸術的な出会いなのです。そこで何か強烈な出会いをするということが重要です」（＊1）

そのような芸術体験としての映画鑑賞が前提となって、CCAJのプログラムではさらに抜粋映像を比較しながら映画の細部にわけ入って、映画表現がどのように成り立っているのかを学んでいく。カメラの動きや、光、音響やシナリオがどんなふうに働いているかが見えてくる。

「一枚の絵を離れて見ると、絵の全体を見ることができます。次に近づいて見ると、全体の物語ではなく、その画家がのせた筆のタッチを見ることができます。それによってその絵を描いた画家の精神、そして身体を感じることができる。映画もやはり同じことが必要だと思います」（＊2）

そのように映画を見ることができれば、子供たちはもう実際に映画を作る準備ができているはずだ。

ここでは「見る」こと（鑑賞）から「作る」こと（表現）を分離せずにつなげていく道筋が見えてくる。ＣＣＡＪにテキストはない。子供たちは、映画の撮り方を教条的なテキストによって学ぶ必要はなく、「見る」ことによって映画作りを発見していくだろう。そこで目指されているのは「映画のまねごと、ではなく本物の創造」（＊3）である。

心のために

現在、日本では不登校の児童生徒が小中高合わせて約二十二万人（＊4）いるという。教育現場の先生からは、子供たちの自己肯定感が極めて弱く、孤独感が高いという声が聞こえてくる。自殺の問題も深刻である。日本の子供たちに広がっている精神的な危機に対して、映画にできることはないのだろうか。フランスの教育において、映画が重要な役割を担うようになった背景には、第二次世界大戦を経験した人々の精神的荒廃を復興させるために映画を見ることが有効であると、レジスタンスとして戦った人を中心に市民レベルでの映画上映活動が広まったことが土台になっているそうである。もし映画にそのような力があるのであれば、映画に接することで、子供たちが生きる力を回復させていく可能性もあるはずだ。

「現代の教育には予測不可能な時代を生き抜く力が必要」と謳われたりする。それは立派なスローガンかもしれないが、予測不可能な時代を生きるためにどんな力が必要なのかを誰が知っているだろう？　必要なことは、多様であること、ひとりひとりが皆違っていいという価値観を共有していくことではないだろうか。映画カメラは不思議な機械である。それはそこに映る人や世界をありのままに丸ごと肯定する力を持っている。それが映画表現の多様性を支えている。その能力を子供たちが生きるために使うことはできないのだろうか？　そんな映画教育の可能性をもう少し模索していきたいと思う。

註

＊1　東京藝術大学大学院映像研究科において著者が行ったインタビューによる

＊2　同上

＊3　「映画、１００歳の青春」公式サイトより

＊4　文部科学省が発表した「平成30年度児童生徒の問題行動・不登校等生徒指導上の諸課題に関する調査結果」を参照

初出＝『教育美術　２０１８年11月号』／教育美術振興会／２０１８年

第３章　広島で生まれて

ロバートからの手紙　『遺産』あるいは『広島2000年8月』について

1999年の5月、私はパリのロバート・クレイマーを訪ね、ひとつの提案をした。「来年、つまり2000年の広島を舞台にした作品をあなたと共同で作りたい」と。

『ルート1／USA』の中でも、主人公のエピソードとして広島のことが語られているが、クレイマーの父親は、米軍の戦略爆撃調査団の一員として被爆直後の広島、長崎を訪れている。帰国後の父親は人格が一変し、自閉症に陥り、若くして死んでしまったという。クレイマーにとって、広島は大きな謎であり、取り組むべき主題であった。

クレイマーは、その広島を舞台にした長編劇映画『Ground Zero』という企画を携えており、そのときカンヌ（国際映画祭）では、実現に向けてプロデューサーが資金集めに動いていたはずである。しかし彼は私に、実現は無理だろうと暗い見通しを語った。『Ground Zero』は、劇映画であり予算規模も大きい。企画が出来上がってからすでに数年が経っていたが、実現への動きは遅々として進まなかった。この企画へ出資する人間を見つける困難さを彼は痛感していた。彼としては、もうこれ以上この作品にしがみついているわけにはいかない、という気分だったようだ。

「さあ、次だ。次のことを考えよう、スワ」と彼は言った。

私の提案に、彼は真剣に耳を傾けてくれた。具体的なアイデアは何もなかったが、私には少ないけれど自由になる予算があった。とにかく、私はクレイマーに広島を撮ってほしかったし、私自身は、ひとつの作品を誰かと共同で製作することに大変関心があった。私たちは、3時間ほど話した。彼は私に、さまざまな質問を投げかけ、慎重に考え、ゆっくりとこの提案を受け入れた。

その後、何度か彼とのメールのやりとりが続いた。彼は、ベルリン、広島、三島という三つの場所をつなぐ物語を想像し始めた（三島には、彼の母親にまつわるエピソードがあるらしいが、詳しいことはわからない）。私はその物語に興味を抱いた。私はクレイマーの日本国内の撮影に同行し、その撮影をサポートしつつ、彼の仕事そのものを私が撮影することで、自分自身の物語を探したいと依頼した。われわれは互いに、ふたつの撮影が同時進行する製作現場を想像し始めていた。そして、その年の11月に彼は急逝した。

ここに紹介するのは、彼が亡くなる約40日前、私に届いた彼の最後の手紙である。あくまで、これは私信として書かれたものであり、まだ漠然としたアイデアが語られているに過ぎないが、彼が最後に取り組んでいた作品のイメージを少しでも伝えることができればと思い、妻エリカさんの承諾を得て、ほぼ原文のまま掲載させてもらうことにした。

親愛なるスワ、まず返事が遅れて申し訳ない。編集室にこもりっきりだったのだ。今ようやく、めどが立って、顔をあげることができるようになった。まずは、あなたの忍耐に感謝したい。

（中略）

私のプロダクション（制作企画）について少し説明させてほしい。ごく小規模なものを考えている。私を含めて、二、三人の人員での撮影計画だ。1日ずつ組み立てていくことを考えている。「道すがら食料を得るような生活」、放浪しながら発見すること、日本で見つけられる、できるだけ多くの人と一緒に作業をしたい。軽くて、素早い、個人的なものを考えている。35ミリ／1・85（私の最近の長編のフォーマット）に引き伸ばすという前提で、デジタルビデオでの撮影を計画中だ。こんな「プロダクション」に興味があるだろうか？　これによって、あなたの求めている素材を手に入れる可能性はあるだろうか？

これまでは自分の映画のための作業をしてきたが、私の興味のひとつは、あなたの映画とあなたのやっていることだ。つまり、お互いの映画に対する相互的かつ対等な関係を持ちたいと思っている。あなたの作業を撮りたい。あなたや、男優と女優、そしてこの映画に関わる人々と一緒に作業をしたいと思っている。事実、私にとってこれは非常に重要なことだ。

日本人で広島生まれのあなたは、なんらかのかたちで、自分の過去について、いくつかの問いを発している。あなたの問いかけは、あなたのものであって、おそらく私のものとはまるで違うだろう。その違いが私を引きつけるのだ。あなたとの作業が「広島のアイデア」の密度を計り知れないほど高めてくれると思っている。あなたの作業、あなたの映画、あなたとその周辺の人々を撮るという私の構想。果たしてこれが、あなたの興味を示すものなのか？　あなたの求める素材を与えるものなのか？　教えてほしい。

（中略）

私自身の作品についていくつかアイデアがある。最近、この映画を『遺産』あるいは『広島

2000年8月』と呼んでいる。

〈1〉ひとつのパートは、日本、広島との暗い結び目。それは、私の両親の体験からきている。まだ、どんなふうに膨らませたらいいかのかわからない。たぶん、そちらに行くまでは、思いつかないだろう。私の両親を日本人（！）に演じてもらおうと考えている。

〈2〉別のパートは、「ミスター・スワは、日本、広島、現在、家族についての映画を作っている。過去を見ることを困難にしている壁は、日本における日常生活のあらゆる側面を横断する壁と同じであり、さらに、島を取り囲むと言ってもいい壁だ」。単純化していることを、許してほしい。「僕はわかっている」と思ってほしくないだけだ。一本の映画を作っているあなたが、私にとって重要な素材であり、ほぼ同じように、同じ理由によって、あなたにとって私は重要な素材だということが言いたかっただけなのだ。

〈3〉私の映画の別の部分は、もっと物語になっている。まだ、その物語は言えない。でも、それは、広島港、瀬戸内海、回線と電気を扱う必要がある。確かな立脚基盤の存在しないサイバースペースを漂流するように、現代の時空を漂流する人物だ。

これら三つの部分が一本の映画だ。この映画は、さらに多くの部分を含むことのできるように組み立てられている。あるいは、この映画（『遺産』あるいは『広島2000年8月』）は、多くの断片の中のひとつにすぎないかのように、より大規模な映画に組み込むことができたかもしれない。

日本に行き（説明したように少人数の人員と最小限の機材）、ただ作業を始めるつもりだ。クランクインもなければ、台本もない。私の頭と心にほんのちょっとだけ考えがあるゲリラフィルム！

こんな企画（と過程）の文脈において、かなりいろいろな形でのあなたとの共同作業が可能だ。この映画は「オープンフォーム（自由形式）」だ。

春の終わりに行こうと考えている。私はヨーロッパを出たい。何か痛みを伴うことをしたい。非常に困難で、敷かれたレールから外れることを。私は自分がどうやったらいいかよくわからないことをやってみたいのだ。


（中略）


親愛なるスワ、これが、私が今思っていることだ。どんなふうにあなたが感じたか知らせてほしい。私の書いたことを理解しているか、どんな問題を抱えているか、何が必要で、何を期待しているのか、教えてほしい。それがまた、私自身の考えを整理するのに役立つと思う。

最後になったが、あなたとあなたの家族、子供や夫人が元気なことを祈る。あなたが企てた広島への旅にはとても興味をそそられた。今度は、そんなに返事は遅くならないことを約束する。

どうかよろしく、ロバート

初出＝『〝今〟、〝ここ〟、〝世界について〟――ロバート・クレイマー特集』／山形国際ドキュメンタリー映画祭東京事務局／２００１年

ある惑星の引力　ロバート・クレイマーの「遺産」

ロバート・クレイマーの死は、映画の歴史上の出来事ではなかった。国内外を問わず、僕が体験したどの映画作家の死よりも、生々しい死だった……何よりも彼は僕にとって、師であり、友人であり、本物の映画作家であると同時に、家族とともに生きる夫であり、父親であり、哲学者であり、常に歩いている人であった……なごやかに話すときでも、どこかに厳しい思索の糸をピンと張りつめているようで、いつも気安く会える人ではなかったが、僕たち家族にとっても大切な人であった……映画以上に僕は「彼」を体験していた。ロバートは具体的な人であった。

突然だった。僕にはなんの覚悟もなかった。こんなふうに、突然、彼がいなくなるとは思えなかった。強靭な精神力と、どこまでも歩いて行ける脚力と、アリフレックスカメラを担ぐ腕力も……衰えていたとは思えなかった。

今年のカンヌ（国際）映画祭の帰途、5月のパリ。最後に会ったときの彼の表情は確かに暗かった……でも、僕の知っているロバートはいつもそうだった。特にひとりで歩いているときは……。

待ち合わせをしたポンピドゥー・センターの前に現れたロバートは、まるでたったひとりで荒野を歩いているように、眉間に厳しい皺を寄せ、すれ違う人など存在しないかのように視線を空に漂わせてフラフラと歩いていた。歩きながら深い思索の中に潜行するその姿が、彼の映画そのもののようにも思えた。一足先に僕と落ち合っていたロバートの妻エリカが人混みの中にその姿を発見して「ロバート……」と呟きながら僕に微笑む。（そう、あれがいつものロバートよ、何も見えないの、私たちのことさえ目に入らない）……実際、僕たちが彼のところへ駆け寄っていっても、すぐ目の前に来るまでロバートは気づかないのだ。それでも、僕たちを認めるとハッと夢から醒めるように、思索の緊張から切り離されて、その表情は他者への愛情に満たされる……彼の映画に定着されたさまざまな人々の、映画外部の現実を生きる人々の人間的な表情を思い出す。それらの表情を引き出してしまうロバートの態度、表情……孤独と、人を包み込む愛情……暗く視線を閉ざしたような表情と、人をありのままに受け入れる開かれた眼差し……彼の表情はその両極に変化する……。

僕がロバートについて語れるのはそんなことだけだ。思えば、たった数度の、数時間の出会いだった。彼の60年の人生のほんの一瞬、長い映画キャリアのほんの数コマの出会いだった。僕は彼の人生についても、作品についても多くのことを知らない。でも、あれほど尊敬と親密さの感情を人に抱かせる人はいなかった。

最初に会ったのは1997年の山形だった、彼は（山形国際）ドキュメンタリー映画祭の審査員長として来日していた。「お前の映画は、壁に掛けて鑑賞する絵画のような生易しい物ではない。疑問の真相、苦痛の奥底、情熱の行き着く果てに到達しようとする生々しい戦いなんだ。戦闘なんだ」。最初に会ったとき、ロバートは僕の映画『2／デュオ』にそんな言葉を投げかけてくれた。それは彼の映画に対する姿勢の表明でもあったし、本当にお前は戦い続けることができるか?という僕への尋問でもあった。その言葉の愛情と厳しさに、僕も戦い続ける決意をするしかなかった。映画を続けるしかないと思った。初めて本当の映画作家に出会ったような気がした。作家とは生きる態度のことであると、彼に会って、そういうことを初めて僕は実感することができた。日本にいて、映画を撮ることを映画の問題として自閉的にしか考えてこなかった僕に、彼の言葉は初めて聞いた外部／他者の声として響いた。そこに踏み出して行くことの孤独……「孤独でいいんだ。孤独だと感じるならば、あなたが自分のやるべきことをやっているということなんだ」その言葉に果てしない勇気を得た。「孤独であることは、あなたを打ちのめしてしまうのか?　それよりあなたを正直で、まっすぐにものを見つめられる人間にするんじゃないのか?」。それらの言葉を裏づけている、ロバートの人生の長い戦いを感じ、身が竦んだ。僕はまだ孤独ですらなかった。

　東京の僕の小さな家で、僕の妻や子供たちと夕食をともにしたこともあった。ロバートとエリカは、僕の子供のためにどこかでわけのわからないぬいぐるみを買ってきてくれた。「子供を育てながら、映画を撮り続けることは厳しい。でもがんばれよ」と励まされた。ロバートにもひとりの娘がおり、彼女がひとりでヨーロッパを旅したいと言い出したときの父親としての不安が『ウォーク・ザ・ウォーク』の始まりだったという。

「生き方が、私の歌声を決定すると思うの」と、声楽家を志す『ウォーク・ザ・ウォーク』の主人公の少女は言った。生活と映画を切り離すことなく、同じ言葉で語りたいと話す彼の態度に僕は深く共感した。「私はいつでも思い通りにならない現実を歩み、必死に生きている普通の人々のかたわらにいる。私はそうすることを選んだ。尊敬する人々との関係の中にこそ、映画の真の主題があるのだ……これまでの映画では語られてこなかった世界の現実と対話すること、それは映画の問題である前に、個人としてのあなた自身の問題であり、物事を見て考える人間としての能力の問題なんだ」。

パリでの彼は確かに疲れていた。生活のための仕事、俳優としての出演や学校での授業、そして資金繰りのめどが立たないままの新作の企画のことに忙殺されていた。ちょうど、カンヌでは北野武が喝采を浴びている頃だった。彼の孤独な厳しい表情に出会った僕は、つい昨日まで『M/OTHER』とともに渦中にいたカンヌの喧噪が、空疎なドンチャン騒ぎにさえ感じられた。

「スワ、さあ吐いてみろ。一体私にどんな提案があるんだ?」その数日前、僕はロバートにひとつの提案があると打診していた。彼はうれしそうに笑いながら「吐いてしまえ」と言った。僕は来年、つまり2000年のヒロシマで、一緒に映画を撮ろうと提案した。彼はすぐにイエスとは言わなかった。慎重に、シビアに、私の提案を聞き、質問し、これまでになくピリピリしながら、眉間に皺を寄せ私の言葉にデリケートに反応した。

ヒロシマ……それは僕にとってはありふれた故郷であり、ロバートにとっては次に取り組むべき重大な主題であった。『ルート1/USA』や宮岡秀行監修の『セレブレートシネマ101』でも語られているように、彼の父親は、被爆直後のヒロシマを軍の調査団の一員として訪れている。帰国した彼の父は、自閉的な人格に変貌しており、56歳で自殺したという。

ロバートは数年前からヒロシマを主題にしたかなり規模の大きい映画の企画を進めていたが、

資金繰りのめどはいつまで経ってもつかないままだった。彼のその企画に出資する人間は、世界中のどこにもいなかった。「この企画はおそらく実現しないだろう」と彼は呟いた。ロバートの疲労はその失望からくるものだったかも知れない。ただ「私は実現しそうもない企画に、何年もしがみついているわけにはいかない」。さあ、次のことを考えよう……どんな状況であろうと、一本また一本と撮り続けるしかないのだというインディペンデントの最前線からの言葉……だから、もっとパーソナルな視点で、それぞれのヒロシマを撮ってみないか、というのが僕の提案だった。

数時間の話し合いを経て、彼は頷いてくれた。

そんなふうに、僕たちの新しい映画は始まった。「私はスワと共通の、そして対等な関係をお互いの作品において持ちたい。私はあなたの作品を撮り、あなたとあなたの俳優や作品を取り巻く大勢の人たちと一緒に仕事がしたいのだ。二台のキャメラが互いを見つめ合っているようなシチュエーションを作りたい……」。僕たちは互いに見つめ合うように、互いのヒロシマを撮ろうと話し合った。それから幾度かの手紙のやりとりがあった。そして、最後の彼の手紙には、いくつかの具体的なアイデアが提案されてもいた。その2000年にヒロシマで撮影されるはずであった作品のロバートのアイデアには「INHERITANCE（遺産）」というタイトルがつけられていた。「日本に行き（説明したように少人数の人員と最小限の機材で）、ただ作業を始めるつもりだ。クランクインもなければ、台本もない。私の頭と心にほんのちょっとだけ考えがあるゲリラフィルム！

私はヨーロッパを出たい。何か痛みを伴うことをしたい。非常に困難で、敷かれたレールから外れることを。私は自分がどうやったらいいかよくわからないことをやってみたいのだ」……その言葉に、最後に会ったロバートの疲れた表情が重なり、何かとんでもなく切実な響きを持った言葉に思えた。映画全体の閉塞を、あるいは世界の危機的な状況を一身に背負ってしまっているような……そこになんとか小さな突破口を穿とうとする捨て身の決意……それを遺言のように読んでしまうのは、きっと生き残った者の勝手な解釈であろう。

ただ、僕は……クレーマーが撮ったヒロシマの映像。それがあるのとないので世界は一変してしまうようにも思う。永遠に不可能なその映像。映画の問題ではなく、人間の問題として……しかし、その映像は本当に永遠に失われてしまったんだろうか？ ……「日本人で広島生まれのあなたは、なんらかのかたちで、自分の過去について、いくつかの問いを発している。あなたの問いかけは、あなたのものであって、おそらく私のものとはまるで違うだろう。その違いが私を引きつけるのだ……」。僕もそうだった。その違いが映画の作者となるような作品。共有し得ないふたつの視線。ふたつの映画がバラバラに進行しながら、何かを共有してもいるような撮影。「果たしてこれが、あなたの興味を示すものなのか？ あなたの求める素材を与えるものなのか？ 教えてほしい」最後の手紙のその切実な問いかけに、僕はただ「全くそれでいいのです」と答えればよかったのに……その答えを送る前に、ロバートはいなくなってしまった。

見つめ合うもう一台のカメラを失った僕は、そのことをひとりで自分に問う……「お前にとってヒロシマとはなんだ？」……まだ、僕には何も答えられない。僕には明確なヒロシマのビジョンはない。僕は……ただそこでカメラを構えるロバートの傍らにいたかった……彼の制作術を勉強したいなどと思ったのではない。そんな態度を彼は許さない。なんにも守られない裸の「私とあなた」として向き合わなくてはならない。いざ現場に入ってしまえば、僕たちはそれぞれのカメラポジションを主張する映画の作者として当然対立し、譲り合えなくなり、口もきかなくなったかも知れない。そうなればおそらく、彼の強靭な精神に僕は負けてしまったに違いない。それが一本の、あるいは二本の映画として成立するかどうかさえわからなかった。ただ、そんなふうに、ほんの一瞬でも僕はロバートの精神にカメラで対峙し、一緒に生きてみたかった……彼が映画史の上で重要な人だからではない。僕は彼を具体的な人として尊敬した。それだけだ。ただ、僕たちは映画を作る人間だからこそ出会えたのであり、ともに映画を撮ること、それ以上の交流はありえなかった……。しかし、ここでそのことを書いたところでそれは永遠に実現しえない「遺産」になってしまった。

ロバートを失ったこと、当然それは僕たちの「遺産」が失われたというだけではない。それ以上に僕は大きな引力のようなものを失った感覚にとらわれている。作り出される世界中の映画に常に緊張を強い、頽廃を踏み止ませるような暗黙の引力。映画にはまだ何かできることがあるはずだと、未来を信じさせるプレッシャー。ロバート・クレイマーを知らなくとも、彼のその無言の引力は世界中の映画に作用していたように思える。そんな引力を持つ惑星を映画はまたひとつ失ってしまったのかも知れない。

いずれ彼のレトロスペクティブが日本で実現するかもしれない。それは、当然行なわれるべきだ。ロバート・クレイマーは追悼する以前に、見られてさえいないのだから。その三十本近くのフィルムの中で、ロバート・クレイマーは生き続けていると、あるいはこれから発見されるのだと言うこともできる……でも、そんなふうに僕は言いたくない。僕は今は見たくない。ああ、これがクレイマーだったんだ……と、今はそれで終わってしまうように思えて……60年代、ニューズリールの時代にどんな作品を撮っていたのか？……ああ、あの時代の左翼的な人だったんだ……それで終わってしまうように思えて。そう、これは僕の勝手な独言だ。ただ、映画と生活、映画美学と現実の問題の交信がどこか閉ざされている今の日本で、どれほどロバートの孤独を映画／世界の可能性とか希望へとつなげられるだろうか、と思うと暗くなるのだ。

僕は、彼のことを何も知らないが、あのときロバートがどこへ抜け出そうとしていたのか、いつかそれを見たいと思っている。彼は終わってはいなかった。実際彼は何も終わらせはしない。おそらく、彼が作るはずだった映画が世界の辺境から何本も生まれてくるだろう。だから、僕も今は彼の引力だけをなんとか持続させていたいと思っている。自分がやるべきことをやるという「孤独」に踏み止まって……

初出＝『カイエ・デュ・シネマ・ジャポン――映画の21世紀〈13〉』／勁草書房／２０００年

Mutual Looking　往復書簡による映画のシノプシス

書簡：キム・ホジョン

諏訪　昨年末、私は韓国の全州（チョンジュ）国際映画祭からデジタルビデオ作品の制作を依頼された。これは今年で三回目になる「三人三色」というプロジェクトで、三人の映画作家がそれぞれデジタルビデオを使用して30分の短編を制作するというものである。今回の共通テーマは「戦後」。私は、ひとりデジタルカメラを片手に広島へ向かった。広島は私が前作『H Story』でも取り組んだ題材であったが、私はよりドキュメンタリーに接近するように、ひとりで広島を撮ってみようと思っていた。しかし、結局私はそこで何も撮ることはできなかった。私は、ただ無感動に広島の街を単なる風景として撮った。私は誰にも出会うことはできなかった。そのとき、私がカメラを向け得る対象が俳優以外にはないことを改めて思い知らされた。私は俳優を必要としている。俳優ではない人間に私はカメラを向けることができない……。何をすればよいかわからないまま時間だけが過ぎ、私は打ち合わせのためにソウルに呼ばれた。そこで、全く偶然にひとりの俳優のイマージュが私の目に飛び込んできた。帰国した私は、なんの計画もないまま、まだ会ったこともないそのひとりの女優に出演を依頼した。全く直感的な賭けのように、私はその韓国の女優とコラボレートすることを確信していた。私は彼女に手紙を書いた。

私は、今回のJeonju International Film Festivalの企画する「三人三色」(Digital Short Film by Three Filmmakers）に参加するにあたって、広島

を題材にした作品を計画していました。当初は全く個人的な作品を考えていたのですが、このプロジェクトの製作発表のため先週ソウルを訪れた際、私は韓国と日本の関係に強い関心を持ちました。そして、同時にあなたの出演された『NABI』を拝見し、あなたの演技にも感銘を受けました。帰国してから、このふたつの印象は私の中でさらに強いものになり、私は今回なんとかあなたとコラボレートしてみたいと考えるようになりました。私は、これまでの計画を全て考え直し、今あなたと何ができるかをゼロから考え始めています。

本来ならば、脚本を送り、あなたに対して「このような役を演じてもらいたい」と説明しなくてはなりませんが、このような経緯ですので現在詳細な内容についてはまだ決定していません。しかし、私が考えているのは俳優であるあなたと、演出家である私がこれから出会うことそのものを作品のストーリーとしていこうというものです。広島をひとつのキーワードとして、われわれがそこでどのような対話を交わすことができるかを作品にしてみたいと思っています。

この作品ではあなたはあるキャラクターを演じるというより、むしろあなた自身を演じてもらうということになると思います。

広島という固有名があなたにはどのように響くでしょうか？　私にとって広島は何より故郷です。私は広島で生まれました。しかし当然、戦後世代の私にとって広島はなんの痛みも伴わない記号です。自分が経験したことのない他人の痛みについて、私は叫び声をあげるわけにはいかない。けれども、広島を消し去ってしまうこともできない。これが私のジレンマです。私はそのことと無関係に生きることもできるし、そのことにとらわれてもいる。しかし、それは当然あなたのアングルとは全く別のものでしょう。私はその差に関心があります。／諏訪敦彦

キム・ホジョン　「あなたと映画を撮りたい」とつ

づられた一通の手紙が諏訪監督から届いた。そのときの私には諏訪監督に関する情報は何もなかった。周囲の助けで彼について少し知ることができ、諏訪監督の作品を急いで見始めた。初めての彼の作品に私は少し戸惑ってしまった。映画の中と外の境界が曖昧で、またその曖昧さ自体を映画は語っていた。しかしその戸惑いは一般的な作品に慣れている私の偏見からくるものかも知れないと思い直した。とにかく素直で謙虚なその手紙に私はこの人と撮ってみたいと望みのようなものを抱く。決めてからは瞬く間に物事が進んでいった。私は私を演じる……私とは……。

諏訪　私は、ずっとドキュメンタリーに関心を抱いてきた。私は、フィクションとして「私の世界」を主観的に構成することよりも、私の意識では支配することのできない現実、あるいは他者に対してカメラを向けようと欲望してきたと思う。その方向は、ドキュメンタリーを目指していると言うこともできるだろう。しかし一方で、私は常に俳優というフィクショナルな存在を必要としてきた。これは、逆説的な事態である。私にとって、俳優とは役（フィクション）を演じる人であり、私の理解を超えた他者（現実）である。私はそのようなパラドキシカルな存在としての俳優を必要としている。私は、ある意味でドキュメンタリーとしてフィクション映画を作ってきたのかもしれない。キム・ホジョンというひとりの俳優に私は強く惹かれた。どうしてかはわからない。彼女についてはほとんど何も知らないのだ。私にできる唯一のことは、この知らないという事実から全てを始めるということだろう。

キム・ホジョン　一緒にやってみたいとの返事を出した2日後、諏訪監督は韓国まで私を訪ねてきた。1日中一緒に過ごして興味深い会話を交わしたが映画の進行や作品については具体的に何も話さなかった。ただ、監督は一緒に映画を作っていく過程と予測できない結果を期待すること自体が楽しみと言う。私は彼の言葉を通じて今回の映画がどのような作品になるかについて少しの情報を得ただけだった。

諏訪　キム・ホジョンに会う。彼女は聡明で、誠実な俳優だと感じた。内容がほとんど決まっていないという私の無謀な申し入れに対して、彼女は慎重に、誠実に私の話を聞き、さまざまな不安を飲み込みながら、この申し入れを承諾してくれた。

私には具体的なシナリオに関するアイデアは何もなかった。ただ、私は彼女と作業することを直感的に決断した。私と彼女の出会いそのものが、この映画の物語であろうという漠然とした感覚を持っていただけだった。したがって私自身も映画監督という物語の登場人物のひとりとしてカメラの前に立つことになるだろう。私と、広島とキム・ホジョンという存在、この三つがモンタージュされる。それが、この作品である。そして、帰国した私はこの状況そのものを物語とする簡単なストーリーを書いて彼女に送った。

キム・ホジョン　彼が日本に帰ってからまもなく挨拶の手紙と簡単なシナリオを渡してもらった。その手紙には「あなたは具体的な判断基準がない状態のまま僕を信頼してくれたので、今回の作品について意見を言う資格が充分にあります」と書かれていた。事実的でドキュメンタリー的な感じがするシナリオだった。

シナリオ

MUTUAL LOOKING or HIROSHIMA 2002（＊1）

物語の前提

韓国の俳優KIMは、日本からある手紙を受け取った。

その手紙は、日本の映画監督SUWAからのもので、手紙には「新しい映画の脚本を作るために、あなたの協力が必要である。あなたの助けを必要としている。私は広島にいる。そこであなたとともに作る映画を構想している。今すぐ広島に来てほしい」とあった。

彼女は、SUWAが何を求めているのかわからないまま、この申し入れに応じることにした。KIM

は広島に向かった。

物語

シーン1

KIMは、広島に到着した。指定されたホテルに着いたが、SUWAはそこに現れなかった。連絡もつかない。彼女は仕方なくホテルで連絡を待った。やがてひとりの通訳が、KIMを訪ねてきた。通訳は、SUWAからの伝言を伝えた。

SUWAは、「すまないが、今すぐには会えない。しばらく待っていてほしい」という。理由はわからない。「その間、広島を見ていてほしい」とSUWAはKIMに伝えた。SUWAの居場所はわからない……。

キム・ホジョン 撮影まであと1週間。しかし私は残った時間に何も準備することができなかった。「私はただ私として旅に出る」これがこの映画の始まりであったためだ。胸騒ぎと怖さを胸にしまったまま国を後にした。

「MUTUAL LOOKING or HIROSHIMA 2002」のストーリは事実的な要素を軸に作られる。「キム・ホジョン（私という女優）は諏訪監督から映画出演の提案を受け入れ広島に現れるが監督は姿を見せず、監督に勧められたように広島を見て回っているとき偶然にも諏訪監督に遭遇する」。このような短いあらすじをもとに私たちは話し合いを重ねて映画を作り上げていく。撮影のときは役者がその場で即興によって内容を作っていく。しかし、その即興は白紙の状態から現場に投げ出されるものではない。全てが監督と役者の相互合意のもとで行われる。

諏訪 物語は、私ひとりだけが語るのではない。私の知らないキム・ホジョンが初めて訪れた広島で何を感じるのかが物語の重要な動力になる。彼女が何を感じるのか、私はあらかじめ知ることはできない。し、私の想像によって一方的に構想される物語はキム・ホジョンという存在の他者性を排除するだろう。私のなすべきことは彼女の感情の変化を日々の撮影に反映させること、そのことによって物語をたどってゆくこと、である。

キム・ホジョン　撮影の初日は最初のシーンから順番に撮っていった。最初の撮影を終えて二番目のシーンを撮るために持参した衣装を監督に見せて衣装の選択を求めた。

　返ってきた言葉は「なんでもいいです」だった。「この映画でホジョンさんは自分自身を演じるのでホジョンさんの好きな衣装を着てください。私が衣装を決めてしまうと衣装のキャラクターに閉じ込められるかもしれないので自分で選んでください」それから私は自由になれたと思う。しかし一方では私を見せなければいけないという負担もあった。役者はある人物を表現するために自分なりの観察と研究を通して人物像を作っていく。しかしいざ自分を演じる立場に置かれると曖昧で難しく感じた。そして、「果たして私は誰だろう」と自問した。

シーン2

KIMは広島を見る。広島を訪れる外国人が必ず訪れる場所を訪ねる。

平和記念資料館

KIMはそこでさまざまな映像を見つめる。あの日の。

　韓国語の解説音声を聞きながら。

キム・ホジョン　初日の二番目のロケ地「(広島)平和記念資料館」に着いた。監督に、撮影をする前にゆっくりと見ておくように勧められた。そして見終わった後の気持ちが知りたいと言った。広島にある平和記念資料館は三階建てで東館、西館のふたつにわかれていた。そこでは被爆者の遺品や被爆の惨状を見せている写真や資料などを展示していて広島被爆の前後の姿が全て保管されていた。心の準備もないまま博物館を見回るつもりでゆっくり歩いていた足が止まった。衝撃だった。こんなに無残な姿を自分の目で見るとは少しも予想していなかった。心が揺れ、とめどない悲しみを感じた。

諏訪　私は、彼女が平和記念資料館を訪れる場面を、いつどのように撮影するか直前まで迷っていた。彼女が初めて目にする広島のイマージュが、どのような印象を彼女に与えるのか私には予想できない。しかし、そのとき彼女の中に現れる感情はただ一度のものであり、カメラはその瞬間を捉えることで、彼女の真の感情を写し取ることができるだろう。だから、カメラはスタンバイした状態で彼女とともに記念資料館の中へ入ってゆこう、と当然考えた。しかし、その感情は真のものであるがゆえにまったく個人的なものであって、「私物」であるといってよい。私たちはその彼女の私物を撮影の対象にしてよいのだろうか？　この疑問は最後まで拭い去れなかった。私は、カメラをスタンバイすることをやめて、彼女が自分の感情を事後的に演技として再現する方法を選んだ。フィクションとしての表現を選んだ。つまり、その一度きりのドキュメンタルな瞬間を撮り逃がすことを選んだ。なぜなら、彼女は俳優だからである。

キム・ホジョン　記念資料館を見るのを諦めて、建物の前にある公園のベンチでスタッフに背を向けて座っていた私は、気持ちを落ち着かせようと努めた。しばらく時間が経ってスタッフの前に戻ると、彼らは今日私が何を感じ、撮影をすることができるかどうかを訊いてきた。私はスタッフの目をまっすぐ見ることができなかった。そしてこう答えた「こんなことは予想できなかったです。しかし場所の許可の問題もあるので撮らなければいけないでしょう。私に少しの時間をください」。しかし予想外の答えが戻ってきた。

「大切なのはあなたの感情です。許可など問題ではないので違う日にしましょう。今日の撮影はこれで終わりにします」全スタッフはなんの不満もなく後片付けを始めた。初日の撮影はこうして自分への誓いや期待、予想を裏切る結果となってしまった。

諏訪　記念資料館での彼女の衝撃は私の想像をはるかに超えていた。彼女は完全に言葉を失っていた。それは、彼女の感受性の深さと人間としての愛情からくるものであったが、私は彼女の極度の疲労を目の前にして、自分の撮影行為全体が正当なものなのかと自問した。ひとりの俳優をこんなにも傷つけながら、私は何をしようとしているのか？　広島という体験をこのように彼女の中に作り出してしまうことになんの意味があるのか？　私は撮影を継続するべきなのかどうかを考えた。

キム・ホジョン　その日の夜、私と監督、助監督、通訳の四人でその日の気持ちと明日の撮影について話し合いの場を持った。そのときまで私は混沌から抜け出せないままだった。さらに監督から次の日の撮影で私が受け取ることになっている手紙を渡された。内容は被爆で子供を失った親が10年以上前に亡くなった子供に宛てた手紙だった。私はちょっと見ただけで、現場で読むと言って溜息をついた。「なぜ私をこんなに苦しめるんですか。それなら、私にも考えがあります。明日は私の『ラストカード』を切ります。この映画が名作になるか駄作になるかは明日以降で決まると思います」と冗談のように言って自分の部屋に戻ってきた。その夜、私は眠りにつくことができなかった。私が気に留めていたのは、自分のせいで撮影が進まなかったことより、ここで何を感じているのか、シナリオにつづられている短い文章の一文一文をどのようにこの映画で表現すればいいのか。という問題だった。

諏訪　時間がたっても彼女は混乱していた。かつてドイツのアウシュヴィッツを訪れたときのことを思い出したと言ってまた涙を流した。そして、俳優として自分の感情がコントロールできなかったことを私たちに詫た。その日彼女と別れてからも、私はこの撮影の根本的なコンセプトに対しての疑問を払拭できなかった。彼女は、明日の撮影で「ラストカード」を切ると言った。それが何を意味するのかわからなかった。しかし、それがどのようなものであっても私は彼女のその切り札を受け入れようと考えていた。

シーン4

KIMは、あの日のイメージに圧倒され疲れ果てる。焼けただれた子供の顔……。子供を失った母親の顔……。彼女は、眠る。彼女は死について考える。それでも彼女は、部屋を出て（生きるために）食事をとる。彼女は通訳の女を呼び出し、彼女の広島に対する感情をSUWAに伝える。

キム・ホジョン 次の日の現場。私は夜を通して書き上げた一通の手紙を監督に差し出した。

諏訪監督へ

諏訪監督と私は偶然の小さな出会いを通して知り合い、そんな縁で私はここ広島まで来ることになりました。そして監督が勧めてくれた通り、私は今広島を見ています。

あなたは広島で生まれ育ちましたが、広島の痛みを直接には経験していない。ただ、あなたの先祖たちを通じてその痛みを心の奥に秘めているでしょう。

私も韓国で生まれ、私の先祖たちが日本の植民地時代に経験した辛い記憶を間接的に認識しています。

広島の悲惨な原爆投下で多くの人々が犠牲になり、その後わが国があなたの国から解放されたということは、なんともアイロニカルな歴史的状況だったと思います。

そして私は今、痛みを持ちつつ変化したもうひとつの広島に生きる人々を見て思います。あなたと私は痛みを持って歴史の延長線上で生きる、とてもちっぽけな存在だと……。

今回の旅行で、私はそんなちっぽけなひとりひとりの存在がどんなに貴重なものなのかが改めてわかりました。ここで、痛みを持って生きてゆく人たちと、また亡くなった多くの方々の冥福を心からお祈りします。そしてこのような旅行の機会を与えてくれたあなたに感謝します。そして、あなたとの縁を大切に持ち続けたいと思います。／

キム・ホジョン

諏訪　彼女の「奥の手」は、一通の手紙であった。彼女が本番中に突然差し出したその手紙は、もちろんフィクションとして書かれたものである。しかし、私はその手紙の内容も知らなかった。それは彼女の書いたシナリオである。彼女は演技としてこの手紙を書いた。おそらく、夜遅くまで彼女はこの手紙を書いていた。もちろんその間にカメラは回っていないのだが、手紙を書くというそのときの彼女の行為は、フィクションなのか？　ドキュメンタリーなのか？……おそらく、そのような問い自体が無効となるような瞬間だったと私は感じる。その行為は、物語の中の出来事ではあるが、しかし、彼女はそこで見事に彼女の広島を表現し、自分自身を演じ切ったと思う。そして、私とスタッフは、この手紙に感銘を受け、彼女をひとりの人として尊敬した。彼女と私は互いに正しく他者であり、協働者であると感じた。私はもはや躊躇することなく、彼女のこの手紙の内容を作品の中にフィクションとして取り入れ撮影を続けた。彼女の場面は、彼女が創作した。この作品の物語は私とキム・ホジョンのふたりの主観性の切り返し（リバースアングル）によって語られてゆくだろう。

キム・ホジョン　撮影の進み具合はこうだった。与えられた状況を私の感じ方で表現し、監督はその演技を見て徹夜をしながらシナリオを少しずつ直していった。いつのまにか私は、本当の私として演じることとスタッフとの討論が大きな楽しさに変わっていった。そして始めに監督が私に言った「映画を作っていく過程と予測できない結果を期待すること自体が楽しみ」の意味がはっきりと理解できるようになった。

私はリハーサルをしていない。せいぜい私が用意した動きをたまに彼らに見せるぐらいだった。彼らは私の大雑把な動きを見て全てをセッティングしてくれた。それが少しは無理のある要求でも、戸惑うことなく最大限私が自由に演じられるようにとその場その場で対応してくれる。

時間がたつにつれ私は彼らと笑顔で話すことができた。一番年配のスタッフは私にこう言った。「交流において言葉はそれほど大きい障害にならない。だから僕に話したいことがあったら韓国語で話してください。僕は日本語で答えます」。実際、彼に「食事しましたか」と韓国語で尋ねると、「はい。すませました。あなたは？」と日本語で答える。私たちは各自の言葉でコミュニケーションをしては微笑んだりした。私たちは徐々に国籍の違う役者とスタッフではなくただひとつのチームになった。

諏訪「世界はかのようにある」と作品が語るとき、作者は「私が世界を構築しうる」ことを確信している。しかし、そのとき作者はどこにいるのか？「世界」の外部に立ち超越的に世界を見下ろす視点をフィクションというならば、私はフィクションを志向することはできない。この超越的視点は皮肉にも（セルゲイ・）エイゼンシュテインの挫折した夢である。「われわれは、ここに真理がある、ここにひざまずけとは言いはしない。われわれが何であり、何をするように余儀なくされているかを明らかにするだけだ」という（カール・）マルクスの態度を、ドキュメンタリーの視点と呼ぶならば、私はやはりドキュメンタリーを志向している。そして、「生きる」ことは、そのような視点からしか捉えられないと思っている。俳優という他者の生は、常にそのことを私に教えてくれるのだ。もちろん、映画とはモンタージュである、しかし、私たちはドキュメンタリーとしての（他者の）モンタージュというものをまだ発見してはいない。

シーン15
ホテルの廊下

帰国の荷物をまとめて部屋を出てくるKIM。
SUWAがやってくる。
ふたりは再会する。
SUWA「ここにいてほしい。あなたの助けが必要なのです」

註

＊1　「MUTUAL LOOKING or HIROSHIMA 2002」は完成後、「a letter from hiroshima」とタイトルが変更された

翻訳＝慶淑顕／鄭信英

初出＝『現代詩手帖　２００２年７月号』／思潮社／２００２年

第４章　映画を見たあとに

是枝裕和『ワンダフルライフ』

孤独の発見

映画作品が成立する瞬間（完成する瞬間ではなく）、なにか作品に魂が吹き込まれるような瞬間というのが映画の製作のプロセスのどこかに存在する。

それは、作者がある日、漠然とこれから撮る映画のアイデアをふと思いついた瞬間かもしれない……撮影中に俳優が見せた唐突な意味のない表情に、なぜか物語の核心を見た瞬間かもしれない……あるいは、編集中に自分の映画が根本的に間違っていたと絶望的になり、しかしあるワンショットの編集をほんの数秒変えたときに作品が新たに蘇生する瞬間かもしれない……一体何が起きたのか？　それを言葉で言い表して他人に伝えることの困難な、ある誕生の瞬間。

小説でもそうだろう。どんなに綿密なプランを持って書き始めたとしても、自分が書いた一行に、あるときは裏切られ、思惑を逸脱する。もうどうなるかはわからないが、戻ることはできない。書き続けるしかない……しかし、書き続けることで、ふと、言いようのない実感に出くわす。当たり前の話。誰も書く以前にわかっているものを書こうとはしない。書くことでしか到達しえないものがあるから、書いている。その果てに、「なぜこれを書いたのか」という核心に触れる瞬間があるはずだ。

それがどんなに些細なものであっても、おそらくそれが作品の命＝肉体だろう。そして、その命はその人でなくては到達しない独自＝孤独なものであるはずだ。孤独とは、作者が自分自身に問題提起することであり、彼は映画を作ることによって自らの問いに答えるしかない。それが創作であり、その作業は、絶望と隣り合わせの孤独な作業であるはずだ。

あえて、逆説的に言おう。映画を作ることは共同作業ではない。孤独な作業なのだ。

ある日、「あなたの人生の中から大切な思い出をひとつだけ選ぶとしたら？」と問われて、人はどのように自分の記憶をたどり、物語るのだろうか？というシンプルなアイデアが、作者の内部に立ち上がる。この質問をさまざまな現実の人々に投げかけることから映画を始めよう……ささやかだが本人にとっては切実な物語に耳を傾け、それらを再構成することからシナリオを書き始めよう……いや、その再構成することそのものを、「今、生まれつつある映画」として作品の中に取り込んでしまおう……われわれはその思い出を本人とともに、映画の一場面のように再現し撮影する。そして、その劇中映画の製作プロセスそのものをドキュメントとして、この物語の中に取り入れてみよう……作者は更に、そのドキュメンタリー的なアプローチを幻想的なフィクションに結合させるという離れ業を思いつく。舞台を天国の入り口に設定し、天国の面接官が同じ質問を死者たちに投げかける。面接官はその思い出を忠実に映画化し、その映像によって呼び起こされた思い出を胸に、死者たちは天国へ向かう……。

この『ワンダフルライフ』の発想は確かに大胆だ。しかしそれを、「斬新な手法である」とか「大胆な試みである」とか、「およそありえないファンタジーを現実感をもって語り得る演出力」とか「ドキュメンタリーとフィクションの境界を無効にする」などと言ったところで、何もこの作品を語ったことにはならないだろう。これが「映画についての映画」であることをあえて指摘する時代も過ぎ去った。ここで（エルンスト・）ルビッチや（ヴィム・）ヴェンダースとの比較をしても始まらない。そんなことは問題ではない。作品は常に単独で存在しているわけではない。

映画作品はプランを実現するためのものではない。問題は、それがどのようなプランにもとづいて作られたかではなくて、どのような命＝肉体がこのフィルムに焼き込まれたかということだ。

もちろん、その発想の段階で、作者がフィクションという枠組みとの距離を強く意識しているのは確かだ。単に新奇なものを目指しているわけではない。通常の劇映画の手法では「私の映画」が実現できない、という作者の内的必然があったのであろう。

おそらくそれは、感情に加担せず常に風景の中に対象を突き放し、あらかじめ設計された絵画的画面構成を映画のスタイルとして決して崩さなかった『幻の光』の作者が、そのスタイルによって、映画の「命＝肉体」を窒息させたことに対する反省であり、ドキュメンタリーの導入は、その蘇生のための荒っぽい手術であることを示している。

映画を作者のイメージによる支配から解放すること……そのためにどうすればよいか？……私もまた、この問題意識を共有している。

逆説的に言おう。映画はひとりで作る物ではない。共同作業なのだ。

「妥協を許さない完璧主義者」……黒澤明の業績を称えようとするそのような言葉が、映画作家とは作品世界を自分のイメージで支配する神であるという神話を補強する。しかし、映画監督には映画の全てを支配することなどできはしない。『幻の光』の作者は、監督という神によって支配された映画製作システムを、共同作業へと開放するためにこのアイデアを利用したはずだ。

「『生き物』として映画をとらえたい」という是枝裕和の言葉をそのまま信じる（私は信じる、共感する）ならば、常に相手の反応次第でこちらが変化していかなくてはならないドキュメンタリーの製作プロセスの流動性を、フィクション映画の構造の中に組み込んで、より偶発性に開かれた真の共同作業を目指そうとしたはずなのだ。そのために、どうしても俳優でない人々にインタビューする必要があった。この映画が、偶然性に開かれていることを示すために。映画に、フィクションというゲームの規則を共有しない者、つまり「他者」を招き入れるために。その他者と対話するために……。

冒頭、舞台となる現実感のない古びた建物の入口。スモークと逆光線によって演出された空間の中に、ひとりまたひとりと死者たちが入ってくる。病院の受付でも済ませるように、人々は名を名乗り登録をする。その足取り、発声、肉体の仕草は逆光の中でも俳優のものではないことがわかる。何かを演じているわけではない。日常的なありのままの動作で、死者たちはフィクションの空間を横切ってゆく。

そして、彼らはひとりずつ面接室に招き入れられる。堂々と真正面に構えられたカメラの前に座る老人の、演技ではない、歴史、経験が刻まれた皺、表情、話し方。

画面オフから、俳優によって演じられる面接官の声が「あなたは昨日お亡くなりになりました」と告げる。おそらく、自らも自分の本当の死を意識しているであろう高齢の老人は、はにかんだように微笑して頭を下げ、その死を受け入れる。（ええわかってますよ、これは映画ですからね）虚構を遊戯のように受け入れる老人の表情に、私は瞬間、複雑な感情を抱く。その感情がなんであるのか、まだわからない。

彼らはこれから3日間で、自分の人生で最も大切な思い出を選ばなくてはならない。死者たちはカメラの前で、自分の人生について語り始める。観客は、その物語が台詞として書かれたものではなく、彼らの真実の物語であることを了解するだろう。

カメラの前にいる死者、彼らはフィクションの外では現実を生きている。生きている他者の存在は、複雑でやっかいだ。彼らはいつ何をしでかすかわからない。私の予測を唐突に裏切り、不機嫌になり、あるいは笑い出す。話すことは一貫しているようで、昨日と今日では気分が変わる。なぜだかはわからない。人生の「生」は荒々しく、脈絡もなく、物語の秩序を脅かす混沌を孕んでいる。しかし、その混沌は、プランや物語の構造といったしょせん観念によって定められたシナリオという虚構の運命に、人間の「生＝肉体」を招き入れる可能性を秘めている。

話を聞いているはずの俳優＝面接官の切り返しショットは排除され、死者たちだけが並列的にモンタージュされてゆく。そこでは通常の劇映画のサスペンスやプロットの劇的な展開は停止する……ガラガラと回り続けるフィルムをどう処理するのか……その複雑さを、物語の秩序の中にどのように活かしてゆくのか……多くのテレビドキュメンタリーは、その複雑さを、単純な一本の物語に仕上げてゆくだけだが、『ワンダフルライフ』は物語を多方向に開き、現実の複雑さを捉えようとしているように見える……一体どんな映画が立ち上がるのか……私は、見たこともない映画が出現することを予感する……。

しかし、おや……と思う。そのモンタージュに自然さを演じる俳優たちの演技が巧妙に混ざり込んでいるのだ。その精巧な「自然らしさ」の演出によって、一般の観客は、おそらく誰と誰が俳優であるかを見わけることはできぬであろう。例えば由利徹の話などは別である。彼は「役者でもある私」の話を、「私」として語っているのである。それは達者な話芸でもあるし、ドキュメントでもある。問題は、真実さを模倣する演技によって、ドキュメンタリーのレベルに潜り込んでいる俳優たちである。なぜ、これほど俳優を必要としたのだろうか？　おそらく、膨大な一般の人々のインタビューを事前に行ったであろうこのプロジェクトにおいて、何人もの魅力的な人間＝物語との出会いがあったであろう。その映画外の人間＝他者と映画とがどう対話していくのかをこの映画のコンセプトだと理解していた私は、てっきり一般の人々＝死者＝ドキュメント、面接官＝俳優＝フィクション、という構造なのだと勝手に想像し、この俳優の起用、自然さを模倣させる演出に最初の違和を覚えた。

「人生をコピーし、研究しつくした感情を敷き写しになぞる演劇のこの自然らしさのトーンほど映画において偽りのものはない」（＊1）……この演技は、（ロベール・）ブレッソンの否定するミミック（物真似）ではないか……。

もちろん。通常のフィクションの内部では両者は平等に死者のひとりである。そこでは、俳優と俳優ではない人間に違いはない。しかし、違いはある。

その違いがあるからこそ、俳優でない人間をこの映画は必要としたのではなかったか？　だが、作者は俳優を必要としたのだ。だからキャスティングした。ではなぜ？　その答えを私は探した。

そして3日間、死者は悩み、考え、話し続ける。それが、演出されたものであることがわかってくると、並列的なモンタージュが、急に単調さを帯びてくる。現実に向かって開かれていたはずのコンセプトがねじれ始めるように感じる。何か現実感の伴わない時間が流れ始める。俳優が演じているから？　……そうではない。

　ここでの3日間という時間は、単なるフィクション（設定）でしかないからだ。確かに、昼があり、夜があり、次の朝がくる。「今日は最後の日です」と館内アナウンスがある。登場人物はフィクション内部で3日という時間を体験した。しかし、カメラの前で毎日自分の思い出を語る人間に、その時間の体験は反映されていない。ただ「3日」という意味が、編集によって構成されたにすぎない。

　実際にどのように撮影されていたかはわからないが、俳優でない人々は1日の時間の中で延々と話し続け、そのひとまとまりの話が、編集によって3日間に分解されたようにしか見えない。ひとつのインタビューを三分割して夜の場面を挟み込めば、3日になる。映画の制度においてそれは常識だ。しかし、そこに現実の「生」を導入することで、映画のフィクションの制度そのものを問い直そうとするのが、この映画のコンセプトではなかったのか……？

　人間ならば、一晩考えれば考えも変わる。話は横道に逸れ、ふと関係のないことを思い出す……しかし、構成の手捌きは、映画の制度になんの疑念もなく、複雑さを切り捨て、ただ意味として必要な情報を整理してゆくように見える。

　ここで、作者がなぜ俳優を必要としたかがわかる。俳優でない人々が、たとえ実際に3日間この撮影現場に通ったとして、そこに3日間の変化を期待することはできない。なぜなら、彼らは現実には死んではいないのだから。大切な思い出をひとつしか選ぶことができないという死者の苦悩（フィクション）までも、自分の生活の中に持ち帰ることはできない。……そこで、俳優の表現が必要になる。俳優はフィクションを把握し、イマジネーションでその苦悩を表現することがきる。「私はどうしても大切な思い出というのを見つけることができないのです」という死者の苦悩を映画において表現するためには俳優の力を借りたほうがよい。それが演出家の結論だ。結果、プロットの展開上重要な役を担う死者には俳優を振り当て、ほかの俳優ではない死者は自由に話せる状況を作る。つまり、フィクションは崩壊する危険を免れる。実際にはどうだったかはわからない。しかし、そう受け取るしかないように、編集されている。だとすればこれは……この映画を発想した作者の、そのプランを支えた精神の、フィクションという制度に対する単純な敗北ではないのか……混沌は、やはり物語の秩序のために克服されなくてはならないのか……?

4日目からは、その思い出の再現映画の製作に入る。実際の製作スタッフがスタジオを右往左往し、それぞれの思い出の場面をセットとして作り上げてゆく。この、ファンタジーからリアルさへの移行は、ダイナミックだ。山崎裕のカメラもさすがに生々しいが、すでに「生」がフィクションにねじ伏せられてしまった以上、その生々しさが私には空しい。

セスナの操縦席から見た風景を選んだある死者(俳優ではない)が、スタジオでスモークによって再現される雲に、「雲の感じが全然違う」と言い、急遽美術スタッフが苦労して綿の雲を作り上げるというような、偶然性を取り込んだエピソードもあるが、物語の主旋律は、あくまでシナリオにもとづき、俳優によって進められる。物語の秩序に従順な者だけが生き残るのだ。映画はあらかじめ定められたレールの上を一気に走り始める。

リバースショット、アクションつなぎなど、映画の前半では抑制されていた制度的モンタージュがなんの疑いもなく使用され始める。対象に食い下がろうとする手持ちカメラは、おそらく長いワンシショットの持続の中に現実の複雑さを露光させたであろうに、そのショットは、全体の構成を見渡す神の視点から、バランスよく分解され、単純な構成要素に切り刻まれる。このショットはこういう「意味」だ……だから次にはこのショットをつなげばよい……長すぎず、短すぎないショットの連続……。

おそらく撮影現場は、幸福な共同作業の場であったに違いない。スタッフ、キャストは映像を作ること自体を映画にしてゆくという、虚実の入り混じった製作プロセスを楽しんだであろう。そのことを、いくつかのショット（例えば合奏のシーン）が見せてくれる。しかし、作者がフィルムをカットしモンタージュする態度には、その幸福さは微塵もない。

私は絶望にも似た孤独を、編集する作者の態度に見てしまう。「『生き物』として映画をとらえ」ようとする精神を、作者自らがカットしたようにすら見える。他者との対話の可能性は消え去り、映画は自己との対話の世界に入ってゆく。その孤独……。しかし、そうしなくてはならなかった。それが結論だ……しかし、なぜ……？

絶望？　……思えば、このファンタジーの構造そのものが、天国ではなく地獄を描いているのだ。人が、「自分の人生も捨てたものではなかった」と満足して永遠の眠りにつくなら、それはひとつの安息であろう。しかし、たったひとつの思い出を自分の人生の証として記憶に残し、永遠のときを過ごさねばならないとしたら、それ以上残酷な地獄の拷問はない。

どうしても自分の大切な思い出を見つけることができないひとりの老人（内藤武敏）は、「参考にと思って……」と、その人の一生を記録した大量のビデオテープを渡される。老人はそのテープを見て自分の人生の平凡さに幻滅する。なんたる残酷さか。もちろん、このシチュエーションを俳優以外の人間に演じさせるわけにはいかない。誰も、他人の人生を、平凡であると裁くことはできないからだ。しかし、そもそも平凡な人生などあるはずはない。他人から見れば平凡な日常を、当事者は嵐の中を航海するように生きている。それが「生」ではないのか……。

『ワンダフルライフ』の登場人物は、誰もが死＝フィクションを従順に受け入れている。彼らは最初から半ば死んだ人間として扱われている。取り乱す人間はひとりもいない。生に執着し、みっともなく「死にたくない」とわめき散らす人間は、ここでは皆地獄へ送られてしまったのだろう。ならば、私は地獄へ送られた人間のほうを見たかった。

冒頭、ひとりの老人が「あなたは昨日お亡くなりになりました」と告げられたとき、私がドキリとした理由が今はわかる。そこには映画が死を描くことに対する畏れがない。これは倫理の問題だ。それが俳優ならば、人は一生のうちに何度でも死ぬ。しかし誰も、死を目前にして現実を生きている人間に死を宣告することなどできはしない。それが、日々の現実を必死で生きている人間であったならなおさらだ。その老人には、「これはフィクションですから、お芝居ですから」と言うしかないが、ならば、同じように私はそのフィクションの死を単なる「お芝居」と見るしかない。死を深刻なものとして、リアルに共感することはできない。映画を見ているまさにその瞬間において、フィクションはただの戯れではない。死は死である。だから、これは本当は深刻な事態なのだ（逆に、黒沢清作品に頻出する即物的な死の描写には倫理があると思う）。死という、映画にとっては理不尽な主題をフィクションとして現実の人間に受け入れさせてしまったことで、現実とのフェアな関係は崩れ、他者との対話の契機は最初から閉じてしまっていたのだ。

残ったのは、単にフィクションだ……そう、作者はフィクションを作ろうとしているだけなのだ。全てはフィクションを成立させるために用意されたものだったのだ……。

何がいけないと言うのだ。現代の映画状況の中で、このファンタジーに挑む姿勢は貴重だ。そのファンタジーにドキュメンタリーを結合させ、見事に現実感を伴ったフィクションが成立しているではないか。観客は知らず知らずのうちに、この迷宮のような不思議な映画体験に導かれてゆくだろう。作者のアイデアは成功したのだ。

しかし、「『生き物』としての映画」とはこのようなものだったのだろうか……私はこの映画との関係を失いかけた。

そこに、ふとこの世界にひとつの違和として残る人物がいる。小田エリカ（現エリカ）演ずる里中という人物。彼女は面接官のひとりである。

物語の後半、面接官たちが実は、自分の大切な思い出を選ぶことができなかった死者であったことがわかると、物語の主客は逆転し、映画はこの里中と、ARATA（現、井浦新）演ずる望月という若い男女の物語として集約され、制度的なフィクションの内部にスッポリと納まってしまう。しかし、次第に小田エリカの感情が、なにか生々しい存在感を伴ってそこに立ち上がってくる。もちろん彼女は里中というフィクションを演じているにすぎない。ほかの登場人物が、俳優であれ一般の人々であれ、フィクションとの距離を明快に意識し、意味の内部で自身をコントロールしているのに対して、小田エリカの表現はその距離感を逸脱していく。

思えば彼女のまなざしの中には、ほかの登場人物にはない物語に抗うような強さ、自分を受け入れることのできない違和のようなものがあった。

ほかの登場人物、望月という信頼すべき同僚でさえも、やがて自分が自分であることを素直に認め、天国へと去ってゆく。取り残される彼女は、その喪失感をひたすら残雪を蹴散らすアクションで示すしかない。物語上はささやかなものでしかないそのいら立ちだが、それは自分が自分であることを認めることができない人間の「生」の感情であり、意味には還元されない人間の、ただそのようにあるとしか言うことのできない「存在」を感じさせる。ここではドキュメンタリーかフィクションかと問う必要もない。自然らしさを装う必要もない。彼女の表情、感情を秘めた視線が、フィクションの構造そのものを撃つ。「思い出とは自己演出にすぎない。フィクションではないか……私の『生』はフィクションではない」と……。

人は思い出によって自己を物語ることで、統一した自分という意識を守ることができるが、彼女はそこにとどまることができない。物語の構成上、里中という存在に与えられたそのような役割と、小田エリカというひとりの人間の存在と歴史（それもまたフィクションではあるが）が作者の演出、カメラアイ、編集によって、瞬間、焦点を結ぶ。

俳優の存在感とは便利な言葉だが、存在感とは俳優が一方的に持っているものではない。それは言うまでもなく、それを見ようとする演出家の視線との関係によって生み出される。つまり、是枝裕和は「生」を捉えるまなざしを不意に発見したのだ。

『幻の光』で失われていたものは、この「生のまなざし」であった。

「撮影する、それは出会いへと赴くことだ。思いがけない出来事の中には、君が密かに待ち受けていなかったものはひとつもない」（＊2）……この思いがけない発見。つまり、これが『ワンダフルライフ』の、ささやかだが確実な命＝肉体である。

私が違和を覚えた編集の手捌きは、全てその結論から逆算されたものであった。『ワンダフルライフ』のアイデアそのものは、フィクションの枠組みから外へ出ようとしている。人間の自己意識が物語というフィクションにすぎないことを暴こうとしている。その構造は映画のフィクション性をも暴こうとする仕掛けであった。作者のまなざしは、映画外のありのままの人間に注がれていた。長い映画になるはずだった。しかしそのプランを全て犠牲にしても、里中というフィクションを生かす構成をとらざるを得なかった。それは作者の意志ではなく、残酷なフィルムの意志だ、作者はそのことに気づいた。

「『生き物』として映画をとらえる」とは、プランを全て食い尽くした果てに、形式や意味内容には還元することのできない、不透明な、言いようのないものを獲得することにあると思う。つまり、それが命＝肉体である。作者はギリギリのところで「『生き物』として映画」を瞬間的に捉えたのだ。

映画は共同作業であり、映画作品の主体は監督個人ではない。多くのドキュメンタリストたちに蔓延する精神主義には、「演出とは単なる技術である」と言い切ってやればよい。しかし、映画の肉体をつかむことができるのは、つまり映画に真の主題を立ち上げることができるのは、作者の孤独な精神の作業である。創作とは、作為（プランではない）である。ある世界を作り上げようとする孤独な作為と、その作為によって実現される独自の命である。そのことからは、どうしても逃れることはできない。今のところ……。

『ワンダフルライフ』は決して心優しい映画ではない。登場人物に注がれる視線も、登場人物同士が交わし合う視線も、確かに優しい。是枝作品には、平穏な日常生活を慎ましく営む人々を淡々と見つめようとする優しい視線が、一貫して存在した。そう、土足で人の生活にズカズカと切り込んでゆくドキュメンタリーや、あからさまな感情表現によってドラマを煽り立てる劇映画があまりに多すぎたのだ。しかし、優しさだけでは一方的な傍観者の視線を超えることはできない。「私はあなたを傷つけない」と他者に言うことは、「だからあなたも私を傷つけるな」という関係を押しつけてしまうのに似て、そこに真の対話＝関係は生まれない。そのことを、私もまた映画を作ることで学び始めた。ドキュメンタリーであれ劇映画であれ、自分（作者）の「生」を棚上げにして、他者の生活を「慎ましく愛おしい日常」と見ることは、見せかけの優しさしか作り出さないはずだ。作者が作品を作ることは、自分の「生」を生きることであり、生きている以上、他者を残酷に傷つけることは免れない。しかし、その残酷さが作品の命＝肉体を生み出す。作品の一瞬の命のためには、自分の優しさを全て裏切らねばならぬという残酷さ。創作という行為が、孤独な残酷さを伴うものであることを、『ワンダフルライフ』は改めて私に突きつけた。

　思えば、小田エリカ、ARATA、あの時期の江角マキコ、浅野忠信という人物を選ぶ直感に、作者の資質は全て現れていたように思う。彼らはフィクションの住人でありながら、自分が何者であるかまだ知らない（経験が少ない）。俳優は他者を「演じる」。俳優でない人間は自分自身を「演じる」。「演じる」ことにおいては、両者は変わりない。実は、是枝裕和は俳優の技術を必要としているわけではない。彼の映画的資質（まなざし）は、「演じる」ことと「演じない」ことの中間にフィクションを立ち上げようとする。

　だから『ワンダフルライフ』は、彼が本当にやりたかったこと（『幻の光』ではできなかったこと／ドキュメンタリーとフィクションの結合）を実現した映画ではなく、どう転んでも、どうしても「私が、しでかしてしまう」もの、残酷さ、つまり変わりない一貫した映画作家としての独自＝孤独な資質（つまりそれが「主題」というものであろう）に触れた映画である。今回のように、通常の劇映画とは違うスタイルを、彼はもはや必要としていない。いや、スタイルそのものを必要としないであろう。ドキュメンタリーとフィクション、形式と内容、始まりと終わり、主体と客体……そのような区別はもはや無用だ。映画の命はその間隙に宿る……すでに是枝裕和は、それを孤独に確信しているだろう。

ただ決定的な一点……死という主題を映画としてどう捉えるか？　これは、物語内容の問題ではなくて、映画表現の道徳として作者が答えなくてはならない問題だ。映画が死を捉えることは、カメラ＝演出の絶対的な権力の行使なのであって、そのことは作者自らが映画表現の方法の中で自覚し、作品内部で裁かなければならないと思う。その点で『ワンダフルライフ』は不道徳であることは指摘しておきたい。

そして、私は『ワンダフルライフ』に投げかけた、これらの言葉を全て自分自身に投げ返す。映画とは何か……？

註

＊1〜2　ロベール・ブレッソン『シネマトグラフ覚書——映画監督のノート』、松浦寿輝訳、筑摩書房、1987年

初出＝『映画芸術　387号』／編集プロダクション映芸／1999年

北野武『その男、凶暴につき』

こんなもんだろう

1979年の終わりごろ、私は19歳で、初めて映画の現場にスタッフとして関わった。最近『ジャンクフード』を公開した山本政志を中心とする、インディペンデントのグループに加わっていたのだ。新宿のマクドナルドの二階に、五、六人のスタッフが一杯のコーヒーだけで何時間も居座り、撮影の打ち合わせをしていた。そこで話されていたことは、半分はバカな話だったかもしれないが、徹底的に日本映画を否定しようとするエネルギーに満ちていた。全ての日本映画が敵であった。「現実はあんなもんじゃない。全然リアルではない……大体、なんで夜のシーンがあんなに明るいんだよ、照明バンバン当てちゃって、暗いところは真っ暗でいいんだよ……拳銃の扱いも嘘臭くて見ていられない。『ドキューン』ってあんな効果音みたいな音しないっつうの……銃で撃たれてあんな派手なアクションで人が死ぬかよ……血糊の色もあんな赤じゃない……大体、日本の俳優の演技がクサくてたまんないよ、歌舞伎じゃないんだから眉毛つり上げて芝居すんじゃねぇよ……」批判は単純で具体的なものだった。その頃すでに撮影所システムが壊れつつあったが、日本映画の現場で働くスタッフは、旧来の仕事のやり方を無批判に繰り返しているように見えた。われわれは、金のない8ミリ映画を作りながら、その批判を実践しようとした。血糊の色を自分たちで調合し、ある者は違法にモデルガンを改造し、リアルに作動する銃を開発した。演劇的な演技が徹底的に嫌われて、現実のアウトサイダーたちをカメラの前に立たせたりした。ムショから出てきたばかりのヤツが、ムショから出てきたばかりのヤツという役で演技した。「別にリアリズムがやりたいわけじゃない」と山本は言っていた。「リアリズムもシュールレアリスムもしょせんイズムだからさ、話はとんでもない嘘でいいわけよ。ほしいのはリアリティーだけなんだ……」。私は、今でもその言葉を時折思い出す。

私にとって北野武の『その男、凶暴につき』は、そんな日本映画の常套手段に対する徹底的な批判の優れた実践として出現したように見えた。銃撃、殺人、犯人の追っかけ、過去の刑事映画に数限りなく登場したシーンが、「実際はこんなもんだろ」という北野武の批判に晒され、リアルに作り替えられていた。シャブの売人に執拗に浴びせられる主人公・我妻のビンタが、それまでのアクション映画のどんな派手なパンチよりも痛かった。この映画の登場によって、日本映画のリアルは更新されてしまったと言ってもいい。しかしそれだけならば、ひとりの優秀なアクション映画の監督が登場したという事態にとどまっていたであろう。だが、北野武は最初の映画の中でその批判を超え、リアルから抽象という別の極へと突き抜けていった。

彼は、すでに完成していたシナリオを変更することを条件にこの映画の監督を引き受けたと言われるが、ここで彼の行なった作業は変更という生易しいものではなく、シナリオという形式に対する根本的な懐疑と否定である。良いシナリオがなければ、良い映画は生まれないと散々言われてきた。だが、その言葉を今はこう言い換えよう。「良いシナリオは、良い映画以上のものを生まない」と……。

冒頭、浮浪者を襲った少年の家を訪ねてきた我妻／ビートたけしは、「あの、どちらさまで?」

と母親に迎えられ、「息子さん、帰ってきましたね」と警察手帳を示す。「あのぅ、何か？」という母親の問いかけには答えず、二階へと向かう。追いかける母親を「いやぁ、あの、ふたりだけで」と制止して、我妻は階段を上がって行く。なんの変哲もない会話。ダイアローグは我妻という男を何も描写していない。北野武の映画では会話が極力排除されていると言われ、この第一作においてもシナリオの台詞はかなり削除されているはずだが、全編を通して会話が少ないわけではない。もしシナリオ上で極力会話を削除しようと思えば、冒頭のような無意味な会話こそが真っ先に削除されるべきものだが、『その男、凶暴につき』では、この無意味な会話こそが積極的に採用される。

もちろんここでは、その後に続くシーン、ノックされた部屋の扉を「うるせえな」と開けた少年を、いきなり殴り倒すという暴力の突発性を際立たせるために、この会話が採用されている。もし我妻が無言のまま二階へ上がって行けば、彼の暴力性が予感されてしまう。我妻はまず無個性に登場しなくてはならない。「いやぁ、あの、ふたりだけで」と母親にエクスキューズする常識的な人格と、その後に続く突発的な暴力。その落差が、北野武の「実際はこんなもんだろ。これから人を殴る奴が、これから人を殴るぞという顔をして出てこないだろ」という批判の演出的な実践である。しかしこの落差は、単にオチを気づかれないようにするという演出的な技法であることを超え、映画全体を通して不気味に増殖していく。

例えば、我妻と菊池が賭博ゲーム屋で交わす会話。

「菊池ィ、お金貸してくんねぇか？」

「五千円しかないっすよ」

「いいよ」

「これ、お金賭けてんですか？」

「そだよ」

「ダメですよ、そんなことしたら賭博行為じゃないですか」

若い刑事菊池にそう言われ、我妻は口を尖らせ、ただ
「いいんだよ」

と答える。確かにゲーム賭博をするというシチュエーションは、我妻という刑事が法律に潔癖なわけではなく、刑事としては不良であるという意味を示している。しかし能力のある脚本家ならば、「いいんだよ」というあまりにも普通すぎる答えの代わりに、もう少し気の利いた台詞を書くだろう。あるいは菊池の潔癖さをただ鼻で笑ってもいい。シナリオには無駄なものがあってはならない。何度も推敲されていくうちに、シナリオは無駄を削ぎ落とし、人物や物語をより効率よく造形していく。良いシナリオとは練り上げられた脚本であり、練り上げられた脚本は、台詞のひとつひとつに、性格の描写や、物語の進行や、心理や感情が自然に織り込まれており、全てが緊密に関係し合って物語の全体へ奉仕している。「いいんだよ」という受け答えでは、あまりに普通すぎて、我妻という男を何も表現しない。ここでは我妻が内面に暴力性を抱えていることも、あるいは逆に我妻という凶暴な男が日常生活ではセコかったり情けない一面があることをあえて強調し、人格の二重性を表現するといった作為的な人物造形も巧妙に外されている。

このシーンに続いて、我妻たちが殺人現場に駆けつけ「本間、一万円貸してくんない？」という台詞で閉められるシークエンスでは、我妻の受け答えは全てこのような日常的なもので、意味

がない。ただ、刑事の日常なんてこんなもんだろうな、リアルだなと感じさせる程度だ。しかし、そこに何か異様さが立ち上がってくることに気づく。

観客は少年を殴る場面や警察署の廊下でヒモの男を蹴り上げる場面で、我妻という男が突発的に凶暴になることを知っている。しかし「金貸してくんない?」と言う我妻は、凶暴な我妻と決定的に人格が断絶している。そして、その後エスカレートしてゆく我妻の殺意を何も保障しない。

普段おとなしい人間が突如暴力的になるという設定は、決して珍しいものではない。むしろありふれた主人公の設定だ。しかし常套的な映画では、これほどの人格の断絶は起こらない。シナリオライターは常に物語の全体を知っており、主人公の人格の中にある統一を図ろうとする。たとえ主人公が二重人格であろうと、二重人格という一貫した人格を描こうとする。同じように俳優はシナリオを読み、解釈し、やがて殺人を犯す男であることを理解して、凶暴な内面を隠している我妻という男を演じようとするだろう。

ビートたけしは「いつもは普通だが、いつ何をしでかすかわからないひとりの男」を演じているわけではない。「普通」と「何をしでかすかわからない」を「だが」という接続詞でつないで解釈可能な意味にするのではなく、そのふたつをただ並置するのだ。「こんばんは」と笑みを浮かべながら少年の家を訪れる我妻と、その少年を無言で殴り倒す我妻を、ビートたけしは全く別の人間として演じ、北野武がただそれをモンタージュする。人間は多面的で理解することはできない。人格にはなんの連続性もないのだ。

映画の常套的な話法は常に全体を見渡す神の視点から構成されており、人間を統一された人格として描写する。それは絵画に例えれば、ただひとつの消失点を持つ遠近法によって描かれた絵画である。一方、我妻という人物はキュビスムの絵画のように、正面から見た顔と横から見た顔が同一平面上に連続して描かれているような抽象的なものである。

『その男、凶暴につき』の特異な不気味さは、人格という意味に安住しないこの不連続で抽象的な人物によってもたらされる。ここでは既知の常套的な映画の解釈が成立しないことを観客は直感的に察知し、次に何が起こるかわからないという極度の緊張を強いられることになる。その緊張が、次に何をしでかすかわからない我妻という人格に重なるのだ。

『3―4X10月』で、突然子分の玉城のカマを掘り始める上原／ビートたけしは、「何考えてんスか?」と言われ、「いろーんなこと考えてんだよ」と答える。そう、人は常にいろんなことを考えている。我妻という男は複雑な男である。しかし人間は皆、このように複雑である。このことが監督北野武の常套的な映画に対する批判の中心であり、全く独創的な映画のリアルなのである。そのリアルを捉えるために、北野武はシナリオという統一された構造を捨てたのだ。

しかし映画のラスト、それまで善良な常識人として描かれてきた菊池が、全ての観客の予想を裏切って悪人として生まれ変わっている場面は、もはや批判を通り越して、北野映画の作品世界の畸形性をハッキリ示している。このドンデン返しを単に演出技術の範疇で捉えると、単なるだましであり、監督としてやってはならないタブーとしか映らないだろう。この菊池の両面の人格も完全に断絶している。通常の話法であれば、それまでの菊池の描写の中にこの裏切りを導き入れるための伏線が必ず隠されている。勘のいい観客ならば、橋を歩いてくる菊池の表情に何事かを予感するであろう。これまで映画はずっとそのように語られてきた。しかしここでは全ての観客がだまされる。菊池を演じる芦川誠にすら、このようなラストシーンは意識されていないように見える。同じ俳優が、完全に別の人間を演じているのだ。常套的な映画話法に飼い慣らされたわれわれの意識が、このドンデン返しによって息の根を止められる。

北野武は何か目新しいことをやろうとしたわけではない。よく指摘されるようなカメラアングルやカッティングの特異性は、たかだか映像作家としてのセンスの良さを超えるものではない。会話による説明を排して、画で語ろうとしている態度を映画的であると評価するだけでは、優秀な監督がまたひとり増えたというだけのことである。当たり前だが、台詞を削れば良い映画ができるわけではない。『その男、凶暴につき』が突出しているのは、北野武／ビートたけしが生きて体感している現実の世界と、映画の制度というものが否応なく実現してしまうリアルが決定的な違和を抱えており、そのことに自覚的であろうとする覚醒した態度に支えられているからだ。人格の断絶が、北野武の主観的な世界のリアルであり、そのリアルに接近しようとする内的な必然によって、彼は抽象と具象の両極を作品内部に呼び込んでしまうという独自の映画話法を導き出してしまったのだ。

北野武は「自分の作品を作る」という主体的な意気込みでこの映画を撮り始めたわけではなく、痛烈な日本映画批判を行うという目論見であったのだと思う。しかしそれは、批判という客観的な立場を突き破って、どうしようもないリアル＝主観にたどり着いた。

彼自身の言葉を借りれば「映画監督とは、なろうと思って努力してなるものではない。気がついたら監督になっている」ものである。この内的な必然によって、気がつくと彼は、世界的にも独自な映画を作るはめになってしまったということなのだ。

極言すれば北野武は映像主義的な作家ではない。彼はどのように撮影し、編集しようともこの内的必然（＝主題）に支えられている限り、独自の作品世界を実現してしまう作家であるはずなのだ。

山本政志と映画を撮っていた頃、撮影にまつわるとあることで警官に捕まり補導された（私は当時19歳で、逮捕ではない）。新宿警察署に1週間も留置され、刑事に嫌味ったらしく質問され、何度も調書をとられた。刑事は犯行に至る経緯を、決まり文句の並んだ形式的な物語に仕立て上げていく。どうして犯行に及んだのかという動機を曖昧さのない言葉で厳密な意味に置き換えていく。しかし、人の気持ちは元来曖昧なものだ。「それは違う」と口を挟むと、「なんだよ、違うのかよ？　また最初から書き直しじゃねぇか」と、面倒くさそうにそのページを破って、クシャクシャにして捨て、また始めから書き始める。ああ、これが殺人事件でも事態は変わらないだろうなと思った。なぜ人を殺したのか、その動機が明確にならなくてはならない。しかしそれをとことん追っていくと、金に困ったとか、相手が憎かったとかといった明確な言葉では説明がつかなくなるはずだ。遡れば自分の両親がどんな人間だったかに話は及び、事態は複雑に絡み合い、何が動機であるのか本人にもわかりはしない。人間は複雑な存在なのだ。しかし法律（良いシナリオ）は、そこにたったひとつの意味と解釈を求めるしかない。私たちはこの物語に慣れているし、捕われている。原因があって結果がある。その物語に捕われている以上、北野武の映画はわかり難い。彼の作品に解釈されるべき意味はない。世界はただそのようにあるのだという現実が示されているだけなのだ。

初出＝『masters of TAKESHI』／集英社／１９９９年

北野武『菊次郎の夏』

肯定という暴力

一本の映画を撮り終えた監督が、「次は何をするか？」という問いに移行し、「よしこれでいこう」と次の映画が発想される間に、彼の内面ではいったい何が起こっているのだろうか？　今撮り終えたばかりの映画は、まぎれもなく私の作品であり、私はその作品について作者としてあれこれと語ることもできるが、どこかで作品は私を裏切り、失望させ、私の予想を超えてしまい、誤解を産み、私との違和感を抱えている。私はどこかでその違和を消すことができずに、しかしまた私の次の映画を考え、監督あるいは作者という物語を生きなくてはならない。本当は、それは私が作り上げたものではなく、私が生きてしまったひとつの出来事にほかならないのに……。

北野武は『HANA-BI』を撮り終え、次は『母をたずねて三千里』をやると発言した。それは、よく知られた、お涙頂戴の人情話をやる、というひとつのアイデアである。そこにあるのは、平凡な物語をあえて選び、しかし平凡な物語を私は平凡に語りはしない、私は例外なのだ。という、半ば嫌味なほどの確信である。しかし、根拠のないこの私の確信だけが、それ以後に続く何カ月もの共同作業を支える動機にもなる。

ただ、北野武にとって、映画は常に「絵」として発想され、その「絵」の実現のために物語が構成されていった。今回のようにまず物語がある、という発想は異例であるように見える。しかしそこで言われる「絵」を北野武自身が描くような絵画的なものと想像してはならない。映画作家が発想する「絵」とは、単なる風景ではなく運動と時間を孕んだ動的なものである。つまり、無意識にであれ、すでに「絵」は物語を孕んだものとして発想されている。だから、発想の核心は、単なる映像でもなく、単なる物語でもなく、それらがクロスする瞬間を漠然と、しかし確実に捉えるという実感である。それが消え去ってしまわないように、作者はそれを言い表す言葉をなんとか探し出す。もちろん、北野武の『母をたずねて三千里』という借り物の物語は、ひとつのアイデアであって、動機でしかない。発想の核心は曖昧で、本当はどんな映画になるのか、やってみなければわからない……。

数ヵ月後。私は『菊次郎の夏』の、予告編の映像を初めて見た。具体的な映像と出会うと、言葉では伝えようのなかった発想の核心、映像的な主題を感じることができる。しかし、そこで展開される映像の断片は、『母をたずねて千里』を悪ふざけの舞台にしたような印象だった。よくは覚えていない。素っ裸で「だるまさんが転んだ」に興じる大人たちを捉えるフィックスの画面が、テレビ的な距離に見えたからだろうか？　半ば真剣で半ば笑っている大人たちの表情や、子供だからといって容赦のない北野武の演出の視線に晒されて、ぎこちなく強ばってしまった少年の表情に単に乗れなかったのだろうか？　……いずれにせよ、私はそこに未知の映画を見る期待を抱けなかった。失敗作であろうと思った。

そしてまた数ヵ月後、それでもわずかな期待を抱いて私はスクリーンの前に座っていた。

公園のベンチでたばこを吸っている高校生がいる。「あんたたち何やってんのよ」という女の声。切り返すと、隅田川の堤防にもたれかかって立っている一組の男女がいる。女は派手な色彩と図柄の、浅草にいくらでもいるであろう中年の女の趣味を表した衣裳をまとい、彼女にとっては日常的なある不機嫌さを漂わせて、男の傍らに立っている。男は、センスのよい、しかしなんの変哲もない白いシャツにズボン。チンピラやヤクザや職人やあるいはフーテンの寅や、われわれの知っているどんなモデルにも似ているわけではない、ただの中年のおじさんである。そんなふたりが、堤防に寄りかかって立っている。直前まで何か深刻な相談でもしていたのであろうか？　そんなふうに見えなくもない。ただ暇を持て余して立っているのだろうか？　そんなところだろうか……大した問題ではない。しかし、このふたりはただボンヤリと空白の時間を過ごしているようにも見えない。このふたりは一体何をしているのだろうか？　よくわからない……何か消せない違和感が残る。なぜだろう？　……することもなく、話すこともなく、もはや恋人同士でもなく、まあ仕方なく一緒にいるしかない中年のカップルが、ただボンヤリとするなら、もっと楽な姿勢でいればいい。しゃがんでしまったり、堤防の上に座ったってかまわない……もたれかかって立っているという姿勢では、人間は一定の時間しかその姿勢を保てないだろう……些細だが、この言いようのない不安感……。

通常の映画演出であれば、人が立っているとすればそのショットの前後にどのような時間が流れていたか、そしてその間に何をしていたのかを想像し、ショットの内部に反映させる。そのことで観客は、登場人物が生きていることを了解することができる。この堤防の場面にはそれがない。つまり、この登場人物は、このショットの前後の時間を生きていないのだ。このふたりの姿勢はカメラが回っている間だけ保てればよいのだ。だから、物語を満たすはずの登場人物の身体が危うく、奇妙に拡散した印象を与える。なんとなくスカスカな感じ……。ふたりがボンヤリと立っているという物語上の意味は脅かされるわけではない。しかし、このふたりは、あえて言葉でいえば、北野武によって立たされている。立たされていることに、俳優の身体は違和を持っている。この物語上の状況ならば、立っている必要はないのだ。「監督、俺しゃがんじゃってもいいですか？　そのほうが自然だから」と問われ、私ならば「どうぞ」と言うしかないが、北野武は「駄目だよ」と言う。どうしてか理由などないが立っていなくては駄目だと彼は思う。映画を作るとはそういうことなのだ。だから俳優はもうただ立っているしかない。立っているという姿勢を満たす心理も状況もわからない……考えるのはやめよう……。

この俳優の身体と物語の微細な綻びは、ここでは単なるノイズにすぎないが、しかし、やがてその姿勢が演出によって積極的に選ばれたものではなくて、ただ立っていること以上の表現をする意志が作者にはないのだということが見えてくる。北野武はカットの前後の時間の流れ、経験、つまり物語の奥行きに全く興味を持っていない。

やがて、ふたりの前を正男が通りかかる。女は正男と顔見知りで、声を掛ける。トボトボと歩き去る正男を見送ると、「なんだよ、陰気臭ぇガキだな」と男が言う。正男と男の出会いである。「おばあちゃんとふたり暮らしなのよ」と女が物語の設定となる正男の境遇を男に、そして観客に説明する。ふたりは、ふと偶然に通りかかった正男と出会うという物語の必然のために立たされていたのである。彼らは、正男を待っていたのだ。『母をたずねて三千里』という旅の物語を始めるために、物語はさまざまな段取りを映画に要請する。それらは全て説明する場面であり、その説明するだけであることに北野武はすでに失望している。そこでは演出的に工夫されることが放棄され、俳優は台詞を言わされ、歩かされ、立たされている。観客は物語の意味は受け入れるが、登場人物を信じることができない。われわれは登場人物ではなく、彼らを動かしている演出の手捌きにダイレクトに出会ってしまう。『母をたずねて三千里』という発想の核心が挫折しつつある。

人がこれを「できの悪い映画」だというとき、その原因はそこにある。このノイズが増殖していけば、映画は破綻することになるだろう、と思う。

この失望から北野武はどう脱出するか？

そして、北野武は唐突に破壊的な転換をする。

二回目の競輪場。正男の予想によって大穴を当てた男は、カラフルな選手の衣裳を正男に買い与えた。ふたりはまたしても競場場におり、カメラ目線で並んで立っている。もはやショットの前後の時間など存在しないのだと宣言するかのように。そしてフレームの外側に広がる世界を全く無視したようなふたりの掛け合いが漫才のように進行し、カメラはただ平面的にこのふたりを突き放して捉え続ける。

堤防のシーンで無意識に現れた綻び＝ノイズが、ここでは意識的に徹底されている。これは単なるおふざけではない。極端に言えばカメラの背後にもはや演出する北野武の視線すらなく、俳優ビートたけしに全てが委ねられている。彼はもはや役柄の拘束を破綻寸前まで脱ぎ捨て、テレビあるいは舞台のビートたけしを演じ始める。そのギャグの連続にわれわれが笑うこともできないのは、そこでこれまで信じようとしていたおじちゃんという登場人物が断絶して、信じることのできる人格を持たなくなるからである。

この時点ではそれは単なる脱線、遊びですむであろう。そして映画はこのような逸脱と、旅という守るべき物語とを往復しながら進行し、われわれの感情移入を微妙につまづかせながらも、なんとか母親のもとにたどり着く。

さて、母親は新たな家族とともにあった。そこで、『母をたずねて三千里』の物語はほぼ使い果たしてしまった。残った物語は、正男の失望だけである。しかし映画は終われない。正男の失望を慰めるために、菊次郎は暇な大人たちを次々に巻き込んで、遊び始める。競輪場の場面のように、さまざまな遊びがビートたけしの指揮＝演出のもとに展開される。北野武によって演出されていた菊次郎は、完全にビートたけしによる菊次郎に席を譲り渡す。

そして、延々と繰り広げられる遊びはエスカレートし、正男を笑わせることで慰めるという物語内の動機を超えて、その方向性を失い、遊びという純粋な行為のための行為となる。物語の時間はねじれ始め、もはや、なぜこんなことをしているのかという因果は意味をなさなくなる。そこには、ただ笑わせることに没頭するという行為だけがある、北野武はその逸悦を許容し続ける……。

映画の形式は調和を失ってゆくが、それにともなって私の中でこの映画が次第に別の次元に生成変化し始めていた。予告編を見て、嫌悪感を抱いた。「だるまさんが転んだ」の場面が何か今は誠実なものに見えていた。決して不快ではなかった。

この羽目を外したドンチャン騒ぎを、今は「できが悪い」と言うしかないのかもしれない。しかし、私は菊次郎という人格の崩壊を、物語の調和を壊す散漫さを全て肯定することで、物語を描くことよりも、物語を裏切ることよりも、映画を撮るというもうひとつの物語を今まさに生きることを選んだ北野武の映画作家としての誠実な思考を、人間に対する本当の愛情を、感じる。

「ファルスとは、人間の全てを、全的に、一つ残さず背定しようとするものである。凡そ人間の現実に関する限りは、空想であれ、夢であれ、死であれ、怒りであれ、矛盾であれ、トンチンカンであれ、ムニャムニャであれ、何から何まで肯定しようとするものである。ファルスとは、否定をも肯定し、肯定をも肯定し、さらに又肯定し、結局人間に関する限りの全てを永遠に永劫に永久に肯定肯定肯定して止むまいとするものである」(＊1)

私は北野武のこの踏み外しに、道化に関する坂口安吾のこの精神を感じる。この空騒ぎは「人間それ自身の儚さのように、之も亦儚ない代物には違いないが、然りといえども、人間それ自身が現実である限りは、決して現実から羽目を外していないところの、このトンチンカンの頂点」(＊2)なのである。

そんな、もう一歩踏み出せばそれは意味なしの底に落ち込んでしまうギリギリの場所まで、北野武は足を踏み出している。いやここでは北野武とビートたけしの区別すらない。誰がこの物語を語っている主体なのかもわからない。監督と俳優、作者と作品という関係が逆転し、映画が「できの良さ」からはみだして崩壊することも肯定してしまおうとする。そういう全ての矛盾を肯定する態度がこの映画のエンジンとなった。『母をたずねて三千里』を発想したときの映画の核心はすでに失われているかもしれない。しかしそれでよい。変化に身を任せ、何かを発見することが生きることだ。

『HANA-BI』のような映画の統一された形式は、ノイズを否定することによってしか秩序を保てない。肯定することは、この形式の調和を乱し、混沌を招き入れる。「できの良い映画」はその矛盾や混沌を物語として描いているが、『菊次郎の夏』は映画を撮るというもうひとつの物語の現場にまでこの矛盾を招き入れ、矛盾そのものを生きようとする。

そして、映画は崩壊を紙一重の差で踏み止まって、『母をたずねて三千里』の物語へと帰ってくる。

「おじちゃん、名前なんていうの？」

「菊次郎だよ、バカヤロウ」

われわれはそこで初めて彼の名前を知る。それが誰であろうと、最後に彼は「菊次郎」と名付けられることで、フィクションの内部へと着地する。

終わってみるとこの旅は、何か現実感のない浮遊した体験であったような気がする。恐いおじちゃんも、優しいおねえさんも、変なおじちゃんたちも本当にいたのかどうかもわからない。正男が試練を乗り越えて成長したわけでもないだろう。まるで何事もなかったかのように、映画は走って橋を渡る冒頭の正男に回帰する。

北野武自身が言うようにこれは正男の夢であったのかもしれない。

例えば、正男が初めて垣間見た母親の現実の描写。そこには、理解不能な非現実感も突拍子のない展開もないが、あのキャスティング、衣裳の選択、ヘアメイク、音声処理……どれをとってもそこに現実感のある女の生活を感じることはない。あれは母親はおろか、生きた女ですらない。

絵に描いた女である。正男の見る世界を、リアルに描こうという意志がそこには働いていない。これは夢なのだ。実際に挿入されるシュルレアリスティックな夢のシーンは、決して夢のようではない。人はあのように幻想的には夢を見ない。夢を見ている。まさにそのときには、全てが現実であり、何が起きてもわれわれはただ了解するだけだ。事態はまったく逆で、『菊次郎の夏』は白日の現実のほうが夢なのだ。なんの象徴もない、ありのままの夢の現実。

しかし、『3―4X 10月』のように、北野武は全ては夢である、とは言わなかった。それは、ここでは夢を描くのではなく、映画そのものが夢の現実的な体験なのであって、本当のリアルであると言い切るためだ。夢であると言い切ってしまえば全てが物語の意味として確定し、安心し、夢から醒める。

北野武は全ての映画で夢を描いていると言えると思うが、ここでは夢を描くのではなく、作者と作品という安定した関係性の崩壊をも賭けて、映画を撮る行為そのものを夢の現実として生きようとしたのではないだろうか……あるいは観客に生きさせようとしたのではないだろうか……。「できが悪い」と言うとき、われわれはそこに一貫した登場人物の人格、物語、あるいは映画美学的な形式の調和を要請している。その向こうに、作品を作り出した一貫した作者という主体を想定することに慣れている。事実、映画作家北野武はそのように見出された。しかし、本当はそれも作者という物語であり、フィクションにすぎない。彼はその場所からも逃れようと、作品という概念の破壊へと静かに足を踏み出した。だから、『菊次郎の夏』はちょっとしたお遊びでもなければ、誰が見ても楽しめる、笑いと感動への挑戦でもない。北野武はのっぴきならない危険な場所へと映画をまた一歩進めてしまったのだ。その発想の動機がなんであっても、映画を撮るという物語は、残酷に作者の生の主題を導き出してしまう……そこからは逃れられない。映画は作るものではない。生きるものだ。

映画を見終わって、私はこんな会話を思い出した。

(ジャン=リュック・)ゴダールの『パッション』の中で、誰かが監督に「映画には掟があるか?」と問い、監督がこう答える。

「掟? 映画に掟はない。だからまだ皆映画を愛してる」

すると、撮影監督のラウール・クタールが答える。

「監督……本当はふたつありますよ……最小限努力する掟と、最大限駄目にする掟」

註

*1~2 坂口安吾「FARCEに就いて」、『坂口安吾全集14』所収、筑摩書房、1990年

初出=『映画芸術 388号』/編集プロダクション映芸/1999年

虚構と人生の間に……アンナ・カリーナの微笑み

ジャン＝リュック・ゴダール『女は女である』

ある日、映画への出演が決まり、台本を渡された俳優は、胸をときめかせながらページをめくり、自分の台詞を読み始める。私が演じる役はどんな人間なのか、そのことが知りたくてたまらない。台詞ひとつひとつを口にしながら、これは一体どんな気持ちで言うのかとあれこれ試してみる。俳優は自分が演じる登場人物を可能な限り理解しようと努め、苦闘しながら、しかし役柄という別の人生を生きることの喜びのために、虚構の人格に現実感のある肉体を与えようとする。

私の演じる人物は本当らしく見えるだろうか、本当に生きている人間に見えなければ私の演技が未熟なのだ……そう考えるのかも知れない。ときには「現実の人間はこんなことを言ったりしないわ」という抗議が監督に向けられる。「でも、人生は映画じゃないし、映画は人生じゃない」と（フランソワ・）トリュフォーは答えるだろうし、「このシーンはどんな気持ちで演じればいいの」という問いには、「気持ちなし」と答える小津安二郎がいる。北野武は「俳優というのはなりたくて勉強したりしてなるもんじゃない、気がついたら俳優をやってたというのが本当の俳優だ」と言う。他人の人生をフィクションの中で生きようとする俳優の真面目な欲望は、映画の中ではこんなふうに裏切られる。映画においては、演劇のような役柄に対する深い考察や理解はそれほど大切な事柄ではない。邪魔になることすらあるのだ。もしかすると、映画において監督と俳優は常に残酷に裏切り合うという側面を持ってしまっているのかもしれない。俳優があれこれ考えて役作りしても、それは頭で解釈した意味の記号化にしかならないが、映画はもっと生々しい肉体や感情の現実を捉えてしまうからだ。(ロベール・)ブレッソンは現実を真似ようとする俳優たちの職業的習慣を嫌って、必ず演技未経験者をキャスティングした。「俳優の中には見せかけの空々しさしかないのだ」とブレッソンは言い切るだろう。では(ジャン＝リュック・)ゴダールはどうか……「私には俳優と俳優でない人間の間に違いがあると思えません。というのも、俳優もまた人生を生きていることにかわりはないからです」(＊1)ゴダールはブレッソンにそう食い下がった。

ゴダールは今でもそのことを実践している。ゴダールの映画ではアラン・ドロンも(ジェラール・)ドパルデューも、演じている役柄を通り抜け、スターの虚飾をも剥ぎ取られて、人間としての存在が白昼のもとに晒されるように残酷に写し出されてしまう。だから、ゴダールの映画において俳優は常に不機嫌だ。どんなふうに演じても、必ず俳優はゴダールに裏切られる。ゴダールと役者の間で、登場人物の心理や、背景について話し合いが持たれることはありえないし、ただ「ドアを開けて部屋に入り、ここを通って、向こうの部屋に行き、このテキストを読んで部屋を出ていくんだ」などと言うだけだ。「なぜ」と訊くことも許されない。ただ、そうするしかない。しかし、出来上がったフィルムは彼らの現場でのジレンマを超えて、圧倒的に輝いているのだ。

この孤独な共同作業を、ゴダールは続けている。俳優とのけんか別れを繰り返しながら、それでも俳優を使い続けるのだ。しかし、なぜ……。

『気狂いピエロ』でのアンナ・カリーナとの遭遇は、やはり衝撃的だった。画面一杯にクローズアップされたアンナ・カリーナが、ふいにこちら（カメラ）を見つめ、不安げな暗い視線を投げかける。かつて映画の中であんなふうに、孤独で絶望的なまなざしを見たことがあっただろうか。かと思うと、突然音楽が流れ、底抜けに明るい遊戯のような身ぶりで歌い踊る。その子供のような身のこなしの解放感。笑顔から暗いまなざしへの唐突な変化。それらは全て演技であるのだけれど、見せかけの真実さや、一貫した役柄というようなものではない。役柄が生きるべき人生＝物語は、どんどん虚構を剥ぎ取られ、カリーナの演技は物語の登場人物としてではなく、もっと生々しい現実の感情として私の目に突き刺さってしまった。それ以来、私は物語と役柄と演技が安定した関係で終わってしまう通常の映画への興味を失ってしまったのかもしれない。

しかし、アンナ・カリーナはゴダールによって俳優に仕立て上げられたのだった。アンナ・カリーナはゴダールの二本目の長編『小さな兵隊』でいきなりヒロインとして長編デビューしたが、男ばかりの政治劇の中に突然迷い込んでしまったおとぎ話の登場人物のようにカメラの前で不安げな視線を彷徨わせていた印象だった。シネマ・ヴェリテふうに撮影され、次々に即興的な質問を浴びせかけられるカリーナは、物語の中で「不安げな視線と、謎の微笑み」と形容されたが、それは演技なのかなんなのかわからないままに捉えられてしまったカリーナの戸惑いそのものでもあったと思う。

『女は女である』はその1年後に撮影されたアンナ・カリーナとゴダールの二本目の映画だが、私はずっとこの映画とスクリーンで出会う機会に巡り合えなかった。ゴダール初のカラーとダイレクトサウンドによるミュージカルコメディー(!?)だという『女は女である』で、カリーナが一体どのような声で、動きで、現れるのか……。『女は女である』の翌年『女と男のいる舗道』で、カリーナは娼婦ナナを演じるが、そこではすでにゴダールのヒロインとして緊張感漲るコラボレーションをみせる堂々とした俳優であった。娼婦に転落していくナナの物語をカリーナは誠実に演じるが、ゴダールの視線はカリーナというひとりの女の表情、仕種、演じるという人間の行為そのものに向けられ、ここでも映画は物語を超えて、より力強い映画の現実感を実現している。そこで基調になっているのは孤独感だ。カリーナがクローズアップになると、たとえ明るく微笑んでいても、いや笑っているときこそ、表情の裏にべったりと絶望的な孤独感が張りついている。それを捉えてしまうのがゴダールの映画であり、それを体現してしまうのがゴダールの俳優としてのカリーナだ。

『女は女である』は幸福感に満ちた映画だと言われる。ゴダールとカリーナが結婚を目前にしていたからとはいえ、ゴダールの映画が幸福感に満ちてしまうことなどあるのだろうか？　例えそれがミュージカルコメディーだとしても……。

冒頭「時間がないの」と言いながら赤い傘を持って、サン＝ドニの雑踏をフラフラと歩くアンジェラはアルフレッド(ジャン＝ポール・ベルモンド)に呼び止められる。「何を考えているんだい？」と訊かれ、肩をすぼめて「別に」と答える。少し考えて「……私は存在しているということを考えているの」と言い直す。そして不機嫌そうな彼女の表情は唐突に「謎の微笑み」に変わる。『気狂いピエロ』のマリアンヌとフェルディナンがそこで予告されているような、まさにゴダール的なヌーヴェルヴァーグまったただ中の空気がそこに満ちている。そこからキャバレーの中に入ると、一転して作り物めいた空間にねじれこむ。そしてキャバレーの踊り子であるアンジェラがピアノの伴奏に乗ってステージに上ると、いよいよゴダール製ミュージカルの始まりを予感するが、さてカリーナが歌い始めると、突然ピアノの伴奏が消され、同時録音されたカリーナの歌声だけが生々しく、そぐわないリアルさで響くのだ。ミュージカルと謳いながら、ここでミュージカルの不可能性が宣告されていて、ああこれからミュージカルコメディーがズタズタに壊されていくさまを見ることになるのだな、と覚悟を決めてしまう。しかし、映画がこのような仕上がりになることを知ってか知らずか、カリーナはそんなことは意に介さず、薄っぺらな笑みを浮かべ、安っぽいがかわいらしい踊り子アンジェラを堂々と楽しげに演じ、「私はひどい女 でも誰も怒らない 私は美しいから」と歌い切る。『小さな兵隊』で、ゴダールの残酷な視線に晒されて、怖じ気づいていたカリーナの面影はどこにもなく、伸び伸びと、生き生きと、アンジェラというひとりの女を俳優として演じるカリーナがいる。不安や、不機嫌や、孤独といった以後のゴダールの基調となるトーンが一切消されている。一方でゴダールの撮影やサウンドに対する果敢な実験が行なわれているし、ミュージカルやコメディーというジャンルに対する大胆な破壊工作が突然展開されたりもするのだが、カリーナはアンジェラという非現実的なキャラクターをコメディーとして見事に演じ切ってしまう。おそらくゴダールの映画においてこうした事態が起きたのは、『女は女である』ただ一度きりのことではないだろうか。しかし今、この37年も(!?)前のゴダールを見ている私には、その幸福を、カリーナのかわいらしさを、ジャンルとの戯れを素直に楽しめない何かがあった。カリーナは『女は女である』の撮影を本当に楽しんだだろう。アパルトマンで涙を流しながら「男を真似しようとする現代風な女なんてバカよ」というカリーナはそこで台詞に躓き「いまのはＮＧね」と言って、芝居をやり直す。それをそのまま編集で残してしまうというゴダールの意地悪はあるけれど、『女は女である』においては、ゴダールのどのような意地悪にも壊れることのない演技が成立している。カリーナはゴダールが考える以上に俳優だったのだ。しかも「気がついたら、俳優になっていた」という正真正銘の映画俳優だったのだ。かくして、コメディーであることすら解体されて、喜劇の向こうに残酷な生々しい悲劇が立ち上がってくるのではないか、という私の個人的な期待は、幸福に裏切られた。

以前『女と男のいる舗道』を見ていて、引っかかっていた些細なことがあった。例えば娼婦になったナナ（カリーナ）が、街を歩いていて、友人に呼び止められる移動カット。ゴダールはカリーナがスタートの合図を待って立っているところからそのカットを使っている。大した問題ではない。ほんの数秒間のこと。しかしそこには演技の準備をして待っている（ナナではない）カリーナが写っている。あるいはカットの声がかけられて、演技が終わるほんの一瞬の動き。そういった部分をゴダールは意識的に編集で残しているのだ。『女は女である』を見たときに、私はなぜゴダールがそのような編集をしたのか、少しわかったような気がした。それは、常に俳優としてプライドを持って、役柄を演じようとするカリーナに対する監督としての裏切りなのだ。俳優と監督の間に、ある種の残酷さが介入しなければ、映画は力強い感情を獲得できないということを、編集室でフィルムをさばくゴダールは直感したのではないだろうか。ゴダールの俳優に対する残酷さは以後エスカレートしていくが、カリーナはその残酷さに俳優として、どこまでも演じ切ろうとすることで応えていった。「あなたは言葉で語る、私は感情で見つめているのに」「君とは会話にならない、感情だけだ」「何を言うの、思想は感情の中にあるのよ」というフェルディナンとマリアンヌのように、監督（ゴダール）と俳優（カリーナ）は、決して理解し合えない関係を続けていくしかなくなった。しかし、理解し合えないが、その絶望を持続させることの中に、ゴダールは映画の希望も見たのではないだろうか。ゴダールが俳優との仕事をブレッソンのようにあきらめないのは、カリーナとのこの絶望的な（幸福な）体験によるところが大きいと思う。『女は女である』は（興行的な失敗にもかかわらず）ゴダールのただ一度だけの成功なのだ……コメディー映画は正しく成立してしまった。そんなことが起きるとは思わなかった。こんなに楽しく映画が撮れるはずはない。これはなかったことにしよう……もしかしたら、全ては『女は女である』から始まったのかも知れない……。

註

＊1　『作家主義――映画の父たちに聞く』、奥村昭夫訳、リブロポート、1985年

初出＝『女は女である』パンフレット／ザジフィルムズ／1998年

私／映像（イメージ）

ジャン＝リュック・ゴダール『パッション』

撮影隊を乗せた車が、高速道路を走っている。監督がふと空に視線を送ると、それまではどんよりと曇っていた空に光が差し込み、劇的な陰影を描いている。彼はその光を撮影しようと決意し、停車禁止の高速道路に車を停めて、急いで準備を始める。カメラをセッティングする間にも、光は表情を変え続ける。スタッフを急かす。もう間に合わないかもしれない。ようやく撮影は始まる。すると、どこからか警官がやってくる。警官はこう言った「緊急の場合以外ここで撮影は禁止だ」監督はこう言った。「今は緊急の場合さ。光がある。10秒も続かないかもしれない。だから急いでる」（＊1）。

『パッション』の冒頭。雲の合間を突き抜けてゆく一筋の飛行機雲をカメラが捉える。それは、おそらくそんなふうに撮影隊が偶然出くわせた光景であろう。この一瞬の光景を逃すまいと、カメラは急いでレンズを向け、フレームを決めようとする。しかし、みるみる伸びてゆくその白いジェット機の軌跡は、カメラの矩形の枠が形作ろうとする画面構成を壊してゆく。変化し続けるその線を、カメラはあたふたと追いかけ、再びフレームに配置しようとする。構図が作られては、壊される。そして、カメラは驚くほど美しい透明なその光を確かにフィルムに定着させつつも、結局その飛行機雲の映像は完成することができない。

わたしは、学生のときに見たこの『パッション』の第一ショットを忘れることができない。それは「今、まさに作られつつある」映像そのものだった。映像が作られてゆくプロセス、その手つきが現わされていた。通常ならば、編集室のゴミ袋の中に廃棄されてしまうであろう未完の映像。『パッション』はいきなりNGカットから始まる。しかし同時に、この映像が定着させている驚くべき光。この息を呑むような光に、私の視線は釘付けになる。見たこともない映像だった。この、圧倒的に澄んだ光は、レンズの性能なのか、フィルムの能力なのか、いやスイスのこの地方の光そのものが澄んでいるのだろうか……？　わたしは、ただこの光に圧倒され、呆然とスクリーンを見つめながらその映像の秘密を知りたかった。

（モーリス・）メルロ＝ポンティが引いたある画家の言葉を思い出した。「森のなかで、私は幾度も私が森を見ているのではないと感じた。樹が私を見つめ、私に語りかけているように感じた日もある……私は、といえば、私はそこにいた、耳を傾けながら……。画家は世界によって貫かれるべきなので、世界を貫こうなどと望むべきではないと思う……。私は内から浸され、すっぽり埋没されるのを待つのだ。」（＊2）画家の視線は「見る者」と「見えるもの」の役割を顛倒させる。多くの画家が、物を見るのではなく物が私を見るのだと告白している。「私が」見るのではない。物を見ているこの私は、視線という光によって私から物へと連れ出される。

『パッション』の第一ショットは、それ自体すでに視線と光のドラマである。われわれは通常、光とはひとつの方向に進んでいると思っている。光はレンズを通ってフィルムへと到達し、映写機から出発したから光がスクリーンに反射され、私たちの眼に届いていると考える。しかし、カメラとはふたつの光が交錯する場所であると（ジャン＝リュック・）ゴダールはいう。「キャメラというのは、なにかとなにかが互いに正反対のふたつの方向で通り過ぎる場所なのです」（＊3）光はわれわれのところに届けられる、と同時に視線によってこちら側からあちらへと届けられる。「樹が私を見つめる」とはそういうことではないだろうか？　樹は私の外にあり、私の内にある。私が見ようとしなければ、光は見ることができない。光は私たちの視線によって差し込んでくる。光＝映像を「見ている」私とは、映像の到達点であり、出発点である。

そもそも映像とは、どこかに物のように存在しているのではなかった。それは私の中にあり、彼方にあり、ゴダールの中にあり、こちら側にある。映画はスクリーンの上などには存在しない。私たちはあたかも物がそこにあるように映画を語ることに慣れてしまい、「ゴダールが創った映画」などと言ってしまう。しかし、映画は光である。では実際、それはどこに在るか？と問うと、私たちは簡単に答えることはできない。光は常にどこかからどこかへと走っている。しかも、その光は見ることによって存在する。視線が光を逆方向に投げ返しながら、その逆流するもうひとつの光の流れをまといながら進んで行く。私が目を閉じれば、その光は……ない。

ふたつの光が交錯するように、『パッション』ではいくつもの闘争、けんか、押し合いが繰り広げられている。工場で働くイザベルと工場主のミッシェル、プロデューサーのラズロと映画監督のジェルジー、ミッシェルと妻ハンナ、ジェルジーとイザベル、映像と音声、昼と夜、撮影スタジオと工場、愛と労働、人工照明と自然光、フィルムとビデオ、音楽と絵画、男と女……。しかし、それらが単に「と」という接続詞で接合されているわけではない。それらはただ光のように交錯するのだ。逆方向からすれ違うふたつのもの、それらをつなぎ止める接続詞はない。「誰だってふたつの間で探してる……失われた中心を求めて」

と映画監督のジェルジーが呟く。ハンナとイザベルの間を行き交いながら、すれ違いを繰り返しながら、ジェルジーは光を探し求める。光の中に物語を探している。しかし、それらの物語は、始まろうとしないし、終わろうともしない。中心が発見されることはない。イメージは永遠に始まろうとしないし、終わろうともしない。

『パッション』のひとつひとつのショットは明晰な構図と素晴しい光によってフレームを完成させているのだが、もうひとつのフレーム（どこで始めどこで終わるかという時間のフレーム）は、未完のまま放り出されている。編集室において、フィルムは始まりと終わりの二カ所で切断される。どこで切るか？は常に編集作業の大問題なのだが、ここでは全くぶっきらぼうに誰かの台詞の途中、動作の途中といった半端な場所でフィルムは切断されている。そのとき、フィルムの切断面でイメージは完結せず、中断したまま宙に放り投げられることになる。そのショットは、また中途半端に始まる次のショットにそのまま接合されている。ショットが移行するその瞬間、イメージ同士は互いに結びつくことのない衝突、闘争的なモンタージュを生むのだが、この中途半端なフィルムの切断面が互いのイメージをショットの背後に潜行させる。ただ音声のみが、次のショットに乗り上げて迷子のように別の時空を彷徨いながら、ショットの背後に隠れた不可視の映像を持続させている。そうして重層的なイメージが増殖し、『パッション』の多元的なポリフォニーとしてのイメージを形成する。

ポリフォニーとは、二人、三人、四人と、それぞれの世界を持った複数の対等な意識によって奏でられるものである。そうであるから、これらのイメージの分裂・多元化を「ゴダールによって……」という単独の作者の世界観というモノローグ的体系に問いただそうとすると、それらは単純な弁証法や二律背反の原理として、単一の体系（作者の意図）に無理矢理押し込められてしまうしかない。

この多次元のすれ違いを統一する場所（ゴダール）を想定しても無駄である。それらはただすれ違い、響き合うのだ。『パッション』のこのポリフォニックなモンタージュは、ゴダールによって発せられた映画的方言であると同時に、ゴダールから自立し、モンタージュ自らが自身の言葉の主となる。そして、そのモンタージュによって現れる不可視のイメージはわれわれ（見る者）の視線によって、「見えるもの」として創り出される。

モンタージュの代名詞ともなった（セルゲイ・）エイゼンシュテインは、モンタージュを闘争と呼んだ。そしてその闘争の結果、ひとつ意味が作者から観客のもとへ届けられると考えた。しかし、私が『パッション』のモンタージュに感じたのは、こう言ってよければ闘争ではなく「平和」であった。ずっと映画における闘争を繰り返してきたこの映画の作者には最もふさわしくない言葉かもしれぬ。しかし、ここではどのような闘争、けんか、小競り合いが描かれていようと、光がそれら「見えるもの」を包み込んで人間を取り巻く自然とともにひとつの光景に変えてゆく。

ひとつの光景……。100年以上前、リュミエール（兄弟）の映画は、赤ん坊の食事、工場の出口、といった生活の中にあるありふれた光景をあえて選び、カメラを向けた。その映像に人々は驚き、熱中した。そのとき、人々はその日常の現実に魅入ったわけではない。赤ん坊の食事に驚いたわけではない。スクリーンに投影された単なる光の陰影の動きに（私自身が）現実そのもののようなイメージを「見た」ことに驚き、魅入っているのである。本当はそこに「ない」ものを、現実に「ある」ものとして見ていること。この「見ること」の恐ろしい能力。そのとき、人々は自らの視線が映写機と同じように、視線という光によってその映像を創り出している作者であることを知らなかった。

そして、映像は動いている。動くものには始まりと終わりがあり、やがてフィルムはこの始まりと終わりというもうひとつのフレームを意識するようになる。映像は物語を語り始める。物語を語ることに、これほど有能なものはかつてなかった。イメージではなく、物語が人々を魅了するようになる。物語が人々を飲み込み、やがて光が見せた光景のドラマは忘れ去られてゆく。『パッション』のイメージは、さまざまな小競り合いと押し問答を描き続けることで、物語の始まりと終わりを永遠に先延ばしにして、ポリフォニックなイメージを持続させる。そしてあの透明な光で、映画全体をただひとつの光景に変えていく。そこに、光だけが充満した世界が現れる。


「私は一個の映像なのです」とゴダールは言う。「私はあなたがたの一部分です……私は他者なのです」と。それは、単なる言葉遊びではない。そして、ゴダールとは、『パッション』の光を見つめている私自身でもある。このイメージの作者は実は観客自身なのだ。そして、観客もまた「私とは一個の映像なのだ、私とは他者なのだ……」と呟くだろう。

もう一度言おう。ゴダールとは、作者という実体ではなく映像である。ただの光なのだ。やがて、ゴダールはカメラのこちら側と向こう側、フレームの外と内の区別を逆転させるように、異界から降り立った道化として自らの映像の内部に現れるだろう。世界とは映像であり、ゴダールもわれわれも、その世界の中にいる。

註

＊1　ジャン＝リュック・ゴダール監督『フレディ・ビュアシュへの手紙』（1981年）

＊2　モーリス・メルロ＝ポンティ『眼と精神』、滝浦静雄・木田元訳、みすず書房、1966年

＊3　ジャン＝リュック・ゴダール『ゴダール全評論・全発言〈1〉1950—1967』、アラン・ベルガラ編、奥村昭夫訳、筑摩書房、1998年

初出＝『パッション』パンフレット／ザジフィルムズ／2002年

明るい部屋

ペドロ・コスタ

以前、ペドロ・コスタについて書くようにと依頼されたことがあったが、私は「ペドロは何より私の数少ない大切な友であり、友であることは個人的な体験なので、論じることは難しい」という理由で辞退した。実際は、彼の作品に自分の言葉が追いつくとは思えないというのがその理由だった。今もそうだ、彼について論じることはできない。彼の映像ならば私は百回でも繰り返し見ることはできる。『ヴァンダの部屋』は、何度見ても汲み尽くすことのできない体験である。しかし、それがなんであるかを書くことはできないだろう。私たちの作品は、互いに全く違う形態で製作されている。私は俳優とともに仕事をすることを選んだし、ペドロは現実に生きる人々にカメラを向けることを選んだ。彼は小さなデジタルカメラを自分で構えて、2年という時間をかけて『ヴァンダの部屋』の撮影を行ない、1年を費やして130時間近い映像を編集した。私は今回（『不完全なふたり』）の撮影も11日間で終えてしまった。彼と出会って間もないころ、私が自分の製作においてスタッフとの共同作業を必要としていることを述べると、「僕は時間をかけて作業をする。大勢のクルーとともに仕事をするのは嫌いだ」と言った。「嫌い」という言い方が印象に残った。彼が既存の映画製作のシステムの中でどれほど傷ついたのかを想像した。『骨』は、通常の映画製作の形態をとり、クルーとの作業によって撮影されたらしい。おそらく撮影、録音、照明に関わる人々、多くの機材、機材を運ぶ車両に運転手、それらの人々に食事の世話をする者などさまざまな人間がヴァンダ(・ドゥアルテ)を取り囲むことになっただろう(ヴァンダは『ヴァンダの部屋』の前にペドロの監督作品『骨』に出演)。彼らは自分に割り当てられた技術にしか興味がなく、そのような多くの人間が効率よく働くための計画が必要となり、明日の予定、明後日の予定、が決められる。全ての人の労働が映画を完成させるために関係づけられ、時間と経費が計算される。予定が変更になれば、それは経費に跳ね返る。そこには強靭な映画製作というシステムがあり、カメラの前に立たされた人間はそのシステムを前にして震え上がる。自分勝手にふるまうことなど許されない。監督でさえそうだ。ペドロは、そのようなシステムと手を切ることを選んだ。製作日数やクランクイン、クランクアップというような区切りのない人間的な生活の時間の中に映画製作を取り戻すことを選んだのだ。

しかし、それがどんなに小さなデジタルカメラであろうとも、そこにカメラがある。カメラは映画製作者とその対象をこちら側と向こう側に分断し、それらの越境を認めないシステムを持っている。カメラは本質的に一方的な搾取という構造から逃れられない。世界は二分され、それらの間に映像が差し挟まれることで、その壁にこちら側からあちら側への窓が開けられるが、その窓はこちら側からの視線のみを通過させ、あちら側から見返されることのないマジックミラーのような便利な窓である。映像を見るわれわれは、映画製作者と同じようにカメラの背後におり、カメラの前の現実に犯されるリスクから守られている。私が俳優と仕事をすることを選んだのは、俳優という存在が、カメラの前に立つことを自分の人生の中で必要としていると見なすからである。対象が現実を生きる人である場合、カメラは彼らの生を奪い取るが、彼らの人生に何も返さない。しかし、『ヴァンダの部屋』の映像には、こちら側からあちら側への越境が許されており、カメラの権力構造から自由な関係が実現されているという実感がある。このような感覚を私は知らない。なぜ『ヴァンダの部屋』だけが、この搾取の構造から逃れられたのだろうか？　私はこの問いに答えることができるのだろうか？　いったいそれがどこからやってくるものなのか、まだわからない。その問いが私にこの文章を書かせている。

私は「自由」と書いてみた。しかし、『ヴァンダの部屋』の映像は厳格にコントロールされているように見える。カメラは常に三脚に固定され、動くことはない。それが作者の美学的な趣味判断によるものならば、イメージは作者によって支配され、人物はその支配された空間の中には め込まれている。それならば、いっそのこと手持ちカメラで対象に接近し、「さあ、あなたは自由に動いてかまわない、私はカメラを構えてついてゆくから」という関係のほうが自由ではないのか？　実際ドキュメンタリーでは、フレームは常に突発的に起きることに対して身構えている。必要とあらばカメラはいつでも動く用意ができていなくてはならない。画面の外側で、注目すべき偶然が起きれば、カメラは迷わずにフレームを移動させるだろう。そのような映像はとりあえず現実に対して開かれている。フレームは暫定的なものであり、空間は画面の外部に現実が広がっていることを意識している。ドキュメンタリー映画はそのように常に現実の一部しか捉えていないことを自覚することで、フレームの、つまり映画の外部に現実が広がっていることを暗示する。ドキュメンタリーの映像は、撮るに値する対象がカメラの前にある、という現実に依存しているのである。『ヴァンダの部屋』の成立も、ドキュメンタリーとしての側面をもっている。取り壊されようとする町があり、そこに暮らす貧しき人々がいる。この町の存在はやがて歴史から消されてしまう物語であり、カメラを向けるべき対象がそこにある。しかし、『ヴァンダの部屋』の映像はこの現実に依存しない。カメラを向ければそこに何か意味あるものが映るという安易なリアリズムを排除する。アクシデントや偶然が侵入する気配は画面にはなく、厳密に決定されたフレームによって外部に依存しない自立的な空間を構成する。壁の向こうから聞こえる音が、外側の世界の広がりを映像に導き入れるが、壁の向こうの世界を映像は簡単に指し示すことはない。露出はぎりぎりまで絞りこまれることで、暗部は闇の中に沈み込み、視線の自由すら奪い去られる。「あなたの好きなように見てください」というように、その映像を見る人間が自由に再構成できるような非中心的な映像ではなく、中心化され私たちの視線に対して強力な命令のように機能する映像と言えるかもしれない。そして、その映像はおそろしいくらいに美しい。しかし、この映画製作が美の創造であるのなら、私たちはただ創造者としてのペドロ・コスタの才能を褒め称えればそれですんでしまう。彼がクルーというシステムを捨て、たったひとりになる必要などなかったはずだ。この美しさは、ひとりの映画製作者の美学を満足させるためにあるのではない。

ペドロはひとりでカメラを構えた。人と人の間にカメラが介入するとき、そこにはさまざまな関係が成立しうる。カメラの暴力によって、片方が片方を傷つけ悲しい思いをさせることもありうる。カメラの前に自分をさらすことを恥ずかしいと感じ、それでもいくらかの金銭と引き換えになら自分を明け渡すことができると考えることも可能かもしれない。自分を守るために、カメラの前から逃げ出すこともありうる。そして、まれに互いに協働した喜びに満たされる関係だってあるかもしれない。しかしいずれにせよカメラを介した向こうとこちらが非対称な関係であることに変わりはない。ペドロは見つめる存在であり、ヴァンダは見つめられる存在である。俳優は常に見つめられる存在でありながら、見つめ返すことを禁じられ、カメラ＝視線の存在を無視することを強いられている。これを受け入れること、カメラなどそこに存在しないかのようにふるまうことが映画俳優の演技である。その意味でヴァンダもまた演技をする存在であろうか？そこにカメラがある。単にカメラがあるのではない。ペドロの構えるカメラがある。彼女は、その存在を無視する。カメラがあることに、慣れてしまったから？どんなに長い時間を費やそうと、人がカメラの存在を忘れてしまうほどそれに慣れてしまうということがあるだろうか？彼女は演技しているわけではない。しかし、ペドロがそこにいることを意識しているはずだ。彼女はそのことを無視する。その意味で、これは演技であり、フィクションだといえる。しかし、例えばヴァンダの咳は、誰のためのものでもない、ヴァンダのものである。ヴァンダが咳をするとき、その身体のイメージは撮ることと撮られることの分断をなし崩しにする。そのイメージは拘束されることと好きにふるまうこと、演技と自分自身でいることの間で結晶化する。彼女は咳をする必要がある。彼女は咳をしながら自分のベッドに嘔吐してしまうほど自由だ。誰かのための演技ではない。普段の自分を、カメラの前に示そうという自己顕示欲でもない。カメラの存在を忘れてしまった、ありのままの姿でもない。彼女はペドロのカメラと共謀して映画製作に参画しているということができるかもしれない。あるいは、あなたの前で隠すものなど何ひとつないのだという宣言のようでもある。ヴァンダは隣人を招き入れるように、映画を作るという欲求を持ったひとりの男の侵入を許し、自分のイメージを提供し、彼と彼のカメラに居場所を与えている。「来たければ、いつでも来ればいい。私はいつもここにいるから」というように。ペドロは、単に映像を編集室に持ち帰るためだけにそこにいるのではなく、「ここにいたいからいるのだ」というひとりの人間としての態度によって、カメラとともにそこに居続ける。「私にも隠すものなど何ひとつない」というように。そのイメージを自らのまなざしによって構成し、また彼女へと送り返す。カメラがあろうがなかろうがヴァンダは存在するが、現実の彼女がどのようであるかを想像したり、問うたりすることをこの映像は要求しないし、必要としない。ペドロは、現実を利用して本物らしい世界を作ったのでもないし、生々しい現実の生の断片を無傷のまま保存しようとしたのでもない。ヴァンダとはヴァンダとペドロ、あるいは観客の視線の交流によって結晶化されるイメージなのであり、それらふたつのまなざしが分断されることへの抵抗であり、人がともに生きてゆくということについての考察を行なう新たな視線の提示なのである……。ヴァンダは現在であり、今、ここにる……。

ペドロ、私は友情をこめて君の映像の精神について書きたかったが、残念ながら私の考察は頓挫したようだ。この文章が、今日あなたの作品の上映に足を運んだ人の想像力の妨げにならないことを願っている。この頓挫した問いを、私は自分の映像に持ち帰ってみるだろう。次の私の映像をまた、君は見てくれると信じているが、そのときにまた私たちが友として再会できることを願っている。

初出＝『ペドロ・コスタ　世界へのまなざし』／せんだいメディアテーク／２００５年

震える手

ペドロ・コスタ『ホース・マネー』

鉄格子が開き、まるでカタコンベ（死者の洞窟）に向かうかのような暗い通路を、裸の男がおぼつかない足取りで降りてゆく。そこは病院なのだろうか。廃墟のような生気のない建物だが、近代的なエレベーターがあり、男をさらに別の場所へと運んでいく。深い陰影の中、階段を降りてくる男の細長い指が小刻みに揺れていて、その影はまるでノスフェラトゥのようでもある。

医者による問診なのか、取調官の尋問なのかわからない声が尋ねる。「なんでこうなった？」男は答える「壁のカビのせいでこうなった」と。男の名前はヴェントゥーラという。出身地はカーボベルデ、現住所はフォンタイーニャス。しかし、見るからに疲弊した初老の男は年齢を尋ねられると「19歳と3カ月」と答え、今は1975年だと言う。私たちはすでに迷路の中にいる。ここはどこなのか？　彼は誰なのか？　初めてペドロ（・コスタ）の映画を見る者は、一体どのような事態が進行しているのかさえもうわからないかもしれない。おそらく男は精神が錯乱しており、ここは精神病院なのであろう、と納得することもできるが、そんなふうに辛うじて読み取れる物語よりも力強く、映像の連鎖とともに剥き出しになり、われわれに迫ってくるのは、差し込む光の中に浮かび上がる身体と、声と、解釈を超えて屹立するそれらひとつひとつのイメージの孤独な存在感である。

ここでは現在も過去も、生者と死者も、正気も狂気も、区別はない。そのどちらかが基準となるのではなく、どちらもが圧倒的な現在として現前しているのである。私たちが拠って立つことのできる確実な場所はなく、錯綜する物語はひとつの時間軸に集約されることはなく、幾重にも折り重なった層を作り出す。そしてヴェントゥーラの身体は、小刻みな手の震えとともにそれらの階層を突き抜いて、ただそこに在る。

「作り手にとって、それがドキュメンタリーであるのか、フィクションであるのかという議論ほど退屈で不毛なものはない」と私に呟いたのは、亡きロバート・クレイマーだった。1997年の山形(国際ドキュメンタリー映画祭)での話だ。2001年の山形で最優秀賞を受賞した『ヴァンダの部屋』で、おそらくペドロは何度となくこの質問を投げかけられたことだろう。ヴァンダはカメラの前で、カメラなどないかのように自分自身の意志で、歩き、薬を吸い、咳き込み、反吐を吐き、笑う。それはリアルであると同時に、フィクショナルでもあり、人々はその問いをペドロに投げかけずにはいられなかった。

続く『コロッサル・ユース』では、消滅したリスボンのスラム、フォンタイーニャス地区から締め出され、真っ新な公共住宅に暮らすヴァンダとともに、散り散りになったかつての隣人たちを訪ね彷徨うヴェントゥーラが登場する。彼は、ヴァンダの自由さとは逆に、まるで誰かに命令されたかのように自分の意志とは別の力で歩き、立ち止まり、視線を動かしているかのようである。寡黙で、口数は少なく、表情から感情をうかがい知ることを拒絶するような無の身体をさらけ出し、およそドキュメンタリーには存在しない活人画のモデルのような人間が出現する。おそらく、このような人物造形になんらかのつながりを持つのは(ロベール・)ブレッソンとストローブ＝ユイレの作品の登場人物たちのみであろう。彼らは決して自然を装った日常的な身振りや、発話を行わない。台詞は演劇的にあるいは非演劇的に読まれている。演じられるフィクションの人格ではなく、演じる人物の映像的な身体（ただ写っていること）が尊重される。言葉、声、身体、演じられる人物の各要素が不可分に一体化し、ひとりの人間に集約するのが通常の映画であるならば（ドキュメンタリーであれフィクションであれ）、ここではそれら各要素はそれぞれ自律的に遊離され、複数のレイヤーとなって層をなし、物語の時間に隷属することを止めて、存在そのものを現前させるのである。

圧倒的な映像によって克明に描写されるヴェントゥーラの存在そのものが、ブラックホールのように、幾層にも分裂する物語、記憶、歴史を平然とひとつの身体につなぎとめる。さらに『ホース・マネー』がそれまでのペドロの作品と決定的に違うのは、登場人物たちが自分たちの生活空間を撮影場所とせず、映画のために選ばれた場所、あるいは作られたセットを舞台としたことであろう。登場人物たち自身が、自らの貧しく、汚れた生活空間を撮影の舞台とすることを望まなかったのだという。その選択が彼らを日常から切り離し、映画をさらに大胆な冒険へと誘った。

突然、エレベーターに全く異質の次元の身体、彫像化した過去の兵士が登場する。身体は静止し、口も利かない。画面から完全に分離された声が響き渡り、ヴェントゥーラと時空を超えて対話する。音響が、映像が爆発的な錯乱とともに循環を始め、映画をさらに別の次元へと一気に膨張させるのだ。

もはや人がドキュメンタリーと呼ぶものからは遠く離れてしまった。もちろんそんなことはどうでもよいことである。『ホース・マネー』は、全く単独な映画として誰も足を踏み入れたことのない地点に孤高に屹立しているのだから。しかし、ペドロ・コスタは孤高の芸術家ではない。自らを「弱い監督」と言う彼は、たったひとりでそこまで歩いて行ったのではない。苦悩の刻み込まれたヴェントゥーラの震える身体と、傷ついた精神に寄り添い、その背後に響く無数の移民たちの叫びとともに、むしろその亡霊たちに誘われるように歩いてゆく。厳格で頑固な映画職人としてデリケートにカメラをチューニングしながら、コツコツと自らの仕事に打ち込むことで、彼は彼の友人とともに人が映画と呼ぶものの極北まで歩いて行ったのである。そして、その歩みは続く。

初出＝『SPUTNIK-YIDFF Reader 2015』／山形国際ドキュメンタリー映画祭／２０１５年

セザンヌ的態度　土本典昭『映画は生きものの仕事である』を再読する

初めてテレビドキュメンタリーを演出する機会に巡り合ったとき、私は報道カメラマンを取材対象に選び、彼らと行動をともにした。局内にある控え室にスタンバイし、事件、事故の一報が届くと、彼らは一目散に出動し現場に向かう。多くの場合、現場に到着しても警察の検証などで立ち入り禁止となっており、何も撮るべきものがない。それでも彼らは現場の最前線に突進し、カメラを構える。まず現場に最も近い場所に行け、と先輩に教育されたのだと言う。例えばそれが交通事故で、傷ついた我が子を前に泣き崩れる母親がそこにいたなら、彼らは間違いなくカメラを向けるだろう。彼らは1秒を争う現場において、瞬時にカメラを向けるべき対象を峻別し、行動する。そのときなぜ?という疑問を自らに突きつけることは許されない。そのような躊躇があれば、彼はプロの報道カメラマンではなくなるのだ。しかし、本当は彼らも心が痛んでいる。「僕たちは他者の苦痛にどうしてカメラを向けるのか……?」仕事が終わり、若い彼らと一緒に酒を飲むといつもそんな話だった。仕事を離れ、彼らは人間に戻る。プロであるとは、そのように人間として感じ、考えるという当たり前のことを停止させてしまう能力にほかならない。明日また、彼らがプロとして、つまり人間であることを停止させ、傷ついた人にキャメラを向けるとき、彼のファインダーに収まっているその人もまた人間ではなく、ただの「対象」であるだろう。

土本典昭『映画は生きものの仕事である——私論・ドキュメンタリー映画』

「ドキュメンタリーとは人と出遭う作業であるとのべた。それとともに、カメラをもつことから始めて見えはじめる人間に投企するものであり、『被写体』という妙な言葉でいわれる対象者との関係から、真の人との出遭い、新らしい人との出遭いを重ね、それを記録していくものだ」(*1)と土本典昭監督は書く。単純なことが述べられていると思う。ドキュメンタリーを志す人間ならば、誰もが人との出会いを尊重したいと思っている。しかし、カメラを持った人間が人として人と出会うことは、実は容易なことではない。カメラは撮る者と撮られる者を残酷に区別する。撮影中どんなに親密な関係を築いたふりをしても、カメラを構える者は、どこかにその目的を隠しているペテン師である。撮影が終わると関係も終わり、カメラに収録されたイメージは、撮られる者のあずかり知らないどこか別の場所に持ち去られてしまう。カメラを持った者の目的は、その収穫したイメージをどこかに持ち帰ることである。もし彼が「自分は何のために撮りにきたのか、この部落、この町において必要な僕の行為というのは何なのか」(*2)というナイーブで根源的な問いに留まってしまったなら、彼は撮影を進めることができない。とりあえずそれは「正義」のため、あるいはこの現実を広く社会に知らしめるため、と自らを納得させ、その問いに目をつぶり仕事に戻るのだろう。

そんなふうにして、今も夥しい数のカメラが世界を飛び回り、人々の苦痛の映像を配信し続けている。その正義のための映像は、悲痛なありさまを伝えはするが、その映像を見る人間を同じ苦しみで犯すことはない。映像を見る人間はなんのリスクも負わず、責任も問われないまま、その苦痛を安全に眺めることを許されている。そこには「正義」だけでなく、徹底的に「人間」が欠けている。

「私はモラリストでも社会運動家でもない。そうではないものとして、つまり一人の自由な映画人として、私の道の楽しみ、つまり道楽として映画を作っている」（＊3）と、土本監督は言ってのける。水俣の現実にカメラで向き合うことを「道楽」であるとは奇異に響くかもしれない。カメラを向けられることを拒絶もせず了解もしない「生きている人形」のような水俣の少女を前にして「何故？　何のために？　どの地点にたって私は撮っているのか？」（＊4）と問いかける映画作家は、「映像の零度」とでも呼びたくなる瞬間に立ち会っているのだと想像する。そこでプロとして撮影を敢行することも、人として撮影を放棄することもできるであろう。ある意味でそれは容易いことかもしれない。しかし土本監督はただの人でもなくプロでもなくカメラを持った人間、つまり「映画人」としてそこに留まる道を選ぶ。私はいたいからここにいる。これは道楽である……。

「人を盗み、肖像を切り撮り、人の言葉を採る……そうした物理的武器、レンズ、フィルム、テープ等を私が一方的に独占し、それを力としてもっている存在である以上、『被写体』の人間と私とは同列平等であり得ない。まして編集という個的な作業でイメージを創造でき、一見、全く別個の世界をつくり上げられる立場をもっているものが、シリアスであるべき事柄を表現する際に、フィルムの上でのみ〝映画作家〟的であってよいのであろうか？」（＊5）土本監督は、構成のプロであることをも捨て、撮った順につなぐという編集スタイルを自らに強いる。作家として主体的に世界を構成すること、選択すること、整理することを制限する。それは、主観を消して無作為を装い、ありのままのリアリズムを徹底しようとする態度とは全く違う。むしろ問題は「私」である。その態度は（ポール・）セザンヌに似ている。セザンヌが自然と切り結ぶ態度は、作家が主体的に世界を構成しようとするものではなく、主体を消してしまおうとするのでもなく、自らの存在を自然と絵画の関係の触媒として差し挟む行為であろう。そのような主体を、もはや作家とは呼ばない。「それは、作家の仕事ではなく、生きものの仕事なのである」(*6)。

私は、友人でもあるポルトガルの映画作家(彼は作家なのだろうか?)ペドロ・コスタのことを思い出している。社会から遺棄された者たちが暮らすリスボンのスラムで、そこに暮らす人々とともに映画を製作した彼は「大事なのは、映画を作るという仕事(労働)です。映画ではありません。例えば、あなた達、東京やパリ、ロンドン、ベルリンのシネフィル達にとって重要なのは映画でしょう。しかし、私にとって、最も重要なのは人々とともに作り上げることなのです。私が映画の出来に満足するのはその後のことです」(*7)と言い、映画を作家の自己表現の成果物として外部に持ち出し、映画を快楽として享受する観客のために差し出すことよりも、自らが触媒となってその映像を再びその場所の人々に返すことの教育的側面を重視する。彼らの新しい制作態度は、かつて(ロバート・)フラハティやリュミエール兄弟の初期の映画が持っており、しかし現代においては失われてしまった映画の根源的な可能性へと私を連れ戻す。過度にプロフェッショナル化し、見る者を無知に追いやる映像と、ただ写っているだけで無自覚に垂れ流される映像の氾濫の中で、『映画は生きものの仕事である』という書物に充満する言葉の響きには、現代の映画の可能性を切り開く予感が漲っている。

註

*1〜6　土本典昭『映画は生きものの仕事である——私論・ドキュメンタリー映画』、未來社、2004年

＊7　ペドロ・コスタ「壁の汚れ、想像力とともにある生」、『現代思想　2005年5月号』所収、青土社、2005年

初出＝『未来　2007年5月号』／未來社／2007年

ただひとつの視線だけが

ブリュノ・デュモン『ユマニテ』

ある男の顔がクローズアップで写し出される。彼は何かをじっと見つめている。ショットが変わり、続いて道端に咲いた花の映像が示されるとき、われわれは、この本来はバラバラに撮影されたはずのふたつの映像を「その男が、花を見ている」という出来事に再構成する。その花の映像が、彼の目の位置から撮影されているなら、それは彼の視線そのものであると「自然に」了解できる。映画の世界では主観(見た目)などと呼ばれる、使い古されたフィクショナルなモンタージュの技法である。しかし、よく考えるとこれはわれわれの現実では絶対に起こりえない「反自然的」体験である。

まず、私たちはひとりの男を見つめる。そのカメラの視線はつまり誰のものでもない透明な視線である。われわれは「客観的に」彼を見つめている。しかし、彼が見た花の映像が示されると、その瞬間われわれの視線はその男の視覚と重なっている。われわれはそのとき彼になっている。彼になって、その花を見つめるのだ。

その花を、鋭いナイフを振り上げた殺人者のショットに入れ替えてみよう。われわれはその映像に思わず恐怖を感じるだろう。その恐怖は、観客のものであり、そして同時に今まさに殺されかかっているその視覚の主(登場人物)のものでもある。次のショットで恐怖にゆがむ男の顔が客観的に示されるとき、観客は自分の感じた恐怖を登場人物とわけ合う。ひとつの感情を知らぬ間に共有することで、われわれは登場人物に感情移入し、彼とともにフィクションを生きはじめる。

『ユマニテ』は、この客観的な視線と主観のモンタージュの繰り返しを基調とする映画である。ブリュノ・デュモンはこの習慣的な映画のルールを律儀に守る。ここには、あからさまな映画的な文法の革新や、フィクションの制度に対する声高な抵抗があるわけではない。極めて平易な文法で語られている。にもかかわらずこの映画は、そのフィクショナルな制度を逆転させ、ほかの映画から自立した独特な現実感をわれわれにもたらす。

『ユマニテ』の主人公ファラオンが見るものは、強姦された死体。隣人のセックス。光に満ちた風景。植物。土。豚。絵画。汗のしみ込んだ上司のシャツの襟……。これらの映像がファラオンの主観ショットとして示され、われわれはそれを彼の視覚として、彼とともに体験する。そしてそれらの主観ショットは必ず、それを見つめているファラオンの顔の客観ショットに切り返されるのだが、そのとき彼の表情はほとんど変化しない。どの表情も同じだと言ってもいい。この、ただ「見ている」こと以外に何も語ろうとしない彼の表情が、われわれを深く動揺させる。

例えば観客が、まず血塗れのまま放置された女性の全裸死体の映像を見たとしよう。その映像は、確かにひとつの死体があることを単純に示すだろうが、その映像から引き出される観客の感情は単純なものではない……。その残酷さに恐怖する。おぞましさに目を覆いたくなる。哀れだ。しかし、この死体の表情が美しい。リアルだ。あるいは剥き出しの肉体が、ポルノグラフィとして性的な欲望を引き起こしもするだろう……その映像が観客に引き起こす感情は、どのように名づけようともひとつの意味に固定することのできない複雑なものであり、名づける以前にわれわれはその映像を見てしまっており、見ることで言葉や意味を媒介としないで、死体そのものにダイレクトに関わっている。しかし、そのショットに続いて、その死体を見ている男の表情が客観的に映し出されたとき、彼がその死体のおぞましさに顔を歪め「ひどいことをする……」と呟いたなら、われわれの抱いた複雑な感情はただひとつの感情に確定され、その意味を通して登場人物の男の内面を「理解」し、自分の抱いたはずのほかの複雑な感情を物語には不要なものとして消去してしまう。

ファラオンはドミノとジョゼフのセックスを目撃する。その主観ショットとしてふたりのセックスが示されるが、そのときわれわれはファラオンになってふたりを見つめ、複雑な感情を抱くだろう。続いて、それを見ているファラオンの表情が示される。しかし、われわれはそのとき彼を理解することはできない。彼は黙ったまま、無表情にただふたりを見つめるばかりで、その映像はわれわれの抱いた言いようのない動揺を、意味の世界に連れ戻してはくれない。「あの場面の撮影で私は、ファラオンを演じるエマニュエル(・ショッテ)に『床にフルーツのバスケットが置いてあると思って見ててください』と言っただけなのです。だから、彼はフルーツを想像しているだけなのです」と、ブリュノ・デュモンは言っていた。「私は、映画を作るときにつなげることを考えないで撮っています。つなげようのないシーンを撮って、編集のときにそのつなげようのないものをつなげることによって、何か未知のものを、予期せぬものを生み出すのです」。これは、映画作家として何も特殊な見解ではない。映画とは、元来そういうものだと思う。映画を作るとは、ある映像とある映像をつなげることである。そのとき映像は、意味によって、物語によって、美的構成によって、何かに「よって」つながれるのではない。では、何を根拠につなぐのか?

誤解を恐れず言えば、それは直感であろう。意識以前の感覚である。しかも、どうしてもこうつなげるしかないという厳格さに貫かれた「私」(作者)の直感。

しかし、周りを見渡せばあまりにも意味に安住してしまう映画が横行している。撮られるときにはすでに編集は完成しているかのように、ひとつの意味からまた次の意味へと一本の線をたどりながら、あらかじめ決められた意味でつながるように撮られている。映画は見るものだったはずだが、これでは視覚体験ではなくテキストである。単なる構成である。『ユマニテ』は、ファラオンの無表情によって、われわれの動揺を意味に確定することなく持続させ、解釈を不能にさせ、ただ彼の見つめるものを見つめよと迫る。暴力も、セックスも、慈愛も、土も、光も、豚も、奇跡もただ、そこにある。それらを見つめることで世界と対話せよと迫るのである。

現代社会の病や、精神の危機や、政治の堕落や、つまり今の世界を描こうと躍起になり、独自の解釈をすることで描いたつもりの映画は数多い。しかし、そこにあるのは、「私は世界を描きうる特別な人間である」という作者の呑気な確信だけである。その特別な私もまた現代を生きており、すでに現代に身動きできないくらいにとらえられてしまっていることはすっかり忘れられている。それらの映画から音声を消し去ってみればいい。言語を失ったその映像の連鎖には、結局何も描かれていないことがわかるだろう。

ブリュノ・デュモンは何も新しいことをしているわけではない。それでも、彼の映画が自立した独自な存在に映るとすれば、それは現代の映画が、映画と世界の本来の関係を見失っているということにほかならない。

ただ、見つめること。『ユマニテ』はそのことだけを要求している。そこに、「世界」は現れる。

「世界がいかにあるかが神秘なのではない。世界があるという、その事実が神秘なのだ」(＊1)

註

＊1　ルートヴィヒ・ウィトゲンシュタイン『論理哲学論考』、藤本隆志・坂井秀寿訳、法政大学出版局、1968年

初出＝『ユマニテ』パンフレット／ビターズ・エンド／2001年

溝口のほうへ

溝口健二

初めて見た溝口（健二）作品は『山椒大夫』だった。学生だった私は、フランスのヌーヴェルヴァーグに出会い、（ジャック・）リヴェットや（ジャン＝リュック・）ゴダールが絶賛する作家ミゾグチを確認するように映画館に足を運んだのだ。しかし……恐ろしかった。なぜだかはわからない。時代劇というものにあれほどの現実感を感じたことはなかった。しかし、この恐ろしさ、私を拘束したこの現実感がなんなのか、そのとき私にはわからなかった。『近松物語』を見た。茂兵衛が愛を告白し、おさんが「それを聞いて死ねなくなった」と言うとき、どうしようもない胸騒ぎに襲われた。ここでは人間が描かれているのではない。まるで出来事のように、人間がただそこにある……。そのような実感。しかし、私はその感覚が何かを突き止めるのが恐ろしかった。その後、私は、溝口について考えることから逃げた。

最近ヴァレリア・ブルーニ・テデスキという女優とともに、『パーフェクト・カップル（邦題、不完全なふたり）』という一本の長編映画をフランスで撮った。離婚を決めた一組の夫婦が、数日間パリで過ごすという単純な物語。滞在するホテルの一室でこの夫婦が喧嘩をする場面がある。二部屋続きのスイートルームで、すでに離婚を決めたこのふたりは、部屋を仕切る扉をはさんで口論を始める。カメラは縦構図で扉越しにその女を捉えている。男はフレームの外にいる。彼女は、男に自分の怒りをぶつけるのだが、その芝居の途中で怒りに任せてその扉を閉めてしまった。彼女は消え、画面には扉だけが写っている。そこでカットして、カメラが部屋の中に入るという選択もあった。しかし、私はそのままカメラを回し続けた。やがて彼女の声が扉越しに聞こえてきた。彼女は自分が画面から消え去っても演技を続け、自分が結婚生活においていかに孤独であったかを扉の向こうから叫び続ける。私は、ただ扉だけを写し続けた。長いワンショットとなったが、私はそこに何かが写っていると感じ、カットすることができなかった。そのとき、私を拘束していたものは一体なんだったのだろうか？　ある人物が、廊下を通って別の部屋に入り、密談をする。しかし、カメラはその場所にとどまり続け、わずかに開いた障子窓の格子越しに人物の一部だけを見つめるという溝口映画のあるショットを思い出したと言いたいわけではない。即興による撮影では、俳優は同じことを二度繰り返すことができない。ショットは不可逆的な持続となって、ワンシーン・ワンショットが多くなる。溝口はどうか？「僕だって『静止』を見せるために、あゝいうやり方をやったわけじゃない。むしろ、人間の心理を盛り上げて行きたいから、あゝいう手法を自然と選んだんだね」（＊1）と、俳優のパフォーマンスを尊重する溝口自身の発言は私にも理解できる。しかし、溝口のショットは単に演技のためという単純なものではない。『雨月物語』では、時空間の持続の中で宮木の死という重要な物語の局面が「たまたま写ってしまったかのように」（＊2）フレームの隅で描かれる。それは、交通事故のような出来事であり、出来事には因果も意味もない、と映像は主張している。そのときのカメラの位置を「倫理」とまで言う自信は私にはない。そこでカットを割ってクローズアップに寄ることはできないという拘束は理屈ではないが、そこには溝口の世界に対する態度というものが剥き出しで現れているだろう。では、私自身のショットには何が現れているだろうか？
　撮影中、私は溝口のことを考えていたわけではなかった。私とヴァレリアが考えていたのはむしろ（ロベルト・）ロッセリーニだった。私たちの作品の脚本にはラストシーンが書かれておらず、私とヴァレリアはどのようなラストが描けるのかを撮影中話し合っていた。そのときに考えていたのが『イタリア旅行』のラストであった。危機を迎えた（イングリッド・）バーグマンとジョージ・サンダースの夫婦は、映画のラストで全く唐突にその関係を回復する。映画はわれわれを説得してはくれないが、それは出来事としてただ「起きる」。心理でもなく、構造でもなく、われわれはそのような人間の出来事をどうすれば描けるのかを探していたのだった。

『パーフェクト・カップル』は完成し、私を怖れさせた溝口のことを考え始めている。そもそもあの『近松物語』で描かれた愛こそ、そのような論理を超えた人間の出来事として描かれていたのではなかったか？　愛を見出すふたりには、一貫した心理などはなく、茂兵衛もおさんも自分でも理解しがたい自己という存在に突然出会ってしまう。『雪夫人絵図』の雪は昼の顔と夜の顔に分裂しているが、そのふたつの顔を調停する一貫した人格など描かれていない。雪が統一した人間として描かれなかったことはこの作品が失敗であるということを意味しない。溝口は、雪を彼自身理解できぬ人間として存在させたのだ。ふたつの顔が、われわれの習慣的な認識においてひとりの人間と見なすことができぬくらいに断絶してしまっていることで、雪という人間は理解可能な物語から逸脱し、そのことでダイレクトに存在している。ラストで呆然と山を上ってゆく久我美子と『ストロンボリ（／神の土地）』（ロベルト・ロッセリーニ監督）のバーグマンを、私は区別することができなくなっている。実存主義的映画と言ってしまうとあまりに矮小化されてしまうだろうが、虐げられた女たちは、自らの実存と出会い、雪のように死を選ぶ、あるいは生き続けることでその差別を肯定しながら、死なないことで抵抗する。またときには『祇園の姉妹』のおもちゃのように、受難の果てに自分の声で、はっきりと抵抗の言葉を口にすることを許されたりもする。そのときにカメラが前進するという動きを溝口に選択させるものはなんなのだろうか？　いや、溝口はただ選択しているのではない。溝口は自分が描く世界を支配しながら、自ら拘束されている。フレームによって世界を囲い込みながら、自分自身が世界に囲い込まれているさまを隠さない。彼は神のように振る舞いながらも、「私は世界を見通すことができない」という登場人物と同等の人間の場所に留まろうとする。

私の最近の作品の撮影監督を担当してくれているフランス人撮影監督のカロリーヌ・シャンプティエに「溝口をどう思うか？」と聞いてみた。ゴダールやリヴェットの撮影監督でもあった彼女は「小津（安二郎）は関係を描いたが、溝口はあの時代に個人を描くことができた希有な作家である」とキッパリと答えてくれた。私は今、そのことを考えてみようと思う。１９８０年代を通過してきた私は、形式的に、構造的に物事を価値判断することに慣れてきた。映画の主題などどうでもいい、眼に見えることだけが全てだという態度。小津のアングルを語るように、溝口のワンシーン・ワンショットを語ったところで、何も捉えられはしない。世の中がバラ色ならば、それもよいだろう。しかし、そうではない。今も、世界は闇に包まれている。だから、別の言葉を探さなくてはならない。いかに映画を撮るか？と、いかに生きるか？は不可分の問題である。その命題は、怖ろしい……。厄介なことになったが、もう溝口から逃げるのは止めようと思う。

註

＊1　溝口健二「映画・人生・芸術」、『ユリイカ　1992年10月号』所収、青土社、1992年

＊2　セルジュ・ダネー『不屈の精神』、梅本洋一訳、フィルムアート社、1996年

初出＝『NFCニューズレター　第69号』／東京国立近代美術館フィルムセンター（現、国立映画アーカイブ）／2006年

ロベール・ブレッソン『罪の天使たち』

「モデル」＝抵抗する者

（ロベール・）ブレッソンの映画について語るのは荷が重いのですけれども、僕が映画を作るうえでブレッソンがどういう存在だったかを少しお話しできればと思っています。

僕にとってのブレッソンの映画とは、『やさしい女』のドミニク・サンダとか、『白夜』のイザベル・ヴェンガルテンとか、『バルタザールどこへ行く』のアンヌ・ヴィアゼムスキーとか、こういう女優たちですね。ご存知のように、ブレッソンはある時点から、徹底して映画に出演したことがない素人を役者に起用します。今、申し上げた女優たちは、その後、女優としてのキャリアを続けた人もいれば、そうしなかった人もいるのですが、彼女たちの最初の出演作を撮ったのがブレッソンなわけです。そのブレッソンの映画における彼女たちの存在感、これはもう本当に衝撃的で、僕にとっては忘れられない女優たちになりましたね。この彼女たちの演技は他の監督の映画では絶対にありえないもので、現実的な本当らしさが全くない。われわれは字幕を読んでいるのでよくわからないところもあるのですけれども、台詞もかなり棒読みに近い。感情が全く込められていない。表情も非常に硬く、かたくなに何かを拒絶している存在として女性たちが描かれている。その存在がとても印象的だったんですね。

僕が学生時代に『作家主義（——映画の父たちに聞く）』という本が出版されまして、これはインタビュー集なんですけれども、最近は本屋で見かけませんがお読みになった方もいるかもしれません。そこに有名な（ジャン＝リュック・）ゴダールからブレッソンへのインタビューが掲載されているんですね。これは非常に面白いインタビューでして、とにかくブレッソンは、職業俳優はダメだと言い張るんです。こいつらはどうしようもない、身につけてしまったものを剝ぎ取るだけで大変な苦労だと。そんな苦労をするぐらいだったら、非職業的な俳優を起用したほうがよいと頑として譲らない。ゴダールはそんなブレッソンに食らいついて、質問を投げかけるんですね。しかし、俳優であっても俳優という職業のひとりの人間でしょ、だから人間であることにおいて変わりはないんじゃないか、演技を仕事とする人間として描く方法があるのではないですか、とゴダールはブレッソン大先輩に言うんですね。ところがブレッソンは、いや絶対そんなことはない、そう思うなら君はやってみたまえ、しかし徒労に終わるだろうと徹底的に職業俳優を拒絶しています。僕はどちらかと言うとゴダールの意見に賛同しました。監督になってからも僕は俳優とコラボレーションしてしまいますし、俳優に関心があります。俳優を職業として選ぶ人たちに興味がありますし、だから、俳優たちが演技によって表現する内容だけでなく、それをやろうとしている彼、彼女たちに関心がある、と自分では思っています。

最近、『ユキとニナ』という映画を作りまして、（２０１０年）１月に公開なんですけど、その撮影のときのお話を少ししたいと思います。僕はブレッソンの映画の俳優の存在感に強く衝撃を受けたんですけれども、彼の映画の特徴はそれだけではなくて、例えば、クローズアップが多用されて、ひとつひとつのショットがうまくつながらないということもあると思います。普通の映画なら、バラバラのショットを想像でつなぎ合わすことができて、このシーンはこういうことが起きているんだなということが苦もなく理解できるわけです。それは皆さんが子供の頃から映像を見慣れているから、映像を見ることが習慣化されているからでもあるわけですが、ブレッソンの映画はショットとショットが断絶されていて、うまくつながらない。僕はショットとショットをあまり分断しないで、バラバラにしないで映画を作ってきた。モンタージュに関して、いわばブレッソンとは逆の立場なので、映画を作っているときにブレッソンを意識することはほとんどないんですけれども、『ユキとニナ』を撮影しているときにこんなことがあったんです。『ユキとニナ』はその当時8歳の女の子が主人公で、その女の子は映画に出演するのが初めてだったんですね。映画の後半は、女の子が家出をして、森の中に迷いこむというストーリーなんですが、最初は親友のニナと森に入って行くんですけれども、はなればなれになって、ひとりぼっちになる。そこで極限の孤独を感じて、寂しくて泣いてしまう。そう脚本には書かれていたんです。けれども森の中の撮影が進んで、いよいよそのシーンを撮るといったときに、そのユキを演じたノエ（・サンピ）ちゃんが、私は泣いたりできない、と言うんですね。悲しい気持ちになりたくないし、そういうふりをすることも私にはできないと言ったんですね。できないし、やりたくないと言ったんです。それで、僕たちは困ったんですね。ユキという女の子が物語の中で本当の孤独、辛さを表現しなければ、この映画は成立しないんじゃないか、とそのときは思ったんです。それで、さあどうしようかということで、（アッバス・）キアロスタミのように無理矢理泣かす方法も可能性としてはあって、『友だちのうちはどこ？』でキアロスタミは子供の目の前で彼が一番好きな俳優かなんかのピンナップを破いたらしいんですよ。そしたら、その子がウワーッと泣いて、さあカメラを回せって。そんな感じで撮ることも可能なんですけど、僕たちはそこまでタフではないので、できないわけですね。

僕たちと言っているのは、今回、ふたりで監督したからなんですが、僕たちがなぜそこで泣いてほしかったかと言うと、本当の孤独、辛さを泣くことで表現してほしかったからですね。そうすれば観客は、ああこの子は悲しいんだな、辛いんだなと思って、彼女に共感できる。彼女の内面を理解できる。悲しいという気持ちを映画の中の人物と観客が共有する。フィクション映画にはそういう構造があります。僕たちはそれをやろうとしたわけですね。彼女はそれを拒絶したわけですが、おそらくプロの大人の俳優だったら、やれと言えばやりますよね。普通は。だから、映画にはだいたい従順な人たちが写っているんです。これは余談ですけど、大抵の映画には何か言われたら、はいわかりました、と言ってそれをやる人たちが写っている。こんなことやりたくねえよ、と言う人は写っていない。つまり、どんな役柄であれ、そこに写っている人はある従順さを表現している。それは降伏と言ってもよいのかもしれませんが、彼女はそれを拒絶した。役と自分を単純に区別することはできない。つまり、演じれば悲しい気持ちになるから嫌だと彼女は言ったんですね。そのとき、ブレッソンのことを思い出したんです。ブレッソンは『シネマトグラフ覚書（――映画監督のノート）』という本を書いていますよね。お読みになった方は多いと思いますけれども、演出の仕事をしている人は結構読んでいるんじゃないかと思います。是枝裕和監督もどこかで言及されていました。あの本には、僕たちがやらせようとした演技は現実であるかのようにみせる物真似、猿芝居のようなものだ、と書いてあるんです。そういう演技を、あの書物は徹底的に否定、攻撃している。それに対してブレッソンが提示するのは「モデル」という概念ですね。彼、彼女たちは感情や何かを理解して、表現しようとしてはいけない。そういう回路を断ち切って、台詞はただそのまま読めと。だから、ブレッソンの映画の俳優たちは、台詞を自分の言葉であるかのようには発話していない。まるで自分が読んでいる言葉を自分で聞いているような演技なんですね。だから、いくらその演技を見ても、彼、彼女の内側で何が起きているのか理解できない。僕たちはブレッソンの映画の画面に釘付けにされるんですが、それを理解することはできないんですね。彼女はそこに立っている。けれども、いったい何を考えているのか、何が起きているのかわからない。僕たちはそのような状況にポンと投げ出されて、だからこそ、ただ見つめるほかなく、画面に釘付けにされるのかもしれません。だから、『ユキとニナ』を撮っていたときに、確かに困ったんですが、でもここで何かを理解させようとか、彼女の内面を僕たちが表現しようと思ってしまうのは間違いなんじゃないかとも同時に思ったんです。わかった、やらなくていい。彼女にそれをやらせることはできない。違う道を発見しよう。それで本当に映画になるのか、これで観客は何を理解するのか不安はありましたけれども、ブレッソンのことを思い出したことで、これでよいのだという確信を持って僕たちは撮影を進めることができたんですね。

これも個人的な話なんですが、イザベル・ヴェンガルテンとか、アンヌ・ヴィアゼムスキーとか、ドミニク・サンダは僕がアテネ・フランセ文化センターに映画を見に通っていた頃のミューズだったんですけれども、驚くべき体験をしたんです。『不完全なふたり』という映画を撮っていたときに、パリの撮影の初日、現場にスチールマンの女性がいたんですよ。宣伝用の写真を撮る人ですね。どこかで見たことがある人だなと思っていたら、彼女から話しかけてきてくれて、私はあなたの『M/OTHER』を見てどうのこうのって感想を言ってくれて、お名前を聞いたら、イザベル・ヴェンガルテンって言うんですよ。あれ？　あのイザベル・ヴェンガルテンさんですか？と聞いたら、そうですって。まさかここで『白夜』を見ていた私がイザベル・ヴェンガルテンに写真を撮られることになるなんて、ちょっとビックリしたんですね。『白夜』に出演した彼女はしばらく俳優として『ママと娼婦』（ジャン・ユスターシュ監督）とか『ことの次第』（ヴィム・ヴェンダース監督）とかに出演しましたけれども、後に写真家になるんです。ただ、当時、彼女は不遇で仕事がそんなになく、だから、かつての友達が仕事を回してあげようと映画のスチールマンに呼んだりしていたんですね。『不完全なふたり』のときは、カメラマンのカロリーヌ・シャンプティエが彼女に声をかけたようです。イザベル・ヴェンガルテンは非常に真面目なスチールマンで、撮影が終わると役者を留めてですね、今のをもう一回やってくれと言って、同じ芝居をやらせてバシバシバシッって写真を撮るんですよ。そしたらカロリーヌが怒りまくりまして、同じ芝居を何度もしたら役者が疲れちゃうからやめなさい、あんた邪魔よ、と言って、イザベル・ヴェンガルテンをクビにしちゃったんです。撮影初日で。さすがにかわいそうと思いましたね。イザベル・ヴェンガルテンをクビにしちゃうカロリーヌはすごいなとも思ったんですけど、現場に呼んだのも彼女ですから仕方ないですね。でも、このままじゃもったいないと思って、撮影が終わってから、プロデューサーと一緒に彼女のアパートに行って、カメラを回しながら1、2時間ぐらいインタビューさせてもらったんです。今、その映像は手元にないので、今日お見せできないんですけれども。そのときにいろんなことを話して、印象的だったのが『白夜』の撮影の話なんですね。『シネマトグラフ覚書』で提示された「モデル」という概念を知っていましたし、あの映画は彼女の初めての出演作だったので、ブレッソンに言われるがままだったのかなと思っていたんです。まるで人形のようにね。けれどもヴェンガルテンは、私たちは抵抗の世代だから撮影現場でブレッソンにガンガン抵抗した、と言うんですよ。共演者と抗議したりとか。具体的に何を抗議したのかは聞き出せませんでしたけれども、ものすごく戦ったと言っていましたね。当時、すでにブレッソンはあるステータスを確立していたでしょうから、そのブレッソンに若い出演者たちが異議申し立てをしている図はなかなか素晴らしいなと思って、イメージが変わったんですね。ブレッソンの映画における「モデル」は必ずしも従順な人たちではなかろうと。彼女たちは決して自分たちの内面を表現しませんけれども、でも自分であることをそれぞれのやり方で追及しているんだろうと思うんですね。そのせめぎ合いがあの佇まいに表れているんじゃないか、ブレッソンの映画にはそういう抵抗が反映されているんじゃないかと思っているんです。

『罪の天使たち』に出演しているのは職業俳優で、パンフレットにはブレッソンと俳優たちとの間でかなり葛藤があったと書かれていましたけど、想像に難くないですね。彼女たちがこう表現しよう、この素晴らしい台詞をどう言おうかと考えているときに、そういうことを考えるな、そういうことはやめてくれと言われたら、やっぱり怒りますよ。後のブレッソンの映画に見られるような、素人の俳優たちを使った形式的なスタイルは、この映画では見ることができないのですが、でも、それゆえにブレッソンの映画のあるコアな部分がよりはっきり見えるような気がするんですね。この映画における主人公アンヌ＝マリー、そしてテレーズ、このふたりの女性が物語の軸となるわけですけれども、彼女たちは決定的に分断された存在です。片方が愛を与えようとし、片方はそれを拒絶する。和解、あるいは理解し合うことが不可能である。そんなふたりの関係に、最後の最後になって変化が起こるわけですが、それはある行為で示されるのであって、心理的な説明は全くないんですね。心理的なドラマとしてではなく、ある瞬間にそれがフッと訪れる。その瞬間を普通の映画の役者であれば一生懸命演じるはずなんですけどね。彼女の内面に起きた変化を演技によってなんとかして表現しようとするはずなんですけど、おそらくブレッソンが徹底的に抑制したんだと思います。ここに僕は映画の結晶のようなものが表れている気がします。心理や意味を超えて、フッと降りてくるものを写し取る。それは恩寵のようなものだとも思うんですが、最近、恩寵という言葉を聞いたのは、来日したジャック・ドワイヨンが自らの演出の方法について述べたときです。彼は何十回もリハーサルをするんですね。『ポネット』のポネット役の5歳の女の子にもやらせているんですよ。信じられないんですけれども。何十回もやらせると、ある瞬間に恩寵が訪れる。神から何かが降りてくる瞬間があるとドワイヨンは言うんですね。それはわかるような気もして、何十回もやって、へとへとになって何をやっているかよくわからなくなったときに降りてくるわけですね。つまり、わけがわかっているというのは、全てが理解可能な世界であって、それは心理であり、意味である。それがわからなくなった瞬間、フッと降りてくるものが、映画が体現しうる精神なんじゃないか。ブレッソンの映画とドワイヨンの映画は全く違うのですが、映画にはそれが訪れる瞬間があって、また、それが可能であるということです。心理や意味を超える何かそういったものに価値を見出すことが非常に難しくなってきている今、この映画がこういう形で上映されて、その瞬間を見ることができたのは非常に刺激的だったと思います。お話できることはこれくらいです。ありがとうございました。

＊本講演は2009年12月10日に行われた

初出＝アテネ・フランセ文化センター公式サイト　Web Special／2010年（「トーク『罪の天使たち』」を改題）

結晶化するイメージ／愛

ジャック・ドワイヨン『ラブバトル』

まるで平手打ちで一撃を食らったようだった。私は、映画を忘れかけていたのではないか?と、目が覚める思いだった。ここには、今は滅多に見ることのできなくなった映画の結晶のようなものが実現されている。

(ジャック・)ドワイヨンは(ポール・)セザンヌの絵画『愛の争い(愛の戦い)』に、『ラブバトル』の着想を得たそうだが、ここで全編にわたって繰り広げられる男女の闘いの身体は(オーギュスト・)ロダンの彫刻を思い起こさせる(主演のジェームス・ティエレは、現場ではその体格から小さなロダンと呼ばれていたらしい)。ロダンはダンテ(・アリギエーリ)の『神曲』をモチーフとした『地獄の門』の制作過程で、地獄を蠢くさまざまな男女の身体をいくつも制作しているが、『ラブバトル』の絡み合う身体のいくつもの瞬間が、これらのロダンの彫刻を想起させる。それらは身体の姿勢の葛藤であると同時に、力と力、感情と感情のせめぎ合いであり、固定されることのない決定不能な物語の瞬間が探求されている。(ライナー・マリア・)リルケが「煉獄のようなものがそこにある。地獄はまだ去っておらず、天国はまだ訪れていない」と形容した男女の身体。

男と女が、相手を引き寄せ、突き飛ばし、ねじ伏せようとし、抵抗し、抱きしめ、抱きしめられて、恍惚としながら、また突き飛ばし……求め、拒絶し、それは、決して心理などでは説明できない、予測不能に変化し続けるダンスであり、格闘であり、セックスであるようなひと組の身体である。やがてその身体が泥まみれとなり、人間の肌をまさに彫像のように変質させてゆくと、もともと名前もなかったこの男女の身体は、「誰か」の物語であることからも離脱して、ロダンの彫刻のように結晶化するようだ。

2000年頃、ドワイヨンの『イカレた一夜』の撮影現場を訪ねたことがある。シナリオにはト書きというものがなかった。アクションの指定や場面の説明などは一切なく、台詞だけが書かれている。動きやアクションは俳優に自由が与えられていたが、台詞の即興は許されていなかった。「今回は、少し俳優に即興的な自由を与えているんだ。スワほどじゃないけどね」と彼は笑っていた。この作品では、あまりテイクを重ねてはいなかったが、彼は何十回もテイクを重ね、俳優に何度も同じことを繰り返させることで有名だ。あの、『ポネット』においても、5歳の子供を相手に、彼はそのやり方を変えなかったという。何度も何度も繰り返すうちに、神の恩寵が降りる瞬間があるのだ、とドワイヨンは言う。俳優は繰り返しの果てに疲労し、飽和状態に達する。どのように台詞を言うかとか、どのように身体を動かすのかと言うように、脳が身体に先立つのではなくて、思考は停止し、脳と身体は不可分のものとなり、台詞のひとつひとつに理性的に理解できるような一貫した意味や心理は消え去る。おそらく、多くの映画学校では、脚本を書くときに、この台詞の意味は何か？　なぜこのような行動をするのか?考えよ、と言われるであろう。俳優たちもまた、なぜこの台詞を言うのか？　そのときの心理は何か?と考えたりするであろう。しかしそのとき、映画は因果関係の編み目の中にとらえられてしまって、人間の脳を超えることはできない。そのように意味によって構築される建築物のような台詞をドワイヨンは書かない。全ては、今この瞬間に起きている出来事であり、それは次の瞬間どうなるかわからない。だから原因や目的を探って一貫した心理を見いだそうとするとドワイヨンの映画は手に負えないものになる。

かつて『女の復讐』で（フョードル・）ドストエフスキーの『永遠の夫』を映画化したとき、ドワイヨンはドストエフスキーの魅力を「登場人物がこれからどうなっていくのか、誰にもわからないことです」と述べた。ドワイヨンの台詞はそのように書かれている。

物語は、全ての出来事が終わった地点から書かれるのだが、われわれの生きる現在は終わりはなく予測不能なのである。ドワイヨンは現在を書くことができる。

「あなたの唇を味わってみたい」と女は言う。女はキスをし、男はそれを受け入れ、すぐに突き飛ばす。「闘いはタンゴのように無言で。君はしゃべりすぎる」。女は言う「口は話す器官じゃない。熱くて。息をして。噛みついて。筋肉ね」と挑むように言い、笑う。『ラブバトル』では、言葉は筋肉に置き換えられた。ドワイヨンはナイフのような台詞によって、感情のバトルを作り出してきたのだが、ここでは言葉が消えて俳優の筋力の交換においてそれを実践しようと試みる。腕力や脚力、重力、素早い動き、不意打ちや、遊戯、優しい動き、憎悪に満ちた暴力、抵抗……。

しかし、なぜ？と問わなくてはならない。なぜ、ドワイヨンの人物たちはそこまで執拗に、嵐のように相手に踏み込んで、大人の平穏さを打ち破り、こじ開けようとし、挑み続けなければならないのか？「子供であることを忘れた人間なんて、つまらない。反吐が出る。そう思わないかい？」と彼は言った。それが5歳の子供であれ、子供を持つ親であれ、ドワイヨンの映画の登場人物たちは子供であることを断ち切って、分別のある大人でいるふりをすることは許されない。皆が感情の嵐の中に引きずり込まれる。しかしこの果てしない闘いはどこへ至るのか……？

そして映画に恩寵が降りる。重力から決して解放されることのない、地を這うような闘いに身を投じたふたりの身体は、相手に勝つこと、打ち負かすこと、あるいは溶け合ってひとつになることという決着を超えて、ただ疲労し、しかし疲労の果てにやがて重力に逆らって上昇をはじめる……階段を這い上がってゆくふたりから何かが立ち昇ってゆく……。

映画が終わったとき、私たちに残るもの、それは映画の結晶なのではないか。希有なことだ。確かにそれが見える。

初出＝『ラブバトル』パンフレット／アールツーエンターテインメント／２０１４年

アピチャッポンの森

アピチャッポン・ウィーラセタクン

『ユキとニナ』という映画で、私は初めて森でのロケーションを行なった。撮影の半分がパリ郊外の森での撮影だった。しかし、実は森を撮ることは恐怖であった。学生の頃、初めての長編映画を撮っていた。その撮影の最終日、広々とした河原で主人公たちが死ぬというラストシーンを撮る予定だったが、朝起きると突然降り積もった雪で、一面が真っ白だった。撮影現場に立ち、カメラを置こうとしたが、私はどうしたらいいのかわからなかった。何しろ一面が真っ白で均質な空間が広がっていて、カメラを置く場所を決める拠りどころがなく、フレームを決めることができない。映画を作る者としてこれは恐怖である。カットをどう割るか、どこにカメラを置くかは、映画演出において重要な問題であり、本質であると言ってもよいからである。以来、私は東京やパリなどの都会で暮らす人々の映画を作ってきた。アパルトマンやホテルが舞台なら、そこには壁があり、扉があり、窓がある。机や椅子があり、人が暮らす人間のための空間がある。俳優たちはそこで行動し、物語が生まれる。扉や窓があれば映画は作れる。それは映画を構成する装置となり、カメラをどこに置くかは自ずと決定される。言うまでもなく、「構成する」というのは人間の行為である。

森にわけ入ってゆくと、どちらを向いても木があるばかり。当たり前のことだが、植物たちは人間のためにそこにあるわけではない。人間が作り出した街のような空間とはまるで違う「自然」である。俳優たちがそこでどのように行動するのか、どちらに向いて歩くのか、決めるための拠りどころとなるものはない。それでも大きな木や、面白い形をした岩や、ちょっとした起伏をなんとか頼りにして私は空間を「構成」しようとするが、実際はどこでもよいのだ。つまり森には人間が把持できる「意味」がない。一方で映画はカメラによって空間を再「構成」する行為である。四角いフレームは世界を囲い込むことで理解可能なものにしようとする。

あなたが森の中で撮影をするとしよう。カップルが森の中を歩いてくるのをカメラが捉える。その映像は「カップルが森の中を歩いている」という意味を構成するだろう。おそらく数秒あれば私たちはそう理解することができる。そのときカップルの周囲にあるうっそうとした木々は「森」という背景となる。しかし、その映像が30秒、1分、10分と続いたとしたらどうだろう。私たちは「カップルが森を歩いている」という意味はもうとっくに了解した。でも映像は続いている。私たちは動揺する。一体この映像にこれ以上何を見ればよいのだろう? すると背景であった森は、背景であることをやめ、「構成」を超えた森そのものの体験となって、地と図が逆転することとなる。人が森を見ているのではなく、まるで森が人を見ているような……。アピチャッポン・ウィーラセタクンの映画において引き起こされる森の体感は、「構成」が消滅するときに芽生え始める。思えば映画とは人間によって発明され、理解可能なものとして「構成」されてきたのだが、その草創期、リュミエール兄弟の時代には、映画は「自然」を体感させる初めてのメディアであった。海面の波の動きや、木々の葉が風に揺れるさまを映像として見ること自体が驚きであった。それは絵画や舞台芸術にはない圧倒的な「自然」の体験であったのだ。四角いフレームで世界を囲い込む＝「構成」することと、人間が構成することをフレームの内側から無効にしてしまう圧倒的な記録性＝「自然」。このふたつがせめぎあう場所が映画なのであった。

アピチャッポンの森は、『ブリスフリー・ユアーズ』においては、まだ物語の舞台であったと言えるだろう。しかし、そのラストの少女のクローズアップにおいて私たちは驚くべき映画の達成を目の当たりにする。あの木漏れ日の中でまどろむ少女の顔は何を表わすのか？ 意味が揺れ動きながら確定しないスリリングな時間だけを体感するとき、彼女は「自然」そのものとなる。それは、アピチャッポンが映画のゼロ地点を体得したのだと言ってもよい感動的な瞬間だった。

以来、アピチャッポンの森は「構成」から解放され、しかし単に森＝「自然」に同化するのではなく、全く別の時空間が自在に接合される異界となる。『トロピカル・マラディ』では虎の寓話が、『ブンミおじさんの森』では王女とナマズの交感が、それまでの物語世界から飛躍して突然に接合される。それまで信じていた世界が、突如全く別の世界へ「どこでもドア」のような回路で飛び移ってしまうとき、われわれはそれまで信じていた思考パターンが通用しないことに動揺し、このような世界の転換を「構成」した誰か、つまり作者＝アピチャッポンを特殊な思考を持った創造主、私には理解できない他者、つまりアーティストと見なすだろう。あるいは、「森」は、そのように人智を超えた体験をもたらす寓話的な場所だと納得しようとするだろう。しかし、そのとき作者アピチャッポンが意味を超えた世界を神として創作しているというふうに考えると、私たちは彼の映画を捉え損ねる。最初の長編『真昼の不思議な物体』を思い出してみよう。撮影隊が登場し、あちこちの村を訊ね歩きながら、物語の続きをさまざまな人たちに創作させる。物語は、各々自由に紡がれ委ねられ、予測不能で、そこに唯一の作者はいないという特殊な事態が進行する。その飛躍するイメージを作り出すのは出会った人なのであってアピチャッポンではない。

彼は『ブンミおじさんの森』を発想してゆく過程においても時間をかけた調査を行なっている。俳優たちとともに、前世を記憶する人を訊ねて旅をしながら、実際に話を聞き、俳優たちや出会った人たちと時間を共有しながら『ブンミおじさんの森』へアプローチしてゆく。そのフィールドワークは、どこか『真昼の不思議な物体』の旅を思い起こさせる。彼がひとりで私的なイマジネーションを自由に創り出しているわけではないことが興味深い。

同時に、それがまぎれもなくアピチャッポンの作品であるゆえんは、彼が世界を想像する唯一の絶対的な作者ではなく、彼が収集したさまざまなものを出会わせる媒介となって作動している存在であるからだ。そしてこの作動する「働き」こそが映画作家という存在であり、アピチャッポンは「自然」と「人為」が交錯する場所＝森において、彼自身がメディア（霊媒師）となるのである。

アピチャッポンの森は、リュミエール兄弟の時代から長い時間をかけて、映画が失ってきたものを取り戻し、未来の映画へとつないでゆく、ねじれた回路が口を開けているミステリーゾーンなのかもしれない。

初出＝『アジア映画の森――新世紀の映画地図』／作品社／２０１２年

『夜と霧』の恐れと震えについて

アラン・レネ『夜と霧』

1961年、フランスの映画雑誌カイエ・デュ・シネマに「卑劣さについて」という文章が掲載された。最初の長編映画を撮り終えたばかりの映画作家ジャック・リヴェットによるこの文章は、主にアラン・レネの『夜と霧』と、『カポ』（邦題『ゼロ地帯』）というイタリアの映画監督ジッロ・ポンテコルヴォによる強制収容所を描いたフィクション映画を取り上げている。もちろん「卑劣さ」という激烈な非難の言葉は、『夜と霧』のレネにではなく、ポンテコルヴォに対して発せられた言葉である。「こうした男には最も深い軽蔑しか値しまい」（＊1）とリヴェットは激しい口調で彼を断罪する。

『カポ』には、レネが59年に発表する『ヒロシマ・モナムール』（邦題『二十四時間の情事』）で主演したエマニュエル・リヴァが出演しているのだが、彼女は劇中で高圧電流の流れる有刺鉄線に突っ込み自殺する。「リヴァが電流の通った有刺鉄線にもたれて自殺するショットを見てみるがよい、つまり、この男は、この瞬間、前方へ移動撮影する決心をし、最後のフレームのアングルでは正に上方に向けられようとする手をしっかりと捉えるように注意を払いつつ、死体を仰角で捉える。こうした男には最も深い軽蔑しか値しまい」（＊2）と、リヴェットは言う。問題となっているのはわずか数秒のショットである。強制収容所の耐え難さから、放心し、夢遊病者のようにフラフラと歩き出したリヴァが、有刺鉄線に突進し、感電し、虚空をつかむように手を指し伸ばしたまま生き絶える。悲劇的な音楽が高まり、カメラがリヴァに向かって素早く前進移動する。この極限状況の堪え難い、悲惨さを、ポンテコルヴォは通常の劇映画の監督としての手捌きで演出したまでである。大戦中はレジスタンス運動に関わったというポンテコルヴォは、難しい主題である強制収容所を舞台とすることに果敢に挑んだのであり、後に『アルジェの戦い』では、タブーとされていたアルジェリア独立戦争を描いた。彼は社会派の良心的な監督であると言えるのだが、一体何がそれほど「卑劣」なのか？

一方、『夜と霧』は平穏な田舎の風景で始まる。カメラがゆっくりと移動すると、錆びついた有刺鉄線が現れ、風化しつつある強制収容所の建物が映し出される。もはや電流の流れなくなった鉄線、監視塔、多くの血が流されたであろう広場は、雑草に覆われている。廃墟としての強制収容所をゆっくりとした横移動で捉えるレネのカメラについてリヴェットは同じ文章の中で「その運動は、明瞭でほとんど非人称的な意識の運動であり、その意識が現象を理解したり受け入れたりすることを拒んでいるのである」(＊3)と指摘する。このゆっくりとした移動撮影は、その後『ヒロシマ・モナムール』に引き継がれ、そこではヒロシマとヌヴェールという街を、同じような速度で移動撮影した映像が重ねられる。全くなんのつながりも持たない遠く隔たったふたつの街が、映像の運動によって結びつけられる。それは、映像としてつながることで、むしろその隔たりを際立たせるようでもあり、その、つながる／つながらないことは、「私はヒロシマで、全てを見たわ」「いや、君は何も見ていない」という台詞と響き合っているようである。シナリオを書いたマルグリット・デュラスは「ヒロシマについて語ることは不可能だ。できることはただひとつ、ヒロシマについて語ることの不可能性について語ることである」（＊4）とシノプシスにはっきりと記している。その『ヒロシマ・モナムール』に出演したリヴァを起用しながら、ポンテコルヴォは「語ることができない」ということに全く無頓着であるように見える。彼の移動撮影は、自殺するリヴァの悲劇を語ろうとし、語ることになんら疑念がなく、むしろその悲劇を粉飾するように、カメラは人物に向かって前進するのである。

ヒロシマ、アウシュヴィッツ、あるいは人間の死、「それは、恐れや震えの中でしか接近できないことである」（＊5）「これほどまでに理不尽なものを撮影するとき、自分が詐欺師だと感じないことなどできはしない」（＊6）とリヴェットは言う。レネの移動撮影は、この「恐れや震え」として、なにも語らないまま、近寄りも遠ざかりもせずにゆっくりと動いてゆく。「この恐怖を、映像で表現できるのか？」と問いながら。

しかし、何よりもレネの名とともに『夜と霧』が、世界的に重要な映画として歴史にその名を刻んだのは、再構成されたモノクロの資料映像の衝撃によるものであろう。夥しい数の写真、動画が、移動撮影の速度とは対照的に、素早くモンタージュされる。それが、直視するに耐えないやせ細った屍体であれ、切断された首であれ、映像を編集するレネの手捌きは怯むことがない。その映像を前にしてレネは「恐れや震え」を微塵も感じていないかのようである。資料映像の本来の撮影場所や、日時や、歴史学的な整合性にはおかまいなく、ナチを告発する語りと一体化してモンタージュされ、強引にひとつの物語として紡がれてゆく。そのレネの手捌きは、まるでナチの「卑劣さ」に、映画を作る者の「卑劣さ」で抗おうとするかのようでもある。

レネは1948年に発表した短編ドキュメンタリー『ヴァン・ゴッホ』において、ゴッホの作品のみで一本の映画を作り出すモンタージュを達成している。そこでは、ゴッホの作品は自由に切り刻まれ、組み合わされ、映画として再構成される。絵画の断片は、オランダの片田舎から、パリへ、そしてプロヴァンスへと至る芸術家の人生をたどる物語の素材となり、更に精神の葛藤がたどったもうひとつの物語の層を作り出す。ゴッホの自画像から、目のクローズアップが切り取られ、ひまわりのクローズアップにカットバックする。それはゴッホがひまわりを見たという物語の層を作り出すと同時に、作品同士のコラージュとなり、ゴッホの精神的な葛藤の軌跡の層を作り出す。また、それがクローズアップされていることで、作品の筆致に込められた制作のドキュメントとしての層も生まれてくる。それらの多層な地層を形成するモンタージュが、最終的にゴッホによるひとつの絵画を出現させるかのように見事に構成されるのである。

『夜と霧』では、この多層化する編集技術の達成が解体されているようにも見える。資料映像の編集テクニックは『ヴァン・ゴッホ』の達成によるものだが、構成される層はただひとつである。それは全て強制収容所という残虐さ、恐怖の構造を告発することに集中している。そのためにあらゆる映像が利用されていると言えるかもしれない。そしてレネは自らのその「卑劣さ」と、「果たして映像で、この恐怖が表現できるのか?」という問いに分裂させるためにカラーの移動撮影の映像を対置し、もうひとつの層に分離するのである。この引き裂かれによって、レネは自らの「卑劣さ」をも裁こうとする。

それがドキュメンタリーであれ、フィクションであれ、映画を作る者は、現実的なリスクのないイメージを操作し、さも現実であるかのように見せるのであるから、本質的には誰もが立派な詐欺師なのである。レネは自らが詐欺師であることを自覚することで「卑劣さ」を相対化し、『夜と霧』を、決して物語られることがなく、解決されることもない現在の映画として存在させることができたのだと思う。

現代において、例えばＩＳＩＬ（イスラム国）が人間の殺害映像を世界に配信する。本当の死と引き換えに作られたそれらの映像を、私たちはどのように受け止めるべきなのだろう？　映像が兵器と化す現代の「卑劣さ」について考えなくてはならない。まだ答えはない。ただ、先日ある映像関係者が、「その残虐な殺害映像を見ないことは、悲惨な現実から目を背けることである」と発言しているのを目にした。とんでもない間違いである。悲惨な映像から目を背けることは、悲惨な現実から目を背けることとは全く異なる行為である。映像とはペテンなのであって、リスクの伴わない覗きであり、ポルノグラフィであることから完全に逃がれることはできない。ただ映像を見るだけで、現実を直視することにはならないのは当然だ。しかし、自らのペテンに傷つき、それでも「恐れや震え」とともに映像を作り出すときに、映画は本当らしく見えることから逃れ、真実を見せるというよりも、真実と私たちの関係を示すことができるかもしれないのである。『夜と霧』に、恐怖そのものが映し出される映像はない。たくさんの死体が現れるが、死そのものが描かれるわけではない。ここではその過去の恐怖と私たちの埋めがたい距離を分裂するモンタージュで示しながら、ただ真実と私たちのつながりを示そうとするのである。

註

＊1 ジャック・リヴェット「卑劣さについて」、セルジュ・ダネー『不屈の精神』所収、梅本洋一訳、フィルムアート社、1996年

＊2 同上

＊3 同上

＊4 マルグリット・デュラス『ヒロシマ・モナムール』、工藤庸子訳、河出書房新社、2014年

＊5 リヴェット、前掲書

＊6 同上

初出＝『夜と霧』DVD/Blu-ray封入リーフレット／IVC／2015年

人生の営みとしての映画

清水宏『蜂の巣の子供たち』

冒頭「この映画の子供たちにお心当たりはありませんか」と字幕が告げる。出演している子供たちは、現実の戦争孤児たちである。当時、日本には約十二万人の戦争孤児たちがいたと言われ、この映画で描かれるように、その多くは駅などで路上生活を余儀なくされていた。この映画に登場する子供たちの佇まい。時折クローズアップになる顔つきや言葉遣い、人に対する態度には、彼らの過酷な現実の生活が深く刻み込まれている。清水宏は、旅先などで出会った孤児たちを連れ帰り、八人の子供たちを引き取って、寝食をともにし、面倒を見ていた。その彼らとの賑やかな生活を清水は「蜂の巣」と呼んだ。「私は慈善家でもなんでもない」(＊1)と彼は言う。「ただ気まぐれでやっているにすぎない。好き嫌いのはなはだしい私は、或いは、好きでやっているのかもしれない。それにしても、ただそれだけだ。しかし、ここで誤解のないように断っておくが、私は自分の、映画を撮るためにかれらを拾ってきたのではない」(＊2)清水は、映画のために彼らに飯を食わせたのではない。食事をし、身なりを整え、遊び、学び、その生活の中から映画が始まった。ここでは映画を作ることは目的ではなく、生活の延長であり、遊びであり、教育でもあったはずだ。小津安二郎や溝口健二と同世代であった清水は、松竹の看板監督としてふたりよりもはるかに多い百六十四本(独立プロでの作品も含む)の作品を監督したが、やがて会社を追い出され、独立映画の道を歩むことになる。撮影所の中で自己の芸術の探求に専心することが許された小津や溝口と、清水の映画制作は強いコントラストをなしている。小津の厳格な空間構成、権力や愛憎の相克が充満する溝口のカメラの動き、それらの強力な演出が集権する緊張に満ちた画面に比して、清水の映像は、どこか緩やかで拡散的で、開かれているように見える。

「大人の演技には嘘がある。しかし、こどもにはそれがない。自然である。いわば『空気を吸っている』。私は、映画には、『空気を吸っている』人間が出てこなければならぬと思っている」（＊3）と言う清水は、まるで映画の外部＝世界の空気を取り込むようにフレームを広げてゆく。

道。ただ道さえあれば映画は撮れると言わんばかりに、道は清水の作品の特権的な場所となる。人が道を歩いてゆく。誰かとすれ違い、振り返る。追ってくる者もあれば、そのまま別れてゆくこともある。あるいは馬車が、自動車が歩く人を追い抜いてゆく。その道がどこにたどり着くのか、どのような物語を紡ぐのかは重要ではない。道はそこにとどまることを許さない場所であり、ゆくあてがあってもなくても人は歩き出さねばならない。『有りがたうさん』『花形選手』などでは、ただ移動しゆくこと、さまざまな物語とすれ違い、人が通り過ぎてゆくことが映画を推進させてゆくようだ。やがて、戦争が終わり、廃墟（ヒロシマ）が生まれ、行き場を失った者たちが路上を彷徨う。そのような戦争によって生まれた圧倒的な現実の出現とともに、清水の「道」の主題は単なる映画のフォルムの問題を超えてゆくように見える。自分もまたどこへ行ったらよいのかわからない元兵士が、街を追われ、行き場のない孤児たちを連れてひたすら道を歩いてゆく。彼らの出会うエピソードはランダムで、ひとつの道筋を構成することはできない。彼らはひたすら物語から別の物語へと横滑りしてゆくほかないのだ。孤児たちと同じ空気を吸い、ともに暮らしながら、清水の映画は、さすらいの旅を生きる。

旅の途中で、ひとりの子供がまったく唐突に死に瀕する。「海見たら、きっと病気治っちゃうんだがなあ」と言う彼に海を見せるため、仲間の少年は彼をおぶって山の頂上へと登ってゆく。それまで映画を貫いていた横への運動が、突如斜面を登る上昇運動へと変換する。歩くことを緩やかに捉えていたカメラの横移動は、少年とともに斜面を登る、凄まじい執念のような移動撮影が映画を別の次元に押し上げてゆくようだ。そのとき、映画は現実の孤児が出演するドキュメンタリータッチのフィクションであることを超えて、子供とともに映画を作るという、人生の営みによって生み出され、発見されるイメージの結晶のようなものに結実したように思える。それが同時代にイタリアで、あるいはその後フランスで出現し、現代へとつながる新しい映画の精神と響き合っているのは、偶然なのだろうか？

註

＊1〜3　清水宏「蜂の巣の子供たち――私と放浪児」、『映畫読本・清水宏―即興するポエジー、蘇る「超映画伝説」』所収、フィルムアート社、２０００年

初出＝『100 ans de cinéma japonais』／La Martinière／２０１８年（「『蜂の巣の子供たち』」を改題）

第 5 章　撮影の現場で

西島秀俊［インタビュー］

素直な気持ちで向き合える父親のような存在

取材・構成：黒岩幹子

1997年に公開された諏訪敦彦の商業デビュー作『2／デュオ』に出演し、その演技が高く評価された西島秀俊。20年以上のときを経て、諏訪と西島が再び現場をともにした『風の電話』が、2020年1月24日に封切られる。公開を前にした西島に、『2／デュオ』の撮影時、そして『風の電話』の現場で諏訪とどのような協働があったのか語ってもらった。

——諏訪監督と西島さんが初めて一緒にお仕事をされた『2／デュオ』は脚本がなく、撮影現場において俳優とスタッフの話し合いのもと、いわば即興的な演技／演出によって物語が立ち上がっていくという非常に特殊な方法・環境で作られた作品でした。そうした映画作りは当時の西島さんにとってかなり強烈な体験だったのではないかと思うのですが、『2／デュオ』の撮影について20年以上経った今、最も強く記憶されていることはどんなことでしょうか？

西島　普通ひとつのシーンを撮影するときには、監督がカットを割って、カメラポジションを決めて、そのカットとカメラポジションに沿って照明が組まれ、その後に録音部がマイクの位置を決めてから撮影がスタートします。ところが『2／デュオ』に関しては、まずどこにいてもよかったんですね。（佐藤）譲さんの照明も電気をパチっとつけて「はい、終わり」っていうもので……もちろん実際は、僕が見ていないところで細かく操作されていたと思うんですが、印象としてはそういうシンプルな照明で、僕たち俳優も突然ドアを開けて出て行ってもよかったし、窓を開けてベランダに出ても、なんならそこから飛び降りてもよかった。ここからここまでが演技をする場所だっていう範囲が一切ありませんでした。カメラマンのたむら（まさき）さんに「西島、どこにいる？」って聞かれて、「ここにいます」って言うと、大抵たむらさんが僕の後ろにやって来てカメラを構えるわけですね。そうやってどう動いてもよかったということがかなり印象に残っています。

——西島さん自身も、ここからここまでならカメラに映るといったことは意識されていなかったんですか？

西島　そうですね。ほとんど意識してなかったです。それから、もうひとつよく憶えているのは、僕ひとりのシーンを撮影したときのことで、ワンシーンだけ野球場に野球を見に行く場面がありました。それは確か「何をしたいか？」と聞かれて、僕が「野球を見に行きたい」って言ったと思うんですけど、そのとき皆で車座になって話し合っていて、助監督の小松（文彦）さんが「いや、（撮影は）明日だから無理」って言ったんですよね。それで「じゃあバッティングセンターに行きたい」って言ったら、さっき野球場は無理だと言った当人である小松さんが「それじゃだめだ。やっぱり野球場に野球を見に行こう。そうじゃないとしっくりこない」って言い出して、結局、次の日までに助監督のおふたり、小松さんと大崎（章）さんが撮影できる野球場を探してきたんです。もしかすると野球を見たいと言ったのは僕の意見じゃなかったかもしれないですけど、一回それに反対した小松さん自身が「やっぱり野球を見に行かなきゃだめだ」って言い出したのをすごく憶えています。そんなふうに、俳優だけに委ねられているというよりは、その場にいる全員でそのシーンだったり役柄だったり、映画というものについて考えるという現場だったと思います。

——そういった映画の作り方に戸惑いのようなものは感じられなかったんですか？

西島　戸惑いはなかったと思います。今だったらそういうやり方でやると不自由さを感じることもあるかもしれませんけど、そのときは本当に自由に感じましたね。こんな感覚でカメラの前に立ったことがないということで、すごく自由と新鮮さを感じたんです。撮影するシーンの内容自体は結構きつい場面も多かったんですけど、俳優としてはスタッフと一緒に素晴らしい仕事に立ち会っているという感覚を持っていましたね。

——諏訪監督は現場で決定をくだしていくというよりも、ディスカッションの場を作って話し合いによって決定がくだされるようにされていたんでしょうか？　例えば先ほどの助監督の方が野球場で撮らなきゃだめだと言い出されたという話にしても、諏訪監督が強い意志でその決定をくだされたわけではないようでした。

西島　そうですね。監督の指示に皆が従うのが普通なんですけど、だから「監督」と呼ばれるんでしょうけど（笑）、諏訪さんはそのシステム自体に疑問を持たれている部分があったのかもしれない。もっとスタッフもキャストも平等に作品に参加するというやり方があると模索していたところはあったのかもしれないですよね。

——諏訪監督の映画は脚本がない、脚本があってもかっちり台詞が書かれてるわけではないとか、俳優が自分自身でダイアローグ、言葉を生み出しているという点をフィーチャーされる場合が多いと思うんですが、お話をうかがっていると西島さんはそのことをそれほど特別なことだとは思われてないような印象を受けます。自分で台詞を作らなければならない、話す言葉を見つけなければならないことに難しさを感じることはありませんでしたか？

西島　『2／デュオ』の場合は職業が俳優だったりとか、自分に近い役でしたから。もっと設定がきっちり作りこまれていたら難しかったのかもしれない。例えばどこかの会社に毎日勤めている人だったら「今日何があった？」って聞かれたら、何か答えなきゃいけないわけで、そうしたらその仕事の内容を知るとか、事前に準備して作っていかなきゃいけないわけですから。そういう意味では仕事のない俳優という、まさに当時の僕そのままの役で、あまりそこに関しては考えずにすんだんじゃないかと思います。

──『2／デュオ』は自分に近い役だったということですが、新作の『風の電話』は西島さんにとってインプットしなければならない部分が多い役柄だったのではないでしょうか。西島さんが演じられた森尾という男性は、東日本大震災が起こったときに福島第一原発に勤務しており、震災で妻子を亡くしています。その後自分の家を出て、故郷を離れ、車で寝泊まりしているという役柄です。この森尾という役をどうやって受け止められたのでしょうか？　この役を演じるにあたって準備されたことなどあれば教えてください。

西島　今回は最初にお話をいただいたとき、実は脚本がしっかりあったんですね。台詞やト書きがしっかり書いてある脚本があって、これを諏訪さんが撮るのであれば、誠実さを持った作品になるんじゃないかと思ってお引き受けしたんですが、最初の打合せのときにこの脚本のまま撮るのか、脚本をなくしてしまうのかまだわからないと言われたんです。そして結局はその脚本はそのまま使われずに、ペラ紙にそれぞれの場面の簡単なシチュエーションだけが書かれたものをもとに撮影することになったという経緯がありました。それで僕としてはできるだけ多くの当事者の皆さんのお話を聞きたいと思い、いろいろな方を紹介していただいてお話を聞きました。

──当事者の方たちにお聞きになったのは主にどういうことだったんですか？

西島　好きな食べ物から現在何を趣味にされているかとか、本当にいろいろなことです。今の話をいっぱい聞いていると、仕事だけでなく趣味に関しても震災を経て新しい何かを始めている方も多かったですね。もちろん震災が起きた当時のことも聞きましたけど……。

──それよりも現在のことをより多く聞かれた？

『風の電話』©2020 映画「風の電話」製作委員会

西島　まあ本当にありとあらゆること、奥様とどのように出会われたかといったことまで、本当にいろいろな話を聞かせていただきました。

――その過程で諏訪監督ともさまざまなディスカッションをされたかと思うんですが、どんなことを話し合われたのでしょうか？

西島　うーん、そうですね……。やっぱり自分がこの役をやっていいのかっていう相談はしました。あまりに大変なことが起きて、その渦中にいた方の役を自分がやれるのか。自分がやっていいのかではなく、自分にやれるのかってことですね。諏訪さんには「もちろん自分も同じような思いはあるけれども、自分が実体験として本当に触れたものしかやれないのだとしたら、何もできなくなってしまうのではないか」ということを言われました。

――自分にやれるのかという葛藤が消えることはなかったかもしれませんが、実際に震災を体験された方たちといろいろなお話をされたことによって、より前向きに森尾という役や映画に向き合えるようになった部分はありましたか？

西島　なんとも言えないですね……。やっぱり『2／デュオ』のときとは違って、『風の電話』に関しては、僕は撮影現場でも本当に辛かったです。なんと言えばいいのか、どうしても本物を前にしたときに演技や台本とは違うということを常に感じていたというか……。それはロケ地の福島や大槌町という場所にいることでも考えずにはいられなかったし、そこで実際にお会いしてお世話になる地元の方々もいましたから。辛いっていう言い方はよくないのかもしれないですけど、ずっといろいろなことを考えさせられる現場でした。

——例えば西島さん演じる森尾とモトーラ世理奈さん演じるハルが、クルド人の方の家で一緒にご飯を食べるシーンがありましたが、あのクルド人の方たちも実際に埼玉にお住まいの演技経験のない人たちですよね？　あの場面は非常に印象に残るシーンのひとつだったんですが、どのように撮影されたんでしょうか？

西島　俳優同士でこういうシーンを作ろうって5分とか10分とかカメラを回すのと、俳優ではない方たちと一緒に30分くらい同じ場にずっといてカメラを回すっていうのは全然違っていて。あのシーンは本当にハルという役とモトーラさん自身が同じように共存している感じが素晴らしかったです。ただ、僕はどういればいいかわからなかった……こんなこと言ったらだめかもしれないですけど、本当にあの場面は難しかったです。

——撮影現場でいろいろと考えさせられる中で、そのことを諏訪監督にお話されることはあったんですか？

西島　ありましたね。諏訪さんって包容力もすごくある方だし、僕にとっても言ってみればどこか父親的な存在なので好きに言えるところがあるんです。ほかの監督には文句を言うことなんて絶対にないけれど、諏訪さんには文句も苦情も平気で言っちゃうところはあって……それは僕が甘えているだけですけどね。『2／デュオ』のときの自由な感じではなく、何かものすごくきつい感じを、「俺、痛いんですけど」「なんかすごく傷つくんですけど」って撮影中に諏訪さんにぶつけたりもしました。もちろんそれは諏訪さんを尊敬しているからこそ言えるんですけど。

――「すごくきつい」「痛い」ってことを訴えたら、諏訪監督はどういう反応をされたんでしょうか？

西島　撮影中、その痛さが消えることはなかったです。でも諏訪さんが「西島はそれでいい。それがいいんだ」と支えてくれるんですね。「うまくいってないところもそれでいい。それが撮りたいんだ」って。

録り下ろし／2019年10月7日取材

西島秀俊（にしじま・ひでとし）
1971年、東京都に生まれる。1994年に『居酒屋ゆうれい』で映画初出演。1997年には、諏訪敦彦監督作『2／デュオ』に出演する。その後も、黒沢清が監督を務めた『ニンゲン合格』や『クリーピー 偽りの隣人』、北野武がメガホンを取った『Dolls［ドールズ］』、アミール・ナデリが日本で制作した『CUT』などで好演を見せる。2020年に『風の電話』、2021年には『シン・ウルトラマン』といった出演作が公開される。

三浦友和〔インタビュー〕

原点に立ち返ることができる現場

取材・構成：黒岩幹子

1999年、第52回カンヌ国際映画祭で国際批評家連盟賞を獲得し、諏訪敦彦の名前を世界に知らしめた『M/OTHER』。その作品で主演を務めたのが三浦友和だ。キャストやスタッフとともに台詞やカメラ位置などを決めていく諏訪の現場を、撮影所で数々の映画制作に関わってきた三浦はどう感じたのか？　そして、約20年ぶりの協働となった『風の電話』で何を思ったのか？　三浦友和という俳優の目から見た諏訪の姿に迫る。

――『M/OTHER』への出演を決められた理由はなんだったんでしょうか？　『M/OTHER』は通常の形式の脚本がなかったそうですから、脚本を判断材料にはできなかったわけですよね。

三浦　企画として面白いと思ったからですね。何もわからないし、ちょっとした冒険だとは思ったんですけど、脚本がないところに乗り込んでいくというのは初めての経験でしたから。それから確かプロデューサーの仙頭（武則）さんが面白い作品を作っているということを知っていたのかな。そんなこともあってやる気になったのかもしれないですね。

――初めて諏訪監督とお会いになったときにどんな話をされたか憶えていらっしゃいますか？

三浦　まずはストーリーとは関係のない話をしたんですよね。（共演の）渡辺真起子さんと諏訪さんとプロデューサー、ほかのスタッフもいたのかな？　皆で集まって、自分の体験談とかいろいろな話をしたんです。20年も前のことだから詳しくは憶えていないですけど、自分の生い立ちから始まって、人生観や男女観のことなんかも話したんじゃなかったかな……。そうやって集まって雑談することを数日間続けたんですよ。そこで話したことを土台に、監督がある男と女の話を作るのかと思っていたんですが、構成台本をもらってみたら、自分たちが話したことは全く反映されてなかったですね（笑）。

——初期段階では、三浦さん演じる哲郎という男性と渡辺さん演じるアキという女性が同棲をしていて、その家に哲郎の前妻と暮らしていた子供がやってくるという簡単なあらすじもなかったんですか？

三浦　何も聞いてなかったです。だから監督の中ではあらかじめ考えていたものがあって、それに加えてわれわれの話を聞いてどういう人間なのかを探ったうえで、構成台本ができていったんでしょうね。われわれの話した内容は関係なく、たぶんわれわれがどういう人なのかを知るための話し合いだったんだろうなと思います。

——構成台本はどういうものだったんですか？

三浦　シーンの数や内容が出ないと、今日はどこでシーンをいくつ撮るという予定が出せないですから。要するに簡単なト書きだけの台本みたいなものです。でも、だいたいどういうストーリーなのかはわかるんですよ。何をするかは一応書いてあるので、アドリブじゃないんですよね。確かに台詞はそこで紡ぎ出さねばならないのでアドリブといえばアドリブなんだけど、何を話し、どう動くかは導かれている感じなんです。ただ、この台詞の後でこの台詞を言うといったことは決まっていないので、そういったぶつかり合いが面白かったです。そうしたことで意外性も生まれていくし、普通なら長くなりすぎているからもう一回撮ろうってことになる場面でもカットがかかることはなく、ずっと撮りっぱなしでした。

35ミリフィルムで撮っていたので、使えるフィルムに限度があるという点だけは相当気をつかっていたかもしれない。実は35ミリで撮ってくれって僕が言ったんです。安く上げるためにデジタルビデオでの撮影も行われ始めていた時代でしたが、当時のビデオはまだまだ画質がよくなくて、フィルムで育った人間にとっては抵抗感があったんですよ。あの画面がどうしても嫌で、35ミリで撮るということだけが僕の条件だったんです。最終的にもうフィルム缶がふたつしか残っていないという状況になったりもしたんですけどね（笑）。皆がクタクタになってちょっと煮詰まってきていたときだったかなあ。監督も迷ってるようなところがあって、あと缶がふたつしか残ってないからどうしようかって話し合いをしたのは憶えてますよ。それも初めての体験でした。何しろ相当な時間カメラを回していましたからね。上映時間（147分）も結構長かったけど、その倍近く撮ってましたから。

――撮影に使われた家が少し特殊な間取りでした。一階に入り組んだようにたくさん部屋があって、二階部分が屋根裏部屋しかないという。

三浦　国分寺にある元米軍ハウスでしたからね。

――家の中でどのように動くかという動線はある程度決まっていたんですか？

三浦　どう動いてもよくて、全く縛りがありませんでした。ずっといなくてもいい、戻りたくなったら戻ってもいいっていうスタイルは初めてだったので新鮮でしたね。台詞が噛み合わなくてもいいんです。僕と子供が家の前の道で遊んでいるところに渡辺さんが帰ってくるシーンで、僕は「おかえり」じゃなく「ただいま」って言ってるんですよ。家に帰ってきた渡辺さんに「ただいま」って間違えて言っちゃって、その後すぐに「あ、おかえりだ」って訂正してるんですけど、それがそのまま生かされていて驚きました。でも、ぼーっとしているときってそういう言い間違いをしますよね。普通なら撮り直すところですけれど、諏訪さんも「こういうこともあるよな」って判断して生かしたんだと思います。

――終盤に三浦さんと渡辺さんがけんかをする長いシーンがあるんですが、そこでは同じ言葉が何度も出てきたり、反復的な言動が多くなっていました。

三浦　本番の前にリハーサルを一、二回やっているので、だいたいはリハーサルと同じになるんですけど、気持ちが昂るシーンなんかはやっぱりちょっとぐじゃぐじゃになってくるんですよね。確かそういう激昂する場面っていうのはほぼリハーサルをしなかったんです。気持ちが昂っていくシーンはぶっつけで行きましょうかってことを監督が言ったり、俳優のほうから提案するってことは、ほかの作品でも結構やるんですよ。だから珍しいことではないんですが、ただ『M/OTHER』は動きも言葉も決まっていないので、ぶつかり合ったときにそれまでとは違う言葉が出てきたり違う行動になったり、違う感情にもなったりする。もちろん渡辺さんから出てくるものも変わってくる。それがすごく新鮮でした。

——カメラマンや録音、照明のスタッフもその都度、その変化に対応していくわけですよね。

三浦　スタッフも面白い人たちが集まっていました。照明を佐藤譲さんがやっていたんですが、カメラマンが撮りながら「あそこがちょっと暗い」って言うと、佐藤さんが「いいんだよ、夜は暗いんだから」って言うんです(笑)。あとカメラマンの猪本雅三さんに「三浦さんはカメラのほうに向きますよね」って言われたことはよく憶えていますね。つまり、僕がカメラを意識してるのがわかるってことで、それを聞いて愕然としました。例えば揉めているシーンでもカメラがあるほうに体を持っていこうとする。どう動いてもいい、何をしてもいいという中でも僕はカメラを意識して動いてる。それを自分では無意識にやっているんですね。その猪本さんの一言は自分にとってすごく勉強になりました。もちろん縛りがあること、フレームがある中で演じることがわれわれの仕事でもあるんですけど、それが習性になってしまっていて無意識のうちに邪魔をしてることがあったんだなって。

——約20年ぶりに参加された諏訪監督の作品、『風の電話』で三浦さんは広島の豪雨被害に遭った地域に住む男性(公平)を演じられています。諏訪監督によれば三浦さんのほうでもいろいろプランを用意されていて、現場で話し合いながら撮影していったそうですね。どのような提案をされたんですか?

三浦　僕の父親の実家は富士五湖の西湖のほとりの足和田という部落にあったんですけど、僕が中学生だったときにそこで山津波が起きて百何十人が亡くなったんです。僕は映画の中で「この家が残ったのはたまたまなんだ。生きているっていうのは偶然なのかもしれない」といったことを言いますが、まさにうちの実家がそうだったんです。親父の実家は山の麓の三角状になった集落の真ん中あたりにあったんですが、土砂がだーって流れてきて実家の真上にある家までは全壊してしまった。うちの実家は一階部分は土砂で抜かされたんですけど、そこに住んでいた僕の叔父は変な音がしたので、夜中におばあさんを背負って逃げたんです。最近の気象現象と一緒で前例のないことが起きたんだけど、夜中に外で変な音がしたからと逃げることができた人もいた。

――家から逃げ出せても土石流に巻き込まれてしまう可能性もあったわけですよね。

三浦　そう、逃げる方向がよかったんです。右に逃げていたらだめで、左に逃げたから助かった。本当に偶然のことで、人間って偶然で生かされてるんだって思いますよね。僕はそのとき東京にいたけれど、後からその場所に行って、辺り一面が土砂状態で家より大きい岩がごろごろしている景色を見たんです。そのことを諏訪さんに話したんですよ。母親役のおばあさんが広島に原爆が落とされたときの話をするのも、あの役をされた別府康子さんが実際に体験されたことで、最初にキャスティングされたときに監督にそのお話をされたんですって。それでこの話を生かしましょうということになったんだそうです。

――主演のモトーラ世理奈さんとは撮影前や撮影の合間に何か話されましたか?

三浦　衣装合わせのときに待っていてくれたんですけど、反応が面白かったですね。監督から間（ま）が面白い子だって聞いていたから、「そうか、普段もこういう間なんだ」って（笑）。僕が出演したパートの撮影は、彼女が高校の制服を着て倒れてるところから始まったんですけど、あの場面で映画女優さんって久しぶりに見たなって思ったんです。映っ

『風の電話』©2020 映画「風の電話」製作委員会

ただけで何かを感じさせてくれる、何もしないでこちらの芝居を受けてくれる、そういう女優さん。僕は『風の電話』は彼女の存在があったから成立した映画だと思うんですよ。僕は彼女とおばあさんが座っている横でうろうろしているんだけど、うしろを向いていてもこの子は今何をしてるんだろう、何を感じてるんだろうって常に気になる。そういう佇まい、在り方って誰でもできることではないですから。

――『風の電話』の撮影時に諏訪監督の現場での在り方や演出に関して『M/OTHER』のときからの変化を感じた部分はありましたか?

三浦　変わらないですね。こうしてほしいああしてほしいってことがないんですよ。でも結局は諏訪さんの手のひらの上に乗っかってるような感じはありますね。結局は監督の思っていることに近づくしかないし、そういうふうに持っていかれる。これはほかの現場ではないことですよね。だからちょっと自分がニュートラルに戻れる感じがあります。どんな役をやっても、やっぱり自分の中から出てくるもので表現することが原点としてあるわけですから。そういう原点、ニュートラルな状態に戻れるのが諏訪さんの現場なのかもしれないです。かつては相米（慎二）さんの現場がそうだったんですけど。

——三浦さんが相米監督について語られたインタビュー（『シネアスト　相米慎二』所収）の中で、『東京上空いらっしゃいませ』の撮影現場で役者さんたちがそれぞれどこに座るか自分で決めるところから始まったというお話をされていました。そういう話を聞くと、諏訪監督と相米監督の映画作りには相通ずる部分もあるように思えます。

三浦　きっと俳優に求めることが一緒なんでしょうね。大きく違うのは相米さんの映画では台詞が一言一句絶対に変わらない、台本通りにやるという点です。ただどちらの現場でも僕たち俳優がやる無駄なことがどんどん削ぎ落されていく感じがある。自分が余計なことをしているなって思い知らされるのがそのふたりの現場ってことですね。自分では気がつかないんですよ、余計なことをしていることに。そこを元に戻してもらえるという意味でもありがたかったですし、俳優にとってそういう監督と出会えるのは幸せなことだと思います。

録り下ろし／２０１９年10月７日取材

三浦友和（みうら・ともかず）
１９５２年、山梨県に生まれる。１９７２年、俳優デビュー。諏訪敦彦が監督した『M/OTHER』での演技が高く評価され、第９回日本映画批評家大賞の男優賞などを受賞する。ほか出演作は、西河克己がメガホンを取った『伊豆の踊子』『潮騒』『絶唱』、相米慎二が監督を務めた『台風クラブ』『東京上空いらっしゃいませ』『あ、春』など。２０２０年の公開待機作に『風の電話』『ＡＩ崩壊』がある。

撮影方法の選択について　撮影前の思索と覚え書

執筆：カロリーヌ・シャンプティエ

スワが『H Story』の後にまた一緒に作品を撮ろうと思ってくれたことで今回のコラボレーションは実現した。私はスワの『H Story』以前の二作品『2／デュオ』と『M/OTHER』を見て、その演出手法に感銘を受けていた。フィックスのロングショットで切り取られた空間の中を出入りする登場人物たちの間（ま）の演出は才気と確信に満ちていた。なかでも私が強く心動かされたのは『M/OTHER』における陰の表現だ。もろもろのイメージは淡くザラザラとした陰の中に次第に溶解していき、そのシーンを貫く本質的な葛藤だけが純化された形で立ち上がってくるのだ。

『H Story』の試みは『M/OTHER』との関係のなかで模索された。これまでの作品では足を踏み入れたことがないフィールドで映像の探求を行うことが私たちの目標だった。今までやったことがなく、今回新たに挑戦したいことは何かとスワに尋ねると、「人物の顔をクローズアップで捉えてみたい」と彼は答えた。また、私たちの方向性を決定づけたものとして、日本の光が持つ独特の白さがある。撮影準備で日本を訪れたとき、私は日本の光の持つ目のくらむような白さに衝撃を受けた。登場人物（ベアトリス・ダル）の顔をクローズアップで捉えること、そして、光の白さを作品の色彩設計に取り込むことが私たちの課題となった。色彩への道が開けていったのはその後のロケハンを通してのことだ。バーのシーンにおける緑や美術館の赤、そして、陽の光を受けた植物の青など、私たちは恐れることなくさまざまな色を作品に取り込んでいった。私たちの思考や実践は準備を進めていく過程で流動的に行われる。しかし、作品全体を通して常に意識していたのは、ひとりの被写体を写し取ること、そして、その被写体を通してほかの登場人物や世界を描くということだった。ズームレンズを多用したのもこれが理由だ。

『不完全なふたり』が『H Story』と大きく違うのは、多くのシーンにおいてフレーム内にいるのがひとりではなく男女のカップルだということだ。そこには1+1、もしくは2-1という人物の関係性が存在することになる。また、ホテルの客室などの場面では『M/OTHER』のときのように、ふたりの登場人物がひとつの場所の中で空間を巡った駆け引きを展開することになる。

ブノワ・ジャコの『いつか会える』のテスト映像をスワに見せたところ、彼はカメラワークの流麗さと色彩の軽やかさ（最終的な仕上げではモノクロームになったのだが）を気に入った。これがきっかけで、私たちは役者の演技に寄り添いやすく、移動撮影もしやすいパナソニックのDVX100を使うことに決めた。このカメラを使うという選択は、役者の身体と同等にカメラ自体もひとつの身体として同じ空間に存在しながら撮影することを意味する。『不完全なふたり』にはこうしたフレームのエネルギーが必要となるシーンがいくつかある。とはいえ、ホテルの客室のシーンのように、遠ざかり、近づき、衝突し、そして離れるふたつの身体の距離の変化が鍵となる局面ではこうした「第三の身体」を導入することは困難に思える。このような状況ではむしろカメラの引きが重要になる。つまり、登場人物がフレームを出入りする過程を描き切るのに十分な時間的、空間的な広がりを確保できるようにカメラを置かなくてはならないのだ。

この点においてDVXは不十分に思えた。そこで私はパナソニックのHD VARICAMを併用することにした。HD VARICAMはDVXよりも解像度に優れているので、フィックスのロングショットにおいても登場人物の存在感をしっかりと写し取ることができる。しかし、問題はどのようにこの二台のカメラを使いわけるかということだ。クローズアップに適したカメラを使うべきか、それともロングショットに適したカメラを使うべきかと考える過程は、近づき、離れ、そして隔たるカップルの駆け引きのそれと似ているかもしれない。事実、同じシーンの中でも、そこで展開されることに応じて一方のカメラから、もう一方のカメラへ切り替えるということは十分に考えられる。

いくつかのシーンに関しては事前にどのカメラを使うかスワと話して決めていた。当初、結婚パーティのシーンはホテルの中にある隣接したふたつの広間を使って撮影することになっていたが、最終的にはパリのあるアトリエをアパルトマンの居間のように作り込みそこで撮影することになった。空間の出入りが制限された閉じられた場所で撮るのだから、DVXをメインのカメラとして使うのが順当な判断だろう。しかし、部屋全体を写したフィックスのロングショットを、時間経過を表現するためのインサートとして使ったり、シーンを閉じるカットとして使ったりすることも十分にあり得るのではないか。

撮影方法はそれぞれのシーンでその都度検討され選択されることになるだろう。

翻訳＝澁谷悠

初出＝『Cahiers du cinema No.609』／Cahiers du Cinéma／２００６年

カロリーヌ・シャンプティエ（Caroline Champetier）
１９５４年、フランスに生まれる。ウィリアム・リュプチャンスキーの助手を務めた後、シャンタル・アケルマンの『一晩中』にて撮影監督デビュー。その後、ジャン＝リュック・ゴダールやジャック・ドワイヨン、フィリップ・ガレル、レオス・カラックスらの作品で撮影監督を務める。諏訪敦彦の作品では『H Story』と『不完全なふたり』に参加。２０１５年に日本公開された『画家モリゾ、マネの描いた美女〜名画に隠された秘密』では監督を務めている。

「私たちの映画は……」と誰もが言った。

執筆：吉武美知子

『H Story』のクランクアップ直後に会った知人に私は「私たちの映画は……」と喋っていたという。この「私たちの……」という表現をいちスタッフとして参加した人間が使ってしまうところに、実は諏訪映画の特性を解く鍵がある。諏訪さんは、映画は監督のものではないと思っている。自分が全てを決めてしまっては限られた自分の能力の中のものしか生まれない。それでは面白くない。役者はもちろんスタッフ全員、その映画に参加した人々の加担があって、映画は新しい局面を迎えスリリングな撮影過程を経て、監督にとっても意外な映画が生まれる。そこに彼は期待しているのだ。本作で撮影監督を務めたカロリーヌ・シャンプティエと諏訪さんの接触は『2／デュオ』と『M/OTHER』の間に遡る。カロリーヌ・シャンプティエは、(ジャン＝リュック・)ゴダール、(ジャック・)ドワイヨン、(ジャック・)リヴェット、(フィリップ・)ガレルといった強者監督とのコラボレーションですでに名高い女性撮影監督だった。彼女と組めば、いろんな意味で諏訪さんの映画に新しい局面が生まれることは必至だ。カロリーヌもまた、確立した地位に腰を下ろしているタイプではない。冒険を求めて、かつてなかった映画作りにチャレンジしたいという姿勢が常にある。『2／デュオ』の次の作品を彼女と、ということで始まった接触だったがスケジュール調整がつかずに『M/OTHER』には参加できなかった。その『M/OTHER』がカンヌ国際映画祭の監督週間に出品され、それまで文書による意見交換しかしていなかったふたりがついにカンヌで会った。このときに『H Story』が具体的に稼働し始めたと言っていいかも知れない。私がこの場で書くことではないかも知れないが、『H Story』の原点は諏訪さんと故ロバート・クレイマー監督との共同企画として存在したのだが、クレーマー監督の急逝で、ひとり残された諏訪さんは立ち往生していた。カロリーヌの存在は、そんな諏訪さんを奮い立たせる引き金になったと思う。日本では、撮影部（カメラマン）と照明部（ライトマン）に分業されている仕事をフランスでは、ひとりのチーフ、撮影監督が仕切る。撮影監督はライティングを決めるのが第一の仕事で、実際カメラを回す作業はチーフ・オペレーターに任す場合もあるが、カロリーヌは両方とも自分でやる。海外からロケ隊が来て日本で撮影する場合も、外国からスタッフを招いて日本映画を撮る場合も、この撮影習慣の違いをどうクリアするかが、制作サイドの課題のひとつだ。『H Story』には、日本人ひとり、フランス人ひとりのカメラ助手が付き、照明は彼女の指示で素早くセッティングする能力をもつガファーと呼ばれるプロが自分の助手を引き連れて参加する形になった。こういう混合部隊の場合、言葉の壁というのがある。ガファーの和田（雄二）さんは英語がうまかったが、ほかの助手たちには不安があったと思う。しかし不思議なもので技術パートの人たちというのは、ここで何をしなければならないか以心伝心するのだ。肝心要の諏訪さんとカロリーヌとの間はというと、最高の信頼関係で結ばれていて、言葉を超越して（諏訪さんはラフな英語は話すが、それ以前に）わかり合っていた。諏訪さんが「このシーンはこんな感じで……」と言うとカロリーヌはそれを直ぐに具体化して見せる。その具体化に諏訪さんが難色を示すことはなかった。逆に、カロリーヌのほうが、諏訪さんの意見を聞くより先に撮り方（レンズの種類とかカメラの位置等々）を提案することも多々あり、諏訪さんはたいがいふたつ返事でOKしていた。先程も述べたが、『H Story』はこのコンビが誕生したことで大きく動き出した。カロリーヌは企画自体の牽引車になった。出会うことで映画を産み出して行く諏訪さんにとって「撮りたい役者と出会えるか？」というのもひとつの柱だ。生まれ故郷である広島で映画を撮るということ自体がひとつのテーマ（それはロバート・クレイマーと諏訪さんを結ぶ線でもあった）。これをどう形にして行くか?で諏訪さんは悩んでいたと思う。フランス人であるカロリーヌの参加が起点となってアラン・レネの『二十四時間の情事（ヒロシマ・モナムール）』の原作＝オリジナル・シナリオ、マルグリット・デュラス『Hiroshima, mon amour』が浮上してきた。いっそフランスから女優を呼んではどうだろうか?

この発案に賛同したカロリーヌが女優の候補を提案してきた。最終的に四人に絞られた候補に諏訪さんはパリまで会いに来た。四人とも魅力的で、それぞれと長い時間をかけての対話が生まれた。「四人全員と映画を撮ってみたい。四つ違った映画ができるだろう」と諏訪さんは迷い抜いたが、結論はベアトリス・ダルだった。ふたりが初めて会ったのは彼女のエージェントの事務所の隣のカフェ。ベアトリスについてはさまざまな風伝があり、周囲は腫れ物扱いしていたし、果たして普通の会話が成り立つのかさえ不安でカフェに赴いたのだった。彼女は撮影を終えたばかりのクレール・ドゥニ『ガーゴイル』の話を一生懸命してくれた。キツイ役柄でかなり精神的にまいってしまったが、自分はイージーな映画にはもう興味がないというようなことを彼女の言葉で語った。そして諏訪さんが話す彼の映画の目指すところを聞いて目を輝かせ、ほとんど感動していた。「SUWA、あなたのためなら私はなんでもOKよ。シナリオがなくてもなんでも、私はあなたの映画に出演したい」というようなことを彼女の言葉で繰り返した。何時間話していただろうか？　別れ際に「今回一緒に仕事できなくても、この出会いは忘れない」と言い残して立ち去りがたそうに帰っていった。カロリーヌが東京に着いてスタッフ構成やら機材やらロケハンやらの準備がドタバタと加速する。数日してベアトリスも到着。衣装合わせやらホン読みやらが始まる。しかしこの段階で読むホン（脚本）は存在しなかった。ベアトリスはデュラスの『Hiroshima, mon amour』を読まされた。読みづらそうだった。どうして読みづらいのか？と諏訪さんが訊く「内容がハードである」「相手がいなくて読めるものではない」この段階で相手役は未定だった。「映像に被るナレーションとして書かれているテキストを演じろと言われてもそれはできない」等々、彼女がとつとつと答える。その発言がそのまま映画の土台になっていった。「相手役が、フランス語ができる人ではないと不安」というベアトリスの希望で、急遽、馬野（裕朗）さんが登場する。その翌々日には全員広島へ移動。とにかく諏訪さんの現場はスリリングだ。この段階で、ベアトリスのもうひとりの相手役である町田（康）さんのスケジュールはいまだ確定されてない。それでも撮影は撮れる部分から撮るということでスタートする。なんと優秀で想像力に富むスタッフたちであろうか！　脚本という指標がないままに、諏訪さんの言葉を手がかりに、無から造形化していったのだから！　そういう映画作りを強いてしまう諏訪さんもすごい！　疑問符を頭にいっぱい抱えながら結局はキャストもスタッフも全員彼について行ったのだ。撮影の中盤はほとんど、この映画作りの姿勢を貫きたい諏訪さんと、ベアトリスも含めてこれで映画が成り立つのかという不安を表明する者たちの間の力比べのようになっていた。結果は諏訪さんの粘り勝ちだったわけだが……。この間、唯一人１００パーセント諏訪さんのやり方を全面支持し、ある意味、悠然としていたのがカロリーヌだ。さすが、ゴダールの現場をくぐり抜けた百戦の勇士だ。この映画は「ベアトリスを撮る」のがひとつの目的だったわけで、そのベアトリスは理性より感性で最後まで諏訪さんについて来た。その彼女が「撮られた自分」をどう思っているのかはいまだ聞いていない。

初出＝『H Story』パンフレット／東京テアトル／2003年

吉武美知子（よしたけ・みちこ）
1980年代より『キネマ旬報』などに寄稿を行う。その後、配給会社ユーロスペースの買い付けをサポートし、レオス・カラックスやフランソワ・オゾンの作品を日本に紹介。1998年に諏訪敦彦と出会い、『H Story』『不完全なふたり』『ユキとニナ』などに関わる。2019年6月14日にがんのため死去するまで、黒沢清の『ダゲレオタイプの女』や諏訪の『ライオンは今夜死ぬ』をプロデュースするなど、日本とフランスの映画の作り手たちをつなぐ役割を果たした。

あとがき

この本の序章の冒頭で紹介した日本の中学生たちが作った映画『扉の向こう側』が、その後、グルジア（現ジョージア）の子供映画祭に招待され、グランプリほか最優秀監督賞、最優秀男優賞、最優秀脚本賞を受賞したという知らせが入った。子供たちの映画祭で賞を競うということが正しいことなのかどうか疑問はあるけれど、自分たちの作った映画が、全く知らない国の人々に伝わったという事実は、制作した中学生たちにとって得難い体験となっただろう。

この映画を制作した「こども映画教室」のワークショップで、とても印象的な瞬間があったのを思い出す。彼らは撮影しながら物語を作り出していったので、撮影の終盤まで映画をどのように終わらせるかが定まっていなかった。

物語は学校が舞台。ひとりのリーダーに支配される男子グループの中に、いつもいじめの標的にされる男の子がいる。彼はその支配関係をあえて受け入れることを選び、クラスの中で生き延びているのだが、そこに転校生が現れて人間関係が変化してゆく。誰かが主役という単純な構成ではなくて、三人それぞれの視点がきちんと描かれていることがとても興味深かった。三人の感情は交錯して変化してゆくが、それは撮影の終局でも解決することなく、息苦しい気まずさを抱えたままであった。「ラストシーンどうするの?」という問いの答えがなかなか見つからない。

もう時間はない。俳優たちが「とにかくやってみよう」と言いながら、彼らは手探りでラストシーンを作り上げてゆく。掃除当番で仕方なく教室にいる三人。ゴミ箱を運ぶいじめられっ子が、いじめっ子に足を払われて転倒し、教室にゴミが散乱する。しかし、それまで無抵抗だったいじめられっ子は散乱したゴミを投げ返して反撃する。転校生も参戦してゴミの投げ合いとなる。それはけんかというよりも、教室を散らかすという悪ふざけとなり、三人が共犯関係を結んでなんとなく和解する、というシーンが出来上がった。なかなかよいラストだと思った。

しかし、編集作業で彼らはこのラストシーンをバッサリ落としてしまった。思わず「これ、切っちゃうの?」と言う私に、ひとりの女の子が答える「いじめって、そんなに簡単に解決しないから。私たちは教室のこの気まずさを生きていかなきゃならないから」と。

素晴らしい答えだと思った。これが映画を作ることだな、と思った。おそらく彼らは、編集されたラストシーンを見て「何か違う」と思ったのだ。それは直感だ。理由はわからない。その「何か違う」を解消するために、試行錯誤して「やっぱりこのシーンはいらないんだ」という判断をしたのだ。「どうして?」と、私にそのシーンを切り捨てた理由を質問されて、その理由を説明する彼女の言葉が生まれた。そのとき生まれた言葉が作り手の意図なのである。つまり意図は後から見出されるのだ。

制作とは行為なのだと思う。それは生きることに似ている。いろいろ考えたり計画したりするのだけれど、究極的には、ただやってしまうのである。だから「どうしてそんなことしたの?」と問われ、初めて考える。「なぜ私はそんなことしたのだろう?」と。それが思考というものなのだと思う。私たちは考えたから生きているのではなくて、気がついたら生きている。生きているから考えるのだ。「私はなぜ生きているのだ?」と。

映画を作るようになって、私は映画について話したり、書いたりしなければならなくなった。ときには、他人が作った映画について書くように要請されたりして、批評のようなものを書くこともあった。話したり書いたりすることを頼まれたとき、私は基本的には引き受けてきた。そんな機会でもなければ、怠惰な私は自分から進んで映画について言葉を紡ごうとはしなかっただろう。映画を作ったり、見たりすると、何かモヤモヤした言いようのない実感が残る。それがなんなのかを知りたくて言葉と格闘しているうちに、フッと霧が晴れることもある。自分の制作の意図を発見することもある。しかし、自分がやってしまったこと(映画を作ること)や、感じてしまったこと(映画を見ること)を、言葉によって完全に理解したり説明することはできない。考えるとまた新たな謎が現れてくる。そうやって生きることと考えることに引き裂かれるその隙間から「また、映画を作ろう」という動力が生まれてきたようにも思う。

『2/デュオ』から数えると22年間、私の思考はそんなふうに映画を巡ってウロウロしてきた。その間に答えたインタビュー、雑誌やパンフレットなどに書いたものを集めて一冊の本にしませんか?と、提案してくれたのはフィルムアート社の伊東弘剛さんだった。そんな本を必要としてくれる人がいるのだろうかと思いながら、これまでに発表しているものを集めるのなら、それほど大変な作業ではないと思い編集作業が始まった。しかし、改めてそれらの自分の言葉を読んで愕然とするのは、私がほとんど同じことを話しているだけだったという事実だ。あちこちに登場する同じような言い回しや、表現を少しは訂正したほうがいいのかもしれないと思ったが、そのときそのように発言したという事実を現在の視点で訂正するべきではないと思い、誤字脱字や事実誤認といったもの以外、基本的にはそのまま手を加えないこととした。

伊東さんからは、それら寄せ集められた文章を読むためのガイドとして機能するような序文を書いてほしいと依頼された。ところが、『2／デュオ』から『風の電話』までの道程を振り返り始めると、その道は子供の頃のことに遡り、出会った人々や映画を巡りながら、私のひとつひとつの作品の成立をたどる長い物語となってゆく。それは序文というよりひとつの独立した章となって、この本の当初の構想を大きく変化させてしまった。なぜそうなってしまったのかよくわからないが、物語を書き終える頃、私の眼前に何か別の風景が見えてきたような気がした。それは白紙のような、何もない空間である。もしかすると私は、私の物語と別れるために書こうとしていたのかもしれない。その白紙にまた新しい物語を書くことができるだろうか。

本書をまとめるにあたって、収録を快諾いただいた関係者の皆さまに改めて感謝の意を表したい。三浦友和さん、西島秀俊さんには忙しい中、本書のために時間を割いていただいた。また取材を行ってくださった黒岩幹子さん、翻訳や掲載許諾の協力をしてくれた澁谷悠さん、デザインを担当してくださった仁木順平さんにもお礼を申し上げる。そして、長年私の映画を支えてくれた三人の女性、カロリーヌ・シャンプティエ、吉武美知子さん、諏訪久子、とりわけ2019年6月に他界された吉武美知子さんと、彼女の原稿の掲載を快諾いただいた吉武秀樹さんに感謝を捧げたい。

この本の発案者であるフィルムアート社の伊東弘剛さんは、実は私の東京造形大学時代のゼミの学生であった。その年のゼミでは、皆で山形国際ドキュメンタリー映画祭をレポートするフリーペーパーを発行する計画を立てていた。その中心的存在であったのが伊東さんだった。手分けして山形で監督インタビューなどを行なったが、結局それは発行することができないまま皆は卒業を迎えた。その残された宿題が、今回このような形で実現したことに感謝するとともに、一緒に作業できたことを嬉しく思っている。

諏訪敦彦

二〇一九年十二月十一日、東京にて

諏訪敦彦フィルモグラフィー

執筆：フィルムアート社編集部

長編

『はなされるGANG』

1984年／日本／85分／8mm／スタンダード

監督・脚本・撮影・制作＝諏訪敦彦
出演＝加村隆幸、伊藤理恵、相澤繁

第8回ぴあフィルムフェスティバル入選

映画を作ろうという思いはあるものの、撮りたい主題がなく、何をしていいのかわからず悶々としていた諏訪が、たまりかねて友人である加村隆幸に電話をすることから動き出した自主制作の8mm映画。

企画ではなく関係こそが制作の駆動力となり、物語以外の別の何かを信じることが求められた本作は、その後諏訪が俳優やスタッフとともに作り出す作品のまさしく源点。

俳優がこれから展開されるストーリーを語り始める冒頭や、シーンの頭に撮影された日付が記されていくなどメタフィクショナルな構造を強く持つ。しかし、それは映画の形式と戯れるためではなく、撮影をしているという現実と向き合うためにこそ選ばれている。

『気狂いピエロ』を想起させるギャングと女の逃亡劇というプロットだけでなく、制作方法や姿勢においても、ジャン＝リュック・ゴダールからの影響は大きい。

『2/デュオ』

1997年／日本／95分／35mm（スーパー16mm撮影）／ヨーロピアンビスタ

監督・構成＝諏訪敦彦
エグゼクティブプロデューサー・美術＝磯見俊裕
プロデューサー＝仙頭武則、小林広司
撮影＝田村正毅（2003年以降の名義は、たむらまさき）
照明＝佐藤譲
録音＝滝澤修
音楽プロデューサー＝ニック・ウッド
テーマ曲・演奏＝アンディ・ウルフ
助監督＝小松文彦、大崎章
出演・ダイアローグ＝柳愛里、西島秀俊、中村久美、渡辺真起子
製作・配給＝ビターズ・エンド

第26回ロッテルダム国際映画祭　NETPAC（ベストアジア映画）賞受賞
第37回ウィーン（ヴィエンナーレ）国際映画祭　国際批評家連盟賞受賞
第16回バンクーバー国際映画祭　ドラゴン&タイガー・ヤングシネマ・アワード特別賞受賞
第12回高崎映画祭　新人監督賞受賞
第23回おおさか映画祭　新人監督賞受賞

脚本はなく、アウトラインが書かれた十ページほどのテキストを土台に制作。しかしその制作方法は、意識的に選ばれたものではない。諏訪はクランクインのぎりぎりまで、脚本を書き直すも納得できず、撮影の延期を考えていたが、プロデューサーの仙頭武則が背中を押し、アウトラインだけをもとに制作することになった。

登場人物が発する言葉も、行動も、カメラのアングルも、諏訪がひとりで決めるのではなく、キャストやスタッフとの話し合いや、撮影時の即興的な反応によって生み出されていく。そのような制作方法の中、柳愛里と西島秀俊が演じるカップルの関係が壊れていくさまが、生々しく切り取られた。

諏訪はその緊張感漲る画面を、柳と西島のインタビューを挿入することで異化していくが、流れをただ断絶するのではなく、役として話しているのか、俳優として話しているのかわからない構成にすることで、演じることそれ自体に深い問いかけを行う。

画面の外を喚起させるオフの音、観客に想像を促す見えない登場人物の表情など、諏訪作品の特徴がすでに内包されている。

『M/OTHER』

1999年／日本／147分／35mm／ヨーロピアンビスタ

監督＝諏訪敦彦
プロデューサー＝仙頭武則
協力プロデューサー＝川城和実
ストーリー＝諏訪敦彦、三浦友和、渡辺真起子
撮影＝猪本雅三
照明＝佐藤譲

録音・整音＝菊池信之
美術デザイナー＝林千奈（現、林チナ）
メイク・スタイリスト＝星輝明
編集＝掛須秀一
助監督＝大崎章
監督助手＝谷口正晃、西川美和
音楽＝鈴木治行
出演・ダイアローグ＝三浦友和、渡辺真起子、高橋隆大、梶原阿貴、石井育代、石井榛、石井椋、しみず霧子、北見敏之
制作協力＝ビターズ・エンド
製作＝WOWOW、バンダイビジュアル

第52回カンヌ国際映画祭　監督週間　国際批評家連盟賞受賞
第9回フィルムズ・フロム・ザ・サウス映画祭　特別賞受賞
第1回全州国際映画祭　Woosuk（最優秀アジア映画）賞受賞
第14回高崎映画祭　最優秀作品賞受賞
第54回毎日映画コンクール　日本映画優秀賞、脚本賞、音楽賞受賞

構成台本はあるが、シナリオはない。そのような環境のもと制作された『M/OTHER』は、脚本のない状況から作り上げられた『2/デュオ』とのつながりを強く感じさせる。しかし、スケジュールの関係で結果的に即興的な制作を強いられた前作と異なり、『M/OTHER』の制作環境は積極的に選ばれたものである。それは奇をてらった選択ではない。現に諏訪は「自分にとっての自然な映画の作り方っていうのは人と違うはずだって思えた」とその選択を振り返っている。

諏訪が言う「自然な映画の作り方」とは、統一された内面を持たず、無秩序な感情を抱えた人間、つまり現実に生きるわれわれと同じ位置にいる登場人物が生み出される場を構成することだったのだろう。子供という存在の介入によって、安定した関係を維持できなくなった三浦友和と渡辺真起子が演じるカップルは、自分で自分のことがコントロールできない、つまり「自然」な人間としてフィルムに定着されていく。

フィルムエンドのフラッシュフレームも使用している『M/OTHER』。それもまた、フィルムには終わりがあるという映画撮影の前提、つまりは「自然」を見せようとする行為なのだろう。

『H Story』

2001年／日本／111分／35mm／ヨーロピアンビスタ

監督＝諏訪敦彦
製作＝塩原徹、長瀬文男、仙頭武則、松下晴彦
プロデューサー＝仙頭武則
協力プロデューサー＝八木廣、高野力、有吉司
撮影＝カロリーヌ・シャンプティエ
照明＝和田雄二
録音＝菊池信之
美術＝林千奈（現、林チナ）
音楽＝鈴木治行
編集＝諏訪敦彦、大重裕二
助監督＝大崎章
スタイリスト＝小林身和子
ヘアメイク＝小田多佳子
日仏コーディネーター＝吉武美知子
立案＝諏訪敦彦、諏訪久子
出演＝ベアトリス・ダル、町田康、馬野裕朗、諏訪敦彦、カロリーヌ・シャンプティエ、吉武美知子、洲濱元子
制作プロダクション＝サンセントシネマワークス
製作＝J-WORKS FILM INITIATIVE（電通＋IMAGICA＋WOWOW＋東京テアトル）
配給＝東京テアトル

第54回カンヌ国際映画祭 ある視点部門正式出品

ロバート・クレイマーとともに、自身の出身地である広島で映画を制作する計画を進めてた諏訪。その矢先にクレイマーの訃報が届く。呆然とするしかなかった諏訪だが、クレイマーと行う予定であった「他者との関係の中で広島を撮る」ため、主演のベアトリス・ダル、カメラマンのカロリーヌ・シャンプティエをフランスから招き、制作に動き出す。自分自身に広島を語らねばならぬ動機があるのかさえもわからないままに。

撮影の直前になり、『ヒロシマ・モナムール（二十四時間の情事）』の台詞をそのまま使うことが決定。40年以上前に書かれた言葉と、現在の自分との落差がダルを追い詰める。シャンプティエのカメラはその表情をクローズアップで切り取っていく。そこには、広島にいるダルを撮るのではなく、ダルから広島を捉えようとする諏訪の姿勢があった。それは広島

の過去ではなく、広島の現在を切り取るために選ばれたものだったのだろう。

過去ではなく現在を描こうとする姿勢は、最終的に白いスクリーンそれ自体を提示するという帰結へと映画を進めていくことになる。

『不完全なふたり』

2005年／フランス＝日本／108分／35mm（HD・DV撮影）／ビスタ

監督・構成＝諏訪敦彦
プロデューサー＝澤田正道、吉武美知子
撮影・アーティスティックディレクション＝カロリーヌ・シャンプティエ
編集＝ドミニク・オーヴレイ、諏訪久子
録音＝ジャン＝クロード・ロルー、フランク・デムラン、ニコラ・カンタン
整音＝ニコラ・ナエゲラン
音楽＝鈴木治行
衣裳＝エリザベス・メウ
出演＝ヴァレリア・ブルーニ・テデスキ、ブリュノ・トデスキーニ、ナタリー・ブトゥフ、ルイ＝ドー・デ・ランクサン、ジョアナ・プレイス、ジャック・ドワイヨン、アレックス・デスカス、レア・ヴィアゼムスキー、マーク・シッティ、デルフィーヌ・シュイヨ
製作＝コム・デ・シネマ、ビターズ・エンド
提供＝ビターズ・エンド、スタイルジャム
配給＝ビターズ・エンド

第58回ロカルノ国際映画祭　審査員特別賞、国際芸術映画評論連盟賞受賞

フランス人のキャスト、スタッフとともにフランスで撮影。『H Story』で強い信頼関係を築いた撮影監督のカロリーヌ・シャンプティエ、プロデューサーの吉武美知子がスタッフとして参加しているものの、諏訪にとって国外制作を行う初めての挑戦となった。

フランス語はほとんどわからない諏訪だが、本作でもキャストとともにダイアローグを生み出している。言葉の意味がわからないことによって、逆に音の演出が映える結果に。声のトーン、間、オフの音、鈴木治行の音楽が複雑に絡み合い、ヴァレリア・ブルーニ・テデスキとブリュノ・トデスキーニが扮する離婚寸前の夫婦の痛々しい距離感がより強く立ち上がっていく。

また冒頭のトラベリングショットからラストのフィックスショットまで、シャンプティエの撮影は冴え渡っている。ホテルのドアを捉えたショットや、手持ちカメラによるテデスキのクローズアップなど、夫婦の関係の揺らぎが見事にすくい上げられた。

『ユキとニナ』

2009年／フランス＝日本／93分／35mm（スーパー16mm撮影）／ビスタ

監督・脚本＝諏訪敦彦、イポリット・ジラルド
エグゼクティブ・プロデューサー＝澤田正道
共同プロデューサー＝クリスティナ・ラーセン、定井勇二
アソシエイト・プロデューサー＝吉武美知子
撮影＝ジョゼ・デエー
録音・音響＝ドミニク・ラクール、小川武、ラファエル・ジラルド、オリヴィエ・ドユー
編集＝諏訪久子、ローランス・ブリオ
編集助手＝大川景子
美術＝エマニュエル・ド・ショヴィニ、ヴェロニック・ベルネウ、鈴木千奈（現、林チナ）
助監督＝イネス・ドゥ・ラ・ブヴィエール
衣装＝ジーン＝チャルリーン・トムリンソン、小林身和子
キャスティング＝マリオン・トゥイトゥー
音楽＝フォーレン・オフィス（演奏：リリィ・マルゴ&ドック・マテオ）
主題歌＝ううあ「てぃんさぐぬ花」
出演＝ノエ・サンピ、アリエル・ムーテル、ツユ、イポリット・ジラルド、マリリン・カント、ジャン＝ポール・ジラルド、森康子、今泉野乃香、新井亜利砂、マオ・サンピ、大森百香、ライアン・アラウィ

第62回カンヌ国際映画祭　監督週間　正式出品
第60回ベルリン国際映画祭　ジェネレーションKプラス部門正式出品

アルノー・デプレシャンや侯孝賢（ホウ・シャオシェン）の作品に出演してきた俳優イポリット・ジラルドとの共同監督作品。準備期間中の諏訪が「これは自分の作品ではなくて、男優とふたりの作品という感じにしたい」と述べているように、これまでの監督作品とは異なる制作体制を意識的に選ぶことで、作者という存在を改めて再考しようとしていたのだろう。

また、フランス人であるジラルドと日本人の諏

訪による協働という制作体制は、物語にも反映され、フランス人の父と日本人の母を持つ主人公のユキが生み出された。加えて、ふたりの出身地であるフランスと日本を舞台にすることも早い時期、遅くとも2007年には決まっていた。

これまでロケーションを室内に限定することが多かった諏訪が、森での撮影を実施。風が作り出す木々の運動や光の揺らぎが画面を豊かなものにしている。

父親と母親の離婚を阻止するため親友のニナとともに奮闘するユキを演じたノエ・サンピは、同じ役柄で『ライオンは今夜死ぬ』に出演。同作主演のジャン＝ピエール・レオーが演じてきたアントワーヌ・ドワネルへオマージュが捧げられている。

『ライオンは今夜死ぬ』

2017年／フランス＝日本／103分／HD／ビスタ

監督・脚本＝諏訪敦彦
プロデューサー＝吉武美知子、ジェローム・ドプフェール
共同製作＝定井勇二
脚本協力＝久保寺晃一
翻案＝エレオノール・マムディアン
撮影＝トム・アラリ
音響＝フローラン・クロッケンブリング
ミキサー＝エマニュエル・クロゼ
編集＝マーシャル・サロモン
美術＝トマ・グレゾー
助監督＝イネス・ドゥ・ラ・ブヴィエール
音楽＝オリヴィエ・マルグリ
出演＝ジャン＝ピエール・レオー、ポーリーヌ・エチエンヌ、モード・ワイラー、アルチュール・アラリ、イザベル・ヴェンガルテン、ルイ＝ド・ドゥ・ランクザン、ノエ・サンピ

第65回サン・セバスチャン国際映画　コンペティション部門正式出品
第22回釜山国際映画祭　ワールド・シネマ部門正式出品
第39回ナント三大陸映画祭　コンペティション部門正式出品

諏訪とジャン＝ピエール・レオーとの出会いから始まった作品。その出会いは、2012年のラ・ロッシュ＝シュル＝ヨン国際映画祭で諏訪のレトロスペクティブと同時に、レオーの特集上映が行われるという偶然から生まれた。

諏訪は、ヌーヴェルヴァーグを代表する俳優であるレオーとの映画に、子供たちを引き込む。それは日本国内で開催されている「こども映画教室」に講師として参加し、子供たちの作り出す映画に惹かれてきた諏訪だからこそ考えられた選択なのだろう。南仏で複数回にわたり子供を対象にした映画制作のワークショップを行い、そこから選ばれた子供たちがレオーとともに映画を形作っていく。

レオー扮する「死」を演じることに悩む老俳優と、映画の撮影を行う子供たちとの出会いの場所に選ばれたのは、リュミエール兄弟の初期作品の舞台でもある南仏のラ・シオタ。その風景を、諏訪とは初めてタッグを組むカメラマンのトム・アラリが、魅力的な光によって捉えている。

『風の電話』

2020年／日本／139分／HD／ビスタ

監督＝諏訪敦彦
企画・プロデュース＝泉英次
プロデューサー＝宮崎大、長澤佳也
エグゼクティブプロデューサー＝青村麻実、中西康浩、久保野純也
脚本＝狗飼恭子、諏訪敦彦
音楽＝世武裕子
撮影＝灰原隆裕
照明＝舟橋正生
録音・整音＝山本タカアキ
美術＝林チナ
スタイリスト＝宮本茉莉
ヘアメイク＝寺沢ルミ
編集＝佐藤崇
助監督＝是安祐
制作担当＝熊谷悠
企画協力＝佐々木格、佐々木祐子
出演＝モトーラ世理奈、西島秀俊、西田敏行（特別出演）、渡辺真起子、山本未來、占部房子、池津祥子、石橋けい、篠原篤、別府康子、三浦友和
制作プロダクション＝ジャングルドラム
制作・配給＝ブロードメディア・スタジオ

家族、広島、そして映画それ自体。諏訪は常に、自分自身の生活や経験、そこから生じる

強い関心から長編作品を制作してきた。その諏訪が外からの企画を受け初めて制作した長編映画が『風の電話』だ。

岩手県の大槌町に実在する電話線がつながっていない電話ボックスをテーマにした企画で、会えなくなってしまった人へ思いを伝えるという物語が作品の前提になっていた。それを諏訪はそのままただ撮るのではなく、広島という自身の出身地を舞台のひとつに入れ込み、そして『a letter from hiroshima』や『ヴィクトワール広場』で描いた「生き残った者の罪悪感」という問題を絡ませることで、自分の作品へと変えていく。

諏訪が「彼女しかいないと思いました」と述べるモトーラ世理奈が、大槌町に生まれ、現在は叔母とともに広島で暮らす主人公のハルを好演。その脇を、西島秀俊、三浦友和、渡辺真起子という諏訪と協働してきた俳優陣がしっかりと支えている。

諏訪にとって初のロードムービーであり、ハルとともに切り取られるのは、『ずっとそばにいます』とは対照的な傷だらけの日本の風景だ。

中短編

『サンタが街にやって来る』

1982年/日本/30分/16mm/スタンダード

監督=諏訪敦彦
製作=広田ヨシノリ
脚本=諏訪敦彦、広田ヨシノリ
撮影=宮崎綾子
美術=横田秀文
照明=鈴木敏明
編集=諏訪敦彦
助監督=小野寺暁彦、近藤晶一
出演=乾裕、山村あゆみ、田中ユミ

東京造形大学の実習として制作された短編の習作。

山本政志や長崎俊一、松井良彦らの作品で助監督を務めていた諏訪が、同級生の脚本を翻案して演出した。16mm同時録音で撮影。深夜の酒場でアルバイトする大学生が、ある日飲みつぶれた酒場の女主人を下宿に連れ帰る。すると同棲する大学生の恋人との間に変化が生じ、三人の奇妙な共犯関係が生まれていく。「諸人こぞりて」が大音量で流れる中、拳銃を忍ばせてブティックを襲撃する三人の描写、薄暗い部屋での即興による長回しなどは、ヌーヴェルヴァーグというよりもアメリカン・ニューシネマへの偏愛が見られる。

『ビデオシナリオ「Hiroshima/私の愛する人…」』

2000年/日本/45分/DV/スタンダード

監督・立案=諏訪敦彦
撮影=宮岡秀行、諏訪敦彦
出演=諏訪敦彦、竹岡尚子
製作=スタジオ・マラパルテ

スタジオ・マラパルテを主宰する宮岡秀行の呼びかけから生まれた作品。

一緒に映画を制作する予定であったロバート・クレイマーの死をどう受け止めていいかわからない状態だった諏訪が、内容は全く白紙のまま、ひとりカメラを持って広島を訪れ、制作。宮岡から紹介された広島在住の女優・竹岡尚子と諏訪しか登場人物はおらず、その状況をフィクションとして構成しようと試みていく。

『きみはヒロシマで何も見なかった〜第一章』

2001年/日本/30分/DV/スタンダード

監督・立案=諏訪敦彦
撮影=宮岡秀行、諏訪敦彦、西原多朱、柴村道典
出演=諏訪敦彦、竹岡尚子
製作=スタジオ・マラパルテ

『ビデオシナリオ「Hiroshima/私の愛する人…」』をベースに、『H Story』の映像などを加え、再構成した作品。

諏訪の出身地であり、『ビデオシナリオ「Hiroshima/私の愛する人…」』および『H Story』の舞台である広島が主題となっている。制作は『ビデオシナリオ「Hiroshima/私の愛する人…」』と同じくスタジオ・マラパルテ。

『a letter from hiroshima』

2002年/韓国/36分/DV/ビスタ

監督＝諏訪敦彦
撮影＝池内義浩
録音＝菊池信之
編集＝大重裕二
制作＝金森保
出演＝キム・ホジョン、諏訪敦彦、諏訪万修、河原直人

第55回ロカルノ国際映画祭　ビデオコンペティション部門金豹賞受賞

全州国際映画祭が製作したオムニバス映画『After War』の一編。

広島をテーマにした映画を諏訪とともに制作する予定だったロバート・クレイマーからの手紙が、諏訪の映画に出演するために広島を訪れ、広島平和記念資料館などを見学することになる女優のキム・ホジョンの思い、実の息子である万修とともに広島を回る諏訪の言葉と並列される。父親が原爆投下直後の広島を経験したアメリカ人、先祖が日本との戦争の記憶を抱えている韓国人、広島出身だが戦争の記憶を持たない日本人、戦争と広島が結びついていない子供という、立場の異なる登場人物たちの広島へのそれぞれの視線が反響していく。

『ヴィクトワール広場』

2006年/フランス/6分/35mm/ビスタ

監督・脚本＝諏訪敦彦
プロデューサー＝クローディー・オサール、エマニュエル・ベンビイ
原作＝ハンス・クリスチャン・アンデルセン『お墓の中の坊や』
撮影＝パスカル・マルティ
編集＝諏訪久子
通訳＝吉武美知子
出演＝ジュリエット・ビノシュ、ウィレム・デフォー、イポリット・ジラルド

第59回カンヌ国際映画祭　ある視点部門オープニング作品

ジュリエット・ビノシュが息子を失った母親、ウィレム・デフォーがカウボーイの姿をした死神を演じる短編で、ガス・ヴァン・サントやオリヴィエ・アサイヤスが参加したオムニバス映画『パリ・ジュテーム』の一編として制作。

「生き残った自分を責める必要はない」という明確なメッセージを持った作品で、諏訪の作品としては珍しくカットを割ることを前提に撮影された。

ビノシュを広場に導く子供の声やインの音の消去など、音の演出が光る。

『黒髪』

2010年/フランス＝日本/10分/HD/ビスタ

監督・脚本＝諏訪敦彦
撮影＝池内義浩
録音・整音＝菊池信之
ヘアメイク＝宮崎智子
編集＝諏訪久子、大川景子
撮影助手＝橋本彩子
録音助手＝黄永昌
映像提供＝日映アーカイブ
協力＝ホテル西洋銀座、IMAGICA、近藤勇一、金芙宣
出演＝片山瞳、鈴木卓爾
制作＝定井勇二
制作協力＝ビターズ・エンド
製作＝シネマテーク・フランセーズ

2010年から2011年にかけてシネマテーク・フランセーズで行われた展覧会『BRUNE/BLONDE』の展示作品として制作。女性の髪を主題にした短編というオーダーのもと、諏訪のほかにアッバス・キアロスタミやパブロ・トラペロらが参加した。

『H Story』や『a letter from hiroshima』でも重要な場所となるホテルが舞台に選ばれており、その二作品と同様、広島と向き合った作品になっている。

主演の片山瞳は『世界の質量』にもキャスティング。

『世界の質量』

2015年/日本/42分/HD/シネマスコープ

監督＝諏訪敦彦
プロデューサー＝桝井省志
脚本＝筒井ともみ
撮影＝柳島克己
照明＝根本伸一
美術＝磯見俊裕
装飾＝佐々木麗子

録音＝鈴木昭彦、南徳昭、河南逵
整音＝鈴木昭彦
音楽＝長嶌寛幸
編集＝筒井武文
衣装＝山﨑忍
ヘアメイク＝中山有紀
助監督＝七字幸久
製作担当＝前村祐子
出演＝柳俊太郎、片山瞳
製作＝東京藝術大学大学院映像研究科

諏訪が教鞭を執る東京藝術大学大学院映像研究科のオリエンテーション実習として制作された中編で、美術の磯見俊裕や編集の筒井武文など同学の教授陣がスタッフとして参加している。

大きなサングラスをかけ、目が見えないと語る女と、彼女に失踪した愛する人と勘違いされる配送業の男との関係が切り取られる。

触るという行為にフォーカスが当てられており、それは肯定的なニュアンスを持って『風の電話』へと発展しているようにみえる。


『ずっとそばにいます』

2019年／日本／17分／HD／ビスタ

監督＝諏訪敦彦
クリエイティブディレクター＝太田麻衣子
コピーライター＝久間恵子
アートディレクター＝関谷奈々
プロデューサー＝半田昌志
ラインプロデューサー＝吉武美知子
撮影＝マリー・セレット
美術＝トマ・グレゾー
録音＝フローラン・クロッケンブリング
衣装＝エリザベート・メユ
助監督＝イネス･ドゥ･ラ･ブヴィエール
制作担当＝エリーズ・ヴォアテ
制作進行＝ジュリー・ギオノ
音楽プロデューサー＝山田勝也
出演＝ポーリーヌ・エチエンヌ、美波、手嶌葵、ミレーユ・ペリエ、ブリジット・シー
制作＝博報堂クリエイティブ・ヴォックス、博報堂マグネット
著作＝ALBION

化粧品メーカー・アルビオンからの依頼で制作された短編。

バストアップショットを多用しながら、それぞれに困難を抱える三人の女性の姿を追う。

『ライオンは今夜死ぬ』にも出演しているポリーヌ・エチエンヌらキャスト陣の表情が繊細にすくい上げられているのみならず、パリの街並みが魅力的に切り取られている。

『H Story』からともに歩んできた吉武美知子と諏訪との最後の仕事となった。

テレビ作品

『5時間報道スペシャル　激動・ニュースが今地球を駆け巡る！』

1990年10月10日／テレビ東京／300分（CMを含む）

演出＝牧哲雄、山田礼於、眞部猪一、御牧賢秀、諏訪敦彦
プロデューサー＝千秋健、橋本佳子、三橋和男
構成＝青木研次
演出補＝才本陽、藤山知己、丸山永恵、川井伸子、荒木憲司
撮影＝長田勇、那倉幸一、吉田耕司、小泉和弘、関根昌紀、金沢裕司
VE＝河内繁、宮川広、村上彰一、田中秀幸
音声＝清水克彦、周田直道
音効＝岡田貴志
編集・MA＝プロセンスタジオ
スタジオ技術＝浜町スタジオ
キャスター＝金子郁容
ゲスト＝大島渚、田中優子、酒井啓子、鴻上尚史、カレル・ヴァン・ウォルフレン、篠原勝之、室井尚、大澤真幸、中沢新一、松岡正剛、ザ・ニュースペーパー
ナレーター＝斉藤茂、青森伸、若本規夫
製作＝テレビ東京、ドキュメンタリージャパン

複数のディレクターが制作した短いドキュメンタリーやインタビュー映像などにより構成された報道番組。

諏訪は、報道カメラマンを被写体にした『ニュースの美学』を担当。カメラマンたちの現場での行動やインタビューを収めることで職業人としての彼らの姿勢を照らし出すだけでなく、正面を向いたカメラレンズのアップや鏡に写った諏訪たち撮影隊の姿も見せることで、より広く撮影という行為を問う構成になっている。

ほかに失業中のイラン出身の外国人労働者を

追った『TOKYOアンダーグラウンドネットワーク』も諏訪が演出。


『衝撃のシュミレーション・ドキュメント　アメリカが仕掛ける最期の罠　知的所有権戦争』

1992年7月5日／テレビ朝日／80分（CMを含む）

演出＝毛利匡、杉本信昭、諏訪敦彦
プロデューサー＝橋本佳子、千秋健、日下雄一
制作プロデュース＝伊豆田知子
演出補＝石川朋子、島田剛、荒川栄二、山口栄一
撮影＝吉田耕司、清水良雄、伊藤寛
VE＝池義明、奥井義哉、山本英世
照明＝野村英之
編集＝小林光
TK＝山内洋子
VTR編集＝田中芳彦、磯田裕康
MA＝三上信一
選曲＝菅原大助
スタジオTD＝湯本秀広
スタジオカメラ＝本郷勝則
スタジオ音声＝渡辺敏博
スタジオVE＝勝屋一朗
スタジオVTR＝岡村朗
スタジオ照明＝今野恒俊
スタジオ美術＝宮崎洋
司会＝田原総一朗
進行＝田丸美寿々
ゲスト＝盛田昭夫、草野厚
ナレーション＝田原浩史
ドラマ出演＝ブルース・オズボーン、利重剛、雅子
技術協力＝テイクシステムズ
制作・著作＝ドキュメンタリージャパン、テレビ朝日

知的所有権を巡る裁判によって企業同士が潰し合い、工業が衰退し、失業者を多く抱えた21世紀の日本をシュミレーションしたドラマパートと、日本とアメリカのエンジニアや弁護士のインタビューによるドキュメントパート、それとスタジオでのトークを並べたテレビ番組。

諏訪はドラマパートを担当。ひとりの外国人ジャーナリストが、経済大国から転落した日本をレポートする。ある工場労働者の家庭を中心に、セルゲイ・エイゼンシュテインの『ストライキ』などの引用を交えて歴史を逆行してしまったかのような日本の未来像を描く。


『小さな美の殿堂　湖畔の美術館　滋賀県立近代美術館』

1993年5月5日／NHK衛星第2テレビジョン（BS2）／25分

演出＝諏訪敦彦
撮影＝伊藤寛
出演＝広田玲央名（現、広田レオナ）
語り＝屋良有作
制作協力＝NHKクリエイティブ、ドキュメンタリージャパン
制作・著作＝NHK

広田玲央名（現、広田レオナ）が出演した美術番組で、滋賀県立近代美術館とそこに所蔵された作品が紹介される。

ロイ・リキテンスタインやアンディ・ウォーホルの作品が商業施設の看板や交通標識と並列され、アレクサンダー・カルダーの鉄を使用した彫刻が打ち捨てられた鋼鉄の映像につなげられるなど、「芸術」とは何かを問う構成になっている。作中で引用されるウォーホルやロバート・ラウシェンバーグの言葉がそのテーマをより強調していく。


『小さな美の殿堂　街道の美術館　芹沢銈介美術館』

1993年9月14日／NHK衛星第2テレビジョン（BS2）／25分

演出＝諏訪敦彦
撮影＝伊藤寛
出演＝石井育代
語り＝広中雅志
制作協力＝NHKクリエイティブ、ドキュメンタリージャパン
制作・著作＝NHK

バルテュスも評価した染色家・芹沢銈介の作品を集めた静岡市立芹沢銈介美術館を紹介する美術番組。

諏訪は、芹沢が生み出したテキスタイルを、大胆なトリミングとリズミカルな編集によって見せていく。また、白井晟一が設計した空間をトラベリングによって見事に捉えるとともに、石の壁のテクスチャーを強く見せることで、テキスタイルの柔らかさを引き出す撮影方法を選択している。

作品に登場する石井育代は、諏訪の『M/OTHER』にも出演。

『カルチャー館　南方熊楠　第一部　森』

1994年3月20日／NHK衛星第2テレビジョン（BS2）／90分

構成＝毛利匡、諏訪敦彦、池田信夫、山田礼於
プロデューサー＝橋本佳子
制作統括＝貴志謙介、大橋昭喜
撮影＝安彦龍太郎、伊藤寛
音声＝吉田一明
技術＝中村与志久
編集＝小林光
音響効果＝金田智子
取材＝石川朋子、平沢崇
資料協力＝南方文枝、田辺市文化振興課、南方熊楠記念館、『熊楠 KUMAGUSU』製作委員会、樋口生物科学研究所
出演＝荒俣宏、松岡正剛、高山宏、中沢新一、松居竜五、萩原博光、南方文枝、後藤伸、樋口源一郎
語り＝黒田あゆみ
朗読＝国井雅比古
共同制作＝NHKクリエイティブ、ドキュメンタリージャパン
制作・著作＝NHK

山本政志が監督を務めた『熊楠KUMAGUSU』の映像なども使用し、博物学者であり、生物学者であり、民俗学者でもあった南方熊楠に迫るドキュメンタリー番組。

8mにもおよぶ手紙や思考の様子がわかるメモ、絵とともにつづられた文章など、熊楠の書いた文字が注視されている。

粘菌の動く姿や胞子が飛ぶさまを切り取った映像など、自然の驚異にクローズアップしたイメージも多数確認できる。

『カルチャー館　南方熊楠　第二部　MANDARA』

1994年3月21日／NHK衛星第2テレビジョン（BS2）／115分

構成＝諏訪敦彦、池田信夫、毛利匡、山田礼於
プロデューサー＝橋本佳子
制作統括＝貴志謙介、大橋昭喜
撮影＝伊藤寛、安彦龍太郎
技術＝中村与志久
音声＝吉田一明
編集＝小林光
音響効果＝金田智子
取材＝平沢崇、石川朋子
資料協力＝南方文枝、田辺市文化振興課、南方熊楠記念館、『熊楠　KUMAGUSU』製作委員会、樋口生物科学研究所、講談社ミスターマガジン、小島久幸
出演＝中沢新一、荒俣宏、松岡正剛、中瀬喜陽、南方文枝、中村桂子、横尾忠則、金崎元年、宮所はな、山口昌哉、神谷幸、川人光男、河口洋一郎、後藤伸
語り＝黒田あゆみ
朗読＝国井雅比古
共同制作＝NHKクリエイティブ、ドキュメンタリージャパン
制作・著作＝NHK

諏訪が共同で演出を行った南方熊楠のドキュメンタリー番組の第二部。

娘へのインタビューなどを通し、父親としての熊楠に言及。また水木しげるが熊楠を描いた漫画『猫楠 南方熊楠の生涯』のカットも挿入され、生活者としての熊楠の姿も浮かび上がらせていく。

幽霊を恐れながらも惹かれていた熊楠のあり方を起点に、中沢新一と横尾忠則が絵画と純粋性の問題を語るパートが興味深い。

『ETV特集　安部公房が捜しあてた時代　第1回　飛ぶ男』

1994年4月7日／NHK Eテレ（NHK教育テレビ）／45分

構成＝諏訪敦彦
プロデューサー＝橋本佳子
制作統括＝滝沢孝司、丸山健一
撮影＝伊藤寛、金沢裕司、大藤健士
音声＝周田直道、清水克彦
技術＝山本英世、渡辺正宏、秋葉恒雄
音響効果＝塚田益章、山崎恵美
取材＝山本明佳
出演＝沼野充義、今福龍太、巽孝之、久間十義、ヴラスタ・ヴィンケルヘフェロヴァー
語り＝濱中博久
共同制作＝NHKクリエイティブ、ドキュメンタリージャパン

制作・著作＝NHK

未完の遺作となった『飛ぶ男』を起点に、1993年に死去した小説家・安部公房の創作に迫るドキュメンタリー番組。

さまざまな電子機器やクロスボウなどが置かれた箱根の安部の仕事場、コルクボードに貼られたメモ、小説家本人が都市を撮影した写真など、創作の裏側が提示される。

また沼野充義や巽孝之といった識者の言葉により、日本文学における安部の特異性が示されていく。


『ETV特集　安部公房が捜しあてた時代　第2回　終りし道の標べに』

1994年4月14日／NHK Eテレ（NHK教育テレビ）／45分

構成＝諏訪敦彦
プロデューサー＝橋本佳子
制作統括＝滝沢孝司、丸山健一
撮影＝伊藤寛、諏訪敦彦、金沢裕司、大藤健士
音声＝周田直道、清水克彦
技術＝山本英世、渡辺正宏、秋葉恒雄
音響効果＝塚田益章、山崎恵美
取材＝山本明佳
出演＝リービ英雄、島田雅彦、井村春光
語り＝濱中博久
共同制作＝NHKクリエイティブ、ドキュメンタリージャパン
制作・著作＝NHK

諏訪が構成を担当した安部公房に関するドキュメンタリー番組の第2回。

安部が生まれ育ち、戦争によって失った故郷である旧満州国と、彼の小説との関係が探られていく。そのような内容でありながら、過去に撮影された安部のインタビュー映像やリービ英雄のコメントによって、作者の生い立ちと作品を短絡的に結び付ける行為が、何度も批判される展開になっている。

諏訪自身によってHi8カメラで撮影された瀋陽（旧満州国奉天）の外側に広がる荒野の風景が印象的だ。


『世界　わが心の旅　黄土高原　悠久の天地を食す』

1994年10月9日／NHK衛星第2テレビジョン（BS2）／45分

構成＝諏訪敦彦
プロデューサー＝伊豆田知子、広瀬涼二
制作統括＝杉浦正明、平賀徹男
撮影＝伊藤寛
録音＝小橋孝博
音響効果＝佐藤久夫
技術＝矢口勇一、松本研二
取材＝王淑妙、酒井克
出演＝石毛直道、馬師麒、馬潤光、刘錦利
語り＝蟹江敬三
テーマ音楽＝立原摂子
共同制作＝NHKクリエイティブ、ドキュメンタリージャパン
制作・著作＝NHK

文化人類学者の石毛直道が旅人となり、黄土高原に住む人々の生活を見つめた紀行番組。

山の斜面や崖を掘って作った窰洞（ヤオトン）と呼ばれる家に暮らし、機械を入れることも難しそうな場所で農業を行う家族にお世話になることになった石毛の姿をカメラが追う。

窰洞での暮らし、料理をする女性、農作業を行う男性などが丁寧に切り取られ、そこに石毛のコメントが重なることで、文明から遅れた「未開」ではなく、自身らとは異なる優れた「知」を持った者として、黄土高原に暮らす人々が捉えられていく。


『アンゴ タペストリー　第二夜～偉大なる落伍者 坂口安吾と戦争～』

1995年2月28日／NHK衛星第2テレビジョン（BS2）／60分

演出＝諏訪敦彦
プロデューサー＝橋本佳子
制作統括＝宮下弘、周宝寛和
撮影＝伊藤寛
録音＝小橋孝博
美術＝磯見俊裕
スタイリスト＝勝俣淳子
音響効果＝川辺滋
VTR編集＝大本隆義
整音＝渡部究
資料提供＝坂口綱男、新潟県教育委員会、SPADEN,Paris＆SPDA,Tokyo,1995
協力＝若月忠信

助監督＝大藤健士
演出助手＝志水甲奈
出演＝久間十義、柄谷行人、桑原延享、雅子
ナレーター＝榊原良子
共同制作＝NHKクリエイティブ、ドキュメンタリージャパン

小説家・坂口安吾をモチーフにした作品。彼が執筆したものの朗読、関係者のインタビュー、批評家・柄谷行人らのコメントによって坂口と戦争との関係を浮かび上がらせる。

桑原延享と雅子によって坂口が執筆した『白痴』が演じられるが、ふたりは小説自体を手に持っており、また地の文章も朗読することで、フィクションであることが強調されていく。加えて、第二次世界大戦の記録映像だけでなく、現代の戦争のニュース映像も挿入されるなど、没入を異化する仕掛けがいくつも施されている。

『ハリウッドを駈けた怪優　異端の人・上山草人』

1995年11月5日／東日本放送／72分

演出＝諏訪敦彦
プロデューサー＝加藤昌宏、奥村靖、伊豆田知子
チーフプロデューサー＝備前島文夫、橋本佳子
企画＝加藤昌宏
脚本＝諏訪敦彦、信本敬子
撮影＝山崎裕
録音＝川嶋一義
照明＝佐藤譲
VE＝大場雅量
美術＝磯見俊裕
小道具＝城丸泉
スタイリスト＝星輝明、小林身和子
メイク＝大内睦子、河野明子、青野茂美
かつら＝奥松かつら
車輛＝海藤幸広
制作担当＝武石宏登
制作主任＝奥平巨仁
コーディネーター＝植田和雄、吉川菜津
編集＝田中孝史
音効＝横山昇三
出演＝奥田瑛二、名取裕子、柳愛里、金守珍、淀川長治（特別出演）、笠原大地、ビリー・ダヴ、吉村公三郎
語り＝根岸季衣
制作協力＝ドキュメンタリージャパン
制作・著作＝東日本放送

第33回ギャラクシー賞　テレビ部門奨励賞

再現ドラマ、関係者のインタビュー、文献の朗読によって1920年代にハリウッドで活躍した俳優・上山草人に迫る作品。

奥田瑛二が再現ドラマで草人に扮するだけでなく、演じる上で草人をどう捉えているかを語るほか、リハーサルの風景も挿入され、「演じる」ことそれ自体も対象化されていく。また、1900年代初頭の場面を、制作当時の東京で撮影するなど、フィクションであることを前面に出す演出も行われている。

草人の愛人・衣川孔雀を演じたのは『2/デュオ』で主演を務める柳愛里。

『シリーズこの国を見つめ　男と女の民主主義』

2007年4月27日／NHKデジタル衛星ハイビジョン（BShi）／90分

フィクションパート
監督＝諏訪敦彦
脚本＝諏訪久子
撮影＝猪本雅三
照明＝山本浩資
録音＝清水修
美術＝林千奈（現、林チナ）
技術＝星野正則
演出補＝大崎章
取材＝金森保、安井聡子
出演＝辻香緒里、竹末実生、竹末光、田中哲司

ドキュメンタリーパート
監督＝五十嵐久美子
撮影＝菅家久
出演＝梶谷真紀、梶谷登子、梶谷幸夫、梶谷初音、左古かず子

プロデューサー＝橋本佳子
制作統括＝小谷亮太、東野真
テーマ音楽＝村井秀清
映像技術＝池田聡
音声＝森英司
編集＝吉岡雅春
共同制作＝NHKエデュケーショナル
制作・著作＝NHK、ドキュメンタリージャパン

諏訪が監督したフィクションパートと、五十嵐久美子が監督したドキュメンタリーパートからなる番組。

諏訪の妻でもある諏訪久子が脚本を担当したフィクションパートでは、家庭でも幼稚園という共同体の中でも孤立していく専業主婦の姿が切り取られる。

監督と脚本家、出演した辻香緒里がディスカッションする場面も挿入され、社会構造の変化に対して男性の育児に関する思考の変わらなさが問題視されていく。

諏訪敦彦 企画資料集

“H” Story スタッフ、キャストへのメッセージ

私は、“H” Storyの構成に関して、現在次のように考えています。

・広島において、ある撮影が進行している。それは、広島のテレビ局が制作しているテレビ用のドラマである。このドラマの内容は、「ヒロシマ・モナムール」を現代に翻案したものである。

・“H” Storyの物語はこのドラマの撮影と同時進行してゆくことになる。ドラマの内容は、広島で出会ったフランス人の女と日本人の男の二十四時間の愛の物語であり、“H” Storyの物語の時間は、そのドラマの制作に要する日数（17日間）の物語である。

・そしてこの（テレビドラマの撮影という）フィクションの登場人物としてのスタッフ、キャストは、ほとんどこの“H” Storyのスタッフ、キャストによって演じられる。我々は、このテレビドラマを単なる映画ない映画としてではなく、まさに真剣に制作しなければならない。この「ヒロシマ・モナムール」を真剣に演じようとする俳優の精神的な葛藤が、この映画の主な物語を作り出してゆくことになるからである。極端にいうと、“H” Storyは現代において「ヒロシマ・モナムール」をリメイクしようとすることのドキュメンタリーである。そこで…今回のスタッフは、必要によってキャメラの前で出演する場合がある事を承諾していただきたい。また、このテレビドラマの演出家は私自身によって演じられる。

・このテレビドラマのために広島に招かれた女優は、この役を演じる上で自分が過去に体験した、激しい精神的な痛みを伴う記憶と格闘することになる。それは、演技において真の感情を生きようとする俳優の葛藤である。彼女は不安に襲われ、しかしなんとか立ち直って撮影に向かう。しかし、ドラマの進行とともに葛藤は極限に達し、立ち上がれなくなり、やがて撮影が続行できなくなる。
彼女の共演者である日本人の俳優は、俳優としての友情から、なんとか彼女を助けようとするだろう…というフィクションの物語が同時に

進行してゆくことになる。

しかし、彼は演技の上ではセリフを与えられているが、現実にはフランス語を話すことができず、彼女もまたほとんど日本語を話すことができない。それでも二人は支え合うことができるのだろうか？

・この映画が物語の中心として精密に追いかけてゆこうとするのは、この二人の俳優が交換しあう感情であり、それは男と女の関係とも少し違う愛情の物語である。

・このテレビドラマが撮影を無事終了させるのか、中断してしまうのかはまだわからないが、彼女が帰国することでこの男と女の物語は終わる。

Nobuhiro / Hisako Suwa

＊本文章は『H Story』制作時にスタッフおよびキャストに渡されたメッセージである

Perfect couple（仮）コンセプト

「私はここに真実があるここにひざまずけといいはしない。私はただ私たちがどのような問題にとらわれているかを示すだけだ」とマルクスは言う。

私は、私が生きるこの日常の世界を超越して、はるか上空から地上を眺めるようにして、「ほら人間とはこのようなものである。彼らはこんな問題を生きている。これが世界だ」と、言うことはできない。私は地上に生きており、問題の渦中にある。そこは見通しのきかない場所で、もちろん世界全体を見渡すことなどできはしない。私は問題の中に生きているのであって、そこにどのような解決がありうるのかも分からない。しかし、だからこそ自分がどのような問題にとらえられているのかを、自分の方法で（映画を作る行為の中で）明らかにする必要があるだろう。今私が生きて、立っているこの場所。常に、それが私の映画の出発点になるだろう。

私はさまざまな人間関係の中に生きている。私は、「私」と「他者」との関係の中にある。

他者に対して愛情、憎悪、共感、さまざまな感情が生まれる。私は他者と言葉を交わす。彼を理解しようとする。しかし、私は「私」から出ることができない。決して彼になることはできない。どのような私の理解も私から出ることはなく、彼にいたることはない。この問題がもっとも際立った形であらわれるのが男女の愛情関係においてであると、私は考える。愛によって私は彼女を理解したいと思い、彼女と溶け合いたいと欲望する。しかし、その感情によって、他者は絶対的に他者であることが、よりいっそう鮮明に浮かび上がる。

男と女は、二人でいることを誓い合い、その関係を続けてゆくが、二人はどこまで行っても溶け合うことはなく、二人のままである。彼、彼女はそのことに苦しみ、絶望する。「私はどこまでも孤独である」


しかし「たとえば、愛において人は二人であることを相も変わらず嘆き悲しんでいます。しかし私の意見では、その二重性こそがもっとも大切なのです。それこそが融合に還元されえない、愛の卓越さなのです」(＊1)というある哲学者の言葉が、ある希望を私に与える。二人は、二人であることによって、そして互いの〈他なるもの〉が、尊重されることにおいて、互いの尊厳が可能になると。

しかし、現実には、この〈二人であること〉、他者が絶対的に他者であるということは二人を絶望させ、悲壮な感情に二人を陥れてしまう。そこに一体どのような希望がありうるのか？　私にはまだわからない。しかし、それを考えたい。知りたいと私は思う。二人でいるということの可能性について探査すること、それがこの作品全体の動機となるだろう。


したがって、ここには一組の男女が登場する。

二人は互いに二人でいることを選び、そのことを誓い合った。つまり二人は結婚しているカップルである。二人は愛し合い、ともに暮らすことを選び、自然な成り行きとして結婚をした。

しかし、結婚という契約は次第に互いの個性にもとづいた愛情を押しつぶしてゆく。世界でただひとりの「この私」と、世界でただひとりの「あなた」との関係として、常に互いの愛情が更新されていかなくてはならないはずの関係は、結婚という制度のもとで「夫婦」あるい

は「夫婦愛」という個性のない硬直した関係へと知らないうちに転落している。もはや、二人は互いの「他なるもの」を見ることが困難になっている。しかも、夫婦という制度には男女の不平等の問題が予めはめ込まれている。現代においても尚、社会が男性を主体とし、男性の都合のよいように作られていることに変わりはないようだ。夫婦という閉じた世界において、男はその外側の社会に対して働きかけ、女はその内側にとどまることを強いられる。(この男性と女性の問題は多くの女性が仕事を持つようになった今、すでに古い問題なのだろうか？　私は本質的にこの問題が根強くカップルの意識を規定していると考える) この二人は、ある意味で平凡な夫婦の問題を抱えている。彼は、彼女に対してできる限りの自由を与えているつもりでいる。彼はもちろん仕事を抱えているのであるが、妻を家庭生活に縛り付けたいと考えているわけではない。彼女のほうは、何か彼女の仕事をもっているかもしれないが、それは彼に許された自由の範囲を超えるものではなく、社会的にも意識の上でも彼の仕事に対して副次的なものにとどまっている。彼は自分が経済的、社会的責任を負うことで、彼女に対する責任を果たすと考えているが、そのことが彼女の責任を奪い、つまり自由を奪っているということには気づいていない。彼女のほうも、この問題をはっきりと意識しているわけではない。しかし、彼女には現在の生活や彼との関係において、言いようのないストレスが進行している。


彼女は満足しない。それは彼女が相手を他者とみなし、自分が他者とみなされること、つまり二人の間に愛情が成立することを強く求めているからに他ならない。しかし、彼女もまだ自分たちの問題をはっきりと意識しているわけではない。

彼は彼女にあらゆるものを与えているつもりだが、彼女はまったく別のものを彼に要求している。


二人はどちらかというと陽気なカップルである。

ふざけたり、笑ったりする事が多い。

その日、彼らは友人の夫婦を自宅に招いて夕食をともにした (友人夫婦には子供がいるかもしれない。しかし、彼らには子供はない)。

楽しい時間を過ごすが、友人が帰った後、ある言動がもとで、二人はすぐに諍いを起こす。

些細なことで起きた諍いが、長いシークェンスの中で、やがて決定的な亀裂へと変化してゆくさまが描かれるだろう。いつもは陽気な彼らだが、これまでの年月の間で起きてきたさまざまなズレがまた諍いの中で露呈する。

彼は彼女に対してあくまで寛容な態度を取ろうとするが、それは彼女に対して寛容であることで、自分が優位に立とうとする態度の現れとなる。

その寛容さが受け入れられないとなると彼の態度は破壊的な方向に転ずる。私たちは、このカップルを取り巻いている問題を通して、二人でいることの孤独を可能な限り描き出そうとするだろう。

(ただ、私はこのシークェンスを構成しない。構成とは先に述べた上方から全体を見下ろす視点を要求する。しかも、カップルの問題は、常に個別の魂の関係である。それは常に平凡でありながら、あくまで個別の世界で唯一の関係として現れなくてはならないと考える。そのために、私はそれらの場面を予め構成してしまわないように配慮する。それらの場面は私によって構成されてしまう前に、俳優の身体にゆだねられる。映画においては構成され把持された意味が内容を作り出すのではなくて、この俳優の身体という個別性こそが唯一で中心的な「内容」なのだと考えるからである。私たちはすべてのシークェンスを俳優の身体と「ともに」作り出す方法を模索するだろう)

二人の二人でいることの苦闘は、自分たちの関係が唯一の独自のものであることを見失っていることにある。おそらく彼のほうがこのことに鈍感である。彼は、ついに最後の台詞をはくだろう。「それならば、この関係はもうやめてしまおう。すべてリセットしてしまおう」離婚というこの破壊的な切り札を切ることで、彼はまたしても彼女の「他なるもの」から目をそらしてしまうだろう。彼女はその言葉を決して受け入れはしない。


男は、この諍いをより決定的なものにするために外へ出てゆく。勝手に行動するという自分の自由を一方的に行使する。彼は気づいてはいないが、彼は外に「出てゆく」のではない。彼は自分の場所が実は家にではなく「外」にあることを暗に彼女に対して突きつけようとしているに過ぎない。彼は外へ「戻って」ゆく。

彼は街をうろつく。彼にとってはどこでもよいのだが、帰らないことで彼女との戦いを続けている。そして、彼は、街でひとりの女と出会

う。

彼らは出会い、ある親密さを感じあう。酒を飲み、互いのことを話す。笑ったり、おどけたりする。彼は彼女に性的な欲望を持つ。同時にこの関係が自由な関係に思える。

彼は朝まで家に帰らない。


彼は家に帰る。

彼女はまだ諍いの延長にあり、彼に対して徹底的に交戦を望むだろう。

男は疲労している。

もちろん彼女も極限的に疲労している。彼女は徹底的に彼を無視するかもしれない。

しかしその出口のない状況の中で突然彼は彼女を激しく求め、互いの性愛をかきたてて、失われたものを一瞬にして回復しようとするかもしれない。それまで諍いの中で交わされ積み上げられてきた言葉がすべて消え去ってしまったかのように。


しかし、もちろんこの二人をとらえている二人でいることの悲壮は消え去ることがない。

二人の闘争はまた再燃する。彼女は初めて離婚することを真剣に考える。

「離婚しましょう」と、彼女は口にする。本気なのかどうなのか彼女自身にもわからない。しかし、その言葉を始めて彼女は口にした。彼はある驚きを覚える。彼女がそれを受け入れると思ってはいなかったのだ。

いずれにせよ、この二人に始めてはっきりと「離婚する」という現実が意識されたのである。

その瞬間から二人の関係に変化が生じる。

彼らにはそれが何なのかはわからない。


彼女は彼が仕事に出かけひとりになると、なんとか自分の世界を回復しようと努力するだろう。

彼女もまた、偶然にひとりの男と出会う。

その男は例えば離婚して、ひとりで子供を育てている。

その男と子供の様子を見て、子供がいれば、私たちの関係ももっと違っていたのかもしれない、と彼女は感じる。

二人には親密な感情が生まれる。

その男は彼女に好意を抱く。彼女は自分がひとりの自由な存在としてみなされている事がわかる。彼女にはアンビバレントな感情が湧きあがる。母親になりたかった。しかも、自分はひとりでありたい。その男は、彼女とまた会いたいと思う。彼女もまた彼に好意を抱く。二人は別れる。しかし、また彼女は彼に会いに行くだろう。


彼もまた「外」で出会ったあの女に会いに行く。

しかし、彼と彼女のそれぞれの新しい相手との関係はやがて挫折する。

互いに対する不貞を感じるためそれが挫折するのではない。

彼、彼女はそれぞれの相手の「顔」を見つける。顔とはただひとつのものであり、私が決して勝手に内面化することのできないもの「他なるもの」に他ならない。彼、彼女は相手がやはり「他者」であることを発見する。彼、彼女それぞれの相手はみな孤独である。

彼、彼女たちはそれぞれの一夜を過ごした後再び同じ家に帰る。


一時、二人にまた陽気な会話が戻るかもしれない。馬鹿みたいな陽気さ。

しかし、二人の問題はいっそう深刻な状況である。その陽気さはすぐに消え去る。

彼女は自分が別の男と過ごした時間のことを率直に話すだろう。彼は混乱するかもしれない。彼らはまた互いに感情をぶつけ合うしかないかもしれない。

そして、交わす言葉を失うかもしれない。


この二人は最終的に出口を失ったように見えるところまで行き着く。

しかし、この出口のない諍いの果てに突然光が差し込む。

そこには、どのような解釈も論理も物語もない。それはひとつの意味不明な飛躍である。しかし二人はこの諍いが、諍いの果てしない繰り返しが、この疲労が、ひとつの愛の行為である事を直観する。彼らは互いの「顔」を見出すのだ。

「神の言葉は〈他者〉の〈顔〉のうちに、〈他者〉との出会いのうちに刻印されています。弱さと要求、このふたつのものを他者の顔は表現しているのです」(＊2)

註

＊1　エマニュエル・レヴィナス「超越と知解可能性Transcendance et intelligibilité」、『フランス現代思想を読む』所収、渡辺諒著、白水社、1999年

＊2　エマニュエル・レヴィナス『われわれのあいだで——「他者に向けて思考すること」をめぐる試論』、合田正人・谷口博史訳、法政大学出版局、1993年

＊本文章はアルテのプロデューサーであるピエール・シュヴァリエに渡された『不完全なふたり』の最初のシノプシスである

「ユキとニナ」企画意図

○はじまり。

この企画は俳優イポリット・ジラルドと私の出会いによって生まれた。私は、彼の俳優としての才能に、まず興味を持ったが、彼が映画人としてのキャリアを「映画を作ること」によってスタートしたということに大変興味を持った。彼は、青少年たちに、自分の人生を映画として制作させようとした経験がある。私は、単に演出家と俳優という関係ではない、彼とのコラボレーションの可能性を探った。演出家と俳優の関係においては、通常演出家のほうに権力が与えられている。最終的な決定は常に演出家の側にあるのだが、この演出における最終決定権を、彼と分かち合うことで、われわれの制作する映画空間に、二つの視点が存在する可能性が開けるのではないか？　相互主観的な映画空間を想像することができるのではないか？　その希望が、この企画のはじまりとなった。私たちは、作品に対して互いに同様の権限を持ち、繰り返し話し合いながらひとつの物語を作り、企画を練り上げてゆくという作業をスタートさせた。

○子供

私とイポリットは、共に実生活において父であるという経験を持つ。そこから、親子の問題をこの作品の主題とすることが導きだされた。子供と生きることは驚きと発見、心配や苦悩、喜びの連続であり、同時に、子供を育てることは自分を育てることであるということを、経験的に知っている。私たちは、子供を通して、「愛する」ということの本質を学ぶだろう。私たちは、そのような経験をひとつの物語とし

て語ろうと考えた。父であること、一人の子供であること、別れるということ、他者と共に自分でいること、愛することともう愛さないこと、自分の過去と合うこと、泣くこと、はね返すこと、赦すこと、等を、いかに語れるか…。日常において、私たちはかつて子供であったが、もはや子供ではない。子供であった私、はすでに失われており、私たちは親として子供に接するしかない。しかし、この映画製作において、私たちは子供にキャメラを向け、子供とは何か？を注意深く観察してみようと思う。私たちは子供の視点から世界を見つめてみることで、世界の抱える矛盾や問題を考えてみたいと思っている。また、日本で生まれ育った私と、フランスで生まれ育ったイポリットとの共同作業であることから、日本とフランスの混成した家族を想定することとした。それは、日本語とフランス語が行き交うわれわれのこれまでの作業におけるダイアローグの反映でもある。

○シナリオ

私はこれまで、通常の形式の脚本を用いないで、作品の制作を続けてきた。私の制作する脚本には、ダイアローグが明確に記されておらず、各台詞は撮影時の俳優の即興によって生み出される、という方法を採ってきた。俳優たちはシナリオによって、そのシーンの内容を理解し、しかし、互いに何をそこで話すのかは何も分からない状態で本番に臨む。そのとき、俳優たちは相手の言葉に耳を澄まし、自分の発言が正しく相手に伝わったのかに怯え、誤解を生んだり、言い淀んだり、言葉を失って沈黙したりという事態が生まれる。「他者」に対面するというのはそのような事態であると私は考える。予め書かれたダイアローグというものは、それを書いた作者の単独の視点から見渡されている。そのとき、現実では他者同士で交わされるはずのダイアローグは、単一の意識によってコントロールされたモノローグと化すように私には思われるのである。私が、映画において実現したいと考えるダイアローグは、決して作者という単独の視点でコントロールされるものであってはならないと、感じている。その方法を通して、私は他者と関わることはひとつの賭けであること、生きることは賭けであることを映画において表現したいと考えている。

○シナリオと子供

「ユキとニナ」は、子供の物語である。子供を主人公とするこの作品

においてこれまでの私の制作方法を、さらに押し進める必要を感じている。

繰り返すが、私の作品ではシナリオを用いないわけではない。シナリオは存在するが、それは撮影において俳優やスタッフの創造的な共同作業の場を提供するためのひとつのフレームないし舞台として機能するものである。そのような方法を用いて、私は「M/OTHER」という作品を制作した。物語は次のような単純なものである。同棲している一組のカップルがいる。ある日、そこに男の離婚した妻の元にいた息子が転がり込んでくる。自由な二人の関係の中に、子供が侵入してくることで、この男女の恋愛関係がどのように変化してゆくかを追った。例えば、ある日、男が仕事で帰れなくなった日の夜。子供が寂しくて、女の部屋を訪ねるという場面があった。その場面のシナリオは次の通りであった。

・男の家。女の部屋。夜
寝間着姿の女が、仕事の資料などを片付けている。

静かに部屋の扉が開くと、そこに子供が立っている。

女は、子供が一人では眠れないのだということを察し、部屋に入るように促す。

子供は女のベッドに潜り込む。

お父さんには内緒にしてほしい、と子供は言う。寂しくて一人では眠れない弱虫だと父に思われたくない。

女は分かったと言う。


このシナリオを元に撮影された場面は次の通りであった。

・男の家。女の部屋。夜
女が一人ベッドで寝そべっていると、ドアをノックする音。
ドアを開けると子供が入ってくる。
子供（Shun）「アキさん、眠れない」
女（Aki）「眠れないの？」
子供「うん」
女「……どうした？」
子供「……お父さんが心配」
女「お父さんが心配？……そうか。でも明日帰ってくるんだよ」

子供「でも、何かあったらやだもん」
女「何かって？」
子供「事故とか」
女「事故かぁ……じゃあ電車事故？」
子供「飛行機事故とか」
女「飛行機乗んないもん」
子供「乗んないの？」
女「飛行機事故はないね。大丈夫だよ」
子供「そーお？……でも心配」
女「心配？……大丈夫だよ、明日帰って来るよ」
子供「……でも心配なんだよ」
女「心配だねぇ……明日の朝電話してみる？」
子供「……うん……うーん、眠れない」
女「お父さんが心配で眠れないか……（君は）優しいのぉ」
子供「ねえ、お父さんとラブラブ？」
女「えっ⁉」
子供「お父さんとラブラブ？」
女「お父さんと？」
子供「うん」
女「お父さんと……ラブラブだよ。……何で（そんなこと聞くの）？」
子供「……心配だったから」
女「ラブラブかどうか？」
子供「だって結婚したらママかわいそうだもん」
女「……えっ？」
子供「結婚したらママかわいそうだもん」
女「……そうか。ママ嫌かな？」
子供「うん、嫌なんじゃない？」
女「シュンはどうなの？……シュンはどうなの？」
子供「……分かんない……」
女「……結婚はしないよ……結婚はしないよ」
子供「じゃあどうしてラブラブなの？」
女「……うーん。結婚しなくても、ラブラブなこともあるの」
子供「どうして？」
女「どうしてかなぁ……ただ、あっラブラブって思うのよ。思わない？　好きな子いないの？」

子供「ん？」
女「好きな子いないの？」
子供「いるよ」
女「結婚するの？」
子供「うん」
女「結婚すんの!!」
子供「うん」
女「もう決めてんの？」
子供「うん」

この場面は、完全に即興で撮影された。8歳の子供の発言には、シナリオには書かれていない彼自身の考え方や、経験や、感覚が反映されている。このダイアローグを書かれたものとして読むとき、そこには意味のない反復、矛盾、成立していないコミュニケーションなどのノイズを含んだものと読めるが、キャメラによって記録されたこの二人のダイアローグは、常に予測不能な他者に開かれている。子供とは、常に予測不能で、独自の論理を持ちかつ矛盾に満ちて、大人たちの常識的な意味の世界を脅かす存在である。私たち大人が、それを「書いて」しまうとき、子供は大人によって内面化され、構成され、その他者性を失ってしまうだろう。私は「ユキとニナ」において、“他者としての子供”を映画として存在させることを大きな主題とする。そのために、シナリオは可能な限りわれわれの一方的な構成を排除し、子供自身の意思、感情、思考、発想に対して開かれたものでなくてはならないと感じる。しかし、一方でわれわれのシナリオには、すでにある程度のダイアローグや行動の詳細が書き込まれてもいる。それは、この映画がそこに書かれたことを再現するということを意味しない。私たちはまず、私たちが触れようとしているユキの世界がどのようなものかを想像し、シミュレートする必要がある。私たちが書くシナリオは、ひとつの提案であり、子供たちに対する質問である。彼らが、その質問にどう答えるかは、撮影というプロセスの中に開かれていなくてはならない。大人であるわれわれは、他者である子供を理解することはできない、という立場を維持しなくてはならない。この脚本が、決定されたダイアローグを持たないのは、以上のような理由によっている。

また、同時にこのシナリオには、非現実的、あるいは幻想と思えるような場面が現れる。それは単に「子供」が、より幻想の世界に近いからというロマンチックな認識によるものではない。また、この映画が即興を用いることにより、単に「まるで現実のように」ユキたちの現実を再現しようとするものでないことを示してもいる。ユキたちの受難は、彼女たちの現実をリアリズムの手法を用いて再現するだけでは理解できない。ユキの行動は現実的であると同時に、内的な体験であり、内的な亡命であり、内的な自殺でもある。私たちは、ユキたちの言葉、行動を示す映像の背後に、目に見えないもうひとつの映像が潜んでいることを示そうとしている。彼女たちの生きるフィクションの時空に亀裂が走るとき、現れてくる映像の中に、私たちはユキという人間の本当の映像を見つけたいと思っている。

○他者としての子供

子供は、映画がその草創期から好んで描いてきたモチーフである。子供は、そこにただ写っているだけで、大人たちの眼を引きつける。それは、子供たちの仕草、表情の変化、自由な意識が常にわれわれ大人の意味の世界を幸福に脅かすからである。映画を見ることの、本来の驚きはそこにある。この驚きを文字で書くことは難しい。映画＝キャメラはそのような子供の自由を写し取ることに最大限の力を発揮するが、現在の物語映画はこれら子供のアナーキーとも言える自由さを、物語や意味の中に組み込んでしまう。「ユキとニナ」の子供たちは、この大人たちの物語に、自分たちの物語で抵抗しようとする。私たち大人によって描かれた物語は、完成されておらず、ダイアローグに開かれている。これを完成させるのは彼女たちである。これは、子供たちの受難の物語である。通常、子供たちは、父と母の愛の物語の葛藤がもたらす決断（離婚）に、自らの意思を差し挟む余裕も力もなく、ただ運命として受け取るしかない。が、この「ユキとニナ」は、その受難に対してどのように抵抗するか、どのように救いを創造するかを、登場人物である彼女たちとともに探求しようとしている。そのようなプロセスを経て、私たちは子供たちが真に他者として存在する映画の実現を目指したい。大人たちの世界の矛盾による、子供の受難という構造は「ドイツ零年」と響き合うのかもしれない。エドムンド少年は放浪の果てに自殺するが、ユキは家出という内的な自殺を経て尚、生きるだろう。生きること、愛することは困難であるが、尚希望はある

ことを示唆したい。現在、日本では、大人が、時には親が理由もなく子供を殺してしまう事件が相次いでいる。眼には見えない精神的な廃墟が、この社会に広がっている。彼らは他者としての子供に出会い損ね、恐怖から暴力に走る。人が他者の「他者性」に目覚めることがなければ、このような一方的な暴力が収まることはないだろう。これは、他者を欠いたヴァーチャルな現実感が支配する、現代の日本においてのみ現れている特殊な問題だろうか？

＊本文章は『ユキとニナ』の助成金申請のため作成された企画書である

「Le lion est mort ce soir」企画意図

1. 出会い

私は2012年のLe Festival International du Film de La Roche-sur-Yonにおいて、初めてJean-Pierre Léaudと出会った。もちろん、それ以前から彼は伝説的な俳優であり、私の個人的な映画体験においても、大切な記憶を纏った重要な存在であったが、彼と対面した数時間の印象は、強く私をとらえ、共に映画を作りたいという欲望が互いに芽生えた。

かつて、Gilles Deleuzeが「プロの非俳優、あるいはむしろ『俳優－媒体』とでも呼べる存在」と言ったように、彼は、全く新しいタイプの映像を可能にする独特な俳優として映画の中に存在し続けた。そして、私の眼の前にいる70歳を迎えようとする彼が、その年齢とは関係なく未だにその身振り、表情、声、それらを総合する存在感の中に老人というよりも、むしろ子どものような映画的ポエジーを秘めていることを感じた。そしてその全くオリジナルな存在感が、現在においても新しく映像を革新する可能性を未だに湛えている、と直感した。

以来、私は何度かの面談を経ながら、彼を中心としたプロジェクトの構想を始めた。70歳の老人であることと同時に、少年であること。苦悩することと微笑み。孤独であることと愛を希求すること。非現実的な虚構の存在であることと、日常的な存在であること、その両極を瞬間的に振幅する彼の存在が、新たな映画的現実を作り出そうとするこのプロジェクトの中心にある。

2. 子ども

私は「ユキとニナ」(2009年)という作品において8歳の少女を主人公として、「他者としての子ども」というテーマに取り組んだ。大人が決して簡単に内面化することのできない「他者」として、子どもを描くために、即興演技により、子ども自身の主体的な映画への関与を促した。子どもたちには、各場面のシチュエーションのみを伝え、そこで自分がどのように行動し、何を話すのかについては演じる子ども自身に委ねられた。

今回のプロジェクトにおいては、そのような子どもたちの映画制作への参加の度合いをさらに高めて、子どもたちが登場人物や物語の展開を構想し、私たちと共同で映画を作り出すことを目指してみたいと思う。

私は日本において数年間、子どもたちの映画制作ワークショップに関わってきた。そこでは、6歳から12歳までの子どもたちと撮影をしながら、即興的に物語を作り出す映画制作の経験をした。そして、現実と非現実を縦横無尽に駆け回り、行き当たりばったりに飛躍し、それでもお話を語ろうとする欲望に貫かれた自由な発想の可能性を目の当たりにした。大人が考える形の整った、行儀の良い物語ではないイマジネーションの力をこの企画にも取り入れてみたいと思う。

3. 映画作り

映画作りとはなんだろう？それは私にとって、眼前の世界をありのままに受け入れることであり、同時に見ることのできない想像の世界を作り出す行為である。つまり世界との対話であると思う。子どもたちが、どのように世界と対話するのか、それを目の当たりにするために、私はこの映画の中に「映画作り」という行為そのものを持ち込んでみたい。この映画に関わる子どもたちは映画作りに熱中している。彼らはビデオカメラを用いて、この映画の中で実際に彼らの映画を構想し、撮影し、世界を作り出す。彼らの映画の内容に私たちは関与せず、すべて彼らに委ねられるだろう。また一方で、レオー演じる老人はレオーと同様に映画俳優としてこの映画に登場する。俳優は彼の身体、人生を用いて、虚構の人生を生きる存在である。非現実を生きるという俳優という存在が、虚構を想像しようとする子どもたちとの親和性を高めるであろう。

4. 二つの視点

私はこれまで、さまざまな形で映画制作プロセスにおける共同性を重視してきた。「不完全なふたり」（2005年）においては俳優（Valeria Bruni TedeschiとBruno Todeschini）たち、「ユキとニナ」においては共同監督（Hippolyte Girardot）とのコラボレーションを行ってきた。私は映画というメディアが、作者という単一の視点から構築される世界ではなく、多主観的な世界に開かれる可能性を持っていると考えるからである。従って、現在は便宜上ひとつの視点でまとまりを持った物語を映画の構成として私が構築するが、これらはレオーや子どもたちの関与によって再構築されてゆくだろう。この映画に参加する子どもたちは「子どもチーム」となって、この映画制作に創作者として関与することになる。また、撮影においては演技、セリフはすべて即興的に行われるため、登場人物自体も俳優たちが主体的に作り出してゆくことになるであろう。

ここにはレオーを中心とする老人の物語と、子どもたちが主体的に創作する子どもの物語というふたつの物語の視点が存在することになる。このふたつの物語が交錯しながら映画は進行することになるであろう。

5. 幽霊

老人と子ども、そのふたつの物語の交点に、私は「死」というテーマをおいてみたいと思う。「死」は老人にとっては「自分がいずれ死ぬかもしれない」という目前の恐怖として、子どもにとっては「なぜ私は存在しているのか」という問いと結びついた謎としてあり、それぞれ死に接近している存在であると思えるからだ。

その交点に私はひとりの「幽霊」を出現させてみようと思う。

その幽霊は子どもたちが「魔女の館」と呼ぶ廃屋となった屋敷に出現する。

「魔女」あるいは「幽霊」は、子どもたちがイマジネーションによって作り出す死の幻影であり、畏れと共にある。老人にとっては、死の世界へと誘惑する愛の対象として出現する。

レオーの演じる老人は、かつてひとりの女と深く愛し合ったが、その女は若くして死んでしまった。その女が突如彼の前に幽霊として出現する。彼は、その女との切実な愛の物語に身を投じることになる。この物語は若々しく、狂おしく、70歳の老人にふさわしい情熱ではないであろう。しかしそれは同時に、彼を現実の世界を生きる生から死の

方へと誘う情熱でもある。彼は死に瀕していると言えるのかもしれない。

一方、幽霊の出現する「魔女の館」が子どもたちを魅惑するのは、それが非日常の想像の世界へと彼らを誘うからである。生のエネルギーに満ちた子どもたちは、親や学校といった大人の世界から逃れて、「魔女の館」において想像の世界を旅することに熱中するだろう。

老人にとっても、子どもたちにとっても幽霊の存在する非現実の世界と、現実との境界はもはや存在しない。したがって、この映画では「幽霊」を表象するために特殊な視覚効果を用いることはない。「幽霊」は、視覚的にも他の登場人物と同じように存在するだろう。

6. ライオン

これらふたつの視点、ふたつの異なるエネルギーと運動が映画の中で交錯するだろう。一方は生のエネルギーに満ち、もう一方は死へと接近する。そのふたつがそれぞれの振動を交換し、映画は「生きること」の不定形な運動としての映画的現実を獲得できるのではないか？

ここではその新しい現実のシンボルが「ライオン」の出現である。

「Le lion est mort ce soir」とは、ある時私がレオーに「何か好きな歌はありますか？」と質問した時に彼が偶然口ずさんだ歌であるが、この映画では「ライオンは死なない」のだ、ライオンは常にこの世界を徘徊しており、私たちが本当に望めばいつでも姿を表すのである。

再現的リアリズムや幻想的なファンタジーという対立を超えて、異なる世界が共存し、相互作用しながら交流する運動そのものを映画で捉えることはできないだろうか？　さらには、その運動が映画であることすら超えてゆくような映画の次世代に開かれた可能性を、子どもたちと、子どもの心を持つ大人たちと共に見つけることはできないだろうか？　それがこのプロジェクトの希望である。

＊本文章は『ライオンは今夜死ぬ』の助成金申請のため作成された企画書の「企画意図」の全文である

諏訪敦彦（すわ・のぶひろ）
1960年、広島県生まれ。1985年、東京造形大学造形学部デザイン学科卒業。在学中から山本政志や長崎俊一らの作品にスタッフとして参加する。1985年、在学中に制作した『はなされるGANG』が第8回ぴあフィルムフェスティバルに入選。大学卒業後はテレビのドキュメンタリー番組を多数手がける。1997年、『2/デュオ』で商業デビュー。同作はロッテルダム国際映画祭やバンクーバー国際映画祭などで賞を獲得する。その後、1999年制作の『M/OTHER』で第52回カンヌ国際映画祭にて国際批評家連盟賞を受賞し、2005年に制作された『不完全なふたり』では第58回ロカルノ国際映画祭において審査員特別賞と国際芸術映画評論連盟賞を受ける。その他の長編監督作に『H Story』『ユキとニナ』『ライオンは今夜死ぬ』がある。また東京藝術大学大学院映像研究科の映画専攻にて教授を務めるほか、子供を対象にした映画制作ワークショップ「こども映画教室」に講師として多数参加するなど、映画教育にも深く関わっている。長編最新作である『風の電話』は2020年1月24日に公開。

誰も必要としていないかもしれない、映画の可能性のために
制作・教育・批評

2020年1月16日　初版発行

著者　諏訪敦彦

デザイン　仁木順平
編集　伊東弘剛（フィルムアート社）

発行者　上原哲郎
発行所　株式会社 フィルムアート社
〒150-0022
東京都渋谷区恵比寿南1-20-6 第21荒井ビル
Tel 03-5725-2001　Fax 03-5725-2626　http://filmart.co.jp/
印刷・製本　シナノ印刷株式会社

Printed in Japan　ISBN 978-4-8459-1913-0 C0074